2021

课程思政经典案例选编

（三）

沈　赤　主编

ZHEJIANG UNIVERSITY PRESS
浙江大学出版社

图书在版编目(CIP)数据

2021课程思政经典案例选编 / 沈赤主编. —杭州：浙江大学出版社，2022.8
ISBN 978-7-308-22926-5

Ⅰ.①2… Ⅱ.①沈… Ⅲ.①思想政治教育—教案(教育)—高等学校 Ⅳ.①G641

中国版本图书馆CIP数据核字(2022)第149078号

指导委员会

编辑委员会

前　言

教育部《高等学校课程思政建设指导纲要》《浙江省高校课程思政建设实施方案》颁布以来，绍兴文理学院全面深化课程思政建设，通过构建全面覆盖、类型丰富、层次递进、相互支撑的课程思政体系，积极促进广大教师坚守教书育人的主业，自觉将思想政治教育元素融入各类专业课程教学，培养了一批具有亲和力和影响力的课程思政优秀教师，培育了一批充满思政元素、发挥思政功能的示范课程，打造了一批具有影响力和示范性的学院和专业，编写了一批课程思政教学资源和优秀案例，提炼了一系列可推广的课程思政教育教学改革典型经验和特色做法，全方位打造具有文理特色的课程思政育人体系，进一步形成“课程门门有思政，教师人人讲育人，学生常常有收获”的良好局面。

抓好“课程思政”建设，突出示范引领，要有好的工具书。2020 年，绍兴文理学院在实践探索与经验总结基础上已出版《课程思政经典案例选编》第一册、第二册，特别是在新冠肺炎疫情防控期间的专题应用效果显著。为进一步“深化提升”，丰富课程思政教学资源和优秀案例库，以整体提升教师“课程思政”教学能力，本书聚焦浙江省具有得天独厚的“思想富矿”、“实践富矿”和“精神富矿”，深入挖掘浙江省作为“三个地”“一窗口”所蕴含丰富的思政资源，把浙江高质量发展、竞争力提升、现代化先行和共同富裕示范的精彩故事融入课堂教学案例中，让课程思政教育教学饱蘸“红船味”“浙江味”“时代味”，也让思想政治教育变得“有滋有味”“有声有色”，切实推动课程思政入脑入心、走深走实。

本书分上下两个篇章。上编为“思政元素案例解读”，主要着眼于普遍性与特殊性、理论性与实践性对社会主义核心价值观进行深入阐释，坚持“用现实活化理论，用理论照亮现实”的原则，以浙江“三个地”“一窗口”的生动实践深挖思政元素，为专业课程开展课程思政提供生动素材和解读思路，真正让专业教师做到“心中有数”“出手有招”。内容包括“思政元素”“案例解读”“案例”及相关案例“链接”四个部分，其中“思政元素”主要对社会主义核心价值观的“24 个字”包含的“三个地”“一窗口”时代内涵进行深入挖掘；“案例解读”是“思政元素”与“三个地”“一窗口”内在理论和实践逻辑演绎，是开展课程思政的落脚点和突破口，目的是增强师生对社会主义核心价值观的认知、认同和践行的自觉性；“案例”及“链接”部分则主要深入挖掘浙江“三个地”蕴含的丰厚精神资源，大力弘扬“红船精神”“浙江精神”，选取具有典型性的历史史料、浙江实践等案例,丰富社会主义核心价值观的落地生根路径,让师生能运用社会主义核心价值观去观察和理解中国特色社会主义事业在省域层面的卓有成效的理论创新和实践创新。

下编为"课程思政'三地一窗口'教学设计方案"。根据教育部《高等学校课程思政建设指导纲要》"结合专业特点分类推进'课程思政'建设"的要求,结合绍兴文理学院实际,收录了文史哲、经管法、教育学、理工、艺术学类专业课程课程思政"三地一窗口"专题教学设计方案,力求将知、情、能融为一体,寓价值观引导于知识传授和能力培养之中。如果说"课程思政"教学改革的目标是明确"过河"任务,结合专业课程特点设计教学方案并开展教学实施,则是具体解决"桥或船"的问题。

由于思想政治教育是一项"常做常新"的工作,因而本书的内容也难免有这样或那样的局限,如书中关于教学实施路径的表述,尚需进一步推敲和完善,将会在今后的工作和广泛的交流中进一步解决。期待同仁们共同努力,深入推进课程思政建设,为高校更好落实立德树人根本任务,培养德智体美劳全面发展的社会主义建设者和接班人作出贡献。

目　录

上编　思政元素案例解读

下编　课程思政“三地一窗口”教学设计方案

上编　思政元素案例解读

社会主义核心价值观：富强

一、思政元素

中国梦、民族复兴、救亡图存、富国裕民、综合国力、全面小康；全面建设社会主义现代化国家、新发展理念、经济高质量发展、创新中国、乡村振兴、共享发展、共同富裕；经世致用、富民强省、物质富裕精神富有、“两创两富两美”、“绿水青山就是金山银山”理念

二、案例解读

寻求富强、复兴中华、拯救民生，这是近代以来中国社会的最强音。面对“西强东弱”“国破山河碎”的惨淡败局，几代中国人矢志不渝、艰辛探索。“五四一代”中国共产党人，救亡图存、坚守坚韧、求索真理、铁肩道义，以深切的家国情怀与蓬勃的奋进动力，汇成波澜壮阔的“红船精神”，引领时代前进的方向，将多灾多难的中华民族一步步从泥潭中拔出，终于迎来了中国日渐富强、民族日益兴盛、民生尤为幸福的新时代。

近代浙江涌现了一大批先锋人物，他们坚韧不拔、创新进取、务实重干，以高昂激越的民族情怀和富于理想的事功实践，描绘出救世济民、改造社会的人文图景。这一浙地道义文化精神与中国共产党人的“红船精神”，有着一致的汇通——“开天辟地、敢为人先；勇于实践、勇于担当”，因而浙江作为“红船精神”的重要发源地，并非意外，而是有根有据的，浙江精神与红船精神涵摄融入、互为成就。案例《红船精神的由来和表现》极好地阐释了中国共产党人的首创精神、奋斗精神、理想精神。“红船精神”是社会主义中国发展进步最为根本的动力源泉，为国为民、为天下计，感天动地！

改革开放是一场伟大的社会变革，中国特色社会主义在“先富、后富、共同富裕”思想的指引下，把握住工业化现代化强国道路的内在逻辑，浙江人以其素有的“大胆而务实”精神，实现了“富民强省”的政策目标。这其中折射出浙江人改革创新、追求财富的“四千万精神”。案例《改革创新　富民强省——浙江经济发展的经

验与模式(上篇)》翔实地再现了当年浙江人敢冒风险、敢于突破、发家致富的情景。“富起来”之后更要“强起来”。近些年来,浙江在率先建设小康社会的基础上,继续奋勇争先,提出“八八战略”,坚持“干在实处、走在前列”,努力做好改革开放的“排头兵”,担当好改革发展的“先行地”,厚植优势、补齐短板、增强核心动能、塑造新发展格局。案例《从“两只鸟”看结构调整》和《改革创新 富民强省——浙江经济发展的经验与模式(下篇)》,集中呈现了当代浙江人永不止步、勇攀高峰的自觉意识、机遇意识与磅礴发展的精神气象。

新时代下,乡村振兴、共同发展是党中央的重要决策。案例《“美丽乡村”棠棣村 开建乡村讲习所》反映了浙江农民自主探索,走出了具有鲜明特色的“产业兴旺、治理文明、风景秀丽”的新农村建设道路。摆脱贫穷、奔向小康、实现全民的富裕,这是浙江人的现代化追求。在这里,产业结构在提升,核心竞争力在积蓄,民生富裕在升华,“两富两美新浙江”正迎面而来。(撰写人:赵华兴)

三、案　例

红船精神的由来和表现(节选)

(2017 年 11 月 23 日 《人民政协报》 作者:李洪喜)

1921 年夏,在上海召开的中国共产党第一次全国代表大会因遭到法租界巡捕袭扰,被迫转移到浙江嘉兴南湖的一条小船上继续进行,在这里完成了大会议程,宣告中国共产党正式成立。这条小船因而获得了一个永载中国革命史册的名字——红船,而中国共产党建党伟业所蕴含的伟大革命精神,因此被称为“红船精神”。

2005 年 6 月,习近平同志首次概括了红船精神的深刻内涵和历史地位,指出:“开天辟地、敢为人先的首创精神,坚定理想、百折不挠的奋斗精神,立党为公、忠诚为民的奉献精神,是中国革命精神之源,也是红船精神的深刻内涵。”[①]

开天辟地、敢为人先的首创精神

开天辟地、敢为人先的首创精神是红船精神的核心,是党和人民事业发展的动力。在中国共产党创始人的建党实践和革命活动中,从播撒中国革命的思想火种,到奠基中国工人阶级的先锋组织;从制定彻底反帝反封建的民主革命纲领,到开创中国革命的新局面,无不彰显了开天辟地、敢为人先的首创精神。

① 习近平在瞻仰中共一大会址时强调:铭记党的奋斗历程,时刻不忘初心,担当党的崇高使命,矢志永远奋斗[EB/OL].央广网(2017-11-01)http://china.cnr.cn/news/20171101/t20171101_524007622.shtml.

坚定理想、百折不挠的奋斗精神

在中国共产党创建的过程中，中国的先进分子从激进民主主义者逐步成长为共产主义者。他们在自己建立马克思主义信仰后，又通过成立马克思主义学说的研究组织，深入工农民众中宣传马克思主义，进而把坚定的信仰传递到社会基层，为中国共产党的创建及中国革命奠定了坚实的思想基础，营造了浓厚的理论氛围，培育了一大批革命人才；在上海召开的中国共产党成立大会因遭到租界巡捕袭扰而遇到挫折时，他们并没有退缩，而是坚定地转移到浙江嘉兴南湖，在红船上完成了大会的最后议程，宣告了中国共产党的诞生；在中国共产党领导全国人民进行新民主主义革命、社会主义建设和改革的奋斗历程中，他们面对重重困难，用生命和鲜血谱写出一曲曲坚定理想、百折不挠的壮丽乐章。

立党为公、忠诚为民的奉献精神

中国共产党从诞生的那天起，就以解放全人类、实现共产主义为己任，以全心全意为人民服务为根本宗旨。立党为公、忠诚为民，是中国共产党的性质和宗旨的集中体现，也是我们党区别于其他任何一个政党的显著标志。

其中，首创精神是核心，是动力之源。首创精神就是创新精神，创新是党的事业兴旺发达的不竭的动力之源。而理论创新是一切创新的先导。理论创新要着眼于探讨和解决经济社会发展中的重大理论和实践问题，把回答新问题作为理论创新的着力点。紧密联系实际，研究新情况、解决新问题、创造新经验，通过创造性的思维，不断摸索和总结经济社会发展的本质和规律。只有坚持用时代发展要求审视自己、以改革精神创新发展理念，中国共产党才能时刻保持蓬勃生机和无限的创造活力，走在时代前列。

奋斗精神是支柱，是胜利之本。奋斗精神首先来源于坚定的理想信念。拥有坚定的理想信念，才能意志坚强，品节刚毅，无所畏惧，无论遭受多少挫折都不动摇、不退缩、不屈服，不断克服前进道路上的艰难险阻，勇往直前。只有弘扬理想坚定、百折不挠的奋斗精神，认定目标、脚踏实地、一步一个脚印，才能带领全国人民共创美好未来。

奉献精神是本质，是德政之基。奉献精神的关键在于党的一切决策和措施都从人民群众的利益出发，真正做到权为民所用、情为民所系、利为民所谋。只有始终保持与人民群众的血肉联系，我们党才能保持根本性质、恪守根本宗旨、牢记根本使命，才能巩固长期执政的地位。

一条红船见证了中国共产党"开天辟地、敢为人先"的创建历程，引领了中国革命道路的前进方向，打开了中华民族伟大复兴的宏伟蓝图，成为中国共产党探索救国救民道路的光辉起点。让我们在红船精神指引下，继续为实现"两个一百年"奋斗目标、实现中华民族伟大复兴的中国梦而不懈奋斗。

从“两只鸟”看结构调整

(2006 年 3 月 20 日 《浙江日报》“之江新语”栏目 作者:习近平)

改革开放以来,浙江的工业化从低门槛的家庭工业、轻小工业起步,能够发展到现在的规模水平,实属不易。但是,它也有结构层次比较低、经营方式比较粗放的先天不足。有先天不足就必然导致成长中的烦恼。特别是这些年,随着经济总量不断扩大,面临着资源要素的制约、生态环境的压力、内外市场的约束。所以,必须从科学发展观的要求出发,推进经济结构的战略性调整和增长方式的根本性转变。这方面的工作十分繁重,概括起来主要就是两项内容,打个通俗的比喻,就是要养好“两只鸟”:一个是“凤凰涅槃”,另一个是“腾笼换鸟”。所谓“凤凰涅槃”,就是要拿出壮士断腕的勇气,摆脱对粗放型增长的依赖,大力提高自主创新能力,建设科技强省和品牌大省,以信息化带动工业化,打造先进制造业基地,发展现代服务业,变制造为创造,变贴牌为创牌,实现产业和企业的浴火重生、脱胎换骨。所谓“腾笼换鸟”,就是要拿出浙江人勇闯天下的气概,跳出浙江发展浙江,按照统筹区域发展的要求,积极参与全国的区域合作和交流,为浙江的产业高度化腾出发展空间;并把“走出去”与“引进来”结合起来,引进优质的外资和内资,促进产业结构的调整,弥补产业链的短项,对接国际市场,从而培育和引进吃得少、产蛋多、飞得高的“俊鸟”。实现“凤凰涅槃”和“腾笼换鸟”,是产业高度化发展的客观趋势和必然选择。这种对更高境界的不懈追求,也是“浙江精神”在新时期的生动体现。

改革创新 富民强省

——浙江经济发展的经验与模式

上篇:浙江经济,从无到有——民营经济大省,何以可能?

在新中国成立初期,“七山一水两分田”的浙江,地处海防前线,人均耕地面积只有全国的三分之一。就是在这样“一穷二白”的基础上,浙江“从零起步”。其中,“温州模式”悄然兴起,也成为浙江民营经济发展的重要样本。

从“八大王”到“温州模式”(节选)

(2008 年 9 月 2 日 浙江在线新闻网站 作者:高娜)

改革开放三十年,中国经历着一场巨变。在这场巨变中,变化最大的是经济的发展,在经济发展中,变化最大的是民营经济的发展。民营经济,从 1978 年不到国民经济总量的千分之一，发展到今天的超过全国 GDP 总量的 60%，这是一个匪夷所思的巨变中的巨变。

温州，一个民营经济神话的代名词。仅此，就注定了它将成为改革开放进程中的一个标志，成为民营经济发展历史嬗变过程中的一个符号。从"温州八大王高调平反"，到姓"资"姓"社"的大讨论，到"温州模式领骚全国"，到"怒其不争的 GDP 总值"，再到"时待复苏"，温州步履维艰又富满传奇的全部历史，折射的恰恰是改革开放的伟大进程。

八仙过海，各显神通

"温州八大王"是改革开放时温州最早的民间商人。想了解温州的民营经济，"温州八大王"是不应被遗忘的一群人。所谓"八大王"，是活跃在流通领域的 8 位经营大户，他们分别是螺丝大王刘大源、五金大王胡金林、目录大王叶建华、线圈大王郑祥青、矿灯大王程步青、供销大王李方平、机电大王郑元忠、旧货大王王迈仟。他们凭着灵活的头脑和敢为天下先的精神率先开始了个人创业，并大跨步成为富得冒油的柳市有钱人。

风雨交加，开拓求实

温州人能够迸发出惊人的积极性、创造性。所以，整个民营经济活了，商品经济蓬勃发展，兼业户、专业户、小商店、小作坊、家庭工厂、私营企业大量涌现，随之出现了请帮工、带徒弟的现象。于是又产生了一个新的争论，即雇工剥削问题。这在当时的中国，在人们的观念中是不能允许的。温州是姓"资"还是姓"社"？外界对温州模式的批评、责难、猜疑和非议之声总是不绝于耳。即便如此，温州民营经济却仍旧火速地向前奔跑着，以小商品、大市场的经营方式打开局面。"温州模式"是中国实行改革开放以后市场经济的先行者和模范者。

"温州模式"也是浙江经济发展的样本。一方面，敢闯敢试、敢为天下先，是浙江人融入血脉的奋斗基因，从村到市，成百上千个经济模块，各类商品批发市场，"皮革之都""袜业之城"等各种专业市场，让浙江上演了"无中生有、点石成金"的发展传奇。但另一方面，浙江的民营经济也遭遇了发展的瓶颈：技术落后、不成规模、低能高耗、环境污染；同质化竞争严重、缺乏知识产权和产品品牌；资金周转缓慢、融资困难，怎么办？

下篇：锐意进取、再创新高——浙江经济高质量发展之路

2003 年，浙江提出"八八战略"，以壮士断腕的勇气，实现"腾笼换鸟、凤凰涅槃"。通过一手淘汰低端落后产业，一手培育面向未来的八大万亿产业，浙江打出了一套漂亮的转型升级组合拳。转型，换来了浙江经济发展的新空间，迈向了高质

量发展的新境界。眼下,浙江正瞄准物联网、大数据、云计算等新产业,着力塑造面向未来的经济"新高地"。之江实验室、西湖大学等高能级创新平台如雨后春笋,西子电梯等传统制造企业纷纷设立了"无人工厂",国企杭钢转型建起了"云计算中心"……数字产业化、产业数字化,正为浙江经济高质量发展注入新动力。之江实验室主任朱世强说:"之江实验室作为科创大走廊的灵魂工程,要成为集聚人才的最大的平台,要成为未来推动区域发展,推动新经济发展的一个核心力量。"

开放创新 永不止步

——宁波舟山港,全球第一大港(编选)

(2020 年 4 月 30 日 《浙江时报》)

今天的宁波舟山港,日均有 100 余艘次万吨级以上船舶进出。2019 年,宁波舟山港完成货物吞吐量 11.2 亿吨,连续 11 年位居世界第一;集装箱吞吐量 2753.5 万标箱,跃居全球港口第三位。

2002 年 12 月,到浙江工作不久的习近平首次调研宁波时指出:"如果说港口是宁波最大的资源,那么,开放应当是宁波最大的优势,只有把最大资源和最大优势这两个作用都发挥到极致,才能实现效益的最大化。"彼时的宁波舟山港还是两个独立的港口——宁波港和舟山港。两港虽处同一海域,使用同一航道,坐拥同一经济腹地,但港口的规划、建设、营运、管理却相互分割,岸线资源难以优化配置。(2004 年,宁波港年集装箱吞吐量仅 400 万标箱,在大陆港口排不进前三,而舟山港年货物吞吐量也仅 7200 多万吨,居我国大陆港口第九位。)

2003 年 1 月,时任浙江省委书记习近平到舟山调研时明确提出要"加快宁波舟山港一体化进程"。2005 年 12 月 20 日,在习近平的果断决策下,宁波舟山港管理委员会挂牌成立。港口建设将是浙江省经济发展中的大手笔,港口建设的重点在宁波、舟山港口一体化。2006 年 12 月 27 日,宁波舟山港集装箱年吞吐量首次达到 700 万标箱,习近平亲赴码头,按下了第 700 万标箱的起吊按钮。2017 年年底,宁波舟山港成为全球首个年货物吞吐量超"10 亿吨"的大港。2018 年,再超"10 亿吨",继续保持全球唯一的超"10 亿吨"超级大港地位。"宁波舟山港在共建'一带一路'、长江经济带发展、长三角一体化发展等国家战略中具有重要地位,是'硬核'力量。"

依托自身区位和港口自然条件的特色,"建设世界一流强港",宁波舟山港逐步建立起以江海联运、海铁联运和海河联运为特色的多式联运体系,全力打造腹地型港口,服务区域的经济发展,形成了货种齐全的世界级深水枢纽港。虽然不产一滴油,舟山却成为油气产业集聚区。宁波舟山港主动对接我省"四大"建设,东北亚保税燃料油加注中心、东北亚铁矿石分销中心、LNG 全国登陆中心等建设稳步推进,浙江自贸区油气全产业链建设蹄疾步稳。

在多个国际场合，习近平总书记在提起港口时，用“重要支点”“重要枢纽”来形容港口在“一带一路”建设中的重要性。在2017年举行的“一带一路”国际合作高峰论坛开幕式上，习近平总书记提出“宁波等古港口是古丝绸之路的‘活化石’”。

2020年3月31日，国务院批复同意《关于支持中国（浙江）自由贸易试验区油气全产业链开放发展的若干措施》，支持浙江自贸试验区与上海期货交易所等国内期货现货交易平台合作，共同建设以油品为主的大宗商品现货交易市场，开展原油、成品油、燃料油等大宗商品现货交易。这是中央层面明确支持浙江自贸试验区建设油气全产业链，前景可期！

东风浩荡春潮涌
浙江不负总书记嘱托奋力打造“重要窗口”纪实

（2021年4月1日　学习强国浙江学习平台
《浙江日报》记者：裘一佼　毛传来　翁浩浩　王世琪　陈　宁）

天地转，光阴迫。转眼间，春风又绿江南岸。

2020年春天，在统筹推进疫情防控和经济社会发展的关键时刻，3月29日至4月1日，习近平总书记到浙江考察调研并发表重要讲话。对这片曾经工作过、始终寄予厚望的热土，总书记赋予新目标、新定位——“努力成为新时代全面展示中国特色社会主义制度优越性的重要窗口”。

“重要窗口”，这份重托与期许，镌刻在浙江发展史上，铭记于浙江人民心中。沿着总书记指引的道路，浙江争当学懂弄通做实习近平新时代中国特色社会主义思想的排头兵，忠实践行“八八战略”、奋力打造“重要窗口”；浙江聚焦高质量、竞争力、现代化，争创社会主义现代化先行省，开辟干在实处、走在前列、勇立潮头的新局面。

这是极不平凡的一年，建设“重要窗口”在浙江家喻户晓、深入人心，成为党员干部群众的思想自觉行动自觉。在破难题、解困局的一次次攻坚中，在开新篇、探新路的一次次冲锋里，浙江努力将“重要窗口”的美好愿景变成美丽风景，习近平新时代中国特色社会主义思想在浙江生根开花、枝繁叶茂。人们从“浙江之窗”展望中国的未来，读懂中国特色社会主义能够行稳致远的内在逻辑。

风帆正扬，征程未已，之江两岸再起春潮。

新目标：锚定“重要窗口”的历史方位

号角声声催征人。

肩负着“重要窗口”的历史使命,浙江省委吹响了新的冲锋号,开启新的征途。

在春风化雨、播种希望与力量的时刻——2020 年 4 月 2 日上午,浙江省委常委会召开扩大会议,强调要把学习、贯彻、落实习近平总书记重要讲话精神作为当前和今后一个时期的首要政治任务……浙江前行的脚步,书写着答案。

浙江省委始终坚持践行“总书记有号令、中央有部署,浙江见行动”,聚焦聚力高质量发展、竞争力提升、现代化先行,回答新阶段“十大新课题”,交出“十张高分报表”,创新“五种思维”,瞄准“十个先行”,抓牢“十三项战略抓手”,形成了系列“组合拳”。“五大历史使命”更是以“重要窗口”的担当,探索现代化的实现路径,用省域实践来展示中国特色社会主义根本制度、基本制度、重要制度的执行成果,让世界从“窗口”内外的治乱对比、良莠之分感受到中国特色社会主义制度无与伦比的优越性,回答中国共产党为什么能、马克思主义为什么行、中国特色社会主义为什么好的问题。

中国共产党为什么能?

在过去这一年里,在浙江省委的坚强领导下,全省上下迎着建设“重要窗口”的新使命和争创社会主义现代化先行省的新目标,经济高质量发展高地、三大科创高地、改革开放新高地、新时代文化高地、美丽中国先行示范区、省域现代治理先行示范区、人民幸福美好家园的“四高地两区一园”宏伟蓝图正在徐徐铺展开来……透过这一份“浙江答卷”,世界解码“为什么能”。

马克思主义为什么行?

作为 21 世纪的马克思主义——习近平新时代中国特色社会主义思想的重要萌发地,浙江的实践证明了“八八战略”无比旺盛的生命力。“八八战略”是习近平总书记留给浙江取之不尽、用之不竭的宝贵财富,指引浙江改革发展取得了历史性成就。作为浙江现代化发展的总体谋划和系统部署,“八八战略”是了解新世纪以来浙江新发展的一把总钥匙,也是理解习近平新时代中国特色社会主义思想的一把金钥匙。从这个续写了 10 多年的重大战略,世界读懂“为什么行”。

中国特色社会主义为什么好?

环球同此凉热的当今世界,正当欧美一些发达国家仍在新冠肺炎疫情的沼泽里苦苦挣扎之时,以习近平同志为核心的党中央带领全国人民交出了一份人民满意、世界瞩目、可以载入史册的答卷。东海之滨的浙江,在大战大考中“两手硬、两战赢”,也交出了高分报表,充分彰显了作为“重要窗口”的担当和作为。从这一扇“窗口”,世界看清“为什么好”。

坚定不移沿着习近平总书记指引的路子走下去,忠实践行“八八战略”、奋力打造“重要窗口”,是浙江各项工作一以贯之的主题、一贯到底的主线。

“在新时代,浙江必须紧紧围绕‘打铁必须自身硬’,咬定目标、敢于担当、迎难而上、越挫越勇、越险越进、勇于奋斗、久久为功，真正建成新时代全面展示中国特色社会主义制度优越性的‘重要窗口’。”马克思主义理论研究和建设工程首席专家韩庆祥评价，“八八战略”与浙江“努力成为新时代全面展示中国特色社会主义制度优越性的重要窗口”的新目标、新定位是一脉相承的。

在新起点上扛起使命和责任，追求新时代的大担当、大作为。以“浙江之窗”展示“中国之治”，以“浙江之答”回应“时代之问”，浙江全力以赴，为国际社会了解中国形象、中国精神、中国气派、中国力量提供了一个“重要窗口”。

新突破：勇担“重要窗口”的使命责任

在极不平凡的2020年，浙江的一张成绩单，客观诠释了高质量发展的特征，也展现出“重要窗口”在大战大考中的风采——

经济运行二季红、半年正、三季进、全年赢，主要指标好于全国、领先东部。

全年生产总值64613亿元，增长3.6%，增速高出全国1.3个百分点。

城乡居民人均可支配收入在分别连续20年、36年位居全国各省(区)第一的基础上，收入比降至2以内……

“重要窗口”的新目标、新定位，为浙江长足发展标注了崭新起点，同时也意味着浙江要走他人未走之路，闯他人未闯之关，建他人未建之功。

率先启动重大公共突发卫生事件一级响应的浙江，如今“源头查控＋硬核隔离＋精密智控”机制环环相扣，并在全国率先上线冷链食品追溯系统“浙冷链”，截至2021年3月30日，浙江已连续287天无新增本土确诊病例报告。

率先在浙江全省推广应用“健康码”、率先形成“一图一码一指数”的浙江，如今健康码更精准有效，应用于更多民生场景，数字化精准防控筑起一道道“铜墙铁壁”。

率先向国家卫健委“请战”驰援武汉的浙江，2018名勇士白衣为甲、逆行出征，60余万名医务工作者奋战在救治防护第一线，如今正加速补齐公共卫生防控救治短板弱项，出台《浙江省公共卫生防控救治能力建设实施方案(2020—2022年)》，慎终如始做好疫情防控。

把“重要窗口”的使命责任放到党和国家工作大局中，才能深刻感悟其意义和分量。“两手硬、两战赢”，浙江干部群众谨记总书记的谆谆教导，下好先手棋、打好主动仗，以浙江的“稳”和“进”，为全国大局做出更大贡献。

新探索：构建“重要窗口”的鲜明标识

2021年2月18日，春节后上班第一天，浙江用一场全省数字化改革大会开启新局。

这是一项重大集成创新的硬核改革，浙江沿着“一年出成果、两年大变样、五年新飞跃"的总时间表,奋力打造全球数字变革高地,要让数字化改革成为社会主义现代化先行省的闪亮招牌和"重要窗口"重大标志性成果。

"数字化""改革",都是支撑浙江发展的关键词,两个词的叠加,足见其深远意义。

总书记2020年在浙江考察时指出,要深入推进重要领域和关键环节改革,加大改革力度,完善改革举措,加快取得更多实质性、突破性、系统性成果,为全国改革探索路子、贡献经验。正如总书记期望的,浙江把"改革突破争先"列为"三个争先"之首,使改革成为"重要窗口"最鲜明的标识。

作为改革的总抓手,浙江瞄准了数字化改革。"数字化改革是'数字浙江'建设的新阶段,是政府数字化转型的一次拓展和升级,是浙江立足新发展阶段、贯彻新发展理念、构建新发展格局的重大战略举措。"浙江省委主要领导在多个场合表示。

2021年年初,50个来自浙江全省各地的项目入选2020年度浙江省改革创新实践案例,它们或是推进治理体系和治理能力现代化,或是打破制约创新发展、现代化建设的瓶颈。相同的是,每个案例里或多或少都带有数字化的"因子",可以说,它们正是浙江以数字化改革牵引全面深化改革的成果。

数字化改革,助力城乡的美好生活——2020年3月31日,总书记到杭州城市大脑运营指挥中心考察时,希望杭州在建设城市大脑方面继续探索创新,进一步挖掘城市发展潜力,加快建设智慧城市,为全国创造更多可推广的经验。

数字化改革,壮大新增长点、形成发展新动能——作为浙江多年培育的"一号工程",2020年,数字经济核心产业增加值比上年增长13%,继续在浙江经济社会发展中扮演重要角色。在淘宝近日发布的首批百亿数字化产业带中,覆盖4省12市的23条百亿级产业带里,浙江9条产业带榜上有名。

数字化改革,赋能省域治理现代化——面对群众和企业对政府高效服务的需求,推进政府数字化转型,加快建设"整体智治、唯实唯先"现代政府,政务服务"一网通办"率达81.6%,56件个人和企业全生命周期事项实现"一件事"全流程办理,"掌上办事之省""掌上办公之省"初步建成。调查显示,2020年,浙江"最多跑一次"改革实现率95.1%,满意率98.4%。

新作为:永葆"重要窗口"的奋进姿态

一切时代的荣光始于实干,唯有奋进不息才能抵达梦想的彼岸。

站在"两个一百年"的历史交汇点,面对"肩负什么样的历史使命、怎样实现历史使命"的重大课题,浙江明确了新发展阶段必须扛起的"五大历史使命",开启了一场新时代的"赶考"。

大战大考中,有三种意识,已深深扎根于浙江干部群众的心里。

一种是攻坚意识。建设"重要窗口",不是等得来、喊得来的,而是需要付出巨大努力的艰辛历程，必须以“满格”的精神状态迎难而上，拼出来、干出来。

另一种是忧患意识。“干在实处、走在前列、勇立潮头”是浙江精神的重要概括。当下，在改革发展任务繁重、外部环境严峻复杂、自身发展仍存在不少短板的背景下，浙江已意识到，没有走在前列也是一种风险。

还有一种是学习意识。不管是构建新发展格局、推进数字化改革，还是争创社会主义现代化先行省，都没有现成的经验可循，必须自觉赶上时代潮流，始终保持奋进姿态、创造性张力，真正面向现代化、适应现代化、引领现代化。

他们的名字，叫服务者……

他们的名字，叫实干家……

他们的名字，叫探路者……

他们的名字，叫带头人……

路虽远行则将至，事虽难做则必成。服务者、实干家、探路者、带头人……从他们争先创优、克难攻坚的身影中，看到“重要窗口”的美好未来。

新成效：擦亮“重要窗口”的亮丽底色

问题是时代的声音。

习近平总书记对浙江提出的“治理体系和治理能力要补齐短板”“发展不平衡不充分问题要率先突破”“生态文明建设要先行示范”等7个方面的任务，正是浙江在新时代面临的考题。

如何做到“率先”，怎样实现“先行”？展望“十四五”和未来15年远景时，浙江提出新的奋斗目标——争创社会主义现代化先行省。通过省域治理现代化先行、生态文明现代化先行、人的现代化先行等“十个现代化先行”，浙江努力在重点领域、关键环节发挥先行示范作用，在“高原”之上筑“高峰”。

人们期待，一个更均衡的浙江……

人们期待，一个更美丽的浙江……

人们期待，一个更和谐的浙江……

人们期待，一个更具魅力的浙江……

…………

争创社会主义现代化先行省的脚步，越过一道道坡，爬过一道道坎，描绘出盎然的气象。新时代文化高地、美丽中国先行示范区、省域现代治理先行示范区、人民幸福美好家园……到处都是活跃的创造，到处都涌动着澎湃的浪潮，到处都跃动着勃发的生机。

早在2005年4月，习近平同志就指出：“浙江作为我国发展较快、实力较强的省份，也为世界所关注。世界通过我们浙江看到的，是一个历史悠久的伟大民族、一个马克思主义的先进政党和一个13亿人口的泱泱大国。我们取得的成就，是中国改革开放全景中的一个缩影,也是社会主义制度优越性的重要体现。”①

15 年后,“努力成为新时代全面展示中国特色社会主义制度优越性的重要窗口”的新目标、新定位,是总书记对浙江的肯定、激励,更是鞭策。

这份期许,激励着浙江干在实处、走在前列、勇立潮头;这份期许,鞭策着浙江勇挑重担、勇开新局、勇往直前。

时间的意义,远不止长度可以衡量。忠实践行“八八战略”、奋力打造“重要窗口”,争创社会主义现代化先行省,浙江开启了传承历史也必将开辟历史的壮阔征程!

四、链　接

1.《邓小平文选第三卷》答美国记者迈克·华莱士问(1986 年 9 月 2 日)

华莱士:现在中国领导提出致富光荣的口号,资本主义国家很多人对此感到意外,这个口号同共产主义有什么关系?

邓:社会主义原则,第一是发展生产,第二是共同致富。我们允许一部分人先好起来,一部分地区先好起来,目的是更快地实现共同富裕。

2.“四十年四十事”高端访谈活动　演绎温州模式前世今生

http://news.wzsee.com/2018/0907/282104.html

“畅行中国·改革开放 40 年全媒体新闻行动——‘四十年四十事’全国百城百台大型高端访谈”报道组以“温州模式启示录”为主题,与南存辉、郑秀康、胡宏伟、曹景行等企业家、专家学者一道,从亲历者与见证者等视角,再现了温州模式发端、升级以及全球化等历史节点中的经典场景。

3.改革开放 40 年“温州模式”过时了吗?

http://biz.zjol.com.cn/tslm/zsgc/201809/t20180907_8215398.shtml

在改革开放 40 年历程中,温州扮演了十分重要的角色。在改革开放的时代大背景下,在社会主义计划经济向中国特色社会主义市场经济的转型过程当中,温州人勇当探路者,开始了市场经济的传奇,为中国改革开放 40 年的历史留下了“温州模式”解决方案。30 多年后,“温州模式”过时了吗?“温州模式”的独特性又在哪里?它有什么新的内涵?它对当下中国的经济社会发展有何启示?

4.探路新经济的“杭州实践”

https://www.sohu.com/a/245556624_100020953

改革开放 40 年,杭州的经济发展取得了辉煌的成就,经济总量从 1978 年的 14.20 亿元,增长到 2017 年的 12556 亿元;人均 GDP 从 1978 年的 565 元,增长到

① 沈轩.干在实处方能走在前列[N].浙江时报,2020-07-28.

2017 年的 134607 元，折合 19936 美元，达到中等发达国家水平。尤其是近年来，杭州以“发展信息经济，推动智慧应用”的“一号工程”为引擎，加快推进新旧动能转换，成为“新经济”的代名词，为全省乃至全国探路新经济提供了生动鲜活的“杭州实践”。

5. 杭州：加快培育新经济新业态新模式

http://jxt.zj.gov.cn/art/2020/7/29/art_1562850_53457791.html

近年来，杭州市启动实施“六新”发展行动，加快布局以数字基建为核心的新基建，全面赋能和推进新消费、新制造、新电商、新健康、新治理，增强城市吸引力、创造力、竞争力，为上半年杭州经济发展走出“V”形反弹提供了重要动能。

6. 杭州究竟是不是中国“5G 第一城”？有答案

https://zj.zjol.com.cn/news/1546463.html

中国信息通信研究院组成移动网络质量测评小组，在全国除了北京与上海以外的十四大重点 5G 示范城市测试了 4G/5G 网络质量，重磅发布“2020 年十大城市重点场所移动网络质量评测排名”，在参评城市中选出了 5G 网络速率最佳城市、5G 独立组网最佳城市、5G 网络覆盖最佳城市。其中，杭州获评“5G 网络覆盖最佳城市”。在网络覆盖率上，杭州已成为“5G 第一城”，有了权威背书。此外，5G 网络速率最佳城市、5G 独立组网最佳城市则分别由兰州、深圳斩获。

7. 作为全球第一大港的宁波舟山港有多“硬核”？

http://www.chinaports.com/portlspnews/4628

宁波舟山港处于“丝绸之路经济带”和“21 世纪海上丝绸之路”交汇点，是中国外贸产业链、供应链畅通运转的关键之一，在共建“一带一路”、长江经济带发展、长三角一体化发展等国家战略中具有重要地位。

8. 绿水青山的安吉余村样本

http://news.youth.cn/sz/202004/t20200401_12266503.htm

这里是浙江省安吉县余村，国家 4A 级景区、全国文明村。2020 年 3 月 30 日下午，正在浙江考察调研的习近平专程来到这里。这也是时隔 15 年，他重回故地。这次，他发现了一个跟 15 年前不一样的余村，不仅环境美，还产业兴、百姓富。

浙江安吉余村风景区，这里才是真正的青山绿水，老百姓生活富裕（视频）

https://haokan.baidu.com/v?vid=11632310841058109177&pd=bjh&fr=bjhauthor&type=video

9. 加快动能转换 建设富强浙江

https://js.zjol.com.cn/ycxw_zxtf/201706/t20170620_4308516.shtml

浙江省第十四次党代会报告提出，今后 5 年“在提升综合实力和质量效益上更进一步、更快一步，努力建设富强浙江”。“富强浙江”是富民与强省的有机统一。我们要更加深刻地领会和把握“八八战略”中蕴含的优势论。如何形成浙江的新优势？就需要“突出创新强省,增创发展动能新优势”。

10.下姜村:梦开始的地方

http://m.haiwainet.cn/middle/3541908/2018/0522/content_31320397_1.html

“土墙房、半年粮,有女不嫁下姜郎”,这就是当年周边乡亲们心目中下姜村的写真;饥饿,长时间以来一直是下姜人挥之不去的梦魇。然而,在改革开放以来短短的几十年时间里,这个有着800多年历史的古村落发生了天翻地覆的变化,曾经的“穷脏差”已出落成今日之“绿富美”,且形成了精准脱贫的下姜模式。

11.脱贫究竟脱什么——读《心无百姓莫为官》

https://epaper.gmw.cn/gmrb/html/2019-06/19/nw.D110000gmrb_20190619_2-16.htm

12.“美丽乡村”棠棣村开建乡村振兴讲习所

https://www.sohu.com/a/251978733_267582

绍兴市首个国家级美丽宜居示范村——柯桥区漓渚镇棠棣村,2020年10月建成乡村振兴讲习所,为全国乡村振兴经验交流和推广搭建平台。

13.棠棣村:绍兴唯一的“浙江最美村庄”

https://zj.zjol.com.cn/news/204868.html

“无地不种花、无人不卖花”是棠棣村的真实写照。1979年,改革开放春风吹来,棠棣办起了当地第一个花圃,从此开启了创业致富之路。如今30多年过去,家家住进了小洋楼,开起了小汽车。

棠棣村简介(视频)https://v.qq.com/x/page/n0628415okb.html

社会主义核心价值观:民主

一、思政元素

民主平等与社会进步、社会主义民主、人民当家做主;立党为公、执政为民、群众路线;人格平等、公民权利、人民群众有序政治参与、民主监督、协商民主多层化;治国理政、治理现代化、社会治理的浙江经验、以人民为中心的发展、法治、德治与自治“三治融合”

二、案例解读

民主是近代西方思想启蒙的重要构成,也是人类社会现代化运动的核心价值,民主精神点燃了时代发展之光,照亮了文明进步之路。纵观近现代中国的演进历程,“民主”与“科学”是两面最闪耀的精神旗帜,指引了中国革命道路的前进方向,成就了中华民族迅速融入现代主流文明的宏图伟业。

浙江作为近代中国社会思潮最为活跃的地区,以其鲜明的地域文化精神掀起了狂暴激进的革命运动。“我以我血荐轩辕”(鲁迅)、“头可断,血可流,不达到目的,决不罢休!”(秋瑾)……展现了浙江人敢于批判、勇于斗争、崇尚民主、追求平等、积极进取的精神品格。案例《真理的味道——追求陈望道的思想足迹》叙述了革命先贤陈望道先生的故事,展示了那一代的青年先知先觉者为国家计、为民族义、为民众虑的理想情怀与睿智卓越、坚定执着、目标远大的精神风采。真理的光芒与信仰的力量,马克思主义、共产主义的民主理想,翻开了中国共产党人革命奋斗与民生幸福的历史新篇章。“望道精神”,薪火相传,民族希望!

社会主义民主的本质是人民当家做主,具体表现为人民群众的政治参与和利益实现。“民主”首先是现代国家治理的基本价值原则。民主协商、民主监督,“有事好商量”“大家的事情大家一起来”的“协商民主”已然成为浙江地方治理的重要经验。案例《同心勠力谋新篇:协商民主的浙江新探索》很好地诠释了“让民主的陀螺转起来”的政治理念。民主更多地还表现为政府的施政作风,即勤政廉政、务实为民。案例《“最多跑一次”改革:浙江经验,中国方案》就是近年来浙江人的新探索。

“民主”价值观还表现为要充分尊重人民群众的智慧和选择，尊重民情实际、因地制宜地建立基层民主自治体系。案例《坚持和发展新时代“枫桥经验”》阐释了枫桥人民几十年来摸索形成的法治、德治与自治的“三治融合”模式。新时代的“枫桥经验”折射了以人为本、务实亲民的执政品格。(撰写人:赵华兴)

三、案　例

2005年6月21日，时任浙江省委书记习近平同志在光明日报发表文章《弘扬“红船精神”　走在时代前列》，首次提出并阐释了“红船精神”，阐述了中国共产党的源头精神。红船劈波行，精神聚人心。红船，见证了中国历史上开天辟地的大事变，成为中国革命源头的象征。红船，一直接受着人们特别是共产党人的瞻仰。红船所代表和昭示的是时代高度，是发展方向，是奋进明灯，红船是铸就在中华儿女心中的永不褪色的精神丰碑。

真理的味道——追寻陈望道[①]的思想足迹(节选)

(2019年4月22日　《浙江日报》　作者:潘如龙)

20世纪20年代初春的一天，一个小伙子在家里奋笔疾书，妈妈给他送来粽子和红糖。这个小伙子埋头写书，吃得嘴上全是黑墨水。但是他浑然不觉，还说，“可甜了，可甜了”。这个人就是陈望道，当时他正在义乌家中，聚精会神地翻译《共产党宣言》。这个错把墨水当红糖吃的故事，习近平总书记在2012年11月29日参观《复兴之路》展览时讲述了之后，迅速传遍了大江南北。是什么让年轻的陈望道吃了墨水却浑然不觉，还说很甜呢？

思想的萌发　从教育救国到实业救国

早春时节，杏花初开。99年后同样的季节，笔者慕名前往义乌分水塘村，瞻仰陈望道故居和他当时翻译《共产党宣言》的柴房——当年他吃墨水的地方。

“柴房实际上是他们家的老屋，陈望道在这里翻译的时候，房子年久失修，四面漏风，很冷。”陈望道亲属、义乌市委党史研究室的陈祥有说，他妈妈给他准备了一个“烘炉子”，陈望道嫌其碍事，也没用；因为每天总是译到深夜，他心疼油用得太多，就将煤油灯的两根线抽掉一根。“若没有一种特殊的精神力量在支撑着他，那是很难想象的。”

“陈望道原名陈参一，‘望道’是他后来自己改的。”“望”可理解为展望、追求，

---

① 陈望道(1891—1977)，著名语言学家，中国共产党创始人之一，马克思主义理论的早期传播者，马克思的经典作品《共产党宣言》最早中文本的翻译者。

“道”即道路、道理、真理。说明他希望自己一直追求救国救民的真理。

早年的陈望道，先是笃信“教育救国”，认为救国首先要破除迷信、开发民智。他17岁就从县城绣湖书院回到村里开办村校，教育孩子。后来面对国弱民穷，他又产生了“实业救国”的思想，考入省立金华中学苦读数理化。他说，“当时有兴实业、重科学，希望国家富强的思想”。正是在这种思想驱使下，他一心想赴欧美学习先进的科学技术。

“想着出洋留学要拿大洋一畚箕一畚箕地往外倒，陈望道的父亲开始没有同意。”义乌市委宣传部副部长陈建英说，后来陈望道的父亲被儿子的志气和抱负感动，变卖了家里的100多亩水田支持陈望道留学日本。

留日期间，陈望道看到了曾给他带来希望的国内辛亥革命失败，看到了弱国小民身在异国的种种艰辛。这进一步激发了他的爱国热情，他积极参加留日学生组织的爱国活动。1917年俄国十月革命的胜利，强烈地触动了陈望道，他因此开始接触马克思主义新思潮，逐渐认识到救国不仅要兴办实业，还必须进行社会革命。

思想的演变　翻译《共产党宣言》　接受马克思主义

1919年五四运动爆发，受其感召，陈望道毅然返回祖国。他从日本带回来一些马克思主义的书，在一师（浙江省立第一师范学校）任教期间，继续研究马克思主义，对马克思主义有了进一步的认识。“陈望道不单研究新思想，还积极参与实践，支持和参加本校师生编辑的多种宣传新思想的刊物。”高利说，他还指导学生施存统撰写了《非孝》一文，主张平等的“爱”，反对迷信的、形式主义的“孝”。曹聚仁在《我与我的世界》里说，《非孝》“只是一个吓人的题目，内容很平凡，只是说伦理要相对地推行”。没有想到该文在《浙江新潮》第二期上发表后，竟引发了轰动全国的浙江“一师风潮”。当局责令校长开除作者，并借题发挥要撤职惩办“四大金刚”①。

“一师风潮”的洗礼，让陈望道深刻地认识到，所谓除旧布新并不是不推自倒、不招自来的轻而易举的事情，而是要进行艰苦卓绝的斗争，需要进行制度的根本改革，否则一切改良措施都是劳而无功的。从此，陈望道进一步深入研究并接受了马克思主义，终于由一名激进的民主主义者转变为马克思主义者。后来，陈望道回到故乡义乌分水塘村，开始翻译《共产党宣言》。他满腔热情、全身心地投入这本让其他人望而却步的经典之作的翻译，也难怪他错把墨水当红糖吃而全然不知了。

1920年8月，《共产党宣言》全译本在上海公开出版，这是中国共产党人“开天辟地”、创造历史的思想起点。许多有识之士对《共产党宣言》中译本的出版交口赞誉。鲁迅就曾称赞说：“现在大家都议论什么‘过激主义’来了，但就没有人切切实

---

① 陈望道与刘大白、夏丏尊、李次九四位国文教员志同道合，提倡新文学白话文，提倡解放思想，反对尊孔读经，却被诬称为“四大金刚”。

实地把这个‘主义’真正介绍到国内来,其实这倒是当前最紧要的工作。”

毛泽东曾在1936年对斯诺说过,有三本书使他建立起对马克思主义的信仰,其中之一是陈望道翻译的《共产党宣言》。他还说,《共产党宣言》他看了不下一百遍,遇到问题就翻阅——每阅读一次都有新的启发。在当代,《共产党宣言》仍然是中国共产党的理论基础,是激励和鼓舞中国共产党人不忘初心、牢记使命的精神源泉。

思想的传承　从马克思主义到当代中国马克思主义

“我信仰共产主义终身不变,愿为共产主义事业贡献我的力量。”作为党的创始人之一,陈望道1923年对沈雁冰说的这句话,生动地诠释了共产党人的初心——为人民谋幸福、为民族谋复兴。

后来,中国共产党人就是把马克思主义基本原理与中国革命、建设和改革的具体实际结合起来,才使中国走上了一条强国富民的康庄大道。陈望道的老家——义乌市的发展,就是其中的一个突出例子。

“义乌人身上有那么一股劲。”无论是革命年代,还是改革时期,义乌人都勇于坚守,敢于创新,通过不断改革,创造了数不胜数的传奇故事,产生了许许多多令人目不暇接的“首创”和“第一”。2006年6月8日时任浙江省委书记习近平同志称赞义乌的发展是过硬的,是“无中生有”的发展、“点石成金”的发展,要求全省深入学习推广义乌的发展经验,激发广大干部群众创业创新求发展的积极性和创造性。

以人民为中心的发展思想是对马克思主义理论的继承和创新。陈望道的坚守、义乌的传承,是现当代中国共产党人思想演变的一个生动注脚;人民立场是习近平新时代中国特色社会主义思想的根本政治立场,近年来浙江从“最多跑一次”到“三服务”活动的行政改革,正是贯彻“以人民为中心”的发展思想的生动实践。

同心勠力谋新篇:协商民主的浙江新探索(节选)

(2017年9月28日　浙江新闻客户端　记者:吕玥)

每有大事,必相协商。在浙江,民主协商已成常态。省委一系列重大决策都是通过充分发扬民主、广泛听取意见的过程最终出炉的,是为浙江发展谋篇布局。

在浙江省第十四次党代会召开前夕,省政协召开常委会会议,围绕省党代会的重大决策开展专题政治协商。共提出了10个方面66条协商意见和建议,其大多数都被吸纳了。

协商就要真协商,协商于决策之前和决策之中,从制度上保证协商成果落地,使决策和工作更好地顺乎民意、合乎实际。

这也是浙江5年来一直探索实践的重点。2014年,省委、省政府、省政协在全国率先联合制定年度协商工作计划，此后连续4年印发，并且每年将制定实施政治协商计划列入省委常委会工作要点；同年，省委办公厅、省政府办公厅在全国率先制定了《关于加强省直党政部门同省政协专门委员会和界别对口联系工作的意见》；2015年，中央下发《关于加强社会主义协商民主建设的意见》和《关于加强人民政协协商民主建设的实施意见》后，省委再次组织开展政协工作专项督查，分别制定出台相关意见。

浙江政协努力寻找党政所需、群众所盼、政协所能的结合点和着力点，开展“系列民生”履职工作，“浙江政协·民生论坛”应运而生。每场论坛聚焦一个切口小、关注度广的民生问题，搭建了政协委员、界别群众与党政部门面对面协商交流的常态化平台。省政协委员张跃进一直记得，在关注“切实保护残疾人合法权益”的第31次民生论坛上，他提出要注重建管结合，整合各方力量，加强制度建设，统筹规划无障碍设施发展。2017年8月，省政府残疾人工作委员会出台《浙江省无障碍社区创建考核办法》，明确提出2017年至2020年全省创建300个省级无障碍社区。全省上下更加致力于改进残疾人的生活居住环境。

省政协每年5月开展的以送文化、卫生、科技、教育、法律、体育下乡为主要内容的省政协委员“走进基层、走进群众”活动月，先后深入30个县(市、区)，实现对26个原欠发达县全覆盖，累计举办各类服务活动300多场次，受益基层群众达8万余人次。近年来省政协还着力完善协商议政格局，持续深化专题政治协商，注重协商前开展深度调研、协商中采取按会议专题分组协商讨论，大量意见建议被采纳到一份份针对问题、解决问题的浙江方案中，助推浙江经济社会发展继续勇立潮头。

“最多跑一次”改革：浙江经验，中国方案

(2018年4月12日　《浙江日报》第7版“观点”)

浙江不仅是改革开放的先行地，而且不断先行先试，始终走在前列。“最多跑一次”就是改革的最新成果，还在推进中。省委书记车俊多次说起这项改革的缘起，它非常值得挖掘。目前，我国经济发展中的原有成本优势逐渐丧失，新的独特性竞争优势尚未全面确立，深化改革，就是要增创市场有效、政府有为、企业有利的体制机制新优势。

第一，我国改革开放经历了40年，与全球范围内的政府改革运动大体同步。为什么说“最多跑一次”改革是我国40年政府改革和全球政府改革运动的最新成果呢？以往政府改革都是政府中心主义的，“最多跑一次”改革的主语不是政府了，是老百姓。它以人民群众的体验感、获得感、满意度为出发点，倒逼政府机构的流程再造。这些变化对现代政府具有重要的借鉴意义。20世纪80年代的全球政府

改革运动,又称新公共管理运动,它强调以企业家精神来改革政府,以私人部门的经验改革政府,把人民群众当作顾客。“最多跑一次”改革赋权群众、企业倒逼政府改革,真正落实以人民为中心的发展思想。相比较而言,这项改革不仅体现出回应人民需求、提升行政效率的取向,而且更加体现出行政改革的公共性。

第二,“最多跑一次”改革需要实现从1.0版到2.0版的升级。这里的总体思路在于,加强省级层面的顶层设计,集中力量构建统一协调、互联互通的政务服务体系,探索政务服务“零上门”机制,撬动各级各部门减权、放权、治权,使全省政务服务体系从“一窗受理、集成服务”的线下模式,向线上线下并行,最终实现“网上办事”的线上服务为主,“一窗受理、集成服务”的线下模式为辅的政务服务供给格局。

需要指出的是,“信息孤岛”是制约“最多跑一次”改革向纵深发展的重点和难点问题,解决这一问题的关键在于协调。在现阶段,“信息孤岛”的背后既不是技术问题,也不是权限问题,而是在跨部门协调过程中产生的管理问题。要解决各部门、各地区条块割裂、系统林立的现象,关键在于加强“最多跑一次”改革的顶层设计,建立全省统一的市场准入标准、政务服务标准,及时总结、推广实践有效的地方经验。加强顶层设计并不是压缩地方差异化探索的空间,而是旨在规范、引导各地实践,建立跨部门、跨地区、跨层级的工作协调机制,为“最多跑一次”改革从点上突破到面上推广创造支持性条件。

第三,充分发挥“最多跑一次”改革的撬动效应。这项改革的起因就是为了抓住政府改革这个“牛鼻子”,现在“牛鼻子”抓住了,接下来就要让“整头牛”动起来。目前,省委、省政府已经明确提出,在深化“最多跑一次”改革的同时,在“撬”字上狠下功夫,统筹推进重要领域和关键环节的改革取得重大突破,不断放大“最多跑一次”改革对全面深化改革的牵引作用。我们要着力开展经济体制、社会体制、权力运行体制改革,通过这些改革,降低体制成本,增创体制机制新优势。

第四,“最多跑一次”改革为浙江发展闯关,也为全国改革探路。这一探路,首先需要及时总结浙江改革的宝贵经验,使其可在不同地区推广、拓展。事实上,这项改革已经产生了重要影响,已有多个省市开展了类似的改革。2018年1月,中央全面深化改革委员会审议了《浙江省“最多跑一次”改革调研报告》并予以肯定。2018年3月,“最多跑一次”被正式写入政府工作报告。可以预期,接下来的拓展会更快更广。研究这项改革的影响,比较、借鉴各地的先进经验,有利于我们把这项改革进一步深化、完善,也有利于浙江经验助力国家治理体系与治理能力现代化。

坚持和发展新时代"枫桥经验"(节选)

(《求是》2018 年第 23 期　作者:马卫光)

今年是毛泽东同志批示学习推广"枫桥经验"55 周年。20 世纪 60 年代初,浙江诸暨枫桥的干部群众在社会主义教育运动中创造了"发动和依靠群众,坚持矛盾不上交,就地解决,实现捕人少、治安好"的"枫桥经验"。1963 年,"枫桥经验"经毛泽东同志批示后在全国推广,55 年来历久弥新、经久不衰,成为我国政法综治战线的一面光辉旗帜。

习近平同志高度重视坚持和发展"枫桥经验"。2003 年在浙江工作时,他明确提出要充分珍惜"枫桥经验",大力推广"枫桥经验",不断创新"枫桥经验"。党的十八大以来,习近平总书记提出了一系列社会治理的新理念、新思想、新战略,特别是对坚持发展"枫桥经验"做出重要指示,要求把"枫桥经验"坚持好、发展好,把党的群众路线坚持好、贯彻好。这些年来,绍兴全市上下在习近平总书记重要指示精神指引下,传承弘扬、创新发展"枫桥经验",在促进经济、社会和人的全面发展,推进基层治理体系和治理能力现代化等方面进行了新的探索,取得了新的成效。

坚持党建引领,确保基层社会治理的正确方向。中国特色社会主义最本质的特征是中国共产党领导,中国特色社会主义制度的最大优势是中国共产党领导。这些年来,我们充分把党的领导与"枫桥经验"的基本精神紧密结合起来,贯穿于基层改革、发展、稳定的全过程,把党的基层组织作为创新社会治理的"主心骨",大力加强基层党建工作,强化党组织的政治引领、组织引领、能力引领、机制引领,有效整合基层力量资源,积极创新"党建+"模式,探索基层党建新做法。坚持把党建作为引领发展、推进基层治理的"牛鼻子",深入实施"党建+基层治理四平台""党建+乡村振兴""党建+两新组织""党建+流动人口管理服务""党建+阵地建设",推行党建工作清单制,每年制定党建工作责任清单、任务清单,并与中心任务、重点工作紧密结合,使党建工作"脱虚向实"、责任层层落实。实践证明,党的领导是坚持发展新时代"枫桥经验"的根本保证,必须推动基层党建与基层治理有机衔接,把党组织的服务管理触角延伸到社会的每个末梢,实现党领导下的政府治理和社会调节、居民自治良性互动。

坚持人民主体,认真践行党的群众路线。发动和依靠群众是"枫桥经验"的精髓所在、灵魂所在,是党的群众路线在社会治理中的具体体现和实现形式。这些年来,我们始终坚持以人民为中心,把每年新增财力的三分之二以上用于民生,让群众更好地共享改革发展成果。坚持既要依靠群众、更要为了群众,用脚步丈量民情,在密切党群、干群关系上下功夫,点对点、面对面地做群众工作,着力打通联系群众、服务群众的"最后一公里"。从 2003 年起,绍兴市坚持实施领导干部接访下访制度,就地化解矛盾纠纷,形成了"干部多下去,信访少上来"的良好局面,历年信访积案化解率超过92%,居全省第一,2017年成为全省唯一“零非访”城市,2018年前10个月继续保持“零非访”。

坚持“三治融合”,积极创新基层善治路径。“枫桥经验”产生之初,主要依靠思想政治工作结合民间自治传统来解决基层矛盾纠纷。随着社会结构的深刻变动和利益格局的深刻调整,必须探索更加有效的治理模式来适应日趋多元的利益诉求。这些年来,我们深入推进基层法治,积极创建民主法治村,实现“一村一律师”全覆盖,法治理念全面融入基层治理实践。依据《村民委员会组织法》制定了“乡村典章”——《石磁村典章》,对集体土地、资产、工程、财务等事项予以细化明确,实施后矛盾纠纷明显减少,法治化程度不断提高。积极践行基层德治,挖掘当地深厚历史文化蕴含的德治理念,发挥道德在基层治理中的引领、规范和约束作用,提高全社会的道德水准,在更高的水平上促进社会和谐稳定。有的村多年来无刑事民事案件、无出村上访事件,村民安居乐业。实践证明,自治、法治、德治“三治融合”是坚持发展新时代“枫桥经验”的重要路径,必须加强“三治融合”体系建设,夯实自治这个基础,强化法治的保障作用,发挥德治的引领作用,更好地实现基层善治。

坚持“四化并举”,着力促进治理成效升级。以互联网技术为代表的新技术发展对社会治理提出了新挑战,也为“枫桥经验”注入了新的时代元素。这些年来,我们积极探索“科技+”“互联网+”社会治理创新模式,全力打造“枫桥经验”升级版,提高社会治理社会化、法治化、智能化、专业化水平。积极发展城乡基层生活服务类、公益事业类、慈善救助类、专业调处类等社会组织,充分发挥它们在维护公共利益、救助困难群众、化解矛盾纠纷、维护社会稳定中的重要作用。加强预测、预警、预防工作,推动关口前移、力量下沉,深化“网格化管理、组团式服务”,确保问题隐患及时发现、及时处置,绝大部分纠纷在乡镇以下解决。坚持人防、物防、技防、心防“四防齐抓”,加快建设立体化、信息化社会治安防控体系,建立社会治理数据库,全面建成“雪亮工程”,用科技手段破解过去用道德、行政、法律手段解决不了的难题。坚持“用不同的钥匙开不同的锁”,健全完善大调解体系,在交通、医疗、劳资、环保、拆迁等领域建立专业调解组织,高效化解矛盾纠纷。实践证明,“四化并举”是坚持发展新时代“枫桥经验”的重要手段,必须把“枫桥经验”的基本精神与现代治理理念结合起来,更好地把制度创新和科技创新成果转化为基层治理效能。

坚持共建共享,不断优化社会治理格局。“枫桥经验”诞生、发展、深化的过程,反映出中国社会治理模式和治理格局的变化过程,“谁来管、怎么管”“谁来治、为谁治”这一基本问题,不断创新全社会共同参与社会治理的制度机制和载体,着力构建维护社会平安稳定的“命运共同体”和共建共治共享的社会治理格局。坚持统筹联动、开放共治的理念,积极探索“契约化”共建,推动机关企事业单位与社区党组织以“协议+清单”形式共同推进社会建设和管理,形成人人参与、人人尽力、人人享有的良好局面,增强基层治理的协同性、整体性、实效性。

四、链　接

1. 习近平谈人民民主:治不必同,期于利民

http://politics.people.com.cn/n/2014/0923/c1001-25715878.html

民主不是装饰品,不是用来做摆设的,而是要用来解决人民要解决的问题。社会主义协商民主应该是实实在在的,而不是做样子的;应该是全方位的,而不是局限在某个方面的;应该是全国上上下下都要做的,而不是局限在某一级的。协商就要真协商,真协商就要协商于决策之前和决策之中,从制度上保障协商成果落地,使决策和工作更好地顺乎民意、合乎实际。

2. 协商民主:人类政治文明的中国智慧

http://theory.people.com.cn/n1/2019/0920/c40531-31363255.html

社会主义协商民主深深植根于我国的文化沃土,贯穿于中国特色社会主义民主政治全过程,在中国大地上茁壮成长。在中国共产党领导下,社会主义协商民主为人民当家做主提供重要途径。随着其在国家治理中独特作用的充分发挥,社会主义协商民主将日益彰显更大优越性。

3. 办"民生"实事须先听"民声"——浙江推行民生实事项目人大代表票决制度

http://www.xinhuanet.com/local/2018-01/24/c_1122308655.htm

民生实事项目人大代表票决制,让政府决策由"为民做主"变为"让民做主",人大监督由"事后跟进"变为"全程参与"。

4. 协商民主的温岭实践

http://www.rmzxb.com.cn/c/2018-12-18/2244464.shtml

温岭的民主恳谈会,被称为从泥土里生长出来的"民主载体",是中国民主发展的一个缩影。

温岭:20年"民主恳谈"百姓最有发言权——(视频)

https://3g.163.com/v/video/VMDDB47P6.html? referFrom=

5. 新中国第一个居委会——上羊市街社区的改革开放之路:探索社区居民自治之路 推进基层民主法治建设

http://www.hzsc.gov.cn/art/2018/11/7/art_1267768_23362823.html

新中国成立的时候它诞生了。1949年10月23日,一个经过民主选举、内部实行"委员会制"民主管理的基层居民组织——新中国第一个居民委员会上羊市街居民委员会诞生了,一个新的历史坐标由此开始延伸。它是民主选举的见证,是新中国基层民主法治建设的起点。改革开放后,上羊市街社区顺应历史潮流,历经自治体制的变异、恢复、探索、确立和创新发展阶段,打造适合居民、社区、社工的自治模式。

6. 实现民主的“中国路径”

http://cpc. people. com. cn/18/n/2012/1101/c351073-19458531. html

在世界历史进程中，无论是俄罗斯的“休克疗法”，还是拉丁美洲的“激进改革”，抑或是非洲国家复制美国的政治制度导致社会动荡，都在证明这样一个共识：简单复制西方的民主模式会水土不服，导致混乱，好的民主首先应当符合本国国情，民主的实现形式因国情不同而富有多样性。中国的民主发展正是循着这样的务实路径，立足国情、关注民生、增量改革，在“坚持体制、创新机制”中探索实现民主的具体途径。

7. 杭州——基层协商民主起来

https://hzdaily. hangzhou. com. cn/hzrb/html/2014-10/04/content _ 1811729. htm

“我们的职责就是通过协商民主解决民生问题，构建和谐邻里关系，帮助需要帮助的人。”紫阳街道上羊市街社区“邻里值班室”值班员叶红这样解释值班室的作用。

8. 浙江：民主聚人心法治促和谐 打造乡村治理经验样本

https://baijiahao. baidu. com/s? id=1683403099984437789&wfr=spider&for=pc

村民说事是村民想在一起、干在一起的好载体，是践行党的群众路线，创新基层社会治理，促进社会和谐稳定，加强廉政建设的有效举措。

9. 疫情之下的大数据与基层治理

https://baijiahao. baidu. com/s? id=1667198334667090286&wfr=spider&for=pc

基层数字化治理模式可为共治、法治、自治、精治、智治提供服务。网格化社会治理，就是把基层社区划分成若干责任网格，将人、地、物、事、组织及状况、动态信息等全部纳入具体网格的一种基层治理模式。

10. “枫桥经验”如何成为基层治理“金字招牌”？五大秘诀是关键！

http://www. xinhuanet. com/legal/2018-11/13/c_129992362. htm

“枫桥经验”形成于社会主义建设时期，发展于改革开放新时期，创新于中国特色社会主义新时代，经历了从社会管制到社会管理再到社会治理经验的两次历史性飞跃。实践充分证明，“枫桥经验”是党领导人民创造的一整套行之有效的社会治理方案，是新时代政法综治战线必须坚持、发扬的“金字招牌”。

“枫桥经验”的四川实践(视频)

http://news. cctv. com/2018/11/05/VIDEZZRylbczj00IRU 6m2FNa181105. shtml

11. 民主政治建设的浙江经验

https://zjnews.zjol.com.cn/zjnews/zjxw/201706/t20170602_4157822.shtml

新时期新阶段，浙江省在各项事业的建设过程中注重优化治理体系、强化治理能力，不断推进地方治理模式的转型升级，大大增强了浙江省政治发展的有效性和创新性。实践证明，在推进各项具体事业发展中加强民主政治建设，切实保障人民群众实质性的民主权益，是浙江省政治建设与政治发展的一条重要经验。

12. "和"与"和合文化"

https://epaper.gmw.cn/gmrb/html/2012-03/28/nw.D110000gmrb_20120328_4-12.htm

"和"字，曾被网民推选为2010年"最中国"的汉字。它既关乎中华文化的宏旨，又深刻影响了中国人的思维方式。英国哲学家罗素指出："中国至高无上的伦理品质中的一些东西，现代世界极为需要。这些品质中我认为和气是第一位的。"

社会主义核心价值观:文明

一、思政元素

中国特色社会主义制度优越性、“绿水青山就是金山银山”理念、现代化、新发展;软实力、国民素质、社会风尚、浙江精神;科学素养、人文素养、公序良俗、美好生活

二、案例解读

文明,在现代汉语中,作为名词——通常指人类在认识和改造客观世界和主观世界的过程中所取得并逐渐积累下来的有利于认识和应用客观世界,符合人类精神追求,能被绝大多数人认可和接受的物质成果与精神成果的总和;作为形容词——通常用于比较,指更高级的一种社会状态或生活状态。广义来说——既包括人类所创造的物质方面的成果总和,也包括精神方面的;狭义来说——仅仅指向精神等形而上方面的成果总和。

浙江是中国革命红船的起航地,是中国改革开放的先行地,也是习近平新时代中国特色社会主义思想的重要萌发地;现在,又要努力成为新时代全面展示中国特色社会主义制度优越性的重要窗口。多年来,浙江人民求真务实,积极探索,大胆创新,走出了一条具有时代特征、中国特色、浙江特点的改革发展之路。作为“三地一窗口”的新时代浙江,被赋予了新的目标、新的使命,浙江改革发展有了新的历史定位、新的目标航向。新时代浙江要“秉持浙江精神”,“干在实处永无止境,走在前列要谋新篇,勇立潮头方显担当”,锚定目标航向,完成历史使命,确保交出高水平全面建成小康社会、高水平开启社会主义现代化建设新征程的高分答卷。

在以下案例中,浙江始终把“文明”摆到突出位置,深入挖掘浙江“三个地”蕴含的丰厚精神资源,大力弘扬“红船精神”“浙江精神”,坚持把文明培育贯穿创建全过程。《2021年浙江省政府工作报告》总结了过去5年浙江文明建设的基本成就,展望了“十四五”期间的发展趋势与基本目标。多年来,浙江省以“文明创建”为核心,成为全国第一个全省地市全部通过文明考核的省域。

在文明实践过程中，浙江大力推进“文明城市”“文明乡村”“文明社区”“文明企业”“文明家庭”等各个层面的创建活动，大力推进“文明出行营造”“文明抗疫推进”“文明餐饮服务”等系列主题的创建活动，体现了“文明城市创建的浙江韵味”。

在《浙江绍兴：“疫”线竞绽文明花》《孝暖之江 德润人心——第九届“浙江孝贤”颁奖仪式举行》等案例中，围绕社会文明发展、围绕家庭和个体的文明塑造，浙江深化“最美浙江人”品牌建设，常态推进“时代楷模”“道德模范”“身边好人”等培养和树立工作，推动形成“发现最美、学习最美、争做最美”良好氛围。在《诸暨依托移风易俗建立关爱基金　村风民俗悄然改变》《浙江长兴：多维度打通新时代文明实践服务群众“最后一公里”》等案例中，全省着眼文明的“神经末梢”，聚焦人民的日常生活，以人民喜闻乐见的方式，将历史、文化、艺术、精神文明等元素，融入文明细胞创建，使背街小巷、老旧楼道在美景、历史与情怀中焕发新活力，推动各地自我加压、自我鞭策、自我提升。以“担当新使命、争做排头兵”的姿态，奋力打造与“三地一窗口”相适应的文明高地。（撰写人：班瑞钧）

三、案　例

2021年浙江省政府工作报告（“文明”部分节选）

（2021年2月1日　浙江新闻）

各位代表！2020年主要目标任务的完成，标志着“十三五”发展胜利收官。五年来，我们深入学习贯彻习近平新时代中国特色社会主义思想，认真贯彻党中央决策部署，攻坚克难，砥砺奋进，高水平全面建成小康社会取得决定性成就。经济总量跃上6万亿元台阶，年均增长6.5%；一般公共预算收入从2015年的4810亿元增加到7248亿元，年均增长8.5%；城镇和农村居民收入分别跨上6万元、3万元台阶，年均分别增长7.5%、8.6%；人均预期寿命由78.3岁提高到79.2岁；群众安全感满意率稳定在96%以上。

这五年，我们全面践行创新发展理念，发展动能和质量显著提升。全省研发经费支出占生产总值的比重从2.3%提高到2.8%，高新技术企业从6437家增加到22158家，高新技术产业增加值占规上工业的比重从37.2%提高到59.6%，创新型省份建设走在全国前列。数字经济领跑全国，核心产业增加值占比达到10.9%，规模以上工业亩均增加值从93.9万元提高到136万元，亩均税收从18.7万元提高到27.5万元。“最多跑一次”改革和政府数字化转型取得重大突破，浙江成为审批事项最少、管理效率最高、服务质量最优的省份之一。

这五年，我们全面践行协调发展理念，城乡区域协调发展水平不断提升，城乡面貌日新月异，常住人口城镇化率从65.8%提高到71%，率先基本实现城乡同质饮水,低收入农户同步迈向高水平全面小康,城乡居民收入倍差从2.07倍缩小至1.96倍。新增高速公路1179公里、高铁325公里,实现陆域"县县通高速","四好农村路"建设成为全国示范。山区绿色发展、生态富民步伐加快,26县中有18个县经济增速高于全省平均,25个县城乡居民收入增速高于全省平均。

这五年,我们全面践行绿色发展理念,生态环境质量明显提升。美丽浙江建设持续推进,提前三年完成消除劣Ⅴ类水质断面任务,设区城市空气质量优良天数比例提高9.5个百分点,万元生产总值能耗从0.45吨标煤降至0.37吨标煤,森林覆盖率上升至61.2%,浙江山更青、水更绿、天更蓝、地更净,成为首个通过国家生态省验收的省份。"千万工程"获联合国地球卫士奖。

这五年,我们全面践行开放发展理念,对外开放能级加快提升。出口占全国份额提高1.9个百分点,累计实际使用外资656亿美元,增长38%。自贸试验区获批建设并实现赋权扩区,油气全产业链加快形成;跨境电商综试区实现设区市全覆盖,交易额居全国第二。宁波舟山港货物和集装箱吞吐量稳居全球第一和第三,机场旅客吞吐量突破7000万人次。G20杭州峰会及多届世界互联网大会成功举办,极大提升了浙江的国际影响力。

这五年,我们全面践行共享发展理念,人民群众获得感稳步提升。实现"两不愁三保障"突出问题、家庭人均年收入8000元以下情况、集体经济薄弱村"三个清零",最低生活保障标准平均从每月农村570元、城镇653元,提高到城乡同标886元。学前3年到高中段的15年教育普及率达99%以上,高等教育毛入学率由56%提高到62.4%。人民群众精神文化生活更加丰富。结对帮扶的省外80个贫困县如期实现脱贫"摘帽"。

文明城市创建的浙江韵味

(2020年9月14日　浙江文明网)

2020年6月初,中央文明办(中共中央精神文明建设指导委员会办公室,简称"中央文明办")公布全国2019年文明城市创建年度测评成绩,28个省会、副省级全国文明城市复评,浙江省杭州、宁波位列第二、第四名,113个全国文明城市提名城市年度测评,浙江省金华、衢州、舟山位列第一、第四、第九名,双双进入全国前十。

近年,在各大媒体上,在各类网络中,在微信朋友圈经常能看到或听到对杭州城市的赞美。一个叫Hekiyos的网民说:"去了4次杭州,然后就觉得被温柔了101次。"

不仅在杭州,浙江的其他城市也有很多温暖的故事、赞美的词句频频出现在媒体上。国内外游客来到浙江充分感受到浙江城市的环境美、人文美、风尚美、创业美、和谐美、生活美、制度美。浙江城市的美丽蜕变,饱含着文明城市创建不断深化的成效积累。

在浙江的各类培训班中,越来越多的外省市、县来浙江开设文明城市创建专题培训,学习浙江的文明城市创建经验做法。

20多年前,浙江根据中央文明委(中共中央精神文明建设指导委员会,简称“中央文明委”)的部署要求,全面开展文明城市创建,从竞赛制到申报制,从设区市到县(市、区),从“文明城市”创建到“示范文明城市”创建,到覆盖农村在内的整个区域的“文明县市区”创建,再到“全国文明城市”创建,一步一个脚印,一期一个目标,一任接着一任创,文明城市创建成为持续时间最长、综合程度最高、党委政府最重视、人民群众最受欢迎的载体,呈现出领导有共识、群众有呼声、活动有载体、创建有特色、工作有举措、经常有点赞的整体推进的良好发展态势。

…………

目前,全省11个设区市有8个获得全国文明城市荣誉称号,其余3个跨入全国文明城市提名城市行列,是全国文明城市比例最高的省份之一;全省90个县(市、区)中有6个县(市)获得全国文明城市,15个县(市)跨入全国县级文明城市提名城市行列;全省所有县(市、区)全部创建成“浙江省文明城市(县城、城区)”,68个县(市、区)实现了“浙江省示范文明城市(县城、城区)”目标,21个县(市、区)获得“浙江省文明县(市、区)”荣誉称号。

实现一个创建目标,就推进经济社会发展上一个台阶,文明城市创建的认识也得到一次升华:城市间的竞争,表面上看是经济的竞争,但实质上是文化的竞争、文明的竞争、人文的竞争。大家都认准了这样一个道理:开展文明城市创建活动,不断提高市民文明素质和城市文明程度,是实现经济社会持续快速发展的“资本积累”的有效手段;开展文明城市创建活动,不断深化城市管理理念,提高城市管理水平,是解决城市空间急剧扩张带来的“城市病”采取的重要举措;开展文明城市创建活动,不断完善健康向上的精神家园,着力丰富市民的精神文化生活,是实现以文化人,打造文化高地、文明高地的有效载体。

文明城市创建“为加快经济发展打基础、为繁荣先进文化筑平台、为提升人民生活品质办实事、为提高工作档次做示范”的共同认识,在各级领导干部中牢固确立。

浙江绍兴:“疫”线竞绽文明花

(2020年3月12日　绍兴文明网)

突如其来的新冠病毒肺炎疫情,无疑是检验浙江绍兴文明创建成效的一次大考。

为答好这场疫情大考的“文明卷”,绍兴市认真贯彻落实中央、省委决策部署,充分发挥精神文明建设工作密切联系群众的组织优势和阵地优势,有针对性地开展精神文明教育,积极开展志愿服务活动,强信心、暖人心、聚民心,不断凝聚抗击疫情的“文明力量”。

宣传引导全覆盖,凝聚正能量

多年未用的大喇叭又响了起来,各式“土味”标语挂满了街头巷尾……在疫情防控的关键时期,在全市各地的大街小巷、社区村居,针对疫情防控的宣传铺天盖地,无处不在。

面对严峻复杂的疫情形势,绍兴市迅速吹响了疫情防控宣传的集结号。市文明办迅速下发《关于在打赢疫情防控阻击战中有针对性地开展精神文明教育的实施方案》,组织各区、县(市)和有关部门利用各种资源和手段进行广泛宣传。从城市到乡村、从空中到地面、从线上到线下,迅速构建起一张全方位、立体式疫情防控宣传网。

“捂好口,勤洗手,不往人多地方走……”防疫期间,在诸暨市枫桥镇,“红枫义警”“枫桥大妈”的声音总会准时响起,用一句句亲切的方言,让村民足不出户便能了解疫情动态,增强防范意识。

除了用好“老办法”,各地还积极创新宣传方式,高招频出。

柯桥、上虞、嵊州等地利用无人机搭载大喇叭,以“空中喊话”的方式,到社区、小区等人员密集区域轮流播放疫情防控宣传知识;越城区在社区居民间建立微信群,开展“线上宣讲课堂”,把疫情防控的大道理变成小故事,让群众愿意看、看得懂。

改编越剧、绍剧、莲花落……广大文艺工作者、农村文化礼堂管理员也都充当起了疫情防控“宣传员”,用接地气的表达方式,呼吁大家从自身做起预防病毒。

特殊时期,网络宣传成为绍兴市疫情防控宣传的主阵地。市委宣传部(文明办)统筹报纸、电视、移动客户端、微信、微博等融媒体矩阵,以数字报、短视频、H5、微信图文等形式,发布权威信息,介绍防疫妙招,及时粉碎谣言。“越牛新闻”H5的《共同战“疫”我承诺》、越城区的《“八步法”闭环管理》短视频等,成为近期活跃在群众指尖的融媒爆款。

此外,市文明办还相继推出各类疫情防护、复工复产公益广告。全市日均投放电子屏1.3万余个、滚动播放短视频15万个、播放文字图片150余万条次,以强大的宣传声势,让群众增长战“疫”知识,提升战“疫”底气,增强战“疫”信心。

先锋模范冲在前,甘当逆行者

疫情来势汹汹,绍兴市以“机关党员+基层单位+社会组织”为核心的志愿服务群体迅速响应号召，积极投身于疫情防控志愿服务。

哪里有需要，哪里就有志愿者。爱心捐助、检查登记、政策宣讲、物资分发、心理疏导、物品代购……疫情伊始，市本级154名机关党员干部组建了应急"突击队"，支援高速口、复工企业等疫情防控一线；近5000名党员到居住地社区报到，接受社区党组织的统一调配；全市各级新时代文明实践中心、站、所三级单元2200余个点位、8000余支在册志愿者队伍全动员，无数普通志愿者舍小家顾大家，自发行动起来，为前线"战士"添补给，为后方群众送温暖，成为基层联防联控、群防群控的一支生力军。

这些在城乡涌动的"红马甲"，尽管职业不同、年龄不同、口音各异，却共同用行动默默诠释着"奉献、友爱、互助、进步"的志愿精神，践行着"党委政府有需要，人民群众有需求，志愿服务勇担当"的承诺，点亮了绍兴，温暖了民心。

绍兴是一座大爱之城，市民善良，好人众多。在这场战"疫"中，绍兴市各级道德模范和身边好人充分发挥示范带头作用，义无反顾地"逆行"在抗击疫情前线。他们或做宣传疫情防控知识的宣传人，或做捐资捐物的爱心人，或做守望互助的暖心人，传递出坚决打赢疫情防控阻击战的"好人力量"。

"中国好人"、嵊州市甘霖镇村嫂沈红平开了一家"两头门"冠军小笼包店，她把自己做的爱心包子，送给在高速道口、村卡口、派出所等地值勤的工作人员，累计送出4万多个；"浙江好人"、柯桥区战狼救援队队长濮钢强主动请缨，参与绍诸高速兰亭道口和谢庆公路检查站24小时值勤检查……在这些榜样的引领下，越来越多的人冲锋在前，甘当"逆行者"。

截至目前，市文明办已授予5个团队和10名个人"抗疫行动中的绍兴好人"荣誉称号，有力推动了全社会形成尊崇抗疫典型、学习抗疫典型的浓厚氛围。

爱心暖心在接力，吹拂文明风

共抗疫情，各级文明单位义不容辞。

市区26个窗口文明单位在疫情防控期间设置"爱心暖柜"，每天为各类户外劳动者提供爱心暖食。人民银行绍兴市中心支行组建抗疫青年突击队，全力推进央行专项再贷款增量扩面，已为104家重点防疫企业提供资金43.39亿元。全国文明单位浙江大公律师事务所专门成立了应急法律服务队，为企业提供法律援助20多场次。全国文明校园鲁迅小学开展"携手抗疫"在线义卖活动，将4.03万元善款全部捐赠给市人民医院用于抗击疫情。

…………

越是关键时刻，越显担当作为。自疫情阻击战打响以来，绍兴市各级文明单位、文明校园、文明村镇迅速集结，组成战"疫"一线坚不可摧的"文明战队"，发挥自身专业优势，创新机制措施，全面投入疫情防控、复工复产等工作的第一线。

疫情的发生,给市民的健康生活习惯敲响了警钟,群众性精神文明建设至关重要。市文明办以疫情防控为契机,要求在疫情防控期间严格按照“喜事停办延办、丧事简办速办、他事不办禁办”的原则,引导广大市民群众摒弃陋习,争做移风易俗的带头人。

据不完全统计,疫情防控期间,仅柯桥区就取消红白事等宴席680余场,既严格落实了不聚会、不串门的要求,又大力弘扬了勤俭节约、移风易俗的文明新风尚。

一场场爱心接力,一批批志愿服务,一幕幕感人场景……古越大地上,处处闪耀着激励人心的文明之光,蕴藏着催人奋进的精神力量,吹拂着新时代文明实践之风!

四、链　接

1.改革开放40年 这40个“第一”彻底改变了中国!

https://baijiahao.baidu.com/s?id=1601234726311769410&wfr=spider&for=pc

(来源:2018-05-23 《浙江日报》)

第一份个体工商业营业执照。1980年12月11日,卖纽扣的19岁温州姑娘章华妹,如愿以偿地从温州市工商行政管理局领到了第一张“个体工商户营业执照”——工商证字第10101号。

2.浙江温州:打出文明餐桌“组合拳”全力守护“舌尖上的文明”

http://www.wenming.cn/dfcz/zj/202101/t20210122_5926545.shtml

(来源:2021-01-24　温州文明网)

从“公筷行动”到“1·17反餐饮浪费”宣传活动,从发出文明就餐“四点倡议”到推出《反浪费“食”尚手册》,从争做“光盘行动”带路人到争当“反对浪费”宣传员,2020年以来,温州打出“管、唱、做、说”组合拳,不断加码升级向“餐桌陋习”宣战,全力守护“舌尖上的文明”,合力推动全社会制止餐饮浪费呈常态化趋势。

3.垃圾分类文明风尚之旅　宁波创新启动一条研学精品线路

http://www.wenming.cn/dfcz/zj/202012/t20201225_5897187.shtml

(来源:2020-12-25　宁波文明网)

12月25日上午,宁波市垃圾分类文明风尚之旅研学启动仪式暨“垃圾去哪儿了”公益环保考察项目五周年活动在鄞州区华泰小学教育集团举办。来自海曙区、江北区、鄞州区的分类办和教育局的代表以及华泰小学4年级350余位师生参加了启动仪式。

4.浙江宁波:擦亮未成年人精神底色　让孩子乘风破浪健康成长

http://www.wenming.cn/dfcz/zj/202011/t20201125_5861815.shtml

（来源：2020-11-25　宁波文明网）

连续11年在寒暑假开展“小候鸟”大篷车关爱行动、探索建立“甬尚明天”困境留守儿童长效关爱帮扶机制、成立“律师妈妈法律服务团”、推进“添翼计划”“明天计划”“孤儿助学”等30余个关爱项目，建成23个关爱农村留守儿童志愿服务基地……阳光路上护航成长。宁波市把未成年人教育、服务网络拓展到进城务工人员子女、农村“留守儿童”、边缘儿童等群体，让同一片蓝天下的孩子共享温暖。

5.孝暖之江 德润人心——第九届“浙江孝贤”颁奖仪式举行

http://www.wenming.cn/dfcz/zj/202010/t20201028_5829988.shtml

（来源：2020-10-28　浙江日报）

10月27日下午，第九届“浙江孝贤”颁奖仪式在省人民大会堂举行。10位“浙江孝贤”代表从百余位推选人物中脱颖而出。

6.他们坚持公益不退休　忙碌的行程表映出别样“夕阳红”

http://www.wenming.cn/dfcz/zj/202010/t20201023_5825606.shtml

（来源：2020-10-23　海宁文明网）

如果退休了你会选择怎样的生活方式，是含饴弄孙，是舞剑饮茶，抑或是游览名山大川？而他们的选择是：继续散发余热，运用自己的专业知识投身志愿者服务中，为环保建言献策，为海宁的城市建设、乡村发展贡献一份力。他们说：“参加公益活动让我们觉得永远都有新鲜的话题。”

7.浙江长兴：多维度打通新时代文明实践服务群众“最后一公里”

http://www.wenming.cn/dfcz/zj/202009/t20200921_5795310.shtml

（来源：2020-09-21　长兴文明办）

新时代文明实践开展以来，浙江省长兴县新时代文明实践中心迅速行动，积极指导各文明实践所（站、点）扎实开展各项新时代文明实践活动，文明之花在长兴大地处处绽放。

8.把读者请进门　绍兴章爷爷的“余庆书屋”

http://www.wenming.cn/dfcz/zj/201907/t20190710_5180084.shtml

“章爷爷的书屋啊，就在那里。”走进上虞区崧厦镇（2019年，撤镇设崧厦街道）章家村，随口向一位村民打听，他们都能准确地把“余庆书屋”的位置给指出来。

章余庆，就是村民口中的章爷爷。一年多来，这位有着22年党龄的老党员创办的小小书屋，给这个历来以建筑业、伞业为主要经济收入的乡村带来了阵阵书香。

9.2020文明出行浙江省巡回宣传月活动启动

http://www.wenming.cn/dfcz/zj/202008/t20200819_5757076.shtml

文明出行，事关城市形象，也关乎每个人的生命安全。8月18日上午，2020文明出行浙江省巡回宣传月启动仪式在杭州萧山信息港公园举行。文明出行在萧然大地已蔚然成风。

10.浙江:嘉善县培育践行“善文化”弘扬核心价值观

http://www.wenming.cn/photo/lianmeng/201405/t20140514_1941143.shtml

嘉善县是全国首个县域科学发展示范点。2012年以来,嘉善县从推动科学发展、社会和谐、民生幸福的高度,全力培育以“善文化”为核心的县域人文品牌,深入浅出讲“善”事、情理交融营“善”境,积极推动社会主义核心价值观落地生根,进一步增强了公民道德判断力和道德荣誉感,提升了全民文明素质和社会文明程度。

11.浙江绍兴用核心价值观夯实文明城市创建

http://xm.wenming.cn/wmcs/dfcz/201412/t20141222_2360395.htm

深冬、寒风、苍黄的天、萧瑟的荒村,一片破败,缺少温情……在小说《故乡》中,鲁迅先生这样描述20世纪初他的故乡。如今,先生的故乡——浙江省绍兴市则是祥和美丽、生机盎然:市民去城市广场看名人雕塑,去大禹广场听治水的传奇,去越王台读“卧薪尝胆”的故事。绍兴原市委书记钱建民说:“让践行社会主义核心价值观贯穿全国文明城市的创建。”“创建全国文明城市,是历届市委、市政府不懈追求的重要目标。这些年来,我们始终坚持‘让城市更具魅力、让生活更加美好’的创建主题,一张蓝图绘到底,努力使绍兴更加美丽、文明,更具爱心,让百姓更有幸福感。”创建全国文明城市,正是摇出“故乡”新貌的船橹,带动水乡绍兴翻开新篇。

12.诸暨依托移风易俗建立关爱基金　村风民俗悄然改变

http://www.wenming.cn/dfcz/zj/201902/t20190226_5015859.shtml

诸暨以“新时代文明传习中心”试点工作为契机,破解“人情网”,唤起新风尚,使“丧事简办,婚事新办,其他喜事减办或不办”在诸暨市503个村蔚然成风。目前,已有179个行政村依托移风易俗工作建起村级关爱基金,规模达1545万余元。

13.浙江11地市全部入选全国文明城市

https://haokan.baidu.com/v?vid=3732767502030841374&pd=bjh&fr=bjhauthor&type=video

14.文明浙江宣传片

https://v.qq.com/x/page/d0556a8pwve.html

社会主义核心价值观:和谐

一、思政元素

共同体、团队合作、协调发展、基层治理;宽容包涵、家庭和美、邻里和睦、社会公德、职业道德、家庭美德;全面脱贫、“六稳六保”、帮扶微小、公益慈善、减税降费、浙江精神、长三角一体化

二、案例解读

和谐是中国传统文化的核心精神,也是中国特色社会主义的核心价值追求。一般而言,和谐是指对自然和人类社会的变化发展规律的一种特定认识,是人类在自然、在人类社会中生存发展的一种特定价值观、方法论,是人类渴望的一种美好的社会状态和社会理想。和谐是中国特色社会主义的本质属性,是中国社会发展的目标过程,是国家富强、民族振兴、人民幸福的重要保证。它既反映了建设富强民主文明和谐美丽的社会主义现代化强国的内在要求,又体现了人民的共同愿望。

自古以来,中国人民就通过观察自然现象思考世界运行的规律,体悟其中蕴含的人生哲理。“万物并育而不相害,道并行而不相悖。”在中国人民的世界观里,多样性是世界的本来面貌。不仅生物界、自然界应该是多姿多彩的,人类社会、人类文明也应该是多元多样的。“和谐”正是中国文化对这种无处不在、无时不有的多样共存的哲学和诗意表达。

进入新时代以来,中国对和谐的认知有了更深层次的发展。和谐首先是物种与物种的和谐,勾画出地球生命共同体的良好生态图景;和谐又是人与自然的和谐,描绘出人类赖以生存、永续发展的优良生态环境;和谐还是不同国家、不同民族、不同文明之间的和谐,展现出人类命运共同体的美好前景……和谐不仅是关于生态和谐、社会和谐的智慧,更是关乎人类存在的智慧。

在以下案例中,浙江立足“三地一窗口”,大力弘扬和谐精神,推进社会进步与个人发展。多年来,浙江弘扬“求真务实、诚信和谐、开放图强”的精神,协调发展一直领先全国,和谐建设的成绩有目共睹。《2021 年浙江省政府工作报告》既对此进

行了总结,也对"十四五"规划进行了布局。以绍兴的"'非遗'+文旅"融合模式和华电浙江公司助力美丽乡村建设的案例具体来看,浙江深入践行"绿水青山就是金山银山"理念,大力推进'大花园建设',积极打造"千村示范、万村整治"工程和美丽乡村建设升级版,努力让浙江的山更绿、水更清、天更蓝、整体生态更和谐。在更高水平上建设平安浙江、法治浙江,坚持发展新时代"枫桥经验""后陈经验"等基层治理成果,坚决打好防范化解重大风险攻坚战。《劳动关系和谐企业系列风采展示——绍兴市水务产业有限公司》《2020年全国抗疫最美家庭——浙江省陈锦林家庭》等案例,展现了浙江从小微治理单元入手,大力推动地方治理现代化,让社会充满正气、充满温暖、充满和谐,积极参与长三角一体化,坚持以人民为中心的发展思想,推进"六稳六保"工作,不断提升包括外来打工人在内的所有人民群众的获得感、幸福感、安全感,培育和美与共的情怀、和谐创业的氛围、和悦自适的情操,不断展示"三地一窗口"理念指引下永续前进的和谐浙江。(撰写人:班瑞钧)

三、案　例

2021年浙江省政府工作报告("和谐"部分节选)

(2021年2月1日　浙江新闻)

"十四五"时期经济社会发展的指导思想是:坚持以习近平新时代中国特色社会主义思想为指导,深入贯彻党的十九大和十九届二中、三中、四中、五中全会精神,全面贯彻党的基本理论、基本路线、基本方略,统筹推进"五位一体"总体布局,协调推进"四个全面"战略布局,坚持党的全面领导,坚持以人民为中心,坚持立足新发展阶段,坚持贯彻新发展理念,坚持深化改革开放,坚持系统观念,坚持稳中求进的工作总基调,以推动高质量发展为主题,以深化供给侧结构性改革为主线,以改革创新为根本动力,以满足人民群众日益增长的美好生活需要为根本目的,忠实践行"八八战略",奋力打造"重要窗口",统筹发展和安全,率先探索构建新发展格局的有效路径,率先建设现代化的经济体系,率先推进省域治理现代化,率先推动全省人民走向共同富裕,实现更高质量、更有效率、更加公平、更可持续、更为安全的发展,更加彰显生态之美、人文之美、和谐之美、清廉之美,全面提升人民群众的获得感、幸福感、安全感,争创社会主义现代化先行省。

…………

要继续按照民生实事"群众提、大家定、政府办"的理念,突出群众有感、普遍受益,认真办好十方面民生实事。

1.努力解决群众车辆年检的烦心事。完成车辆检测"一件事"集成改革,实现全省286家汽车检测站软硬件环境大提升,开展100%全覆盖"双随机"监督检查,建设全省统一的机动车检验服务平台，实现全流程“一窗办理”，推行非营运小微型汽车环保免检年限延长至10年改革，完善检测收费监管机制。

2.努力缓解交通拥堵和特殊群体出行难。实施10个群众反映强烈、大数据显示频繁的城市道路、高速公路拥堵段改扩建，城市交通高峰时段车速明显提升；建设城际铁路及轨道交通500公里，其中建成100公里，建设改造公交站点500个；建设全省统一的出租汽车电话召车服务平台，组建11个老年人、残疾人出租车爱心服务车队，车队规模为1500辆，以便捷老年人、残疾人出行。

3.努力让群众吃得更放心。建成食品生产企业“阳光工厂”1000家、农村家宴“阳光厨房”1000家，实现学校食堂“阳光厨房”全覆盖；新增全程可追溯的食品生产经营主体5000家；建设民生药事服务站300家。

4.努力让养老服务更方便。新建340家乡镇(街道)居家养老服务中心，新增2万户困难老年人家庭适老化改造；组织开展100个康养联合体试点，新建300个乡镇(街道)社会工作站。

5.努力加强残疾人救助康复。提升建设300家用于智力残疾、精神残疾和其他重度残疾人日间照料和辅助性就业的“残疾人之家”，提升建设100家规范化残疾儿童康复机构。

6.努力提升水库、山塘、干堤的安全水平。新(改)建水文测站2000个，完成病险水库加固160座，整治病险山塘400座；完成干堤加固80公里、中小河流综合治理500公里，完成1000个农村池塘整治；建设美丽河湖100条、水美乡镇100个。

7.努力增强基层医疗和公共卫生服务能力。新增村卫生室(社区卫生服务站)600个，实施传染病院(病)区改造项目100个、疾病预防控制中心标准化改造项目40个。

8.努力打造城市社区“10分钟健身圈”。新增体育公园(体育设施进公园)50个、足球场(含笼式足球场)50个、村级全民健身广场100个、社区多功能运动场200个、百姓健身房500个，新建绿道1000公里。

9.努力缓解“入园难”“入好学难”。新(改扩)建农村普惠性幼儿园100所、新增学位2万个，新(改扩)建中小学100所、新增学位4万个，新增城乡教育共同体结对学校(校区)1500家。

10.努力让农村出行更方便更安全。新(改)建农村公路2000公里，200人以上自然村公路通达率达到100%；实施农村公路养护5000公里，农村公路中等路以上比例达到85%；实施农村公路安防工程500公里，实现临水临崖及4米以上高落差路段安防设施全覆盖。

在新时代大力弘扬“求真务实、诚信和谐、开放图强”的浙江精神(节选)

(2019 年 9 月 5 日 《光明日报》06 版)

2006年年初,时任浙江省委书记的习近平同志在《浙江日报》上发表了题为《与时俱进的浙江精神》的署名文章,明确提出要与时俱进地培育和弘扬“求真务实、诚信和谐、开放图强”的浙江精神。这是对浙江人民在创造灿烂文明中孕育的精神品格的深刻总结,是对浙江人民赓续文脉、砥砺奋斗、开拓创新的真实写照。我们对浙江精神理解得越深刻,就越能感受到其所蕴含的强大生命力和无穷创造力。

“求真务实、诚信和谐、开放图强”这十二个字,淬炼了浙江优秀传统文化,是浙江精神传承和研究的集大成者。它放大了浙江精神的视野和格局,是对伟大民族精神、红船精神的生动诠释。它回答了浙江破除成长烦恼的时代之问,是浙江人民高度文化自省、文化自觉、文化自信的集中体现。它锚定了浙江发展的精神坐标,是“八八战略”的重要组成部分。它体现了“干在实处、走在前列、勇立潮头”的内在要求,是浙江践行习近平总书记赋予新期望的动力源泉。

“求真务实、诚信和谐、开放图强”的浙江精神是浙江的“根”和“魂”,过去是、现在是、将来仍然是推动浙江发展、应对各种挑战的根本动力。浙江作为中国革命红船的起航地、改革开放的先行地、习近平新时代中国特色社会主义思想的重要萌发地,有责任在新时代大力弘扬浙江精神,为推进“八八战略”再深化、改革开放再出发,加快“两个高水平”建设提供强大精神力量。

…………

四要大力弘扬“和谐”精神,培育和美与共的情怀、和谐创业的氛围、和悦自适的情操。深入践行“绿水青山就是金山银山”理念,大力推进“大花园建设”,积极打造“千村示范、万村整治”工程和美丽乡村建设升级版,努力让浙江的山更绿、水更清、天更蓝。在更高水平上建设平安浙江、法治浙江,坚持发展新时代“枫桥经验”,坚决打好防范化解重大风险的攻坚战,大力推动地方治理现代化,让浙江社会充满正气、充满温暖、充满平安。坚持以人民为中心的发展思想,深入开展“服务企业、服务群众、服务基层”活动,下气力解决好群众的操心事、烦心事、揪心事,不断增强人民群众的获得感、幸福感、安全感。

和谐浙江　协调发展（节选）

（2017年10月14日　浙江在线　记者：王曦煜）

你知道吗？有项指标，浙江省已连续32年领跑全国。

国家统计局最新公布的2017年上半年居民人均可支配收入数据显示，上半年浙江居民人均可支配收入达22163.22元，全国各省区第一。

截至2016年，浙江城乡居民可支配收入已分别连续16年和32年居全国各省区之首。

浙江的和谐发展，离不开协调发展的理念。

这些年来，习近平同志在浙江工作时提出的“八八战略”，一直是浙江发展的总纲，从山海协作工程，到以嘉善为代表的城乡统筹发展模式；从给26个欠发达县“摘帽”，到全力推进四大都市区，浙江在协调发展的实践中，走出一条新路。

一、协调发展，就要区域协调

浙江，七山一水二分田。

为了缩小沿海与山区发展的差距，浙江采取了山海协作的新模式——省级部门、沿海发达县市与当时欠发达的淳安、三门和遂昌等26个县对口合作。目前，浙江已形成10个山海协作产业园（示范区），26县共实施山海协作产业合作项目10182个，到位资金4432亿元。

在浙江区域协调发展的道路上，杭州、宁波、温州、金华-义乌四大都市区建设也是重要抓手。近年来，随着高铁线路的四通八达，浙江正从“四小时公路交通圈”迈入“一小时交通圈”时代。

省第十四次党代会提出，坚持以“一带一路”统领我省对外开放，积极参与长江经济带建设和长三角合作发展。这种“跳出浙江发展浙江”的思路，是区域协调发展更开放大气的格局。

二、协调发展，就要城乡协调

差距是大是小，老乡说了算。

习近平总书记强调，协调发展，就要找出短板，在补齐短板上多用力。

长久以来，城乡“二元结构”是社会发展的一大难题，要破题，就需要推动城乡协调发展。

浙江嘉善通过打造“节点型中心镇”，走出了城乡协调的新路子，“强村项目”则让农民的钱包鼓了起来。

这些年，浙江通过实现城乡公共服务均等化，实现城乡融合发展。

2017年，浙江印发《浙江省基本公共服务体系“十三五”规划》，清单包括八大领域的114个基本公共服务项目。

同时,浙江在城乡差异较大的居民收入、医疗服务、基础教育、社会养老等方面下足功夫。

三、协调发展,就要经济和生态协调

绿水青山就是金山银山。

近年来,浙江打出“五水共治”、“三改一拆”、“四边三化”、小城镇环境综合整治等组合拳,换来绿水青山好环境。

截至目前,浙江累计整治河道11600多公里,拆除违法建筑6.49亿平方米。

2016年,浙江地表水水质Ⅲ类以上占比77.4%,县级以上城市日空气质量达标天数比例平均达88.4%,生态环境状况指数继续位居全国前列。

对在外浙商来说,家乡的绿水青山不仅唤起乡愁,更成为回归创业的理由。2016年,浙江“浙商回归”到位资金3492.59亿元,其中,信息、环保等产业项目到位资金占比超过一半。

四、协调发展,就要物质文明和精神文明协调

钱袋子鼓了,脑袋也不能闲着。

这几年,我省坚持“物质富裕精神富有”两手抓。深化开展“最美浙江人”主题实践活动,基本实现省、市、县、乡、村五级文化设施网络全覆盖。

这几年,我省开展农村文化礼堂建设,弘扬优秀传统文化,夯实党的执政基础。

目前,我省已经建成农村文化礼堂6500多个,接下去还将建设3500个以上。

此外,全省已有的108个特色小镇,除了协调城乡经济发展之外,还担负着文化使命。“未来的浙江大地,特色小镇就像藤上的南瓜,游走一圈可领略江南大地特有的产业、文化、历史风味。”

过去,浙江按照“八八战略”的规划,获得了巨大的发展;未来,贯彻协调发展等新发展理念,浙江必将以“一张蓝图绘到底”的决心,取得更大的成就。

浙江:续写好“枫桥经验”新时代篇章

(2018年11月11日　新华网　记者:马剑)

20世纪60年代初,浙江诸暨枫桥的干部群众在实践中创造了以发动和依靠群众、就地化解矛盾、坚持矛盾不上交为主要内容的“枫桥经验”。

党的十八大以来,浙江把创新发展“枫桥经验”贯穿于平安浙江、法治浙江建设的始终,坚持党建引领、人民主体、“三治融合”、共建共享,使“枫桥经验”的内涵不断丰富,功能不断拓展,效果不断显现。

“平安大姐”:自家人处理好“自家事”

深秋时节,驱车行进在湖州市吴兴区织里镇,“织里知礼”的标语映入眼帘。

24位女企业家组成的“平安大姐”工作室,是织里镇纠纷调解的金名片。发起人徐维丽来自辽宁海城,2003年来到织里镇经营童装,把织里当作第二故乡。

2017年年底,织里的一家服装厂负责人“跑路”,引发员工集体讨薪。“平安大姐”及时介入化解了矛盾,确保了工人们能回家过年。“这些年我在织里赚了钱,口袋鼓了,总想着为这片土地做点贡献。”徐维丽说。

“平安大姐”工作室只是“枫桥经验”在浙江基层生根发芽的一个缩影。在浙江,依靠群众并充分发动社会力量参与社会治理成为共识。浙江全省社会组织从2007年的2.4万个增加到2017年的5.1万个,平均每万人拥有社会组织数达9.2个,位居全国前列。

在“枫桥经验”的发源地诸暨市枫桥镇,当地以“红枫”党群服务中心为核心,通过党群互动、党员带动,把服务管理的触角延伸到社会治理的末梢,实现了“小事不出村、大事不出镇、矛盾不上交”。

引入“智能”:提升服务、安防

袁平华是龙游县东华街道的一名基层干部,2013年12月,他被下派到党组织软弱涣散的张王村兼任党支部书记。

“我当时想,村民大都用上了智能手机,能不能开发一个平台,既能实现村庄管理智能化,又能架起与老百姓沟通交流的桥梁?”2016年2月,一个具备上情下达、下情上传和便民服务功能的智能化治理平台“龙游通”应运而生,并在全县推广。

据统计,目前该县90%的4G用户、73%的农村人口关注和使用了“龙游通”,总浏览量突破4700万人次。龙游县委政法委副书记袁旭辉说,“龙游通”依靠群众、发动群众、服务群众,最终实现问题在一线解决、服务在一线提升、治理在一线加强。

在嘉善县,基层治理通过另一种方式插上“智能”的翅膀。智能摄像头、烟雾报警器、燃气泄漏报警器、水浸监测器和门磁感应器……嘉善的“智安小区”业主只需安装智安社区APP,便可实时监测家中温湿度等各项数据。

“‘智安小区’充分运用互联网、大数据、人工智能、物联网等技术和信息化手段提升智慧安防水平,为小区构筑起无形的平安‘防护墙’。”嘉善县公安局局长曹雪龙如是说。

“三治融合”:续写“枫桥经验”新篇章

“枫桥经验”之所以有着持续旺盛的生命力,在于其能不断顺应形势任务需要,创造性地解决不同时期的社会矛盾和问题。

浙江省政法委书记王昌荣表示,实践证明,当前,“枫桥经验”已成为新时代践行党的群众路线、推进基层社会治理现代化的经验。

推进自治、法治、德治“三治融合”,是近些年来浙江基层百姓的创造,也是创新发展“枫桥经验”的最新成果。在诸暨,“三治融合”实践带来巨大变化。比如,坚持“三上三下”民主议决事制度,通过最广泛动员群众参与决策,从源头预防矛盾发生;制定村民行为约束“负面清单”和劝导式“正面清单”;设立村级法治大讲堂,引导群众依法维权等。

新时代要念好“变与不变”的治理经,提升“枫桥经验”的新内涵。诸暨市委书记徐良平表示,“三个不变”即坚持贴近群众的作风不变、坚持依靠群众的方法不变、坚持服务群众的宗旨不变。“三个变”即理念上由管理向治理转变、方法上由传统向智能转变、领域上由线下为主向线上线下融合转变。

为了对辖区的平安状况进行量化分析,浙江省日前还创造性地发布了“平安指数”,涵盖了浙江省内11个设区市、89个县(市、区)的平安状况。有了平安指数,老百姓可以随时查看所在地或关注地的平安状况。

王昌荣表示,在决胜全面建成小康社会,夺取新时代中国特色社会主义伟大胜利的新征程中,浙江的干部必须以创新的举措、务实的作风,传承好、发展好“枫桥经验”,续写好“枫桥经验”新时代篇章。

四、链　接

1. 城乡统筹　美美与共

http://www.zj.xinhuanet.com/2020-05/25/c_1126028797.htm

(来源:2020-05-25　《浙江日报》)

2020年的浙江政府工作报告提出,今年要努力实现全面建成小康社会的目标任务。全面小康必然是城乡进一步协调发展的小康。在全面建成小康社会收官之年,在推进新型城镇化的背景下,对于浙江城乡区域统筹协调发展如何走好探索之路,代表委员们纷纷献计献策。

2. 绍兴:“非遗”+文旅融合展示新故事

http://www.wenming.cn/dfcz/zj/201902/t20190227_5017536.shtml

近年来,随着文化与旅游的不断融合,“非遗”与旅游的牵手水到渠成。如何更好地释放“非遗”的旅游价值?2019年2月21日上午,在绍兴市非物质文化遗产与旅游融合发展研讨会上,来自绍兴市文化广电旅游局、绍兴市“非遗”中心、各区(县、市)“非遗”中心的专家和优秀传承基地代表、传承人代表、“非遗”景区代表等展开了一场“‘非遗’+旅游”的头脑“风暴”。

3. 浙江省建设厅做好“六稳”工作落实“六保”任务工作总结

http://www.zj.gov.cn/art/2020/12/24/art_1229461258_59063129.html

2020 年以来，我厅高举习近平新时代中国特色社会主义思想伟大旗帜，认真贯彻落实习近平总书记考察浙江重要讲话精神，按照省委忠实践行“八八战略”、奋力打造“重要窗口”要求，扎实做好“六稳”工作、落实“六保”任务，统筹推进疫情防控和住房城乡建设事业发展，各项工作任务均圆满完成。

4. 劳动关系和谐企业系列风采展示——绍兴市水务产业有限公司

https://zj.zjol.com.cn/red_boat.html? id=101030003

本期劳动关系和谐企业系列风采展示将带大家走进“浙江省劳动关系和谐企业”——绍兴市水务产业有限公司。绍兴市水务产业有限公司隶属绍兴市公用事业集团，主要承担市区供排水设施建设、运行和供排水服务等职能。公司始终坚持强化民主管理、深化人文关怀、扩面人才培养、丰富问题活动，积极争创和谐劳动关系先进企业，助力企业长足发展。

5. 2020 年全国抗疫最美家庭——浙江省陈锦林家庭（视频）

http://tv.cctv.com/2020/05/08/ARTIWtHqlfIMJ6YDW0einOMA200508.shtml

丈夫陈锦林，妻子杨爱娇，两人都是浙江省丽水市缙云县五云街道杜桥村 80 多岁的农民。新冠肺炎疫情防控期间，他们从自家菜地里每天采摘新鲜蔬菜给过路的行人免费自取。同时，两位老人还将阿里巴巴“天天正能量”因送菜善举奖励给他们的一万元奖金全部捐献给红十字会。

6. 星火燎原　“后陈经验”成国策

（来源：2019-12-10　浙江在线 · 武义新闻网）

2004 年 6 月 18 日，全国首个村务监督委员会在后陈挂牌成立。……2012 年 5 月，“后陈经验”入编《党的十六大以来政治体制改革大事记》。14 年来，后陈既是一个地名，又成了一个符号，它成为在困境中创新求变的一个代表。14 年来，后陈经验成国策，但武义县对“后陈经验”的制度完善、深化从未止步，勇于创新的精神也如星火燎原，从一代人身上传递给更多的人。

7. 浙江：就地过年“浙”里放大招！你会选择留下吗？

http://csj.xinhuanet.com/2021-01/13/c_139663306.htm

2021 年春节，为了留住外地员工，浙江放出“大招”，提出鼓励企业采取发放“留岗红包”、改善就餐条件、安排文化旅游活动等措施，吸引外地员工尽量留在当地过年，有条件的地区可给予适当补助。比如，浙江台州市鼓励企业给员工特别是留在台州过年的外来员工发放新春红包。在宁波市鄞州区云龙镇，当地总工会及镇商会联合倡议企业对于安心留守的省外职工发放 666 元压岁红包，目前已得到近 200 家企业响应，已经发放了 50 万元留守红包……

8. 华电浙江公司助力美丽乡村建设

http://m.chd.com.cn/webfront/webpage/web/contentPage/id/871e3aa8abd649f99e31f79fb0c4fbba

近日,由驻地企业乌溪江公司具体实施,华电浙江公司出资60万元、争取省厅政策补贴50万元共建的蔬菜灌溉扶贫项目,正逐渐成为乌溪江湖南村金家山自然村村民认可的"田园综合体"。

9. 浙江:绘就美美与共的现代版"富春山居图"

https://haokan.baidu.com/v?vid=11573804156617906775&pd=bjh&fr=bjhauthor&type=video

10. 人民满意的公务员集体——枫桥派出所

https://weibo.com/tv/show/1034:4395061773850233?from=old_pc_videoshow

11. 最美浙江人 时代楷模——永做社会和谐守护神

https://www.iqiyi.com/w_19rrp1fly1.html

社会主义核心价值观：自由

一、思政元素

国家独立、民族解放、免受奴役、人的自由全面发展；决定和意志的自由、行动和环境的自由、理性自律、思想自由、时间自由；自由竞争、市场经济、集体主义、公共责任；减少束缚、破除体制机制障碍、保障自由的客观条件

二、案例解读

人类进入近代社会以来，自由作为一种人生价值和社会理想越来越被赋予神圣崇高的意义。作为社会层面的社会主义核心价值观之一的自由，指的是人的决定和意志自由、行动和环境的自由、存在和发展的自由，是人类生存的本质追求和人类社会的美好向往，也是马克思主义追求的社会价值目标。要坚持走中国特色社会主义道路，朝着"中国梦"曙光初绽的方向奋勇前进，开创祖国更为光明的复兴前景，使每一个中华儿女享受到做中国人的荣耀和尊严，实现"人的全面自由发展"。浙江作为"三地一窗口"，有着丰富的追求自由、维护自由、受益于自由的案例。

作为中国革命红船的启航地，浙江籍革命先驱为党的建立做出了重大贡献，他们对于共产主义的追求正是为了使中国成为一个对外不受帝国主义侵略，对内不再有剥削和压迫，人们可以自由地追求美好生活的理想社会。

作为改革开放的先行地，浙江民营经济的发展取得了重大的成果，也有着巨大的示范作用，这是同自由竞争的市场经济分不开的，也是同广大的人民群众自由地追求自身的幸福生活分不开的。同时，民营经济的发展也需要破除各种体制机制障碍、创造保障自由竞争的各种客观条件，以谢高华书记①为代表的共产党人，意识到人民群众自由地追求幸福生活的强烈愿望，为维护和保障人民利益，积极地探索和改进自由竞争的市场经济体制，使义乌逐渐发展成享誉全球的世界小商品

① 谢高华，义乌小商品市场的催生培育者，原义乌县委书记。

之都。

作为习近平新时代中国特色社会主义思想的重要萌发地,“八八战略”充分利用了浙江独特的制度体制及各方面的资源优势,采取了各种有力的措施,推动了各方面的资源充分自由地发挥作用,加快了浙江全面、平衡、健康地发展。

作为新时代全面展现中国特色社会主义制度优越性的重要窗口,浙江开创的“最多跑一次”改革,极大地提高了政府的办事效率,缩短了人民群众和企事业单位办理业务的时间和精力,从而为社会释放了大量的自由支配的时间。马克思曾经说过,真正的自由只有在业余时间才能够实现,而为社会释放自由时间的改革,则为社会提供了直接的自由保障。(撰写人:王明亮)

三、案　例

此间曾著星星火——记中共一大嘉兴南湖会议(节选)

(2021 年 1 月 20 日 《人民日报》 记者:费伟伟　方敏　戴林峰)

这是 1921 年 8 月初的一天,中国共产党第一次全国代表大会最后一次会议,在嘉兴南湖的一艘游船上悄然开始了。

会议首先通过了中国共产党的第一个纲领。党纲开宗明义第一条即是“本党定名为中国共产党”,提出“党的根本政治目的是实行社会革命”“把工人、农民和士兵组织起来”。纲领是“革命军队必须与无产阶级一起推翻资本家阶级的政权”“承认无产阶级专政”“消灭资本家私有制”“联合第三国际”。

党纲只有 15 条,不足 1000 字。中共一大在上海召开时,最后一天原法租界巡捕房的一名密探闯入会场,初拟党纲的一张纸险些暴露。而在南湖会议上,代表们正是依据这页纸,字斟句酌,拟定了党的纲领。中国共产党的制度建设,正源于这份起初仅 15 条的党纲。

党纲每通过一条,船舱里便会响起一阵掌声。

会议接下来通过的是《关于当前实际工作的决议》,规定“党在当前的中心任务,是组织工人阶级,加强对工人的领导,注意在工人和其他劳动人民中发展党员,在反对军阀官僚的斗争中,维护无产阶级的利益”。

“革命声传画舫中,诞生共党庆工农。”一大代表董必武 1964 年重访嘉兴时,曾为南湖革命纪念馆题诗纪此盛事。

当会议讨论到《中国共产党宣言》时,围绕着党员能不能做官、当议员的问题,以及如何看待南北政府特别是如何看待广州军政府时,代表们发生了激烈的争论。

由于分歧比较大,大家争论了很久,也不能统一意见。但来自游艇的虚惊也提醒代表们时间紧迫。最后，大家决定，将宣言交由陈独秀决定是否发表。

会议最后一项议程，是用无记名投票方式，选举产生中国共产党第一个领导机构——中央局，陈独秀任书记。这标志着中国共产党正式完成组织立党。没有组织立党，就不可能形成强有力的革命力量，不可能在短期内迅速掀起工人运动和农民运动的高潮，不可能最终发动和组织起"风展红旗如画"的革命武装。

中国共产党第一次全国代表大会胜利闭幕！最后，全体代表在船舱中，紧握右拳，庄严而轻声地喊出时代的最强音："共产党万岁！第三国际万岁！共产主义——人类的解放者万岁！"

正值盛夏，南湖荷花盛开，翠柳拂堤，见证了这次重要会议的烟雨楼在绿树掩映下倍显庄严。

"烟雨楼台革命萌生，此间曾著星星火；风云世界逢春蛰起，到处皆闻殷殷雷。"1963年，董必武曾为南湖会址题写这样一副对联，如今就挂在烟雨楼上。

大约下午6时，代表们悄然离船。此时，湖风乍起，减去些许盛暑的闷热，代表们大多没来过嘉兴，但大家都步履匆匆，或当晚，或翌日，就离开了嘉兴。从此，把革命的火种带向全国各地。

一艘小船，一天短会。然而，这一天，极不平常。历史已永远铭记这一天！

烟雨楼前的那条普通游船，从此也不再普通，它由此驶进永恒的时间里，见证了"开天辟地的大事变"！

浙江先进分子助力中共建立：
浙籍党员创造建党历程多个第一(节选)

（2017年6月30日　浙江在线　记者：李鹏）

在一大召开以前，上海共产党组织有党员15人，其中浙籍知识分子就有陈望道（浙江义乌人）、沈玄庐（浙江萧山人）、俞秀松（浙江诸暨人）、施存统（浙江金华人）、沈雁冰（浙江桐乡人）、邵力子（浙江绍兴人）和沈泽民（浙江桐乡人）7人，在各省市中人数名列第一。另据最新的党史研究成果，在一大召开前，全国各地共有党员58名，从籍贯来看，浙江有7人，仅次于湖南和湖北。

上海共产党组织成立后，这些浙籍党员继续忙于建立全国性党组织的工作，并为中共一大的举行做出了重要贡献。

据《中国共产党浙江历史》一书记载，上海党组织成立后，陈独秀不久就被委派负责除上海以外的全国4个大城市的建党工作，其他的成员也都分赴外地和海外建党，因此俞秀松"作为上海党的领导成员之一"，在一段时间内"实际上一个人承担了上海党组织的全部工作"。

此外，金华人施存统在1920年6月乘船赴日本后，陈独秀又指定施存统为旅日共产党组织的负责人。萧山人沈玄庐还参与了广州共产党组织的建党工作。

在上海共产党组织中的7名浙江籍党员中,施存统和陈望道本来是有机会参加中共一大的。施存统作为旅日党组织负责人,完全有资格出席一大,但由于他当时正忙于考试,另一方面周佛海已多年没有回国,他就把出席中共一大的机会让给了周佛海。也有一种说法是,施存统是因为与日本社会主义者接触,被日本警方严密监视,导致无法脱身,只能派周佛海出席一大。

陈望道是上海党组织的负责人之一,也曾被推选为上海党组织的一大代表,但因为对陈独秀的个性和作风不太认同,而最终没有出席。

在整个建党历程中,浙江籍党员先进分子还创造了多个"第一"。

在上海中共一大会址纪念馆馆藏国家一级文物中,记者看到一本1920年9月版的《共产党宣言》,这是国内第一个中文译本,它的翻译者就是义乌人陈望道。在嘉兴南湖革命纪念馆里,还专门展出了他在义乌分水塘村一间破旧柴草棚中艰苦翻译的情景。

萧山衙前镇是中共早期党组织成员沈玄庐的家乡,现在在那里有一座衙前农民运动纪念馆。发生在1921年4月的衙前农民运动开了中国现代史上农民运动的先河,这也是中共领导的第一次农民运动,它的发动者就是沈玄庐。

在上海共产党组织建立后,作为组织最年轻成员的俞秀松,被委派负责组建上海社会主义青年团的工作,并担任书记,他也是中国第一个团组织(临时团中央)的书记。

据嘉兴市档案局的资料,桐乡乌镇人沈雁冰和沈泽民还是中共党内最早的兄弟党员。在党的历史上,有许多著名的兄弟党员,比如毛泽东、毛泽民和毛泽覃,陈延年和陈乔年,但沈雁冰和沈泽民是最早的兄弟党员,他们的入党时间分别是1920年10月和1921年年初。

此外,金华人施存统还是旅日中共发起组的创立者,1922年5月5日,中国社会主义青年团第一次全国代表大会在广州正式开幕,施存统当选为团中央第一任书记。

浙江民营经济"风云40年":洞见改革开放沉浮史(节选)

(2018年12月22日　新华网　记者:柴燕菲　胡哲斐)

从资源小省到经济大省　民营强则浙江强

1978年,陆域面积仅10.18万平方公里的浙江,自然资源极其匮乏,工业基础薄弱。40年后,平均每10个浙江人中就有一位老板,每29个浙江人中就拥有一家企业。

数字背后，激荡着改革开放以来浙江民营经济风起云涌的发展历程。

改革开放伊始，浙江在农村普遍推行家庭联产承包责任制，城镇逐步突破禁区，放宽政策，个体经济开始发展；20 世纪 80 年代中后期，随着国务院颁布《私营企业暂行条例》，浙江一批个体工商大户向私营企业发展。

提及这段历史，章华妹的名字总会被许多人想起。1979 年，这个 18 岁的温州姑娘在家门口摆摊卖纽扣、针线、表带等小商品。十一届三中全会后，温州试水市场改革。第二年，在父亲的鼓励下，章华妹从当地工商所领到了改革开放后中国第一张“个体工商户营业执照”。“若不是改革开放，我可能还在小弄堂里提心吊胆地摆摊。”章华妹感叹道。

章华妹的故事拉开了改革开放后第一代个体工商户乃至浙江民营经济的发展序章。到 1997 年年底，该省个体工商户发展到 153.23 万户、256.41 万人，私营企业发展到 9.18 万户、135.52 万人，成为全国个体私营经济发展较快、影响较大的省份。

进入 21 世纪，浙江的民营经济也迎来了新的曙光。2002 年，中共十六大提出“两个毫不动摇”①。此后，浙江省委省政府下发《关于推动民营经济新飞跃的若干意见》，出台了一系列政策措施为民营经济发展保驾护航。

而伴随着互联网、云计算、大数据等现代科技的进步，浙江的民营经济抓住了历史新机遇，在许多领域呈现出爆发式增长态势。尤其是以阿里巴巴为代表的互联网企业异军突起，引领了全国数字经济的潮流。

40 年间，浙江的民营经济由小到大、由弱变强，其如同强大的引擎为浙江经济的发展注入了汩汩动力。数据是最好的证明：浙江全省生产总值(GDP)从 1978 年的 124 亿元增加至 2017 年的 51768 亿元，而其中 60%以上的生产总值由民营经济创造。

浙商精神与产业模式加持　“浙江路径”书四秩芳华

40 年来，浙江省民营经济演绎了强势崛起之路。探究其背后原因，或许可从民营企业家精神、特色产业集群的模式路径上透视一二。

11 月，“100 名改革开放杰出贡献拟表彰对象”公示。浙江共有鲁冠球、马云、李书福、南存辉 4 位民营企业家入选。

第一代浙商旗帜鲁冠球 1969 年走上创业之路。彼时，他带领 6 名农民，集资 4000 元办起宁围公社农机厂，这也就是万向集团的前身。改革开放大幕拉开后，

① 党的十六大提出“毫不动摇地巩固和发展公有制经济”，“毫不动摇地鼓励、支持和引导非公有制经济发展”。

鲁冠球以开拓者的胆识一路披荆斩棘:砍掉农机厂大部分业务,专攻汽车零部件;以自家自留地里价值2万多元的苗木作抵押,承包了厂子,以获得自主经营权;搞内部职工入股;制定"立足国内,面向国际"的工作方针,不断走出去……

回首创业往事,鲁冠球曾说,一切都是干出来的,"别人工作5天,你就365天都不休息,尽心、尽责、尽力去做,一定能成功,这就是我的成功秘诀"。

除了浙商精神的滋养,浙江民营经济发展还源于选择了正确的路径——产业集群。

绍兴轻纺、海宁皮革、永康五金、义乌小商品……实践证明,"一县一业、一村一品"是浙江民营经济的正确选择。如今在浙江600多个块状产业中,已有500多个产值超过5亿。

随着技术的日益革新,如今浙江的块状经济正不断向技术密集、资本密集、人才密集的高端产业集群升级。特色小镇的诞生就是最好的例证。浙江省启动创建特色小镇3年来,聚焦信息、环保、健康、金融、高端装备制造等产业,目前已形成7个省级特色小镇,115个省级创建小镇。

上述所及仅是窥探浙江民营经济发展的一个小小窗口。辉煌40年,承载了诸多的光荣与梦想,无数内外因素交叉影响,各行各业融合共生,"单一归因"从来不足以叙清这段激荡的历史。

政府营商环境持续优化　为民企发展提供"沃土"

如果说企业家精神和产业集群模式更多是浙江省民营经济发展的内在动因,那么浙江营商环境的优化,则为其民营经济发展提供了外部保障。

无论是20世纪80年代末个私企业重新进行工商登记,浙江多地政府以"公家企业"名义,使民营企业以"挂户经营"的方式获得了生存机会,还是"四张清单一张网""最多跑一次",改革开放40年来,浙江不断优化营商环境,着力为企业的生存和发展降低制度性成本。

而面对近期的"国进民退"论调,以及一些民营企业家称遇到了市场的冰山、融资的高山、转型的火山"三座大山",浙江也打出了一套政策组合拳来保障民营经济健康发展,为民企送上"定心丸"。

政府的密集表态与实际行动,大大提振了企业家的信心。浙江省工商联主席、富通集团有限公司董事长王建沂坚信,当前和未来很长一段时间,仍然是浙江民营经济"大有可为的战略机遇期、干事创业的发展黄金期、不进则退的转型关键期"。

四秩芳华,浙江的民营经济对全省社会经济发展而言,可谓具有里程碑意义,甚至成为洞见中国改革开放的微镜缩影。激荡未来,在新的时代节点和变革浪潮中,浙江的民营经济也将承载着无数期许,写就更为繁荣的篇章。

中华人民共和国成立 70 周年最美奋斗者人物简介
——义乌小商品市场的催生培育者:谢高华(节选)

(http://zmfdz.news.cn/394/index.html)

谢高华,男,汉族,1931 年 11 月出生,中共党员,浙江衢州人,原义乌县委书记,浙江省衢州市人大常委会原副主任。改革开放初期,他坚持群众需求就是第一导向,打破条条框框,以敢于改革创新的勇气和担当,毅然拍板给路边摊市场“开绿灯”,果断提出“四个允许”的政策,首创了“兴商建县”的区域经济发展战略,凭一句掷地有声的“开放义乌小商品市场,出了问题我负责,我宁可不要‘乌纱帽’”,带领全县干部勇敢坚持、积极作为、精心培育,从而催生了义乌这一全球最大的小商品市场,为全国小商品市场的改革发展树立了榜样。党中央、国务院授予谢高华“改革先锋”称号,他被誉为“义乌小商品市场的催生培育者”。

一、冲破樊篱、开拓创新,开放第一代小商品市场

义乌今天能成为全球第一大的小商品市场,离不开谢高华当年冒着丢“乌纱帽”的风险,果断决策开放第一代小商品市场。当时中央提出要搞现代化,让群众富起来,老百姓能吃饱饭、有房住。谢高华就提出,我们干革命为啥?不正是为了让老百姓富起来吗?群众致富总不会有什么错吧。再说要开放义乌市场,当时想请示也没地方,不如放开手让群众搞。于是,谢高华明确表态:“开放义乌小商品市场,出了问题我负责,我宁可不要‘乌纱帽’。”接着县委一班人也统一了思想,达成了共识,并明确表态:“开放义乌小商品市场,发展经济,出了问题集体负责。”1982 年 9 月 5 日,是义乌群众永远铭记的日子。这一天,位于城区的稠城镇小百货市场宣布开放,大家奔走相告。有关部门还投资 9000 元在旧城中心的湖清门,沿街露天铺设 700 个水泥板摊位,这是义乌历史上的第一代小商品市场,在当时计划经济的樊篱中冲开了一个口子。

二、敢于试错、勇于担当,屡受压力仍不改初心

谢高华在金衢两地担任领导干部时做的很多决定,现在回过头看都承担着一定的风险,但他并未因此退缩回避。比如,早在担任衢县(现衢州市衢江区)县委书记时,他冒着被扣上“破坏国家计划搞市场自由化”帽子的风险,为群众“高价卖橘子”,帮农民增加收入,广泛调动农民的种橘积极性。再比如,义乌小商品市场兴起之初,当地仍实行对工商业改造时的八级超额累进税,经营得越好,税就越高。但市场里几千个摊位大多是小本经营,且价格随行就市,很难凭税票计税。当地税收干部整天疲于打击逃税,商贩们也怨气不小。谢高华在深入调研总结后,提出试行“定额计征”办法,即对每个摊位设固定的计税额,目标额度之外的营业收入不再计税。这样一来,个体工商户的税收低了,大家觉得有利可图,周边的小商贩们蜂拥而至,1984 年义乌税收反而比 2 年前提高了整整 3 倍。

三、崇尚实干、积极作为,脚踏实地走出义乌发展新路

1979 年到 1982 年期间,全国沿海许多地方都出现过专业市场的萌芽,但限于原有体制的约束,不少人抱着“多一事不如少一事”的想法,选择了退缩。1982 年,“以阶级斗争为纲”的思想在义乌这个小县城还颇为严重,谢高华的办公桌上堆满了反映派系问题的来信。但谢高华公开强调,这些信他统统都不看,现在大家要团结一致向前看,一心一意搞经济建设。在义乌的 2 年多时间里,谢高华坚持穿着解放鞋走遍义乌大地。当时全县个体工商户已经发展到 4000 余户,谢高华花了近 5 个月时间走村入户,挨家挨户了解情况,收集了大量一手资料和百姓最真实的想法。在以谢高华为代表的一批义乌干部的勇敢坚持和积极作为下,义乌小商品市场的摊位从 1982 年年底的 700 余个增加到 1984 年的 1800 余个,为义乌小商品市场的辉煌打下了重要基础。

走在前列谋新篇——浙江省推进“八八战略”再深化,改革开放再出发

(2019 年 7 月 12 日　新华每日电讯　记者:方问禹　王雨萧)

平均每 26 个浙江人就拥有 1 家企业,农民收入连续 34 年领跑全国省区,“最多跑一次”改革撬动多领域全面深化改革……70 年砥砺奋进,尤其是 2003 年以来,在“八八战略”引领下,浙江省已成为全国体制最活、开放程度最高、经济发展最快的省份之一。

续写“八八战略”大文章

在绍兴集成电路小镇,“中芯绍兴”项目施工正在火热进行。来自上海的集成电路行业巨头中芯国际,正在浙江宁波和绍兴布局生产基地,未来将提升长三角地区集成电路产业的整体竞争力。

平湖张江科技园、上海漕河泾新兴技术开发区海宁分区、嘉定工业区温州园……沿着“八八战略”指引的路子,浙江省主动接轨上海,积极参与长三角地区的合作交流,一个个跨行政区划的实业平台加速落地。

记者了解到,全面落实长三角一体化发展国家战略,是 2019 年浙江省委省政府重点抓的三件大事之一。浙江省将聚焦“高质量、一体化”两个重点,力争在借力闯过转型升级关口、借势提升对外开放水平、借机推动大融合等三个方面取得突破。

“‘八八战略’涉及经济、社会治理、文化、生态和党的建设,是一个全面的纲领,浙江省将更加坚定不移地续写好这篇大文章。”车俊说。

车俊表示，浙江省明确把"'八八战略'再深化、改革开放再出发"作为全省各级党委政府当前和今后一个时期工作的主题主线，部署实施"最多跑一次"改革、建设"一带一路"重要枢纽、全面落实长三角一体化发展国家战略、企业减负降本、"清廉浙江"建设等一系列纲举目张、带动全局的重大工作。

改革开放"先行地"再出发

437万个体工商户、200多万家民营企业、超过4万家规模以上工业企业、570多家境内外上市公司，民营经济占GDP比重65%……

改革开放以来，民营经济支撑浙江成为全国最具发展活力的省份之一。而民企活跃的背后，是不断优化的营商环境。

2016年年底以来，浙江省全面推进"最多跑一次"改革，通过"一窗受理、集成服务、一次办结"的服务模式创新，营造更良好的营商环境，最大限度地激发全社会的创新活力。

以"最多跑一次"改革为牵引，浙江省撬动各领域各方面的全面深化改革。站在办事人角度，梳理个人和企业全生命周期的"一件事"事项目录，以此回溯重构政务模式，让群众和企业有更多的获得感。

目前，浙江省正以更大力度把新时代对外开放推向纵深，中国(浙江)自由贸易试验区、浙江海洋经济发展示范区、中国(杭州)跨境电子商务综合试验区、宁波舟山国际枢纽港、"义新欧"中欧班列统一品牌等建设全面推进。

争当高质量发展的"排头兵"

2019年"七一"前夕，浙江省表彰了100名"担当作为好干部"。车俊说，浙江省委省政府推动党员干部的担当作为，让有担当作为的干部有舞台、能干事，树立重实干、重实绩的鲜明导向。对不担当、不作为的干部坚决调整，形成让不担当、不作为干部"下"的共识和常态。对受到不实举报的有担当作为的干部及时澄清保护。

2019年1月至5月，浙江省民间投资同比增长10.5%，民间制造业投资增长16.4%，民营企业出口同比增长10.2%。同期，浙江数字经济核心产业增加值增长10.2%，拉动规模以上工业增加值增长1.2个百分点。

袁家军表示，数字革命将是推动经济变革、社会变革的最大变量，数字经济已经成为发展的新动能。

据介绍，下一步，浙江将以政府数字化转型推动数字经济和数字社会发展，打造"掌上办事、掌上办公"之省。同时围绕政府履职，包括经济运行、市场监管、社会管理、环境保护和公共服务等，全方位推动数字化转型。

浙江:"最多跑一次"的改革裂变(节选)

(2019年1月2日 《中国青年报》记者:蓝晨 王莹 董碧水)

"跑断腿,磨破嘴"曾是不少老百姓到相关单位办理业务的体会,但在今天,"只进一扇门,最多跑一次"已是浙江百姓办事的常态。

这一变化得益于浙江两年前在全国率先实施的"最多跑一次"改革。这一改革的"金字招牌",不仅撬动了浙江各领域的改革,其持续放大的改革裂变效应,惠及浙江企业和群众生产生活的方方面面。

截至目前,浙江梳理公布的省、市、县三级"最多跑一次"办事事项的主项已达1411项、子项3443项,基本包括所有权力事项和公共服务事项。第三方机构组织的抽样调查结果显示,浙江"最多跑一次"改革满意率达到94.7%。

"只找一窗,只跑一次"

因为办理住房公积金贷款,衢州市民周先生来到该市行政服务中心窗口,递上"住房买卖合同",然后在窗口边填了几份表格,就办完了手续。全程只用了30分钟。

"过去,要办理公积金贷款需有征信查询授权、征信记录、个人房产信息、收入证明、房产价值评估、预告登记等,先后要经过十几个部门,至少5天才能办结。"而今,周先生只凭"住房买卖合同"这份唯一的证明,签了一张个人信息查询授权书就办完了业务。

从不动产登记、社会保障、婚姻登记、交通违法处理,到商事登记、投资项目审批,浙江百姓到政府部门办事,基本实现了"最多跑一次"。

向基层、向公共服务领域延伸

2018年12月20日,"浙江健康导航"正式上线。这是浙江省卫生健康委官方发布的移动端应用。

据介绍,"健康导航"平台接入浙江省近500家医院的预约挂号功能,可提供省级医院门诊叫号及检查检验报告的查询服务,集成了省内150余家医院和多个地市的互联网医疗服务门户,覆盖了全省95%以上的二级及以上公立医院,基本实现了浙江省内医疗领域的全覆盖。这也是浙江"最多跑一次"向公共服务领域延伸的先行项目。

在向公共服务领域延伸的同时,浙江的"最多跑一次"也伸向基层、农村。在浙江诸暨,通过整合归并各乡镇基层站所的审批职能及权限,公安、民政、人力社保、国土、建设、商事登记等17个部门的事项全部纳入镇级行政服务中心集中受理。全市27个乡镇、街道行政服务中心和503个村、社区全部配备高拍仪和读卡器,通过数据共享，实现群众办事的“一窗受理”，无差别、全覆盖。

四、链　接

1. 中国红色密码　红船起航（视频）

https://www.xuexi.cn/lgpage/detail/index.html?id=12885262159268371666&item_id=12885262159268371666

（来源：2021-01-28　人民日报新媒体）

该视频以浙江嘉兴一地为切入点，展现了从中国共产党创建至今的中国社会巨大变迁，展现了在新民主主义革命时期、改革开放时期、中国特色社会主义进入新时代之后等一系列重要时间节点中嘉兴所取得的重大成就。

2. 把钱投向研发　温州中小企业为何敢做

https://www.xuexi.cn/lgpage/detail/index.html?id=6605936709797761375

（来源：2019-12-16　央视网）

自由竞争的市场经济促使广大中小企业立足市场需求自主进行创新研发，同时政府创造各种创新性的机制，也是推动中小企业发展的重要保障。如今在温州，很多企业重新做回实业，去除浮躁，埋头搞研发，真正转向依靠创新实现转型。在这篇高质量发展的大文章中，同样缺不了政府的作为。政府搭建适应中小企业创新发展的服务平台，营造良好的创新生态。让创新落地，把实业做好，这是温州的努力，也是中国经济的选择。

3. “八八战略”与习近平新时代中国特色社会主义思想的萌发（视频）

https://www.xuexi.cn/lgpage/detail/index.html?id=8839700783855089296&item_id=8839700783855089296

（来源：2021-01-04　学习强国学习讲座　作者：吴兴智）

“八八战略”的实践为习近平新时代中国特色社会主义思想的产生提供了最鲜活的实践来源。习近平到任浙江工作后，在充分调查研究的基础上，逐步摸清了浙江的家底，了解了浙江发展的优势和短板，形成了清晰的顶层设计和系统谋划。不久，习近平明确提出进一步发挥“八个方面的优势”，推进“八个方面的举措”的重大决策和部署，由此，浙江开启21世纪以来以“八八战略”为指导思想的生动实践。

4. 新闻联播/改革先锋风采：谢高华、马化腾（视频）

https://www.xuexi.cn/lgpage/detail/index.html?id=5257653774110573452&item_id=5257653774110573452

（来源：2018-12-19　中央广播电视总台）

该视频介绍了谢高华在建立义乌小商品市场中的巨大贡献，同时对谢高华进行了采访，谢高华在接受采访时指出：“义乌市场是人民的创造，我们是从人民中来的，人民是真正的英雄。”

5.浙江自贸试验区在全国率先扩区　背后战略意义在这里

https://baijiahao.baidu.com/s?id=1684791168041821894&wfr=spider&for=pc

(来源:2020-11-30　《浙江日报》)

北京、湖南、安徽获批设立自贸试验区，东盟10国以及中国、日本、韩国、澳大利亚、新西兰15个国家正式签署RCEP(《区域全面经济伙伴关系协定》)，中国考虑加入CPTPP(《全面与进步跨太平洋伙伴关系协定》)……这阵子，与自贸相关的内容屡屡刷屏朋友圈。这其中，浙江自贸试验区扩区备受关注。作为第三批设立的自贸试验区，浙江在全国众多自贸试验区中脱颖而出，率先实现真正意义上的扩区，也必然要承担起更大责任。

6.只填一张表，浙江个体劳动者就业创业审批最多跑一次

https://www.xuexi.cn/lgpage/detail/index.html?id=9826543960262788528

(来源:2019-10-11　浙江学习平台　作者:陆乐)

经过“最多跑一次”改革，以往的各个机构部门之间单独办理模式发生了根本改变。个体劳动者就业创业“一件事”改革推行申请材料统一提交、申请信息归集共享、不同事项联动办理、办理结果实时反馈的跨机构、跨部门一体化经办模式。这一模式极大地降低了个体劳动者就业创业的时间成本，推动了浙江个体经济的快速发展。

社会主义核心价值观：平等

一、思政元素

人格平等、政治平等、权利平等、男女平等、教育平等；机会平等、准入平等、规则平等；生态平等、代际平等、人与自然的和谐共生；形式平等、实际平等、平等参与、平等发展

二、案例解读

平等是指社会主体在社会关系、社会生活中处于同等的地位，具有相同的发展机会，享有同等的权利。作为社会层面的社会主义核心价值观之一的平等，指的是公民在法律面前的一律平等，其价值取向是不断实现实质平等。它要求尊重和保障人权，人人依法享有平等参与、平等发展的权利。浙江作为中国革命红船起航地、改革开放先行地、习近平新时代中国特色社会主义思想重要萌发地，以及新时代全面展现中国特色社会主义制度优越性的重要窗口，有许多追求平等、维护平等、受益于平等的案例。

作为中国革命红船启航地，浙江较早地建立了红色革命政权，在特殊的历史条件下，浙东抗日根据地等革命政权采取了多种方式保证人民群众参与政治活动的权利。在浙东抗日根据地的各界临时代表大会上，工、农、商、文、教等各界人士均有代表参加，其所代表的地区之广、阶层之多，是浙东历史上所未有的。这标志着我党领导的人民政权从一开始就维护人民群众平等的政治参与权利。

作为改革开放的先行地，浙江充分发挥基层协商民主，保障人民平等的政治参与权利，并以此为激发社会活力的重要手段。浙江温岭的民主恳谈会是一种经过20多年的实践检验，并且取得良好效果的基层协商民主形式。在民主恳谈会上，政府部门和利益相关方共同就相关问题进行恳谈，将问题的症结谈清楚、谈到位，确保相关人员的利益能够得到切实的保障。这种平等参与、畅所欲言的协商模式是基层民主的一项落在实处的改革，为实现基层民主提供了可供参考和推广的经验。

作为习近平新时代中国特色社会主义思想的重要萌发地，时任浙江省委书记的习近平同志提出的“绿水青山就是金山银山”是习近平新时代中国特色社会主义思想的重要组成部分。作为最普惠的民生福祉，良好的生态环境不仅体现了不同的群体在享有生态环境上的平等，也体现出人类不同代与代之间的平等，更体现出人与自然和谐共生的生存关系。

作为新时代全面展现中国特色社会主义制度优越性的重要窗口，浙江在统筹城乡发展、缩小城乡差距方面走在了全国前列。城乡差距一直是困扰我国发展的重要问题，农村落后于城市也是我国不平等现象的一种重要类型。因此，消除城乡差距，实现乡村和城市的实际上的平等，就是展现中国特色社会主义制度优越性的一个重要窗口。浙江采取多种体制机制改革，工业反哺农业、城市反哺乡村，实现了乡村与城市的良性互动，推动了城乡和谐健康发展，不仅在保障人民权利上体现平等，而且为保障人民实际上的平等创造了重要条件。（撰写人：王明亮）

三、案　例

浙东抗日根据地的各界临时代表大会(节选)

（2009 年 4 月 23 日　宁波人大网）

浙东抗日根据地，位于杭州湾两岸、沪杭甬三角地带，是抗日战争时期中国共产党领导的全国 19 个抗日根据地之一。1940 年，毛泽东主席在《新民主主义论》中提出了中国现在可以从全国到地方建立人民代表大会系统，由各级代表大会选举政府的构想。1944 年 1 月和 1945 年 1 月，浙东抗日根据地根据当时的历史条件和发展、建设根据地的需要，先后两次召开浙东敌后各界临时代表大会，颁布了施政纲领，选举产生了浙东敌后行政委员会和参议会。这是浙东最早的人民代表大会。

1944 年 11 月，根据地军政会议决定召开浙东各界临时代表大会，通过各界代表大会选举产生强有力的，各界人士普遍参加、共同战斗的行政机构，要求各地把各界有代表性的、支援抗战的人士推选为代表。根据各地的条件，四明、三北地区以普选方式，其他地区以协商、邀请的方式产生了代表。代表包括政府、军队和三北、四明、会稽、淞沪及鄞镇奉沿海地区的工、农、商、文、教等各界人士及士绅名流，共 108 人。其所代表的地区之广、阶层之多，是浙东历史上所未有的。1945 年 1 月 21 日至 31 日，正值浙东敌后临时行政委员会成立一周年之际，浙东敌后各界临时代表大会在余姚梁弄镇隆重召开。

中共浙东区委书记谭启龙在会上做报告，并代表区党委向会议提出《浙东地区施政纲领(草案)》(以下简称《施政纲领》)。会议经过讨论，通过并颁布《施政纲领》。《施政纲领》的宗旨为，根据中共中央抗日民族统一战线政策与“十大政策”之原则，进一步巩固、发展浙东抗日根据地，加强抗日民主的政治、军事、经济、文化建设，达到坚持浙东抗战，准备反攻力量，配合盟军驱逐日本帝国主义，解放数千万同胞之目的。《施政纲领》分别提出了浙东地区各个领域的政策和任务，共21条。其中包括一系列保障各个阶层平等的政治权利、经济权利、文化权利的内容，例如：改造各级旧有行政机构，实行民选，组织各级参议会，建立联合抗日的民主政府；厉行廉洁政治，严惩公务人员的贪污行为，改善公务人员的待遇；保证一切抗日人民的人权、政权、财权、地权，保障人民言论、出版、集会、结社、信仰、居住、迁移之自由权；建立司法制度及各县（区、乡、镇）调解委员会，重证据不重口供，正确处理民刑案件；发展工业生产，奖励私人开设工厂投资各种工业，发展人民合作事业；实行商业自由流通，保障私人商业之发展，协助土产运销，开拓对外贸易路线；调节劳资关系，保障工人、雇工生活必需的改善，同时使资方有利可图；废除一切苛捐杂税，实行合理的税收制度，打破敌伪之经济封锁，抵制“伪币”，发行“抗币”；实行抗战与民主的普及教育，创办各种学校，尊重知识分子，提倡科学与文艺活动，欢迎各地科学、艺术、医务人员来根据地工作；依据男女平等之原则，从政治上、经济上提高妇女地位，实行基于男女双方自愿原则的一夫一妻婚姻制；展开对敌伪军警的政治攻势，促其回头觉悟，欢迎反正人员；对被俘之敌军警实行宽大政策，愿参加抗战者，收容并优待之，不愿者释放之；安定根据地社会秩序；在尊重中国主权及根据地政府法令原则下，允许任何外国人到根据地游历或参加抗日工作。

敞开胸怀谈 有事商量办 温岭民主恳谈会20年举办3万余场

（2019年12月8日 浙江省人民政府网站）

“已有16个村顺利签约，签约率99%，第一批占地30亩（2公顷）的工业厂房将于年底交付使用……”12月5日，全省乡村全域土地综合整治与生态修复现场会在温岭举行。与会代表谈起温岭融土地综合整治、城中村改造、鞋业优化升级园区建设、城市基础设施建设、河道水域规划调整等五大工程于一体的全域改造力度与速度，无不为之点赞。

“这一切，都离不开‘谈’。”横峰街道党工委书记潘仁军说，从市委书记、市长到街道干部、村干部、普通群众，从过渡性安置房建设到河道调整，自2018年正式启动全域改造以来，横峰街道举行大大小小的民主恳谈会200余次，“大家越敞开胸怀谈，想法就越容易达成一致。大面积集中拆迁租房难？那就工程建设到哪里，拆迁到哪里。老弱病残忧心租房难？那就由政府建设过渡性安置房……问题谈透了，思想就谈通了，工作起来就没了阻力，群众还积极参与进来，主动签约，带头拆迁，甚至帮我们一起做工作”。

从百姓事、百姓议到大家事、大家办。发轫于1999年、被誉为我国基层协商民主典型形式的温岭民主恳谈,经过20年的传承与弘扬,早已从初期对话式的恳谈、协商,深化到参与式的决策、预算,近年来还积极拓展到基层社会治理的各个领域,当地百姓广泛参与基层治理成为一种常态。据不完全统计,大至重大项目决策,小至群众烦心琐事,20年来温岭已举行了3万余场大大小小的民主恳谈会。

党的十九届四中全会指出,要健全充满活力的基层群众自治制度。事实证明,民主恳谈就是一种充满活力的工作形式,充分体现了共建、共治、共享的现代社会治理理念。“有理解才有支持,民主恳谈早已成为镇村干部决策办事的普遍自觉。”泽国镇党委书记林宪告诉记者,通过平等对话了解各方分歧点,通过民主协商找到最大公约数,大家一起议、一起干,再难的事也变得容易多了。

有事多商量、遇事多商量、做事多商量。率先将民主恳谈引入乡镇政府决策、乡镇人大财政预算的泽国镇,最近又率先尝试组织开展了一场国有资产资源绩效管理专题询问会。“登记在册的廉租房有30套,已交房好几年,为何一直处于空置状态?”“几处闲置校舍,能不能用来建公立幼儿园,解决学前教育难题?”……近3小时的询问会上,会前“领题”做过深入调研的代表们,与镇干部一起展开“头脑风暴”,共商合适的解决方法。

这种面对面协商问题、实打实解决难题的场景,在温岭城乡几乎每天都在上演。以南鉴村为代表的新河镇草帽特色产业,年产值达15亿元。从2008年起,新河镇在草帽这个劳动密集型行业实施工资协商,每年协商一次,保障职工权益,职工待遇一年比一年好。温岭自2003年开展工资集体协商以来,该项工作已覆盖全市16个镇(街道)、12个行业的5349家企业,21.1万名职工因此受益,同时促进了劳动关系和谐,真正实现了企业和职工的双赢。最早实施工资集体协商的羊毛衫行业,2006年就已实现工资纠纷零投诉,水泵、轴承、工量刃具等行业也已基本实现零投诉。

民主恳谈使当地干部与群众、群众与群众的沟通互动成了常态。尤其是“不忘初心、牢记使命”主题教育开展以来,温岭上下通过恳谈,收集民意,优化决策,发动群众,共同参与村庄整治、环境治理、文明城市创建等工作。至今,市、镇、村三级累计召开1000多场民主恳谈会,破解老百姓身边的难题487个。

绿水青山:最普惠的民生福祉

(2015年4月3日 《浙江日报》 记者:袁涌波)

2005年8月,时任浙江省委书记习近平在浙江安吉余村考察时,首次提出了“绿水青山就是金山银山”的科学论断。这句浅显直白的话语,言简意赅地揭示了生态与民生、保护与发展之间水乳交融的辩证统一关系,蕴含着对生态文明发展道路的诠释和对人类历史发展过程的展望，是对马克思主义生态观的发展，也生动形象地表现出我们党对中国特色社会主义建设规律认识的进一步深化。

无论是加快发展还是保护生态环境，说到底都是为了提高人民群众的生活质量和幸福指数，为人民群众创造良好的生产、生活、生态环境。正如习近平总书记所指出的，良好的生态环境是最公平的公共产品，是最普惠的民生福祉。发展如果不以百姓富裕为价值取向，不但失去意义，也会失去动力。生态环境保护如果不能让人民受益，也是不可持续的。

以生态环境的改善取信于民，紧绷生态环保这根弦。这些年来，人民群众对环境问题的敏感度越来越高，容忍度越来越低；社会舆论对生态环境的关注度也越来越高，环境问题的"燃点"越来越低，很多环境问题已经上升到了生态安全的高度。十多年来，为在加快经济社会发展中让青山常在、绿水长流，实现经济社会与资源环境的协调发展，浙江走过了一段不平凡的历程。省委省政府始终以"八八战略"为总纲，进一步发挥浙江的生态优势，坚定"绿水青山就是金山银山"的发展理念，坚持一张蓝图绘到底，把生态文明建设放在突出位置，把发展生态经济和改善生态环境作为核心任务，把解决影响可持续发展和危害群众健康的突出环境问题作为着力点，打出了"五水共治""四换三名""三改一拆""四边三化"等一系列组合拳，以治水为突破口，持之以恒，急而不躁，步步为营，护美绿水青山，做大金山银山，不断推动经济社会转型升级，在实践中将"绿水青山就是金山银山"化为生动的现实。

发展经济是为了民生，保护环境一样是为了民生。尤其是伴随着人民群众过上小康生活，大家对与生命健康息息相关的环境问题越来越关切，期盼更多的蓝天白云、绿水青山，渴望更清新的空气、更清洁的水源。浙江各级党委政府积极回应人民的关切、顺应民生需求，严守生态红线，优化国土空间开发，全面促进资源节约，加大生态环境保护力度，不断美化优化城乡人居环境，让人们望得见青山、看得见绿水、记得住乡愁。……总之，只要是群众最关心、最迫切需要解决的热点、难点环境问题，浙江各级党委政府都积极回应，还人民群众以清新空气、青山绿水和一方净土，切实维护好、发展好、实现好人民群众的根本利益。

浙江各地涌现出了许多"绿水青山就是金山银山"生动实践。被誉为"浙江绿谷"的丽水，坚定不移地走绿色生态发展之路，大力发展生态农业、生态工业、生态旅游业和养生养老、创意产业等绿色产业，真正把绿水青山转变为金山银山。地处山区的安吉，从自身的优势、资源出发，坚持"生态立县"战略，将生态资源变成发展资本，走出了一条发展与保护、城镇与乡村、经济与社会互促共进，人与自然和谐相处的生态文明建设之路。2012 年 9 月，安吉荣获"联合国人居奖"，成为中国自 1990 年参与评选以来唯一获此殊荣的县。透视安吉绿色崛起的历程，不难发现，它不是"吃着祖宗饭，砸着子孙碗"，用牺牲环境来增长 GDP，而是让青山绿水成了实实在在的 GDP，让蓝天沃土成了永恒的不动产，让能源资源得到了永续利用。

始终坚守“绿水青山就是金山银山”的信念,是全体人民福祉所系,是对子孙后代义不容辞的责任,是对更高发展境界的真诚追求。在经济社会发展进程中,只有按照尊重自然、顺应自然、保护自然的理念,大力推进生态文明建设,才能达到“绿水青山就是金山银山”的发展境界,真正走向生态文明新时代。……坚定不移走“绿水青山就是金山银山”的发展之路,是谋求浙江更高品位、更高水准、更高境界发展,建设“两美”浙江的科学路径。只有坚定不移地沿着这条道路走下去,才能实现天蓝、水清、山绿、地净,才能让人民生活在环境优美、山川秀丽、风景如画的美丽幸福浙江。

“城乡发展协调省份”浙江是如何炼成的
——三农专家“超级农民”顾益康访谈录

(2018 年 11 月 18 日　新华社　记者:方问禹　陶虹　屈凌燕)

城乡居民收入比 2.05,全国各省(区)最低,全省基本公共服务均等化实现度 91.6%,2015 年全面消除家庭人均年收入 4600 元以下贫困现象……作为全国城乡发展协调的省份之一,浙江是如何炼成的?记者对此采访了浙江省政府咨询委员会专家、被称为“超级农民”的顾益康教授。

坚持走统筹城乡发展的路子

“城乡关系是中国经济社会发展的一个基本关系。改革开放以来,浙江经济社会发展走在全国的前列,其中一条很重要的经验就是坚持走统筹城乡发展的路子。”顾益康说。

顾益康认为,改革开放以来,以乡镇企业为代表的浙江民营经济异军崛起、长足发展,一部分先富起来的农民开始向城市集聚,一部分先富起来的农村率先城镇化,城乡发展差距也逐渐拉开。

2003 年 7 月,浙江省委提出实施“八八战略”,从浙江已经到了工业反哺农业、城市带动农村的发展阶段这个实际出发,明确统筹城乡经济社会发展,加快推进城乡一体化。2004 年,浙江省制定、实施了《浙江省统筹城乡发展、推进城乡一体化纲要》,以“六个城乡统筹发展”来引领浙江城乡一体化。

从在全面建设小康社会的过程中农村任务最繁重的实际出发,浙江省开始实施“千村示范、万村整治”工程,开创农村人居环境整治和美丽乡村建设的新征程,有效缩小了城乡发展差距。

2003 年以来,浙江省久久为功、扎实推进“千村示范、万村整治”工程,造就了万千美丽乡村,取得了显著成效。在这期间,浙江省累计有 2.7 万个建制村完成村庄整治建设,占全省建制村总数的 97%;74%的农户厕所污水、厨房污水、洗涤污水得到有效治理；生活垃圾集中收集、有效处理的建制村全覆盖，41%的建制村实施生活垃圾分类处理。

如今行走在浙江城乡之间，美丽公路串起“美丽乡村创建先进县示范县”“整乡整镇美丽乡村”“精品村”“美丽庭院”，城市文明与乡村风情深度融合，呈现一幅全景式美丽画卷。

城乡关联发展下的“乡村三变”

顾益康认为，回顾浙江40年改革开放的历程，实际上是一条从“自发的”到“自觉的”统筹城乡发展的路子。在这条路子的引领下，浙江城市与乡村的发展经历了三个相互关联的阶段，乡村形态功能不断演变。

——乡村裂变：20世纪80年代初农村实行包产到户的改革，使农业集体化经营体制转变为充满活力的家庭经营体制，浙江乡镇企业、民营经济由此开始迅速发展。延续20多年的农村工业化，促进农民分工、分业、分化，一部分农民、农村先富起来，同时，农业边缘化、农民老龄化、农村空心化等问题也开始出现。

——乡村蝶变：浙江省以“八八战略”为统领，从2003年开始推进以“千村示范、万村整治”工程为抓手的农村人居环境综合整治，以及统筹城乡的基础设施建设，到2008年又提出把美丽乡村建设作为深化“千村示范、万村整治”工程的新目标、新方向。十五年久久为功，带来浙江广大农村地区面貌巨大变化，城乡渐显弥合之势。

——乡村聚变：党的十八大以来，东部发达地区率先进入后工业化、后城市化时代和生态文明新时代，城乡关系出现新变化，城乡经济社会、产城空间、生产生活生态等全面融合发展。浙江乡村生态、人文优势凸显，吸引城里人、年轻人到乡村旅游、投资、创业，资源要素逐步向乡村集聚。

农产品共享集散平台、生态循环种养系统综合服务商、LED灯植物工厂……近期举行的乡村创业创新大赛上，浙江农业新业态百花齐放。既有田园牧歌，又贴近都市生活的浙江现代乡村，正成为年轻人干事创业的新热土。

改革驱动城乡协调发展

举办首届联合国世界地理信息大会的浙江德清县，城市与乡村的界线已经模糊。2010年至今，这个户籍人口不到50万的江南小县，陆续承接了65项省级以上改革试点。

从“多规合一”让一张蓝图绘到底，到户籍制度改革抹平身份证背后的33项城乡待遇差异；从率先实施生态补偿“让叶子变票子”，到全国首宗村级集体经营性建设用地入市，农民也能获得土地溢价收益；从民宿经济异军突起，到联合国世界地理信息大会落户本地……

“城市和乡村确实是一个谁也离不开谁的生命共同体和命运共同体。”顾益康表示,浙江统筹城乡发展和“乡村三变”的发展趋势,让人们对城乡关系有了更深刻的认识。

对于浙江更好推进城乡协调发展,顾益康认为,仍然要以改革驱动,进一步推进城乡综合配套改革,逐步消除城乡二元分割的体制机制和法律政策的影响。

“这需要进一步解放思想。”顾益康认为,要从城乡是一个生产共同体、消费共同体、投资共同体、社会共同体、生态共同体的新认识出发,探索推动城乡户籍制度、土地制度、财产制度、产权制度、公共服务制度、社会治理制度等系列改革,促进人才、资本、技术、文化等要素自由流动、优化组合,形成城乡互联互通新局面。

四、链　接

1. 浙西南:南方三年游击战争的重要游击区

http://dangshi.people.com.cn/n1/2021/0111/c85037-31995274.html

(来源:2021-01-11 《学习时报》 作者:周德春)

浙西南是南方三年游击战争的重要游击区,其革命活动具有独特的历史地位。在浙西南建立了中共浙西南特委及其所辖的5个区委(县委),下属50余个支部;成立了农会、共青团、妇女会、儿童团等革命群众组织,充分保证了人民群众平等参与的政治权利;开展了查田、插标、分青苗的土地革命,呈现出“分田分地真忙”的热烈场面,成为中国革命低潮时新建立的一块革命根据地。

2. 浙江省民营企业发展促进条例

http://fzggw.zj.gov.cn/art/2020/6/24/art_1599551_48786638.html

(来源:2020-06-24 浙江政务服务网 浙江省发展改革委法规处)

作为改革开放的先行地,浙江在促进民营企业健康发展方面一直走在全国前列,其中最重要的就是给予民营企业等非公有制企业平等参与市场竞争的地位,经过几十年经验的积累,浙江出台了《浙江省民营企业发展促进条例》,以法律的形式保证了民营企业的权利平等、机会平等、规则平等、准入平等。

3. 浙江:续写好“枫桥经验”新时代篇章

http://www.xinhuanet.com/2018-11/11/c_129990979.htm

(来源:2018-11-11 新华网 记者:马剑)

20世纪60年代初,浙江诸暨枫桥的干部群众在实践中创造了发动和依靠群众、就地化解矛盾、坚持矛盾不上交为主要内容的“枫桥经验”。“枫桥经验”的实质是保障群众参与社会治理的权利,依靠群众进行社会治理,实现了“小事不出村、大事不出镇、矛盾不上交”。

4. 为何能走在良治、善治的前列?——创新基层社会治理的浙江实践

http://www.xinhuanet.com/politics/2019-11/23/c_1125265669.htm

（来源：2019-11-23　新华网　记者：邬焕庆　朱基钗　裘立华　方问禹　俞菀　李平）

为了在新时代创新基层社会治理，继续走在良治、善治的前列，浙江进行了一系列的制度安排和创新，其中包括：党建引领，党员干部成为联系服务群众的中坚力量；科技支撑，以信息化推动治理现代化；群众参与，众人的事情众人商量。好的群众平等参与社会治理的经验，需要在现代化和信息化的条件下根据时代发展的要求进行不断的创新，在此过程中党组织需要给予坚强的制度保障，为群众平等参与社会治理提供良好的条件。

5.浙江“千村示范、万村整治”工程获联合国“地球卫士奖”

https://town.zjol.com.cn/cstts/201809/t20180927_8365387.shtml

浙江“千万工程”，是“绿水青山就是金山银山”理念在基层农村的成功实践。2003年6月，在时任浙江省委书记习近平同志的倡导和主持下，以农村生产、生活、生态的“三生”环境改善为重点，浙江在全省启动“千万工程”，开启了以改善农村生态环境、提高农民生活质量为核心的村庄整治建设大行动。这一工程为缩小浙江城乡差距，保障城乡居民平等发展的权利做出了重大贡献的同时，也为改善地球环境做出了贡献，获得联合国“地球卫士奖”。

6.3091家浙江湖州绿色工厂建设覆盖九成规上企业

https://www.xuexi.cn/lgpage/detail/index.html?id=6587690956655676898&item_id=6587690956655676898

（来源：2021-01-06　学习强国湖州学习平台　作者：邵鼎）

进行社会主义生态文明建设，离不开企业的绿色生产。因此，落实企业生产的绿色转型，就成为落实“绿水青山就是金山银山”理念的重要途径。2020年以来浙江省湖州市以“绿水青山就是金山银山”理念为引领，以绿色工厂星级管理全覆盖为载体，加快推动实施一批绿色化技术改造项目，绿色制造水平提升显著。截至2020年年底，湖州市已认定绿色工厂3091家，占规模以上企业九成以上。

7.浙江平等对待外来人员　远程救助传递温暖

http://news.jcrb.com/jxsw/202002/t20200224_2117995.html

（来源：2020-02-24　正义网　作者：范跃红　徐笑余）

浙江在2015年年底成为全国第一个完成脱贫攻坚任务的省份，同时也是流动人口大省，登记在册的流动人口超2820万人。如何让因案致贫、因案返贫的外来务工人员与本地人员获得同等的司法救助，成为浙江省检察机关助力全国其他地区扶贫攻坚的一个着力点。为减少当事人的往返奔波之苦，浙江省检察机关以“最多跑一次”改革为契机，积极探索远程救助模式，全力实现“让数据多跑路，让群众少跑路，甚至不跑路”的目标。

8. 浙江完善基本公共服务体系　平等保障城乡一家亲

http://nb.ifeng.com/app/zj/detail_2015_12/10/4641816_0.shtml

(来源:2015-12-10　《浙江日报》)

12 月 10 日是“世界人权日”。保障和维护每一个群众的权益,受到各级党委、政府高度重视。省委十三届八次全会指出,要始终坚持普惠性、保基本、均等化、可持续方向,完善基本公共服务体系。作为城市中的一个特殊群体,农民工如何更好地共享发展,受到公众关注。近年来浙江不断创新体制机制,逐步实现同城待遇,让以往行走在城市边缘的农民工更好地融入都市的工作和生活。

9. 绿水青山就是金山银山(视频)

https://www.xuexi.cn/lgpage/detail/index.html?id=315834040181448026&item_id=315834040181448026

(来源:2020-11-06　学习强国生态文明实践　中国绿色时报社)

2005 年 8 月 15 日,时任浙江省委书记的习近平同志,以深邃的历史眼光和生动的地方实践,创造性地提出“绿水青山就是金山银山”的科学论断。随后,这一理念在全国迅速推广。截至 2019 年全国共取得造林 706.7 万公顷,森林抚育 773.3 万公顷,防沙治沙 226 万公顷,全国经济林面积超过 6 亿亩(4000 万公顷)等骄人的成绩。实现了生态经济双丰收,人与自然和谐共生。

10. 浙江长兴　好山好水带来好经济　产村融合迈向乡村振兴(视频)

https://www.xuexi.cn/lgpage/detail/index.html?id=13090022011042157478&item_id=13090022011042157478

(来源:2020-11-25　学习强国浙江学习平台)

浙江省长兴县小浦镇拥有良好的生态环境,通过以风景入股的方式吸引资金发展旅游产业,走出了一条变绿水青山为金山银山的道路,提高了当地农民的收入,实现了乡村振兴和人与自然的和谐共生。同时在这一过程中也涉及不同村集体之间和个人之间的利益协调问题。本案例可以说是“绿水青山就是金山银山”、城乡协调发展、乡村振兴、基层治理整体推进的典型案例。

社会主义核心价值观：公正

一、思政元素

权利公平、机会公平、规则公平、分配公平；制度正义、司法公正、社会公正、实质正义；公道人心、合宜秩序、基本公共服务均等化、共享发展

二、案例解读

公正即公平与正义，指按照一定的社会标准、正当的秩序合理地待人处事，是制度、体系和组织的首要德行。社会公正最重要的内容，就是对权利和义务进行合理分配，依据合理的尺度来分配权利和自由、权力和机会、收入和财富等社会资源，“得所当得”。公正作为一种社会价值，是衡量一个社会的制度安排正当合理的重要标准。作为社会主义基本价值取向的公正，不只是强调权利平等、机会均等和规则程序正义的实质正义，还兼顾结果正义，体现在社会生活各个领域、各个层次、各个方面的公正。促进社会公正，是全面深化改革的出发点和落脚点，也是中国特色社会主义本质的内在要求。依据此理念，社会主义社会的各项制度安排始终将最广大人民群众的根本利益作为出发点与落脚点，并在社会发展的过程中不断实现人民的愿望、满足人民的需要、维护人民的根本利益。

“大潮起之江。”改革开放 40 多年来，浙江推动经济高质量发展，做大“蛋糕”，为保障社会公平正义奠定坚实的物质基础。与此同时，我们还逐步深化收入分配制度改革，完善公共服务体系，通过基本公共服务均等化、社会政策托底、保护弱势群体等方式让改革发展成果更多、更公平地惠及全体人民，努力分好“蛋糕”，让人人都享有人生出彩的机会，共享梦想成真的机会，真正实现了经济发展与改善民生互促共进、相得益彰。

公与平者，即国之基址也。《为了全体人民的幸福生活——浙江践行共享发展理念纪事》用一组组数据鲜活地记载了浙江人民共享发展的奋斗足迹——从一穷二白到经济大省，从绝对贫困到全面小康，浙江实现了历史性转变。《浙江海盐：以基本公共服务均等化推进城乡一体化发展》介绍了作为首批 18 个全国农村公共服

务典型案例的鲜活实践和一系列改革亮点,积极在基本民生服务、公共事业服务领域推进城乡均衡发展——以标准化体系引领基本公共服务均等化实践、多元化参与增强基本公共服务供给能力和以配优资源提升基本公共服务均等化水平,均衡协调“跨越”城乡发展鸿沟,让全面小康的浙江成色更足。

司法是维护社会公平正义的最后一道防线。“正义不仅应得到实现,而且要以看得见的方式加以实现。”浙江省委在做出关于建设法治浙江的决定时就明确指出,在立法、执法、司法活动中维护社会公平正义,做到公开、公平、公正,维护群众权益。在“法治浙江”建设进程中,浙江省公、检、法、司系统积极回应群众的关切和期待,推动司法公开,推进规范化建设,提升司法公信力,努力让人民群众在每一个司法案件中都能感受到公平正义。

公正是捍卫权利的天平,它是衡量社会发展的价值准绳。古往今来,人类追求的幸福生活,只能建立在公平正义的基础之上。公正作为社会主义社会的内在要求,集中体现着社会主义的制度优越性和道义感召力。(撰写人:肖会舜)

三、案　例

筑梦,共享美好生活——浙江改革开放40周年述评(节选)

(2018年12月15日　浙江在线　记者:陈宁　马悦)

民生连着民心,民心凝聚民力。如果说改革开放是一曲时代华章,“民生”二字是最撼人心魂的强音;如果说改革开放是一条岁月长河,我们曾历经险滩急流,也路过似锦繁花,但“以人民为中心”的航向始终如一。

党的十八届五中全会将“共享”列入新发展理念,坚持发展为了人民、发展依靠人民、发展成果由人民共享。在春风浩荡的浙江,民生福祉已不仅仅局限于人民物质生活的改善,民生领域的各项改革正在为百姓构筑更大的梦想空间。

不断创造美好生活,是40年不变的时代旋律,是5600万浙江人不断刷新的当下现实。

不变的信念:以人民为中心

40年来,从允许和鼓励“部分先富”到“不让一个困难群众掉队”,从“只有解放生产力、发展生产力才能从根本上解决民生问题”到“坚持在发展中保障和改善民生”,历届浙江省委、省政府把人民群众对美好生活的向往作为奋斗目标,始终把推动经济发展和改善民生有机联系起来,通过发展经济为持续改善民生奠定坚实的物质基础。40年来,浙江经济发展与扩大就业有效联动,就业规模不断扩大。2017年年末,就业人员总量达到3796万人,是1978年的2.1倍,平均每年增加

51.3万人。就业人数大幅增长，浙江经济有了持续加速器。

今天的浙江，城镇居民和农村居民人均收入分别连续17年和33年位居全国各省(区)第一，老百姓的手头更宽裕，眉头更舒展。

永远的起点：群众利益无小事

今天，民生的内涵不断延伸——从全面推进城乡生活垃圾分类处理到新建农村文化礼堂，从帮扶低收入群众和困难群众到提升学前教育质量，从保基本、兜底线到"全面小康一个也不能少"……

这是弱有所扶的梦想。40年来，浙江社会保障体系建设取得重要进展，在全国率先建立覆盖城乡居民的社会养老保险制度，率先实现全民医疗保障制度统一，率先开展全民参保登记，基本实现全民医保。

这是住有所居的梦想。为了让城乡居民"住有所居、居有所安"，浙江完善住房保障制度，提前5年实现保障性安居工程受益覆盖率达到23%的目标，一个个美丽宜居示范村在乡间绽放……

这是学有所教的梦想。"教育兴则国家兴，教育强则国家强。"在浙江，普通高等学校由1978年的20所增至2017年的108所。招收普通本专科学生数、在校生数分别是1978年的20.7倍和41.8倍。十五年教育普及率达98.8%，高等教育毛入学率为58.2%，普通高考录取率93.57%。

这是病有所医的梦想。为了解决"看病难、看病贵"，浙江全面推行"双下沉、两提升"，启动县域内医共体改革。截至2017年，浙江拥有医疗卫生机构3.2万所，是1978年的4.6倍，医疗机构床位数31.4万张，比1978年增长4.1倍；全省居民平均预期寿命78.6岁。

更好的生活：共享出彩机会

美好生活，还有对更完善的社会治理体系的追求。舟山"网格化管理、组团式服务"，温州"综治八大员"，苍南"五站式工作法"……在"枫桥经验"带动下，浙江各地因地制宜摸索出了许多行之有效的社会管理经验。截至2017年，浙江已建起3.5万余支、230余万人的平安志愿者队伍，4.15万余个调解委员会，16.7万余名调解员，预防化解社会矛盾。

美好生活，要让每一个梦想都触手可及。"智慧树"咖啡馆在杭州应运而生，中度或重度智力障碍的孩子在这里重拾生活的希望。目前，浙江劳动年龄段有劳动能力和就业意愿的残疾人就业率达到86.01%，根据中国残联对全国各省市残疾人就业工作的考核，浙江排名全国第一。残疾人全面小康实现程度达93.2%，比5年前提高了11.7%。

站在改革开放40周年的历史节点上，回首无数苦难与辉煌的岁月，我们逢山开路、遇水架桥,逐步推动经济高质量发展,做大"蛋糕",为保障社会公平正义奠定坚实物质基础;我们深化收入分配制度改革,完善公共服务体系,通过基本公共服务均等化、社会政策托底、保护弱势群体等方式让改革发展成果更多更公平地惠及全体人民,让人人都享有人生出彩的机会,共享梦想成真的机会。

在改革开放40周年的采访途中,记者在浙南庆元县月山村的农家门前,看到一副春联:春光似锦年年美,岁月如歌日日新。

在这如歌的岁月中,走过"雄关漫道真如铁"的昨天,跨越"人间正道是沧桑"的今天,我们正迈向"长风破浪会有时"的明天!

为了全体人民的幸福生活——浙江践行共享发展理念纪事(节选)

(2019年9月15日　浙江在线　记者:吴妙丽　王世琪)

共享理念,体现的是逐步实现共同富裕的要求。一组数据鲜活地记载了浙江人民共享发展的奋斗足迹:

全省城镇、农村居民人均可支配收入分别从1949年的116元和47元,增至2018年的55574元和27302元,分别连续18年和34年居省(区)第1位。

恩格尔系数从新中国成立之初的60%以上降至2018年的27.8%。

2018年年末,全省基本养老保险、医疗保险参保率分别达92.0%和98.6%,平均预期寿命由1949年的38岁提高到2018年的78.77岁……

民生之微,衣食住行;民生之大,事关家国。

如何让人民幸福?浙江奋力书写着自己的答案。

全体共享,一个都不能少

浙江经济社会发展到现阶段,按照全面建设小康社会的要求,我们应该把帮助群众解决实际困难,特别是帮扶城乡困难群众放到更为突出的位置。

——摘自《之江新语》

从一穷二白到经济大省,从绝对贫困到全面小康,70年,浙江实现了历史性转变。转变的背后,是让全体人民逐步实现共同富裕这一矢志不渝的追求,是一任接着一任干、一张蓝图绘到底、"一个都不能掉队"的庄严承诺。

16年前,习近平总书记在浙江工作期间就指出,全面建设小康社会,提前基本实现现代化,难点在欠发达地区,特别是欠发达乡镇。他说:"现代化建设不能留盲区死角,实现全面小康一个乡镇也不能掉队。"

…………

为实现全面小康,浙江打响脱贫攻坚战,扬长补短,因地制宜,大力扶持贫困地区发展特色产业,交出了一张漂亮的答卷——1997年,浙江在全国第一个消除贫困县;2007 年,在全国第一个消除贫困乡镇;2015 年,26 个欠发达县一次性全部“摘帽”,全面消除家庭人均年收入 4600 元以下绝对贫困现象,成为全国第一个以较高水平完成脱贫攻坚任务的省份。

共享发展,是人人享有、各得其所,残疾人、下岗职工、失地农民、孤寡老人……一个都不能少。

…………

2005 年 12 月,浙江省出台《关于进一步完善新型社会救助体系的通知》,在全国率先实施分层分类救助,对困难人群给予进一步兜底保障。2018 年,全省低保资金(含各类补贴)支出 45.2 亿元,比上年增长 33.9%,城乡低保标准已实现一体化,平均每人每月 771 元,位居全国省区第一。

公与平者,即国之基址也。着眼于不断缩小地区差距、改善困难群众生活质量,浙江将继续秉承共享发展理念,争取到 2020 年,实现生产总值、人均生产总值、城镇居民人均可支配收入、农村居民人均纯收入比 2010 年翻一番,高水平全面建成小康社会。

全面共享,短板要补齐

要按照逐步建立以权利公平、机会公平、规则公平、分配公平为主要内容的社会公平保障体系的要求,致力于解决关系群众切身利益的突出问题,不断维护和实现社会公平和正义。

——摘自《之江新语》

世纪之交,浙江较早遇到了“成长的烦恼”:面对人均 GDP 接近 3000 美元这一“门槛”,“求富”和“求安”如何共进?“发展”与“环保”如何共赢?

敢为人先的浙江人,率先踏上了探索之路。

…………

2003 年至 2018 年,浙江省刑事案件总量下降 21%,命案总量下降 77%。在表征经济社会发展水平的各项指标一直位居全国前列的同时,刑事发案、信访总量、各类生产安全事故始终保持“零增长”,人民群众安全感满意率达到 96.84%。

2013 年,浙江省的重污染天数曾达 174 天次,而 2019 年 1 月至 7 月,全省设区市重度污染天数是零。与此同时,总长超过 6000 公里的垃圾河被消灭,全省Ⅰ类到Ⅲ类水比例从 42.9%升至 89.1%,可以游泳的河重回身边。城区绿化覆盖率超过 40%,现代版“富春山居图”正徐徐展现。

…………

进入新时代,经济社会发展形势更加纷繁复杂,新矛盾、新问题、新情况层出不穷。浙江走过的道路告诉我们,只有进一步树立以人民为中心的发展理念,从群众最关切的事情入手,创新思路、解决问题,让人民群众有更多的获得感、幸福感和安全感,才能真正赢得人民的支持,最大限度凝聚改革发展的合力。

共建共享,相信依靠群众

要调动广大群众的积极性和创造性,发挥广大群众的作用,使广大群众真正成为选择的主体、利益的主体,有的事还要成为行动的主体和投入的主体。

——摘自《之江新语》

浙江人积极投身于社会治理,换来的是百姓和顺、城乡和美、社会和谐。这些年来,在“枫桥经验”的带动下,浙江各地涌现了许多行之有效的基层社会治理经验:舟山的“网格化管理、组团式服务”,苍南的“五站式工作法”,桐乡的“三治融合”……全省已建立3.5万余支、230万余人的平安志愿者队伍,4.15万余个调解委员会、16.7万余名调解员。

浙江人在为生态文明建设出力的同时,也共享着生态文明建设的成果。曾经浑浊不堪的瑞安三叉河,如今碧波如洗、鸟飞鱼跃。2018年年底至2019年年初,共有300余名民间河长积极参与三叉河治理及保护。“企业河长”“洋河长”“红领巾河长”“河嫂”“河小二”“河小青”……为了护好浙江的碧水,全省10万余名民间河长志愿加入治水队伍。

浙江人在医疗、环境、教育、养老、慈善等民生领域积极共建,享受着创业创新的成就感……

人人参与、人人尽力、人人都有成就感——这是一幅多么生动、充满生机的画面!为此,浙江上下求索。

相信在共享发展理念的指引下,我们的生活将越来越美好!

浙江海盐:以基本公共服务均等化推进城乡一体化发展

(2020年1月2日　新华社　记者:刘芳　吕昂)

近日,首批18个全国农村公共服务典型案例在京发布,浙江海盐以“基本公共服务均等化推进城乡一体化发展”案例入选。专家认为,海盐县积极在基本民生服务、公共事业服务领域推进城乡均衡发展,形成了一系列改革亮点,使农村老百姓在村里就能享受到城市优质服务,符合国家政策导向。

以标准化体系引领基本公共服务均等化实践

海盐县隶属于浙江省嘉兴市,是浙江最早的建制县之一。2015年年初,海盐县被列为浙江省基本公共服务均等化改革试点,成为全省唯一的改革试点县。2017年在全面梳理各部门基本公共服务项目的基础上,海盐制定发布了《海盐县基本公共服务清单》,确定了涵盖公共教育、就业创业、社会保险、医疗卫生、社会服务、住房保障、文化体育、残疾人服务等8个方面共117个服务项目，以及每个项目的具体服务对象、服务指导标准、支出责任、牵头负责单位等内容，这也是全省发布的首份县域基本公共服务清单。

结合实际需求，海盐从解决群众最关心、最直接、最现实的利益问题入手，编制涵盖公共交通、教育、文化、卫生、社会保障、就业等八大方面共25项重点项目服务标准。

多元化参与增强基本公共服务供给能力

近几年，海盐加大对基本公共服务领域的财政投入，地方财政用于基本公共服务领域的投入，在改革之后一直保持每年19%左右的增长。

海盐注重发挥市场和社会组织的专业化优势，鼓励支持社会机构承接政府职能转移。目前，列入政府购买服务目录的项目达到155项，较改革前净增56项。

海盐发挥毗邻沪杭等大都市的区位优势，积极推进“接沪融杭”。如在医疗卫生服务上，与上海、杭州等城市公立医院建立支援协作关系，县人民医院挂牌上海市第一人民医院海盐分院，县中医院由省立同德医院托管，县内医疗机构与17家沪杭医疗机构开展了18项业务协作。

以配优资源提升基本公共服务均等化水平

近年来，海盐“同等化”提供教育学位，义务教育学龄人口入学率、巩固率、符合条件的常住人口随迁子女学位供给率、三残儿童义务教育入学率均达100%，义务教育省标准化学校达标率达97.1%，处于全省领先水平。

同时，海盐竞聘上岗教师人数达100%，小学和初中7项指标的校际差异系数控制在0.272和0.288，远小于国家0.50和0.45的评估标准，获全省首批基本实现教育现代化县、全国首批义务教育发展基本均衡县。

海盐完善公共文化基层流动式服务机制，让基层群众享受到与县城相同的文化服务。目前，所有镇(街道)综合文化站均达省级以上标准，农村文化礼堂、社区文化家园实现全覆盖，基本形成了“一镇一节”“一村一特”的文化品牌，先后获全国文化、体育先进县和省级体育强县，积极创建浙江省公共文化服务体系示范区，连续六年跻身全省基层公共文化服务指数前十强。

维护公平正义　传递民生温度——聚焦“法治浙江”建设的司法实践

（2016年7月13日　浙江在线—浙江日报　记者：翁浩浩）

司法，能否维护公平正义，又能否传递民生温度？

十年寒暑，孜孜以求，浙江人用响亮的声音作答——2006年4月，浙江省委在做出关于建设法治浙江的决定时就明确指出,在立法、执法、司法活动中维护社会公平正义,做到公开、公平、公正,维护群众权益。2014 年 12 月,《中共浙江省委关于全面深化法治浙江建设的决定》明确提出,坚持法治为民,切实维护社会公平正义。

而今,在浙江这片热土上,每一项司法体制改革举措的落地生根,都彰显公平正义的法治精神,见证温暖民心的点滴感动。

捍卫公正底线

司法是维护社会公平正义的最后一道防线。而长期以来,人民群众对司法领域反映的突出问题,主要集中在执法不公、司法不公等方面。在经济发展的转型期、改革的攻坚期和社会矛盾的凸显期"三期"叠加的大背景下,人们对公平正义的渴望愈发强烈。

数据显示,2015 年,浙江法院新收一审行政案件 1.2 万件,审结 9750 件,比上年分别上升 142%和 110%。

正如一滴水可以折射出太阳的光辉,每一起司法案件也可以闪耀公平正义的光芒。

这种公平正义的光芒,蕴含在一项项规范中——2006 年以来,浙江省把科学、严格、文明执法和依法办案、规范执业贯穿于监狱、社区矫正刑罚执行和律师诉讼代理的每个环节。浙江监狱系统在全国率先推出狱务公开制度,将涉及减刑、假释、保外就医等执法环节的办理条件、办理过程、办理结果等,一律予以公开。2013 年,浙江省率先开始创建智能化现代文明监狱,实现每个执法环节信息的"全程留痕"。

这种公平正义的光芒,也蕴含在一次次探索中——浙江省检察机关着力规范证据审查标准,深化在全国首创的以客观性证据为核心的证据审查制度,全面贯彻《刑事公诉案件证据审查指引》,制定浙江版的《口供审查工作指引》《毒品犯罪证据收集审查工作指引》,被最高人民检察院推广。

这种公平正义的光芒,更蕴含在一条条"高压线"中——2015 年 9 月,省委政法委、省法院、省检察院联合出台《浙江法官、检察官从严管理七条规定》,在规范法官、检察官的政治纪律、言论发表、案件办理、人员接触、经营活动、涉足场所、任职回避等方面做出严格明确的规定,提醒司法人员管好自己的"工作圈""社交圈"和"娱乐圈"。

打造阳光司法

——2014 年 7 月,"浙江法院公开网"正式开通,这是全国首个省、市、县三级法院一体化公开、一站式服务、智能化应用的司法公开网站。

——2014 年 9 月,“人民检察院案件信息公开网”在浙江省全面上线。全省三级检察机关在线向社会公众提供案件程序性信息查询服务,公开包括职务犯罪大案、要案在内的重要案件信息和法律文书等,同时把官方门户网站也做了链接,同步公开相关案件信息。

经过 10 年的探索,阳光司法的内涵不断扩容深化,公平正义正以一种人们看得见、可感知的方式体现。

凝聚民生温度

“以前查询要 3 个工作日,现在连双休日都能当天办好!”温岭一家工程咨询公司负责人陈女士说。前段时间的一个周六,她抱着试试看的心情,来到温岭市检察院检察服务大厅,查询某中学迁建工程招投标项目的行贿犯罪档案,当天就拿到了查询结果。

眼下,走进浙江省许多地方的检察院,集案件受理、控告申诉举报、案件信息查询、行贿犯罪档案查询、律师接待、业务咨询、信息发布等功能于一体的“一站式”检察服务大厅让人眼睛一亮,成为拉近群众和检察机关距离的有效平台。不久的将来,浙江省将实现全省三级检察院线上线下“一站式”检察服务大厅全覆盖。

…………

完善法律服务供给机制,构建覆盖城乡、惠及全民的公共法律服务体系,在全国率先出台《检察机关执行合适成年人参与刑事诉讼制度细则》……在浙江,司法不再是“铁面孔”,它便民、亲民,助推浙江成为全国最具安全感、幸福感的省(区、市)之一。

四、链　接

1. 畅通实现公平正义“最后一公里”——《关于加强综合治理从源头切实解决执行难问题的实施意见》解读

http://www.jrzj.cn/art/2020/4/15/art_12_6340.html

(来源:2020-04-15　《今日浙江》)

2020 年 3 月,浙江省委全面依法治省委员会出台《关于加强综合治理从源头切实解决执行难问题的实施意见》,就加强执行难综合治理、深化执行联动机制、加强人民法院执行工作作出部署。这是浙江省贯彻中央全面依法治国委员会决策部署,高水平推进切实解决执行难这一政治任务、人民期待的重要举措,是“法治浙江”建设进程中的一件大事,必将有力推动从源头上切实解决执行难问题,推动执行工作继续走在全国前列。

2.“可视化正义”长什么样？浙江的小伙伴体验了一把

https://china.huanqiu.com/article/9CaKrnK0wAu

(来源:2017-02-15　最高人民法院)

“互联网＋”时代的技术支撑为破解执行难问题提供了前所未有的发展契机，大数据、云计算、人工智能等技术在执行领域被广泛应用。作为最高人民法院确定的首批基本解决执行难的省份之一，浙江法院“智慧执行”提供了“向执行难全面宣战”的司法实践经验和与时俱进的做法。

3.纠正“两张”叔侄冤错案

https://zjnews.zjol.com.cn/system/2016/06/29/021207679.shtml

(来源:2016-06-30　浙江在线)

2013年，浙江省政法机关在发现“两张叔侄强奸案”可能存在冤错后，高度重视，认真复查。同年3月26日，省高级人民法院本着忠于真相、忠于法律，实事求是、有错必纠原则，依法对张辉、张高平强奸杀人案启动再审程序，公开宣判张辉、张高平无罪，并于5月17日做出国家赔偿决定。

4.“信仰法治，守护公正，我一生的追求!”——记“全国模范检察官”、浙江省台州市检察院检察官王盛

https://www.spp.gov.cn/spp/zdgz/201603/t20160302_113572.shtml

(来源：2016-03-02　《检察日报》)

2000年，王盛从浙江大学法律系毕业，怀着对法律的信仰、对检察事业的向往，对正义的追求，考入台州市检察院，开始了他的检察人生。从检16年来，看似平凡的王盛先后荣立个人一等功1次、个人二等功1次，获评“浙江省优秀检察官”，荣获“守望正义——群众最喜爱的检察官”“浙江省劳动模范”“浙江省杰出青年”“台州市劳动模范”等荣誉称号。2015年5月，中宣部、最高检授予他“最美人物——群众最喜爱的检察官”荣誉称号。现在，他又获得了“全国模范检察官”荣誉称号。

5.坚持公正公平执法　弘扬抓铁有痕精神　诸暨全力打造执法铁军

http://www.edcmep.org.cn/hjxw/201703/t20170328_408897.shtml

(来源：2017-03-28　《中国环境报》)

诸暨市自提出打造全国最严环境执法县市目标以来，高擎环保先行旗帜，紧紧扭住区域环境综合整治这个“牛鼻子”，攻坚克难，坚持公正公平执法，弘扬“抓铁有痕”的执法精神，走出了一条具有地方特色的环境执法之路，实现了企业从不敢污染、不能污染到不想污染的转变，全市生态环境质量持续改善。

6.勇立潮头　奋力谱写新篇章——访浙江省省长袁家军

http://cpc.people.com.cn/n1/2017/0818/c64102-29478328.html

(来源：2017-08-18　《人民日报》)

这些年，浙江深入践行习近平总书记的治国理政思想，一以贯之坚持习近平总书记主政浙江时提出的“八八战略”，牢记习近平总书记“凡是为民造福的事一定要千方百计办好”的重托，把以人民为中心的发展思想贯穿于经济社会发展的各个环节，聚焦聚力富民、惠民、安民，努力让百姓享有更好的教育、更稳定的工作、更满意的收入、更可靠的社会保障、更高水平的医疗卫生服务、更舒适的居住条件、更优美的环境、更丰富的精神文化生活，高水平建设人民有更多获得感、安全感、幸福感的全面小康社会，奋力谱写中国特色社会主义的浙江篇章。

7. 浙江公安厅：“三位一体”构筑执法管理封闭圈

http://www.chinapeace.gov.cn/chinapeace/c53712/2015-11/30/content_11836439.shtml

（来源：2015-11-30　《人民公安报》）

公平正义的光芒，蕴含在一项项规范中。“执法改革要普惠群众，也要让广大民警受益。要把权力关进制度的笼子，通过完善的执法机制和制度确保民警依法依规行使手中的每一项权力，使每一个执法行为都有章可循。”浙江公安机关在全国率先推行基层执法办案、案件管理、物证管理“三位一体”执法管理机制建设，全省共细化制定800余项执法细则、执法标准和裁量基准，全面提升执法规范化水平和执法公信力。

8. G20精彩浙江故事/播撒教育公平的种子

https://zj.zjol.com.cn/news/427338.html

（来源：2016-08-20　《浙江日报》）

促进教育公平、推进城乡教育均衡化发展是不少国家的教育界思考、探索的一大难题。浙江在这方面积累了不少成功经验。从杭州一名小学校长的办学经历中，我们可以体会到统筹城乡义务教育发展、打造城乡教育共同体的重要性和积极意义。

9. 开启新时代互联网司法治理新征程——杭州互联网法院试点建设情况综述

https://www.chinacourt.org/article/detail/2018/11/id/3557370.shtml

（来源：2018-11-01　《人民法院报》）

2017年6月26日，中央全面深化改革领导小组第三十六次会议审议通过了《关于设立杭州互联网法院的方案》。2017年8月8日，最高人民法院批复同意设立杭州互联网法院。2017年8月18日，杭州互联网法院揭牌，被中央写入“党的十八大以来大事记”。杭州互联网法院积极营造公平公正的互联网法治环境，全面对接互联网产业多元化样态，出台《关于服务数字经济健康发展助力打造国际一流营商环境的实施意见》，为互联网企业用心创新、放心发展、安心经营提供司法保障。

10.浙江:让公平正义推动法治浙江建设

http://e.mzyfz.com/paper/paper_8988_3064.html

(来源:2016-02-21 《民主与法制时报》)

早在2006年,时任浙江省委书记的习近平做出建设法治浙江的重大决策,率先开始了建设法治中国在省域层面的实践探索。10年实践,浙江对为什么建设法治浙江、建设什么样的法治浙江、怎样建设法治浙江等重大问题的认识和把握,为全面深化法治浙江建设积累了经验。营造公平正义的法治环境,是浙江省努力推进法治浙江建设的方向。

11.浙江一把尺子量到底　依法依规拆出公平正义(视频)

https://www.iqiyi.com/v_19rrl43uuo.html

12.浙江　保公正公平　罚没汽车房子网上卖(视频)

(央视新闻频道 https://v.qq.com/x/page/a0012lwbd6h.html)

社会主义核心价值观:法治

一、思政元素

依法治国、以德治国、法治精神、良法善治;科学立法、严格执法、公正司法、全民守法;权利意识、责任意识、纪律意识、公共精神

二、案例解读

法者,天下之程式也,万事之仪表也。法治是社会保障之盾,也是现代政治文明的核心。法治是治国理政的基本方式,是实现自由平等、公平正义和社会和谐秩序的根本保障。美国学者伯尔曼有一句名言:“法律必须被信仰,否则它将形同虚设。”正是在此意义上,党的十八大把“法治”作为社会主义核心价值观的一大要素,就是要让法治成为一种全民信仰,化为社会文明进步的强大动力。社会主义法治是坚持党的领导、人民当家做主和依法治国的有机统一,是坚持法律面前人人平等,让遵法守法成为一种良好的社会风气和自觉的行为习惯。这是国家治理转型的价值追求,是现代国家实现善治的必然要求,具有深刻的历史必然性。

潮平两岸阔,风正一帆悬。从“法治浙江”的精致画卷到“法治中国”的宏伟蓝图,法治在浙江的历史上已然刻下了浓墨重彩的印记。最早可追溯到1954年通过的新中国成立后的第一部宪法——“五四宪法”,这部“开门立宪”的经典之作的起草地就在浙江杭州。这段关于起草新中国首部宪法的西湖印记为后来“法治浙江”甚至“法治中国”建设奠定了深厚的历史积淀。

良法善治是社会治理的最高境界。来源于乡村治理经验的“枫桥经验”,历经半个多世纪的沧桑岁月,不断被赋予新的时代内涵,从之江两岸走向全国各地,成为政法综治战线的一面旗帜,成为基层社会治理的“中国方案”。案例《55年经典,织就平安中国和美画卷——从“枫桥经验”看基层社会治理现代化的“法治密码”》解码了“枫桥经验”永恒的生命线:为了人民、依靠人民。而在新时代,“枫桥经验”的创新性发展就是运用法治思维和法治方式破解治理难题,为基层社会治理现代化建设厚植法治精神和人民情怀。《之江新语》代表了习近平任浙江省委书记时对

工作的实际思考,在彼时,他就提出了建设“法治浙江”的战略规划。该书有八篇文章与“法治”息息相关,也从侧面勾勒出习近平总书记的法治主张。案例《从浙江到北京 习近平如何说“法”》既回顾了这八篇文章的主要思想,更梳理出习近平法治思想在延续中不断深化的深层逻辑,让我们更加明显感受到“身份之变”带来的“思考质变”。“法治浙江”这张蓝图,经浙江历任领导一绘到底,一年接着一年抓、一任接着一任干,浙江在地方立法、依法执政、法治政府、公正司法等法治建设的重点领域、关键环节的创新突破走在全国前列,为建设“法治中国”提供了难得的先行样本,积累了丰富的宝贵经验。(撰写人:肖会舜)

三、案 例

“五四宪法”的杭州印记 探访新中国第一部宪法起草地(节选)

(2014 年 12 月 4 日 《浙江日报》 记者:丁谨之)

江南好,冬来山色青。宪法诞来一甲子,提笔首字在葛岭。忆来旧栏凭。

走近杭州北山路 84 号,只见一扇月洞形的小红门,门外延伸着块石垒砌的围墙,大丛绿色植物从墙头探出,在门前弯下累累枝条。这里便是新中国第一部宪法的起草地。

从 1954 年到 2014 年,新中国宪法已走过了一个甲子。1954 年通过的“五四宪法”,是中华人民共和国成立后的第一部宪法。鲜为人知的是,它的背景竟抹有几分西湖的冬韵。

毛泽东是这个宪法起草组的主心骨。在浙江省档案馆收藏的《毛泽东与浙江》一书中,时任浙江省委书记谭启龙回忆:1954 年 1 月 9 日,宪法起草正式开始。每天 15 时,毛泽东便会来到北山路 84 号 30 号楼,常常一干就是一个通宵。在曾任国务委员、公安部部长王芳的记忆中,为了起草宪法,毛泽东的办公桌上总是堆满了各种书籍、资料和文件。

在杭州的雪天里,毛泽东爱在西湖畔漫步。雪地上留下一串串伟人坚实的足迹,首部宪法的起草工作也渐入佳境。这部“开门立宪”的经典之作,从提出初稿到最终通过,关于“五四宪法”的讨论持续多月,参加人数多达 1.5 亿人,占当时全国人口的四分之一,各方提出的意见共有 118 万多条。根据这些意见和建议,宪法起草委员会对草案又作了修改。1954 年 9 月 20 日,第一届全国人大一次会议以无记名投票的方式,通过了《中华人民共和国宪法》,标志着新中国第一部宪法正式诞生。

无论是怎样的机缘巧合,中国宪法史中已留存下几分西湖的茶烟日色,也让这片江南山水多了一段关于起草新中国首部宪法的渔樵夜话。

55年经典，织就平安中国和美画卷
——从“枫桥经验”看基层社会治理现代化的“法治密码”(节选)

（2018年11月13日　《人民法院报》　记者：李阳）

钱塘江水奔腾不息，见证了无数重要的时刻。

55年前，在诸暨枫桥，一个普通的江南小镇，基层干部群众创造了“发动和依靠群众，坚持矛盾不上交”的“枫桥经验”。

历经半个多世纪的岁月沧桑，这一来源于乡村的治理经验，不断被赋予新的时代内涵，从之江两岸走向全国各地，成为政法综治战线的一面旗帜，成为基层社会治理的“中国方案”。

坚守一颗初心——为了人民，依靠人民

“枫桥经验”一路走来，为了人民、依靠人民是其永恒的生命线。

新时代，坚持以人民为中心的“枫桥经验”，有了更为丰富的内涵和更为饱满的精神实质。

——要紧密结合扫黑除恶专项斗争，深入推进对黄赌毒、盗抢骗、“食药环”(指食品、药品、环境)等影响群众安全感的违法犯罪打击整治行动，更准办好案、更好控发案，切实保护人民群众人身权、财产权、人格权。

——要深入推进基层司法规范化建设，着力解决不严格、不规范、不公正、不文明问题，推动司法活动程序公开化、裁量标准化、行为规范化，让人民群众感受到公平正义就在身边。

——要把党的群众路线贯穿于社会治理的全过程，健全依靠群众、组织群众、发动群众的体制，创新为民谋利、为民办事、为民解忧的机制，努力使社会治理过程群众参与、成果群众获得、成效群众评判。

社会治理犹如一棵大树，只有根植于人民群众，才能郁郁葱葱、生机无限。

坚定一个方式——法治保障，增强定力

良法善治是社会治理的最高境界。新时代“枫桥经验”的一个重要特色，就是运用法治思维和法治方式破解治理难题。

从浙江法院的“分调裁”机制，到福建法院的“互联网＋联片调解法”，再到上海覆盖金融全行业的系统性纠纷多元化解体系，各地的“枫桥经验”新亮点无不包含着法治元素。法治为矛盾纠纷处理提供了基础和保障。

党的十九大报告提出，要健全自治、法治、德治相结合的乡村治理体系。新时代对基层社会治理提出了新要求，也赋予了“枫桥经验”法治新内涵——

深入推进基层依法治理，形成办事依法、遇事找法、解决问题靠法的良好环境；

把群众路线和法治方式结合起来,打造基层群众用得上、离不开的法治;

以典型个案为突破口,给有关行业和群体立“明规则”、破“潜规则”,发挥好法治在规范社会行为、引领社会风尚中的重要作用;

有针对性地提出司法建议,努力实现“办理一案、治理一片”的效果。

智能化是社会治理迈向现代化的鲜明标志。以大数据、云计算、物联网、人工智能为代表的现代科技,赋予了新时代“枫桥经验”新的动能。从“乡村”到“网上”,“枫桥经验”上演着精彩的升级版。

…………

不难想象,注入了法治精神和科技元素的“枫桥经验”,将会焕发出怎样的活力与风采。

坚持一个模式——源头治理,防范在先

将矛盾化解在基层、化解在源头,是半个世纪以来“枫桥经验”得以不断传承的精髓。而今天,这条最宝贵的经验依旧在被实践运用着。

…………

推进“无讼无访村”建设,参与当地“网格化管理、组团式服务”,为基层治理提供精准有力的法治保障,这是建立矛盾分层过滤解决机制的浙江实践。

“当今世界,中国创造出经济持续健康发展、社会大局持续稳定的两个奇迹,被认为是世界上最安全的国家,充分反映了以‘枫桥经验’为重要内容的中国特色社会主义社会治理体系的独特优势。”回顾55年特别是15年来的发展历程,中共中央政治局委员、中央政法委书记郭声琨表示,实践证明,“枫桥经验”是党领导人民创造的一套行之有效的社会治理方案,是新时代政法综治战线必须坚持、发扬的“金字招牌”。

“坚持发展‘枫桥经验’加快平安中国建设”“坚持发展‘枫桥经验’共建共享改革成果”……会场外,红色醒目的标语随处可见,同流光溢彩的街灯一起,装扮着城市的夜空。

不远处,钱塘江潮涌,奔流向前。

从浙江到北京　习近平如何说“法”(节选)

(2014年10月23日　人民网)

十八届四中全会正在进行时,全社会都在期待法治“大礼包”。等待时刻,不妨随着党报评论君一起穿越到11年前,目标浙江,翻阅50岁时习近平的法治思考,看看有哪些惊喜的发现。

昨天:八篇短文勾勒法治主张

《之江新语》代表了习近平任浙江省委书记时对工作的实际思考,既具体又生动。也正在那时,他提出了建设“法治浙江”的战略规划,不难想象“法治”在习近平从政生涯中的分量有多么重!全书有八篇文章与“法治”息息相关,也从侧面勾勒出习近平总书记的法治主张。

第一篇《坚持科学维权观》(2005年9月26日),提出了发展要讲科学,维权也要讲科学的科学维权观。

第二篇《建法治安村》(2006年4月28日),提出了相对于传统农村治理的“礼治秩序”要建立一种“法治秩序”。

第三篇《法治:新形势的新要求》(2006年5月10日),根据发展阶段的特征提出了法治建设的“新要求”——社会主义民主政治和公民参与的发展对落实依法治国提出新要求;改革深化和利益关系的调整对法律和制度提出新要求;人们思想活动的独立性、选择性、多变性、差异性的增强对树立社会主义法治理念等提出新要求。归根结底,对科学执政、民主执政和依法执政提出新要求。

第四篇《市场经济必然是法治经济》(2006年5月12日),提出市场经济要健康发展离不开法治上的保障。

第五篇《和谐社会本质上是法治社会》(2006年5月15日),提出秩序良好的和谐社会是法治社会。

第六篇《弘扬法治精神,形成法治风尚》(2006年5月17日),提出“使法必行之法就是法治精神”。

第七篇《坚持法治与德治并举》(2006年5月19日),认为法治与德治是车之两轮、鸟之两翼。

第八篇《党的领导是法治的根本保证》(2006年5月22日),认为要在党的领导下建设社会主义法治。

今天:延续中的不断深化

从省委书记到我党的总书记,从“法治浙江”的精致画卷到“法治中国”的宏伟蓝图,习近平法治观随之发展深化。下面几个轨迹,能够让我们更加明显地感受到“身份之变”带来的“思考质变”。

轨迹一:转型形势提要求。在转型过程中,成绩与矛盾同现,要解决问题就要找到正途,就是要走社会主义法治道路。“打老虎”“灭苍蝇”需要依法反腐;规范权力需要建章立制;分配资源、协调利益、营造公平诚信氛围、建立有序市场运行秩序、坚持正确舆论导向等,都需要良法善治、有效执行。因此,与其应对“倒逼”不如主动建立,法治成为必然的趋势。

轨迹二:党的领导不削弱。前有“依法执政、依法行政、依法办事的法治理念”,现有“依法治国、依法执政、依法行政共同推进”;前有“法治建设绝不是削弱党的领导”,现有“党领导人民制定宪法和法律,党必须在宪法和法律范围内活动”。强调的是,依法而不逾法,党作为领导核心依法治国理政。

轨迹三:改革施政要法理。“单独二孩”放开、劳教制度废止、上海自贸区建立等都要经过全国人大常委会的审议、表决,都提前对所涉及的现行法律做出修改完善。“凡属重大改革都要于法有据”是这些政策实施的背景音。系统化的司法制度改革更是重中之重,更需要在国情上立得住、在举措上合乎法。

轨迹四:要为经济护好航。浙江是经济大省,放大到全国,习近平更是面对蓬勃发展中的经济巨龙。取消下放行政审批权,开出权力清单、负面清单、责任清单……“看得见的手”边界更清晰。经济运行少了行政干预、多了法律保障,在改革大道上进入新常态。

轨迹五:维稳维权有依据。科学维权观要让群众诉求有法可依、依法办事,关键要有具体法律的保障。比如,《关于依法处理涉法涉诉信访问题的意见》的出台,推动诉讼与信访分离,使信法超越信访,运用法治思维和法治方式化解矛盾。

轨迹六:德法并举两手抓。一手刚、一手柔,刚柔并济保障社会平稳转型、健康发展。习近平在中央政治局第十八次集体学习时强调“礼法合治,德主刑辅”,正是汲取了前辈和古代治理智慧的精髓,让法治与德治并举为社会主义法治注入中国特色。

中国行进至今,法治成为凝聚更多共识、推进改革大业、强化执政根基的普遍遵循。习近平法治观的昨天让人欣然,习近平法治观的今天让人激动,那么十八届四中全会后,法治中国的明天更令人们期待。

聆听“法治浙江”的足音
——贯彻落实以习近平同志为核心的党中央治国理政新理念综述之十(节选)

(2016 年 1 月 29 日　浙江在线—浙江日报　记者:余勤)

“守一而制万物者,法也。”

古往今来,中华儿女无不对法治殷殷以盼、孜孜以求。

2014 年,“法治中国”首次在国家层面提出。党的十八届四中全会鲜明地提出了“建设中国特色社会主义法治体系,建设社会主义法治国家”的命题,写下了浓墨重彩的时代华章。

时间回到 10 年前,“法治浙江”建设的宏图便已展开。习近平同志在浙江工作期间,十一届浙江省委率先做出这一重大决策部署,从此,“法治浙江”这张蓝图,经浙江历任领导一绘到底，一年接着一年抓、一任接着一任干，为建设法治中国提供了难得的先行样本，积累了丰富的宝贵经验。

在今天的浙江，法治，如此清晰可见；法治，又如此真实可感。

…………

山高愈前行，梦好起宏图。

今日之浙江，以更加开放自信的姿态、更加坚定有力的步伐，奋进在高水平全面建成小康社会的伟大征程上。

法治惠民，从立法开始

立法是法治的基础，立法要为发展服务，立法要有地方特色，立法要维护人民群众根本利益，立法要体现时代性。立法不在于多，而在管用。地方立法必须紧密结合浙江实际，发挥其补充、先行、创制的作用。

——摘自习近平 2003 年 8 月在浙江省立法工作会议上的讲话

良法是善治的前提。浙江经济社会发展走在全国前列，也更早、更多地遇到了发展中的新矛盾、新问题。浙江清醒地认识到，只有把改革主张转换成法治主张，用法治方式化解改革风险，才能确保改革有秩序、不走样，行稳致远。

善政良治，从改变开始

建设“法治浙江”是一个长期渐进的过程，要立足当前，着眼长远，既不无所作为，又不好高骛远，既不安于现状，又不急于求成，而要遵循客观规律，随着我省经济、政治、文化和社会建设的发展，循序渐进、积极稳妥、坚持不懈地推进“法治浙江”建设。

——摘自习近平 2006 年 4 月在浙江省委十一届十次全会上的讲话

这是一场依法行政的生动实践。2014 年 6 月，浙江省在网上“晒”出首份省级“权力清单”后，又率先启动“责任清单”编制，规定省级部门、市县政府部门都要拿出“责任清单”上网“晒一晒”。

运用法治思维和法治方式推动省委、省政府的重大决策部署，将中心工作的推进作为“法治浙江”建设的试验田、试金石。近年来，浙江省推进改革发展各项重点工作的背后，都有法治的力量在支撑，建设“法治浙江”，也有了干在实处的大平台、落脚点。

善政良治，以民为本。浙江省自从 2006 年率先吹响“法治浙江”建设的号角以来，历届省委一直强调，建设“法治浙江”，必须紧紧围绕保障人民当家做主和依法享有民主权利这一本质和核心，始终坚持以人为本原则，切实把体现人民意志、保障人民权利、促进社会公平正义和人的自由平等发展，作为一条红线贯穿于法治工作全过程及各个环节。

它体现在执法上——浙江省全面清理行政许可事项和非行政许可事项，清理后减少四分之三以上，省、市、县三级共3389个行政执法部门全面完成规范行政处罚裁量权工作。一些地方和部门还积极探索规范行政许可裁量权、行政处罚结果公开、“说理式”执法等创新举措。

它体现在司法上——浙江省在全国率先建立“阳光司法”指数评估体系，发布全国首个“阳光司法”指数测评报告。省高院开通全国首个省、市、县三级法院一体化公开、一站式服务、智能化应用的司法公开网站——“浙江法院公开网”，对所有审判执行工作都可以实行全面、动态和实时监控；检察机关通过互联网或案件管理大厅向社会全部或有权限地公开法律文书，健全错案防止和纠正机制，严防冤假错案发生。公安机关在全国率先推行民警岗位执法资格制度，百名民警破案数和提请逮捕数连续14年居全国首位。

它体现在法治建设的方方面面——浙江省率先出台加强人民政协民主监督的意见，全省各级人大代表利用近3000个代表联络站和网上代表联络站听取民声。目前，浙江省已形成党委领导，人大、政府、政协分口负责，各部门分工实施，全社会共同参与的法治建设工作格局，并通过层层强化领导、层层落实责任，确保法治建设各项任务落到实处。

…………

持正守法，从内心开始

法律的权威源自人民的内心拥护和真诚信仰。人民权益要靠法律保障，法律权威要靠人民维护。必须弘扬社会主义法治精神，建设社会主义法治文化，增强全社会厉行法治的积极性和主动性，形成守法光荣、违法可耻的社会氛围，使全体人民都成为社会主义法治的忠实崇尚者、自觉遵守者、坚定捍卫者。

——摘自习近平2014年10月在党的十八届四中全会上的讲话

法治建设，根在基层。回首“十二五”，浙江重点在村居、社区、企业等基层单位探索、推进依法治理，使民主法治理念滋养和激活每一个社会“细胞”。

5年间，法律服务保障越来越有效。浙江省司法行政法律服务中心实现县级全覆盖，有3万多个行政村(社区)聘请了法律顾问，覆盖率达92%；建立人民调解组织4.5万余个，其中村、居(社区)、乡镇(街道)人民调解委员会建设实现全覆盖；所有规模以上企业开展“依法治企”活动，“送法进企业”“法律体检”等特色法律服务，帮助成千上万家企业化解了大量法律风险。

5年间，普法宣传越来越丰富多样。普法茶楼、法治公园、法治广场、法治街区等特色法治宣传教育场所随处可见，普法微信、微博、手机报、微电影等新媒体方兴未艾，浙江省普法正在实现从灌输式向渗透式、从单一化向多样化、从“小普法”向“大普法”的转变，全社会学法、尊法、守法、用法的氛围不断增强。

5年间，社会治理越来越科学高效。从在全国率先建立的社会服务管理中心，到“24小时不下班”的网上政府服务；从“网格化管理、组团式服务”管理服务新模式，到法治、德治、自治“三治合一”基层治理新机制……社会治理的能力和服务发展的水平，在不断自我提升、超越。

如今，“法治浙江”在基层的“根系”越扎越深，法治信仰越来越深入人心。“办事依法、遇事找法、解决问题用法、化解矛盾靠法。”法治精神、法治意识、法治观念正熔铸到人们的头脑之中，体现于人们的日常行为之中，逐步凝聚成人人参与、惠及人人的全社会法治风尚。

四、链　接

1. 法治中国　铿锵前行：法治托起美丽浙江

http://cpc.people.com.cn/n/2014/1021/c64387-25873531.html

（来源：2014-10-21　《人民日报》）

浙江作为经济先发展地区，在运用法治思维、法治方式治理经济社会方面先行先试。2006年，率先提出建设“法治浙江”的重大战略部署。近年来浙江“三改一拆”“五水共治”等重点工作，与立法、执法、司法、普法统筹结合，为经济社会发展提供法治保障、制度支撑。“法治浙江”建设，为美丽浙江发展和群众美好生活保驾护航。目前，浙江社会公平度指数居全国第一，群众安全感满意率97.35%，居全国前列。

2. “四张清单一张网”的政治文明意蕴

https://zjnews.zjol.com.cn/zjnews/201610/t20161010_1962883.shtml

（来源：2016-10-10　《浙江日报》）

“四张清单一张网”是在省委省政府领导下自上而下实施的一项政府治理结构改革的重要举措。“四张清单一张网”体现了“对公民来说法无禁止即自由和对政府来说法无授权不可为”的法治精神，它明确列举了政府及其各职能部门能够行使的权力，明确列举了企业禁入的投资经营事项，明确列举了政府所掌握的专项财政资金的使用范围，并把政府的权力行使描绘成清晰直观的路线图。随着此项改革措施的不断推进，浙江在治理体系与治理能力现代化和政治文明发展方面必将继续走在全国前列。

3. 浙江力争成法治最清明省份　奏响法治最强音

https://zjnews.zjol.com.cn/system/2015/05/20/020660161.shtml

（来源：2015-05-20　浙江在线）

法治浙江建设砥砺前行。在全国率先实施领导干部下访律师随同制度，率先发布县域法治指数，率先组织省管领导干部统一法律知识考试，率先出台法治政府建设省级标准,率先建设“三张清单一张网”……时任浙江省省长李强承诺,浙江要力争成为审批事项最少、速度最快、规则最公平、办事最规范、法治最清明的省份。这一承诺引起了人们广泛关注和赞誉,被称为“建设法治中国的浙江好声音”。

4.人民代表大会制度的浙江新实践之一——法治力量奏华章

https://zj.zjol.com.cn/news/760508.html

(来源:2017-09-24　浙江新闻客户端)

党的十八大以来,浙江省各级人大及其常委会通过依法履职,在立法、监督、决定重大事项等方面,不断创新人大工作机制,推进法治建设,强化法治保障,形成了很多制度性成果。法治的理念,如同和煦春风,吹遍大街小巷;法治的力量推动着社会的进步,改变着人们的生活,奏响一曲华丽乐章。

5.法治之光,照亮浙江新征程——写在法治浙江建设十周年

https://zj.zjol.com.cn/news/395847.html

(来源:2016-07-15　《浙江日报》)

十年树木,泽被深远。2006 年 4 月,时任浙江省委书记习近平同志为法治浙江起笔擘画。习近平同志在浙江工作期间,始终强调服务大局是法治浙江建设的重要使命,必须紧紧围绕省委工作大局开展立法、执法、司法工作,为经济、政治、文化、社会、生态文明建设和党的建设提供强有力的法治保障。从那时起,建设法治浙江就成为全省上下的共同使命和责任担当,浙江省法治建设掀开新篇章。

6.浙江不断推动法治建设走在前列纪事

http://zj.cnr.cn/zjyw/20190924/t20190924_524790063.shtml

(来源:2019-09-24　浙江在线)

浙江坚持把深化法治浙江建设作为深入实施“八八战略”的重要内容,取得了丰硕充盈的实践成果、有效管用的制度成果和与时俱进的理论成果,以此谱写了经济持续健康发展、社会持续安全稳定“两大奇迹”的浙江篇章,群众安全感满意率达96.84%,被公认为全国最安全、最公平、最具活力的省份之一。迈入新时代,锚定建设法治中国示范区的目标,浙江法治建设的先行优势正努力转化为领跑态势,一幅更高水平的法治浙江新画卷徐徐展开。

7.余杭量化评估深耕基层法治“试验田”

https://news.sina.com.cn/o/2016-01-05/doc-ifxncyar6334894.shtml

(来源:2016-01-05　《法制日报》)

“法治浙江”建设伊始,余杭积极响应,大胆创新,2008 年 6 月出炉了全国首个法治指数。该评估体系围绕“党委依法执政、政府依法行政、司法公平正义、权利依法保障、市场规范有序、监督体系健全、民主政治完善、全民素质提升、社会平安和谐”的法治建设的九大目标设计评估指标;对区直机关部门、镇街、村社区三个层面进行考核评估;同时对群众满意度进行问卷调查,综合得出一个指数,全面反映余

杭法治状况。

8. 法治之光耀之江——全面依法治国的浙江实践

http://theory.people.com.cn/n1/2017/0817/c40531-29477227.html

（来源：2017-08-17　《浙江日报》）

在浙江10万平方公里的热土上，法治思维和法治方式融入了依法执政、人民民主、地方立法、依法行政、公正司法和普法宣传等方方面面，不断助推经济、政治、文化、社会、生态文明和党的建设各项事业在法治轨道上蓬勃发展，汇聚起实现“两个高水平”的强大合力。

9. 浙江枫桥：乡村法治故事（视频）

https://v.qq.com/x/page/c0139uxe7ap.html? fromvsogou=1

10. 法治的力量，解读乡村振兴的“法治密码”（视频）

https://haokan.baidu.com/v? vid=4300981225497169198&pd=bjh&fr=bjhauthor&type=video

社会主义核心价值观:爱国

一、思政元素

爱党、爱祖国、爱社会主义、爱人民、爱家乡、爱集体;道路自信、理论自信、制度自信、文化自信;政治意识、大局意识、核心意识、看齐意识;政治认同、思想认同、情感认同;民族精神、时代精神、家国情怀、使命担当

二、案例解读

作为个人层面的社会主义核心价值观之一的爱国,是公民必有的道德情操,是中华民族最重要的传统,也是社会主义核心价值观最主要的部分。它是调节个人与祖国之间关系的道德要求、政治原则和法律规范,也是民族精神的核心,更是人们对自己的故土家园、民族和文化的归属感、认同感、尊严感与荣誉感的统一。

人生自古谁无死,留取丹心照汗青。在祖国风雨飘摇之时,有一批怀抱报国志、心怀天下平的浙江优秀儿女,如钱壮飞、郁达夫,他们在敌后、在异国他乡,抛头颅、洒热血,置个人生死于不顾,谋求民族独立和人民解放,用鲜血和生命书写了一名共产主义战士视死如归、宁死不屈的民族气节,弘扬民族精神。

一个真正的爱国主义者,用不着等待什么特殊机会,他完全可以在自己的岗位上表现自己对祖国的热爱。科技报国的"两弹一星"元勋、中国航天之父钱学森,"假如我是有一些能力的话,我就有义务把它献给祖国"的青田浙商倪铁平,他们始终坚持国家至上、民族至上、人民至上,在不同的岗位上唱响了对祖国、对人民、对家乡的一份诚挚的爱,用智慧和勤劳谱写了一首爱国奉献之歌,厚植家国情怀。

人民不仅有权爱国,而且爱国是个义务,是一种光荣(徐特立)。无论是六位知名浙商倡议"永远听党话跟党走",还是浙江华侨海外收购口罩厂支援温州抗疫,助力中国抗疫,都展现了浙商"天下兴亡,匹夫有责"(顾炎武)"祖国如有难,汝应作前锋"(陈毅)的爱国情怀和担当,用实际行动诠释了高尚的爱国主义情操,彰显时代精神。

爱国奉献是具有时代性的,在不同时代、不同环境中,爱国奉献的具体表现形

式不一样，但其精神实质是一样的，都很好地体现和践行了浙江“三地一窗口”的历史发展和使命担当。从垦荒精神到“千鹤妇女精神”，从“纽扣传奇”王碎奶到医者大爱陈水芳，从海外侨团侨领到大中小学师生，他们用自己的一言一行诠释了不同时代的爱国主义精神。（撰写人：袁海平）

三、案　例

烈士纪念日向英雄致敬！1949年以前浙江在册烈士七千余人（节选）

（2018年9月30日　浙江新闻客户端　记者：李鹏）

http://pol.zjol.com.cn/201809/t20180930_8392809.shtml

据《中国共产党浙江历史第一卷（1921—1949）》一书记载，1949年以前，浙江在册革命烈士多达7000余人，无名烈士难以胜计。

特别值得追忆的是，新中国成立前，浙江先后产生了11位省委书记（代理书记），其中有王嘉谟、张秋人、夏曦、卓兰芳、龙大道、李硕勋、罗学瓒、徐英、刘英等9位浙江省委书记（代理书记）在领导人民革命斗争中，无私贡献了自己的一切，为革命洒尽了最后一滴鲜血。

尤其是在1927年6月至1929年4月不到两年时间里，浙江先后产生了10位省委书记或代理书记，其中有8位书记牺牲，他们平均年龄不到30岁，最小的仅为21岁，最大不过36岁。但因为英年早逝，他们的故事并不广为后人知晓。

钱壮飞烈士：战斗在敌人的心脏

钱壮飞（1896—1935），湖州人。中共隐蔽战线的“龙潭三杰”之一。1926年加入中国共产党。1929年年底，他根据党的指示，打进国民党最高特务机关担任特务头子徐恩曾的机要秘书，向党提供了敌人的许多重要情报。

1931年4月24日，中共中央情报保卫机关——中央特科负责人顾顺章在武汉被捕叛变，致使上海党中央机关处于极度危险之中。25日，钱壮飞不顾个人安危，及时将情况报告给党中央，冷静地通知中央机关和相关同志尽快撤离。接到钱壮飞的情报，周恩来指挥在上海的中共中央各机关立刻采取行动，中共中央、中共江苏省委和共产国际远东局的机关立即全部转移——钱壮飞为保卫中共中央机关的安全做出了重大贡献。

1931年他转移到江西中央革命根据地，任中央军委第二局副局长。1935年3月，在长征途中不幸牺牲。

周恩来在战争期间和新中国成立后多次满怀深情地提起钱壮飞。他说，如果没有钱壮飞同志，我们这些在上海工作的同志早就不在人世了。钱壮飞同志在对敌斗争中立下的丰功伟绩，值得全党永远纪念他！

2009年9月14日，钱壮飞被评为100位为新中国成立做出突出贡献的英雄模范人物之一。

郁达夫烈士：长天一征鸿

郁达夫(1896—1945)，富阳人，中国现代作家、革命烈士。1913年9月，郁达夫留学日本，亲身经历了作为一个腐败弱国的子民被外人歧视和欺凌的种种痛苦，这也强烈激发了他的爱国主义思想。

1938年，他应新加坡《星洲日报》的邀请，担任该报的文艺编辑。12月底，他携带家眷抵达新加坡。1942年年初，郁达夫出席了由陈嘉庚领导成立的新加坡文化界抗日联合会成立大会，被选为新加坡文化界抗日联合会主席，成为新加坡华侨抗日领袖之一。同年2月，新加坡沦陷后，胡愈之、郁达夫等28位文化界人士流亡到印尼苏门答腊岛中西部的巴亚公务市，郁达夫化名赵廉，开了一家“赵豫记”酒厂，其间他暗中救助、保护了大量文化界流亡难友、爱国侨领和当地居民。

1945年8月29日，郁达夫被日军杀害于苏门答腊丛林。

两弹一星元勋　中国航天之父钱学森逝世　享年98岁(节选)

(2009年10月31日　新华社)

中国共产党的优秀党员，忠诚的共产主义战士，享誉海内外的杰出科学家和我国航天事业的奠基人，中国科学院、中国工程院资深院士，中国人民政治协商会议第六届、七届、八届全国委员会副主席钱学森同志，因病于2009年10月31日8时6分在北京逝世，享年98岁。

此生唯愿长报国

经历了入秋以来最强寒流的北京，空气清冷，落叶遍地。

31日清晨，我国航天科技事业的先驱和杰出代表，被誉为“中国航天之父”的科学泰斗钱学森静静地走了，悄然离开了他牵挂一生的祖国和人民。

巨星陨落，划过天际留下的是璀璨的光芒。钱老的离去带给人们的是无尽的哀思，而他的科学成就和爱国情怀却生生不息。

“外国人能干的，中国人都能干”

听到钱老逝世的消息，84岁高龄的我国著名空气动力学专家庄逢甘院士十分悲痛。“我到现在都不敢相信这是真的。”

“我和钱老1947年就认识了。”庄逢甘回忆说，那时他在美国加州理工学院深造。“当时我早就听到过钱学森的大名。”那时，钱学森已是世界著名科学家。他和同事一道为美国设计、研制出可以用于作战的第一代导弹，为世界航空工业的建立奠定了可靠的理论基础。然而新中国的成立、祖国的召唤让他毫不犹豫地放弃了一切优越的条件。

1955年，钱学森克服重重阻力和困难回到祖国。他受命组建了中国第一个火箭、导弹研究所——国防部第五研究院并担任首任院长。随后，他主持完成了“喷气和火箭技术的建立”规划，参与了近程导弹、中近程导弹和中国第一颗人造地球卫星的研制，直接领导了用中近程导弹运载原子弹的“两弹结合”试验，参与制定了中国第一个星际航空的发展规划……

“他把自己全部的热血和智慧，奉献给了祖国的火箭、导弹和航天事业。”庄逢甘说，“当时我也调入五院，在钱学森的直接领导下从事火箭、导弹空气动力学研究的工作。那时候，他经常鼓励我们说，外国人能干的，中国人都能干。这给我的印象很深，大大增加了我们年轻人的信心”。

从研究应用力学、创立工程控制论到提出系统科学、思维科学、人体科学，从参与研制“两弹一星”到晚年积极建议发展沙产业、草产业、林产业，钱学森一生始终把自己的科研与祖国和人民的利益紧密相连。

“钱老是一名‘人民科学家’，他有坚定的政治信仰和信念，有高尚的思想情操和品德，有杰出的科技成就和贡献，心系祖国，忠于人民，将毕生都贡献给了祖国和人民。”中国航天科技集团公司710研究所科技委主任、系统科学家于景元说。

六位知名浙商倡议：永远听党话跟党走（节选）

（2020年7月22日　中华工商时报全联通　作者：林宏伟）

2020年7月21日，中共中央总书记、国家主席、中共中央军委主席习近平主持召开企业家座谈会并发表重要讲话。习近平总书记在企业家座谈会上一番暖心的话，在浙江民营企业家中引发强烈反响，让企业家们倍感振奋。杭州娃哈哈集团有限公司董事长宗庆后、传化集团有限公司董事长徐冠巨、正泰集团股份有限公司董事长南存辉、浙江吉利控股集团有限公司董事长李书福、富通集团有限公司董事长王建沂、万向集团董事长兼CEO鲁伟鼎等六位知名浙商22日向广大浙商倡议：深入学习贯彻习近平总书记重要讲话精神，大力弘扬新时代浙商精神，勇当浙江省建设“重要窗口”的排头兵，再创民营经济高质量发展的新辉煌。

在倡议书中，六位知名浙商倡议浙商群体秉持爱国情怀，永远听党话、跟党走，把实业兴国、产业报国作为座右铭，把个人的成长、企业的发展与国家的富强、民族的振兴、人民的幸福紧密联系在一起，做高素质、有担当的“品质浙商”。实施“品质浙商提升”“浙商青蓝接力”两项工程,是2020年浙江省工商联的重点工作。在倡议书中,宗庆后等老一代浙商倡议,加强对年轻一代的教育培养,实现事业新老交接、使命有序传承。

六位知名浙商还倡议浙商群体要有更远大的理想抱负,更顽强的拼搏精神,争当创新型浙商,在涤荡的疫情和新一轮科技革命、产业革命中不怕失败、敢于创新、抢抓机遇,充分发挥浙江的数字经济优势,占领新一轮国际市场竞争的制高点,为“十四五”发展增添不竭动力。以更开阔的视野、更宏大的格局,立足中国、放眼全球,充分利用国内国际“两个市场”“两种资源”,促进国内国际双循环。

“仅靠采购,非常被动!”浙江华侨海外收购口罩厂,助力家乡疫情防控!

(2020年2月2日　腾讯网　记者:徐慧兴　编辑:朱慧
通讯员:周洁　陈耿)

浙江华侨海外收购口罩厂,助力家乡疫情防控——昨天,一条短视频在网上引来众人点赞。

视频的主角是赵普洲,丽水市侨联海外委员、柬埔寨浙江商会副会长。

2月1日,我联系上他时,他正驾车要赶去工厂。翻看他这几日的朋友圈,也都是心系国内疫情。

1月28日,赵普洲发了一条朋友圈:“感谢一帮同学积极帮助我做好事,今天又找到4000个。”

他说,在看到丽水市侨联发布“关于抗击新型冠状病毒感染肺炎捐赠款物的倡议书”后,就马上发动朋友,一起帮忙寻找采购渠道。短短两天时间,他搜集了1.4万只医用口罩,第一时间发回国内,送到自己的家乡丽水市缙云县。

“仅靠采购,非常被动,而且收效甚微。”数日来,赵普洲发现能够搜集到的资源非常有限。他说,现在正是国内需要医疗防护用品的时候,如果把生产的主动权掌握在自己手里,就不用这样费尽心机四处去搜集了,提供物资的效率也会大大提高,并且用料上自己把控,在质量上也不必担忧。于是,他萌生了购买工厂的想法。

柬埔寨金边机场附近一家口罩工厂进入了赵普洲的视线。

“我买下了它,疫情防控期间专门为国内生产当下紧缺的医用口罩。”他说,他做这件事情不为赚钱,所以在国内疫情结束之前,他的这家工厂生产的口罩坚决不会涨价,每只口罩只卖0.3元人民币。

赵普洲说,厂里的生产设备是符合ISO 9001与欧盟CE双认证的,是中国国内高新技术企业的产品,用于生产的原材料全部是来自中国的标准材料。

赵普洲买下柬埔寨口罩厂的事,很快传开,好些正在寻找口罩的华侨和他取得了联系。

"想要献爱心的人很多，大家都想着家乡，念着家乡。"赵普洲说，遗憾的是他买下的工厂生产规模并不能满足那么大的需求。

1月30日下午，赵普洲发了一条朋友圈，他说买下的工厂开始生产了，但每天的极限产量是10万只，"我知道相比当下的需求量，我这里的产量只是杯水车薪，但我会严格把握产品用材，做好卫生工作。"

当天下午，赵普洲按照国内朋友们提出的要求，用首批生产出来的样品现场做了防水试验，"滴水不漏"。

赵普洲说，目前，他的口罩工厂还未取得相关证件，手里的样品都只是试验品，但他正在积极申办相关证件，争取早日投入生产，让自己的小小工厂为中国出一份力。

四、链　接

1."浙里红"红色教育与红色旅游十大基地在杭公布

https://baijiahao.baidu.com/s?id=1668034830867043699&wfr=spider&for=pc

中国报道讯　2020年5月29日，"浙里红"红色教育与红色旅游专属品牌在杭州发布。浙江省旅游集团(有限责任公司)和浙江广播电视集团联合公布了首批10个"浙里红"红色教育基地，分别为嘉兴的南湖革命纪念馆、永嘉的十三军纪念馆、淳安的中国工农红军北上抗日先遣队纪念馆、丽水的浙西南革命根据地纪念馆、平阳的中共浙江省一大会址和中国工农红军挺进师纪念园、余姚的浙东四明山抗日根据地和横坎头乡综合体、长兴的新四军苏浙军区、台州的一江山岛和大陈岛、安吉的余村和鲁家村"两山学院"、杭州的云栖小镇和城市大脑。

2.浙江公布22个"红色地名"传播"红色故事"

http://cpc.people.com.cn/n1/2018/0823/c64387-30246644.html

陈望道翻译《共产党宣言》的地方、中共一大胜利闭幕的地方、浙东抗日根据地指挥中心所在地……近日，浙江省民政厅结合第二次全国地名普查，征集遴选出22个浙江省"红色地名"，并在浙江革命烈士纪念馆举办专题展览，以期通过地名地标的载体，传播"红色故事"。

3.讲好革命故事　传承红色基因——浙江"红色故事会"引人入胜

https://m.gmw.cn/baijia/2019-10/29/33272591.html

(来源：2019-10-29　《光明日报》)

讲好革命故事，传承红色基因。在一场场故事会的深情演绎中，一个个隽永的红色故事流淌而出，叩击人心。"'红色故事会'，或声泪俱下，撼人心魄；或铿锵有力，催人奋发；或娓娓道来，沁人心脾；或钩沉索隐，引人入胜。”浙江理工大学马克思主义学院院长渠长根教授表示，“只要有人讲，红色故事就会不断流传，讲述给更多更新的人听。”

4. 台州以垦荒精神立心　引领新时代高质量发展

https://zj.zjol.com.cn/news/1464928.html

（来源：2020-06-12　《浙江日报》）

“艰苦创业、奋发图强、无私奉献、开拓创新”的大陈岛垦荒精神作为台州城市精神，与红船精神一脉相承，已成为浙江精神的重要组成部分。2020 年是高水平全面建成小康社会和“十三五”规划收官之年，台州以垦荒精神立心凝聚强大精神力量，提出以“民营经济立市、制造之都立业、垦荒精神立心”，以“三立三进三突围”描画新时代发展路径，奋力书写新时代台州高质量发展的时代答卷，着力打造成浙江“重要窗口”中的闪光印记和魅力展区。

5. 浙江首家！千鹤妇女精神教育基地被授予“全国妇女爱国主义教育基地”称号

https://m.thepaper.cn/newsDetail_forward_9691941

（来源：2020-10-22　澎湃新闻）

千鹤妇女精神教育基地生动再现了千鹤妇女走出家门参加农业劳动，实行男女同工同酬，推动经济社会发展的历史图景，集中展示了浙江妇女在各个历史时期书写的不平凡成就。千鹤妇女精神是推动浙江妇女进步与发展的宝贵财富。要挖掘千鹤妇女精神的思想内涵和时代价值，将新时代传承弘扬千鹤妇女精神与贯彻落实习近平总书记关于妇女和妇女工作的重要论述有机融入，与浙江妇女忠实践行“八八战略”、奋力打造“重要窗口”的火热实践紧密结合，把千鹤红色资源利用好、红色传统发扬好、红色基因传承好，推动爱国主义教育往深里走、往实里走、往妇女群众心里走。

6. 永载史册的女英雄——浙籍革命烈士朱枫的传奇故事

http://www.zjda.gov.cn/art/2020/4/28/art_1378529_42732406.html

坐落在风景秀丽的北京西山国家森林公园内的无名英雄纪念广场是一座不同寻常的广场，系解放军原总政联络部为纪念 20 世纪 50 年代为国家统一、人民解放事业牺牲于台湾的大批隐蔽战线无名英雄而建。最为引人注目的是广场上矗立着以吴石、朱枫、陈宝仓、聂曦为原型的英雄塑像，4 人同时于 1950 年 6 月 10 日在台北“马场町”刑场被枪杀，其中唯一的女性朱枫，系与台湾一海之隔的浙江籍革命女烈士，她的经历颇为传奇，她是党的好女儿，也是浙江人民的骄傲。

7. 包玉刚：爱国爱港爱乡的楷模

http://www.5201000.com/Memorial/ReView/5230i606261.html

香港著名爱国人士、海外“宁波帮”的杰出代表、“世界船王”包玉刚先生，一生爱国爱港爱乡，为香港的稳定和回归，为祖国现代化建设，为家乡宁波的开发开放做出了特殊而重要的贡献。

8.心系祖国！浙江海外创新载体用实际行动贡献战“疫”力量

https://new.qq.com/omn/20200323/20200323A0P4VE00.html

（来源：2020-03-23　腾讯网）

新冠病毒肺炎疫情暴发以来，浙江省各类海外创新载体心系祖国疫情形势和防控工作进展，充分发挥各自在海外合作网络的渠道优势，通过多种方式积极采购、运输疫情急需的防控物资，用爱心义举助力疫情防控工作，用实际行动贡献战“疫”力量。

9.我家的爱国课|王碎奶：从农村灶台走向市场柜台

https://zjnews.zjol.com.cn/zjnews/wznews/201912/t20191214_11471702.shtml

（来源：2019-12-14　浙江新闻—浙江在线）

本是一名再平凡不过的农村妇女，却在改革春风拂来时捕捉到了商机，通过一颗颗小小纽扣，改变了自己及大部分人的贫困命运，成为纽扣行业的改革创业者。在她身上，有着很多标签：桥头纽扣市场个体协会首任会长、电视剧《温州一家人》主人公赵银花的原型、第八届全国人大代表、全国三八红旗手、全国先进个体劳动者、浙江省优秀共产党员、温州改革开放十大风云人物……近日，她在桥头家中，为自己的女儿陈春芳和孙子陈捷上演了一堂特殊的“爱国课”。

10.“祖国‘靠山’越来越强大了”

https://www.sohu.com/a/257441270_146174

（来源：《浙商》国庆特辑·温暖家国）

国庆期间，《浙商》杂志特别推出庆祝改革开放40周年国庆特辑《温暖家国》，越洋连线英国、法国、奥地利、尼日利亚、巴西等国的浙商，畅谈改革开放为他们事业、生活带来的巨变。

今年是倪铁平第26次参加国庆招待会。他告诉《浙商》杂志记者，旅居奥地利35年，他每年至少会回国一趟，每年都感受到祖国翻天覆地的变化。“40年来，深切感受到了祖国改革开放带来的巨大变化，中国越来越富强了。”对在全球各地旅居的海外华侨华人来说，这份自豪感更加强烈，因为祖国这座“靠山”正在日益强大。

11.爱国情　奋斗者　陈水芳：无私援助　医者大爱（视频）

https://v.youku.com/v_show/id_XNDI0NTk4OTEwMA==.html

（来源：2019-06-26 浙江新闻联播）

12.海外侨团侨领重走浙江大陈岛垦荒路：传承精神　激励事业

https://www.chinanews.com/hr/2020/06-16/9213948.shtml

“重走垦荒路让我真切感受到了垦荒队员的无私奉献和艰苦拼搏精神,这种垦荒精神值得我们去继承和发扬。”16 日,俄罗斯台州同乡会(商会)会长颜玲富日前参与由浙江省台州市侨联组织的海外侨团侨领“重走垦荒路”主题活动后感慨道:“在这座有历史意义的岛上,我们到处可以看到碉堡、坑道及留作纪念的弹药箱,深感和平的来之不易,我们要做和平的支持者和维护者。”

13. 建设新时代美丽台州　弘扬大陈岛垦荒精神(视频)

https://www.iqiyi.com/v_19rsr7qg2o.html

14. 邵逸夫:一生爱国(视频)

https://www.cctv.com/index.shtml

社会主义核心价值观:敬业

一、思政元素

热爱工作、热爱岗位、职业道德、职业操守;求真务实、开拓创新、勤奋拼搏、敬大义成大业;爱岗尽责、专注钻研、无私奉献、责任担当

二、案例解读

作为个人层面的社会主义核心价值观之一的敬业是一个道德范畴,它是人们在工作中严格遵守职业道德的工作态度。中华民族历来有“敬业乐群”“忠于职守”的传统,敬业是中国人民的传统美德。在实际工作中,敬业是一种工作的习惯、处事的态度,敬业是担当的体现、责任的延伸。具有敬业精神是事业成功的前提,敬业精神源自对工作的信仰。

铭记历史,初心永存。作为“红船精神”起源地的嘉兴,始终恪守“人民至上”的发展理念,践行“忠诚为民”的政治责任,弘扬“勤善和美”的奉献旋律,打造“重要窗口”中的“最精彩板块”,书写实现“两个一百年”奋斗目标的嘉兴篇章。

“战疫”时刻,携手前行。在抗击新冠肺炎疫情中,无论是毫不犹豫地奔向战“疫”第一线,率先提出武汉封城的李兰娟院士,还是在武汉奋战 49 个日夜的绍兴文理学院附属医院援鄂英雄,他们都用自己的实际行动展示了浙江速度和浙江温度,诠释了岗位价值。

实业兴省,创新强省。作为改革开放先行地的浙江,从“四千精神”到创新强省,在过去 40 多年里涌现了以鲁冠球、宗庆后、南存辉、马云、郭广昌、李书福等为代表的一大批浙商,出现了一群走在创新发展前列的典型人物,如科技创新要顶天立地的黄政仁、杭州市温州商会第三任掌门人陈建华等,他们专心致志地“烧好自己的那壶水”,用自己的贡献谱写了浙江繁荣富强之歌。

爱岗敬业,忠于职守。作为习近平新时代中国特色社会主义思想重要萌发地的浙江,有走村入户写成“民情日记”的基层干部,有“浙江工匠”的杰出代表,有全国“最美农技员”、浙江“最美环保人”“最美残疾人”,他们用自己的一言一行证明了

“爱岗是我的职责,敬业是我的本分”的时代精神。(撰写人:袁海平)

三、案　例

砥砺践行“红船精神”
——打造“重要窗口”中最精彩板块(节选)

(《中国周刊》2020 年第 8 期)

今年是习近平同志在《光明日报》发表《弘扬“红船精神”走在时代前列》署名文章 15 周年。作为中国共产党梦想起航地的嘉兴,积极弘扬“红船精神”,奋力打造践行新发展理念的样板地,特别是习近平总书记赋予了浙江“努力成为新时代全面展示中国特色社会主义制度优越性的重要窗口”的新目标新定位后,嘉兴提出打造“重要窗口”中的“最精彩板块”,擦亮革命的红色、经济的蓝色、生活的金色、文化的青色和生态的绿色,不断书写实现“两个一百年”奋斗目标的嘉兴篇章。

用奉献的真善美擦亮“重要窗口”最精彩板块

中国共产党从诞生那天起,从来就没有自己的私利,而是以全心全意为人民谋福利为根本宗旨,不断维护好、实现好、发展好最广大人民的根本利益。立党为公、忠诚为民的奉献精神在嘉兴这方热土上得到了完美诠释。全市 GDP 从 2005 年的 1155 亿元,增长到 2019 年的 5370 亿元;下属五县市全部进入全国县域经济百强榜单;农民人均可支配收入连续 16 年居全省首位。嘉兴也获评全国文明城市、国家历史文化名城、国家卫生城市、全国双拥模范城、国家创新型试点城市,统筹城乡发展水平列全省第一,被列入国家城乡融合发展试验区。这些成绩的取得,不仅是嘉兴市委市政府不忘初心、竭诚为民的实践印证,更是嘉兴人民勤善和美、赤诚奉献的生动写照。

恪守“人民至上”的发展理念。人民至上,才能奉献置顶;坚持以人民为中心,才能工作更走心。嘉兴坚持人民至上的发展理念,带领群众创造美好生活,不断在富民、惠民、安民上用劲发力。坚持密切联系群众、真心服务群众,放下架子、迈开步子、走出院子、扑下身子,以人民群众的“表情包”作为检验工作的“晴雨表”。大力开展“服务企业、服务基层、服务群众”活动,按照走访连心全覆盖、社情民意全收集、工作资源全下沉、分级分类全处理、服务过程全评价要求,加快惠企惠民政策落地。不断深化“网格连心、组团服务”“网格连企”活动,24.6 万名党员第一时间来到所在社区报到,打通社区管理的“最后一公里”。聚力公共服务共建共享,与 60 多家长三角知名医疗卫生机构建立合作关系,实现异地就医直接结算参保地全覆盖。建立教育合作平台 15 个,沪嘉率先实现旅游、交通“一卡通”,让一体化成果惠及百姓。

践行“忠诚为民”的政治责任。“立党为公，忠诚为民”的奉献精神是“红船精神”的价值内涵之一，体现在工作中，就是要切实解决好老百姓最关心最直接最现实的利益问题，不断提高人民群众的获得感、幸福感、安全感。嘉兴始终把“奉献精神”作为前行动力，时刻观照初心使命，不断以发展的实际成果，增进民生福祉。组织“社情民意大走访”活动，走访群众173万户，解决问题11万个；每年新办十大民生实事，2019年，1600多户居民告别“筒子楼”“拎马桶”，“城中村”“断头河”正逐步消失。“96345”社区服务求助中心日均受理求助电话达700个以上，每年为市民解决25万多件“烦心事”。海宁爱心联盟下的潮乡应急救援队，2019年一年处理海宁385个“马蜂窝”，找回走失者72名，应急救援133次，2020年在疫情防控期间，又以5843小时的奋战，谱写了服务为民的“逆行”赞歌。嘉兴坚守忠诚为民的初心，正努力打造“党群干群关系最融洽城市”。

弘扬“勤善和美”的奉献旋律。嘉兴有着勤劳善良、敬业奉献的传统，这涵养着新时代“红船精神”的奉献情怀，激励着广大干部群众为振兴嘉兴奋发进取。感动中国2019年度人物嘉兴盲人医师朱丽华，心有大爱、乐于奉献，捐助480人次贫困学子，引领100余名残疾人走上就业岗位，为23万人次患者缓解病痛。嘉兴市农科院名誉院长、水稻育种专家姚海根，10年来和植物保护专家一起一直在做“破坏性”试验，不断筛选培育抗虫害性强的晚粳稻新品种，把全部精力奉献给育种事业，献给粮食安全。嘉善县每年举办“善文化节”，推出嘉善好人卡，设立乡贤爱心基金，弘扬奉献精神，擦亮“善文化”金名片。立足新时代，嘉兴以更高标准弘扬奉献精神，来满足人民日益增长的美好生活需要，让发展的成果惠及全体人民。

李兰娟院士的“战疫”，惊心动魄60天

（2020年3月31日　浙江在线—钱江晚报　记者：吴朝香　通讯员：邹芸）

今天，李兰娟院士将结束驰援，从武汉返回杭州，这也是她从杭州出发驰援武汉的第60天。她所支援的武汉大学人民医院东院区已有800多位新冠患者治愈出院，200多位重症、危重症患者转为轻症。

救治病人和降低重症、危重症患者病亡率，是驰援湖北的李兰娟院士医疗队的使命。“目前来看，我们圆满完成了任务。这次，我亲自参加了这场史无前例的‘战争’，这个经历我终生难忘。”李兰娟的语气带着一些如释重负。

在此次疫情中，作为中国工程院院士、感染病学家的李兰娟，已经在武汉连续奋战了两个月，时至今日，那张曾冲上热搜的照片，依旧打动人心：脱掉防护口罩的李兰娟，两侧脸颊上是深深的压痕，但却笑得温暖又平和。

多次赴湖北进北京；走入“红区”，担负着降低病亡率的重任；危急时刻，挺身而出，建言献策……这位73岁老人的“战疫”经历惊心动魄。

主动请缨去武汉

2020年1月18日,李兰娟同钟南山院士等6位专家作为国家卫健委高级别专家组成员前往武汉研判疫情。

1月19日下午,高级别专家组召开闭门会议,专家组达成共识。会上李兰娟院士也提出了几个观点:

新型冠状病毒感染已经存在人传人,应该按照甲类传染病来管理,发现和隔离所有的感染者,来控制疫情;

武汉已经成为一个疫源地,又正值临近春节,全国人口流动将达到高峰,如果不及时采取果断的措施,控制武汉感染者的持续输出,疫情将会向全国蔓延,要做到"不进不出",把疫情控制在武汉;

估计已经有不少人被感染,仅靠金银潭医院一家收治病人是不够的,建议腾空几家医院来专门收治新冠病人,这样,病人能够做到"应收尽收",医务人员也能做到有效防控……

2月1日,73岁的李兰娟收到国家卫健委的派遣指令,组建"重症新冠肺炎诊治李兰娟院士医疗队"驰援武汉。

2月1日,是武汉封城的第10天,武汉已累计确诊新冠肺炎病例4109例,危重病人的病死率持续上升。

这次驰援,她集合了感染病学科、人工肝、重症医学科等方面的精兵强将10人团队,带上三大"技术"——"李氏人工肝"、干细胞、微生态,以及30多箱物资。

出发现场的李兰娟信心很足,"浙江在救治危重症病人时,用上了'四抗二平衡'治疗方案和人工肝技术。这也是抗击H7N9时总结出来的经验,我们要把这一套浙江经验带过去"。

李兰娟支援的是武汉大学人民医院东院区的ICU(重症加强护理病房)、CCU(冠心病监护病房),任务是降低重症和危重症患者的病亡率。"来的时候心情非常沉重,那么多病人,有的甚至救不过来……"

武汉大学人民医院东院区计划收治200名重症和危重症病人,一天之后就上升到400位,再过两天就变成了800位。

病亡率显著下降

刚到达那段时间,要做的事情实在太多,李兰娟每天只睡4个小时:查房、了解病人病情,会诊、制定诊疗方案,给各地来武汉增援以及本地的医护人员进行培训,指导团队救治危重症和重症;作为专家给防控工作建言献策;指导传染病诊治国家重点实验室科研……

李兰娟到武汉后就进了ICU隔离病房。一开始,团队里的人出于安全考虑,建议她不要进。

“我说，你在病房外指挥就行。她说：临床医生怎么能不进病房？”树兰（杭州）医院副院长汤灵玲对李兰娟的这句话印象深刻，“她说：那么多危重病人，把他们抢救过来是医生的责任，这次我来，就是要当一个医生”。

李兰娟团队带去的“四抗二平衡”、人工肝等救治模式很快有了成效。医疗队进驻后，在大家的共同努力下，ICU里的死亡率显著下降，尤其处于细胞因子风暴期的早期重症患者经人工肝治疗后，能阻断向危重症发展，大大提高了存活率。

武汉大学人民医院东院区重症医学科主任周晨亮说：“李院士提出的治疗方案，缩短了危重患者的病程。有一位呼吸衰竭、高热的患者做了两次人工肝治疗后，5天转出ICU。”

南存辉获改革先锋称号：专心致志地“烧好自己的那壶水”（节选）

（2018年12月18日　《钱江晚报》　记者：高佳晨）

2018年12月18日，庆祝改革开放40周年大会在北京人民大会堂隆重举行。40年众志成城、砥砺奋进，改革开放伟大征程中涌现出一大批勇立时代潮头、锐意改革创新、敢于实践探索的先锋模范。在庆祝改革开放40周年大会上，党中央、国务院首次对100多位对改革开放做出杰出贡献的人物进行表彰。

党和国家领导人宣读了《中共中央　国务院关于表彰改革开放杰出贡献人员的决定》。温州民营经济的优秀代表、正泰集团董事长南存辉被党中央、国务院授予改革先锋称号，并颁授改革先锋奖章。

南存辉生于浙江温州，是改革开放后第一批成长起来的民营企业家。20世纪80年代初期，春潮涌动，万象更新。年轻的南存辉贷款5万元，创办了正泰的前身——乐清县（今浙江省乐清市）求精开关厂。40年风雨兼程，小商品大市场，小资本大聚集，敢为人先的温州人民催生了温州民营经济，把传奇写在世界的每一个角落。40年春风化雨，伴随着波澜壮阔的改革开放大潮，南存辉带领下的正泰集团多年来坚守实业，把握住机遇，经过了社会转型的洗礼和产业升级的考验，从昔日的乡镇小作坊逐步发展壮大成为全球知名的智慧能源解决方案提供商，业务遍及140多个国家和地区，与伟大时代同行。

改革开放，让机会无限拓展

“改革开放改变了中国，也改变了我的命运。我们每个人都是新时代的见证者、建设者和受益者。不忘初心，努力奋斗是我们对新时代最好的回应。”表彰大会后，南存辉在接受媒体采访时，难掩内心的激动。

南存辉表示，改革开放40年，正泰也走过了35年。35年来，正泰坚守实业，创新发展,从浙南小镇发端,开启国际化进程,把中国制造、中国服务推向强手如林的国际市场。我们的勇气与机遇是改革开放赋予的,我们的光荣与梦想也是改革开放赋予的,可以说没有改革开放就没有如今的正泰。

南存辉常说,做制造业就像是在"修行",需要经得起诱惑,耐得住寂寞,还提出了"烧水"理论。35年间,南存辉就烧了一壶从低压电器到中高压输配电设备、从元器件到系统解决方案、从传统电气制造到新能源和高端装备制造、从家庭作坊式小厂到国际化企业集团的转型升级之"水"。这样的利国利民之"行",南存辉将无怨无悔地"修"下去,正泰也将一心一意"烧"下去。

35年来,南存辉一直坚守实业报国梦,始终坚持"一心一意做电器,聚精会神创品牌",专心致志地"烧好自己的那壶水"。从改革开放之初,创办乐清县求精开关厂,到1994年成立国内低压电器行业首家企业集团,到低压电器板块于2010年成功登陆资本市场,成为上海A股首家以低压电器为主营业务的上市公司,一路走来,正泰一直坚持用加法做强产业,用减法做大企业,坚定地走专业化经营之路。正是这个坚守主业的战略,使正泰在工业电器领域迅速崛起,低压电器的产销量连续多年稳居行业首位。

变革创新是企业发展的基因。多年来,南存辉始终实施创新驱动战略,主动促进传统制造业转型升级,培植新兴技术与服务产业,向能源互联网服务企业跨越发展。

在南存辉的引领下,正泰以创新驱动促进提质增效和产业升级,积极培育新兴技术与服务产业,强化核心技术、原创技术研究,努力提升发展质量和效益。截至目前,集团各产业参与制订和修订行业标准190多项,获国内外各种认证1000多项、专利授权4000余项。正泰不仅在国内建立了国家级企业技术中心,还在欧洲、北美、亚太建立三大国际研发中心,形成了多元化、开放式研发体系,将技术进步与产业升级融为一体,实现从规模扩张向价值链中高端的转型发展。

《民情日记》架起干群连心桥

(2008年8月28日　浙江在线新闻网站)

嵊州市总面积1784平方公里,总人口74万人,辖17个乡镇、4个街道,1995年撤嵊县设嵊州市,是国务院批准的全国第一批沿海经济开放城市,现有73个党委、91个党总支、1609个党支部,党员42590名。

为做好农村基层党建工作,嵊州市积极探索转变作风、转变职能的有效办法和良策。1998年,嵊州市雅璜乡(2019年撤销设石璜镇)率先开展了《民情日记》活动,以"串百家门,知百家情;解百家难,连百家心;办百家事,致百家富"为主旨,乡干部深入村、厂和农户家里了解情况、记录民情、发现问题,及时解决问题。该活动密切了干群关系，维护了社会安定，促进了经济发展，取得了良好效果。嵊州市委高度重视这一做法，认真做好雅璜经验的总结完善和深化提高工作，建立健全相关制度，把活动上升为工作，转化为机制，把《民情日记》活动加以规范，在全市进行宣传和推广。市级领导干部带头记《民情日记》，全市1283名乡镇干部人手一册《民情日记》本。同时，机关部门联动配合，着力帮助解决乡镇在《民情日记》活动中解决不了的需要部门解决或解释的事项。嵊州市成立了市《民情日记》推广办公室，设立了《民情日记》专刊，加强对全市《民情日记》的统一检查、分析和指导，不断提高记办层次。自活动开展以来，全市共记《民情日记》46.8万篇，其中涉及经济建设与兴办实事的20.9万篇，乡镇干部共下村143.6万人次，走访农民194.3万户次。《民情日记》成为改变干部作风、密切党群干群联系的有效载体，锻炼了干部队伍，促进了经济发展，维护了社会稳定，得到了各级领导的高度重视和充分肯定。2001年5月，胡锦涛同志在嘉善考察工作时接见了《民情日记》始发地嵊州市雅璜乡党委书记周先樵同志。省、市领导对深化落实《民情日记》活动多次做出批示，在全省进行推广。《人民日报》、中央电视台等新闻媒体对《民情日记》活动进行了广泛的宣传和报道。2002年，以此为原型摄制的电视剧《民情日记》在十六大开幕的那一天通过中央电视台进行首播。

近几年，嵊州市委不断深化拓展《民情日记》，先后在各级干部和广大党员中开展了以“走进群众、走进困难、走进矛盾”为主要内容的“三走进”活动，“优化环境、百日攻坚”等专项活动，各级干部和广大党员走进基层蹲点调研，走进困难结对帮扶，走进矛盾破解难题，进一步树立了服务群众、知难勇进的良好风气，党群干群关系得到有效改善，一大批矛盾问题得到妥善化解，收到了“干部努力、企业满意、群众高兴”一举多赢的良好效果。《民情日记》的精神得到了进一步的升华和发扬。

孜孜工匠人　拳拳敬业心（节选）

（2017年3月15日　《浙江工人日报》　通讯员：张晓燕　记者：王海霞）

他通过机器的振动和声音可以诊断出故障，他拥有以自己名字命名的国家级大师工作室，他是“快装台位法”的创造者。他就是杭州汽轮机股份有限公司职工吴国林，全国劳动模范、国家级吴国林装配钳工技能大师工作室领衔人、全国技术能手、浙江省首席技师。

平凡工匠人，一片敬业心。吴国林时刻以劳模的高标准来严格要求自己，在40多年的职业生涯中，为企业的发展倾注了自己的心血，解决了生产上一个个关键难题，创造了生产上一个个丰硕成果，树立了为企业乐于奉献的好榜样。

专治汽轮机各种“不服”

由于汽轮机的零件达上万个,有时即便出现问题也很难发现,每每遇到这样的情况,工人们第一时间想到的便是吴国林。在大家眼中,吴国林就像是专治疑难杂症的“神医”,任何“问题机械”到了他手上都能药到病除。

2010年,针对引进技术燃机转子套装后发生轮盘跳动量大、转子在高速转动时有严重弯曲的问题,吴国林带领攻关小组从各个环节进行分析,确定了人员操作不熟练、操作流程有待完善等情况,起吊设备、环境温度、校正方法等因素是影响转子质量的要因,提出燃机转子产生的弯曲原理和纠正方案,使转子轴心变化集中,轮盘外圆跳动合格,从而全面提高燃机转子红套装配质量,项目获得当年全国QC(质量控制)一等奖。

2013年,汽轮机试车时频繁发生二油叶轴承半倍频分量超差情况,对装配试车造成不小的影响。吴国林详细研究了轴承与轴承座的连接方式及轴承间隙构成,确定了加工及安装上的影响因素,采取了相应的控制措施,彻底解决了汽轮机半倍频振动这一关键难题。

吴国林解决技术方面的难题还可以列举很多,如压缩机产品试车振动问题、国家重点C字头产品试车时信号轴断裂问题、国家重点C字头产品试车时轴承异响问题等。在这些重点工程的装配任务中,吴国林带领班组,凭借过硬的技术和力量,克服了生产周期紧张等实际困难,出色地完成了公司交付的生产任务。

“一点红不算红,一片红才叫红”

吴国林坚信只有让每一个技工都掌握精湛的手工技艺,才能让企业良性发展。“以前是‘偷’技术,现在是‘学’技术。”吴国林告诉记者,他当学徒那时,手工技艺是不外传的,只能靠自己琢磨。到了如今,“教会徒弟饿死师傅”这种说法早已不适用,只要工人肯学,他绝对倾囊相授。

每年,吴国林都要花大量的时间培养车间的后续人才。他亲身上阵,对重点机组进行实际操作和现场讲解,再以作业指导书的方式进行固化,让徒弟们掌握每一步装配要领。得益于吴国林推行的精细化制度和“传帮带”举措,杭州汽轮机股份有限公司涌现了一大批技术人才,在行业里人人称颂。

2013年,吴国林拥有了属于自己的国家级大师工作室,这是人力社保部门近年来的一项创新工作,相当于科学家有了自己的专门实验室。它主要是依托大中型企业,由技艺精湛的优秀高技能人才领衔,成立工作室,建立技能团队,解决生产技术难题,开展技术交流,为社会培养更多的技能骨干。

四、链　接

1. 改革开放浙江故事：从"四千精神"到创新强省

http://www.chinanews.com/cj/2018/12-17/8704379.shtml

（来源：2018-12-17　中新网）

中新网杭州2018年12月17日电（王逸飞）　改革开放40年，创新成为中国引领风气之先的原动力。浙江，便是极具代表性的缩影。七山一水二分田，人均资源拥有量居中国倒数第三是浙江的发展底子。40年前，一场"四千精神"支撑的农民创业潮，成为该省迈入市场经济的敲门砖。40年中，以民营经济崛起为代表，浙江以创新驱动实现资源小省向经济大省的跨越。40年后，当更大规模、更深层次的创新创业成为浙江发展新引擎，打造"创新强省"也被该省列为高水平全面建成小康社会的关键一环。

2. 磐安尖山："四千精神"促蝶变

https://zj.zjol.com.cn/news.html? id=1241666

（来源：2019-07-12　浙江新闻）

磐安尖山镇是国家级生态乡镇、省级中心镇、省级工业园区。近年来，该镇着力打造"云上尖山·乌石小镇"品牌，坚持"'农业、工业、商贸、文旅'四位一体，'生态、生产、生活、生意'四生融合"目标定位，实施11大类21小类158个项目，打造一条溪一路景、一方广场一种文化……用"四千精神"将一个群山瞭望的"尖山"，变成了一个处处生机的"大花园"！

3. 年销售20亿元的"隐形冠军"，杭州市温州商会的第三任掌门人

https://www.163.com/dy/article/FUMG6TL10534F0RO.html

（来源：2020-12-25　网易）

他白手起家创业，坚守实业报国，荣获"风云浙商""浙江经济年度人物""全球浙商金奖"等殊荣；他凭借着坚持钻研的韧性和善抓机遇的行动力，在环保食品包装行业跑出了一个"隐形冠军"，他倾情参与社会事业，证明自我价值，用"业济天下，无悔人生"挥洒人生信条。他，就是浙江南大投资控股集团有限公司董事长、杭州市温州商会第三任掌门人陈建华。

4. 探寻100名"浙江工匠"的成功密码　做一个匠人　修一颗匠心

https://zjnews.zjol.com.cn/zjnews/201704/t20170427_3523336.shtml

（来源：2017-04-27　浙江在线）

他们都是技艺高超的能工巧匠，有技术革新的推动者，有前沿行业的引领者，有传统工艺的守望者，也有疑难杂症的破解者。他们来自不同的行业岗位，涵盖浙江省十大传统行业、八大万亿产业中的制造业以及丝绸、黄酒、中药等历史经典产

业,信奉坚守、追求超越……4 月 26 日,浙江省首批百名“浙江工匠”正式揭晓,100 名“浙江工匠”在全省各界的关注下集体亮相。“浙江工匠”选树活动的深入推进,一定会让工匠精神擦亮爱岗敬业、劳动光荣的价值底色,引领质量至上、品质取胜的企业风尚,让工匠精神蔚然成风,成为一种时代气质。

5. 浙江省举行优秀教师表彰会 这 5 位教师代表的发言感人肺腑

https://zjnews.zjol.com.cn/zjnews/zjxw/201909/t20190910_10990787.shtml

(来源:2019-09-10 浙江新闻—浙江在线)

2019 年 9 月 10 日,第 35 个教师节。下午,浙江省举行庆祝第 35 个教师节暨优秀教师表彰会。现场,除了宣读 2019 年浙江省杰出教师表彰文件、为 2019 年浙江省杰出教师颁奖外,5 位优秀教师代表还作了精彩演讲,台上情真意切,台下掌声雷动,大家都在为这些优秀教师点赞!

6. 浙江省“最美环保人”郭集福:义乌外商“洋雷锋” 引领生态我先行

https://zj.zjol.com.cn/red_boat.html?id=100836440

(来源:2020-07-02 浙江新闻)

郭集福,马来西亚籍第三代华人,他 2004 年来义乌创业,现任义乌贸促会马来西亚采购商服务中心主任、义乌市建设美丽义乌促进会副会长兼外商分会会长、义乌世界商人之家旭日公益俱乐部 CEO。他曾获 2014 年度义乌市涉外调解工作先进个人、义乌市 2016 年度“十佳诚信外商”、2016 年度“最佳国际交流贡献奖”、2018 年第二届义乌市助人为乐道德模范(唯一一名国际友人)、2018 年第四届商城友谊奖、2018 年浙江省外国专家“西湖友谊奖”、全国无偿献血促进奖特别奖(唯一一名国际友人)、2019 年义乌市民营经济发展特别奖等荣誉。

7. 手机号是农民热线 瑞安田里“长出”全国“最美农技员”

https://zj.zjol.com.cn/video.html?duration=221.0&fsize=67725473&height=720&id=1554017&isVertical=0&width=1280

(来源:2020-11-01 浙江新闻)

“庞大师”的真名叫作庞子千,是马屿镇农业技术推广站站长。深耕农田 30 多年,庞子千早已成了当地的粮油技术专家,镇子里的人爱尊称他一声“大师”。在马屿镇天井垟示范区里,我们见到了大伙口中的“庞大师”:寸头、中等身材、面庞黝黑,多年行走田间的风吹日晒,在他的脸上留下粗粝的痕迹。“学习无止境,技术无止境,干我这一行的,很多事情都需要长期摸索,不能松懈就对了!”庞子千说。

8. 浙江精神·典型人物|黄政仁:科技创新要顶天立地

https://baijiahao.baidu.com/s?id=1643787312839061641&wfr=spider&for=pc

“科学研究要求真,院所建设要务实,这是我们作为科技工作者的职责和使命,也是浙江精神在科技创新领域的具体贯彻。"中科院宁波材料所所长黄政仁说。

自 2017 年 6 月执掌中科院宁波材料所以来，黄政仁见证了多个大项目的落地动工，他早已习惯这种没有节假日、"永远在路上"的工作节奏——周一到周五，全身心投入材料所的规划管理和战略布局，每到周五晚上或周六清晨，他便驱车 200 多公里，赶到自己在中科院上海硅酸盐研究所的另一个办公室。54 岁的黄政仁，是该所先进碳化物陶瓷材料研究团队的领头人。

9. 浙江：表彰一批优秀环卫工人和先进集体（视频）

https://v.youku.com/v_show/id_XMTc3NTUwNDI3Mg%3D%3D.html

（来源：2016-10-26　浙江新闻联播）

10. 最美浙江人：全国助残日将近　我省 11 名"最美残疾人"获表彰（视频）

http://www.cztv.com/videos/xwsx/3182925.html

（来源：2016-11-28　新蓝网·浙江网络广播电视台）

11. 最美浙江人　祝多旭：从"门外汉"变身农家"百事通"（视频）

https://news.cctv.com/2014/10/14/VIDE1413285971496800.shtml

（来源：2014-10-14　央视网）

12. 最美的春光　最美的你们——我校附属医院第二批援鄂医疗队凯旋

https://www.usx.edu.cn/info/1138/13754.htm(2020-04-14)

13. 绍兴文理学院附属医院援鄂英雄第二批凯旋感言（视频）

https://v.qq.com/x/page/n0941icvebe.html

社会主义核心价值观:诚信

一、思政元素

守诚践诺、说老实话 办老实事 做老实人;立身之诚、职守之诚、交往之诚、经营之诚、政务诚信、国家诚信;社会公德、家庭美德、职业道德

二、案例解读

诚信,即"诚实守信",它强调的是君子立言,一诺千金;君子处事,诚信为本。诚信是中华民族的传统美德,是中华民族共同的心理归趋。诚信是个人安身立命的根本,是社会存续发展的基础,也是为政治国的基本原则;诚信不仅是我国古代道德体系的基础和根本价值取向,也是我国当代道德体系的基础和根本价值取向,更成为社会主义核心价值观的道德基石。诚信作为社会主义核心价值观个人层面的价值准则,是培育和践行社会主义核心价值观的重要内容与实践要求。其核心要义在一"诚"字。"诚"是"诚实"也是"诚挚",是底线也是担当。它以个人立身的赤诚之心为基础,扩展到职守之诚、交往之诚、经营之诚、政务之诚。个人的操守、行业的自律、政治的风尚、社会的和谐、国家的气度无不以诚信托底,无不以诚信为不言自明的标准。作为"百行之源"的诚信,不仅是国民立身处事之本,也是国家繁荣昌盛之强大的精神支柱。

在培育践行社会主义核心价值观的过程中,作为"中国革命红船精神的起航地、改革开放的先行地、习近平新时代中国特色社会主义思想重要萌发地"的浙江,干在实处、走在前列、勇立潮头,与时俱进地培育弘扬"求真务实、诚信和谐、开放图强"的浙江精神,大力倡导"务实、守信、崇学、向善"当代浙江人的共同价值观,以之为浙江发展的精神坐标,开拓了浙江发展的新局面。其中的"诚信"成为具有浙江特质的鲜明品格之一。

以下案例中,有百年老字号的"诚信之舟行天下"、浙商团队的行业宣言及温州商人的典型事例,也有浙江省委省政府层面的精神导向、政务诚信体系建设,更有"最美诚信浙江人"一个个平凡、真实、动人心弦的诚信故事……从个体、企业、行

业，到政府、社会各个层面，我们都可以看到大家一致对于“诚信”的价值认同、文化认同和情感认同，以及因诚信而展现的生活气度与精神品格。通过这些案例，我们看到浙江在“三地一窗口”的使命担当中，在将社会主义核心价值观内化于心、外化于行的过程中“诚信”活生生的样子，感受到了诚信的理性光辉与诚信的生命温度。（撰写人：许大平）

三、案　例

百年“戒欺”——百年老字号胡庆余堂

（2014 年 10 月 7 日　《人民日报》　记者：王慧敏）

说起杭州的“老字号”胡庆余堂，人们马上就会想到清代富商胡雪岩。不错，1878 年，正值盛年的胡雪岩出巨资开办了这家江南最大的药府。

如今，迈进吴山脚下的这座百年老店，仍能领略到“红顶商人”当年经商的流风余韵：“真不二价”“是乃仁术”“顾客乃养命之源”……大堂里这些留存 100 多年的匾额，透过时空倾诉着主人的经营理念。

在所有匾额中，其他的都是朝外悬挂的，唯独有一块匾是面朝里挂的——它是专门给经营人员看的。匾上两个大字遒劲有力——“戒欺”。

现任胡庆余堂药号总经理杨仲英女士告诉记者，“戒欺”匾由创始人胡雪岩于开业之初跋文写就。匾文如下：“凡百贸易均着不得欺字，药业关系性命，尤为万不可欺。余存心济世，誓不以劣品弋取厚利，惟愿诸君心余之心，采办务真，修制务精，不至欺予以欺世人，是则造福冥冥，谓诸君之善为余谋也可，谓诸君之善自为谋亦可。”

“戒欺”匾的 86 个字，胡庆余堂的员工均可倒背如流，杨仲英说，这是因为字里行间凸显的是创始人对顾客的爱心、忠心和诚心，“也是我们必须严格、自觉遵循的宗旨”。

确实，胡庆余堂能够屹立 100 余年而不倒，靠的正是诚信。100 多年来，“戒欺”“采办务真”“修制务精”一直贯穿于胡庆余堂的生产、经营和服务全过程。正是缘于此，胡庆余堂枝繁叶茂，一步步发展壮大起来。

“我们唯有继续秉承这些好传统，企业才能长盛不衰。”杨仲英的话透着真诚干练。

在继承传统方面，今日的胡庆余堂做到了一丝不苟，例如原料，必须去产地直接采购。如采购山药、生地必须去淮河流域，采购人参、鹿茸必须到关外……今天，尽管物业配送、电子商务已经相当普及，但胡庆余堂一直坚守产地直接采购的原则。

在胡庆余堂上百年的历史中，流传着许多精心制药的故事。如“局方紫雪丹”

是镇惊通窍的急救药,在制作中因其中一味“朱砂”易与铜或铁发生化学反应,为确保药效,胡雪岩不惜血本耗黄金133克,白银1835克,打造了金铲银锅,专门用于紫雪丹的生产。如今的“金铲银锅”就陈列在胡庆余堂,成为新员工入行的“教材”。

大黄,是一味用途很广的常见中药,而大黄皮则是非药用部分。胡庆余堂在大黄入药前,均须做两次审查,将来料中未除尽的大黄皮悉数剥去,表面凹陷、裂隙之处,还要细细地一一剔除表皮……

“修合无人见,诚心有天知。”胡庆余堂药业公司生产车间外墙上写着这样10个庄重大字。杨仲英说,虽然在净化封闭式现代化的厂房中生产药品,外人看不到也进不来,但我们时时提醒员工,制作药品的“诚心”,“上天”是知道的。

“信用浙江”加速跑　浙江省建立完善五类主体公共信用评价体系

(2018年7月1日　《浙江日报》　记者:刘乐平　通讯员:吴淑君)

最近,“信用浙江”平台曝光了最新一张环境违法失信“黑名单”。121家企业因为违法排放污染物等原因被实名曝光。进入“黑名单”的企业,在行政审批、融资授信等领域将受到限制。据悉,目前,浙江省已在27个领域出台了失信“黑名单”制度。

近年来,浙江省不断深化信用信息归集共享,强化公共信用基础建设,大力推进信用联合奖惩,社会信用体系建设取得重大突破。

信用信息应用广泛拓展。目前,浙江省信用档案工作日均查询量在20万次以上,累计查询量超过2亿次。信用平台与浙商银行、杭州银行、浙江省农村信用社联合社等对接,实现信用信息共享,有效缓解了小微企业贷款难问题。推动全省各级法院将3至6个月判决未执行的案件信息在“信用浙江”上公开发布,累计执结案件150万件,总金额达550亿元。

信用支撑体系建设加快推进。浙江省积极推进统一社会信用代码制度建设。实现法人和其他组织新增赋码全覆盖,存量代码转换率达到99.8%,个体工商户存量代码转换率达到100%。在浙江,信用度“码”上见分晓渐成现实。此外,浙江省积极推动行政许可、行政处罚信息7个工作日内上网公开。截至目前,“信用浙江”累计公示行政许可信息20.4万条,行政处罚信息242.1万条。

信用示范创建佳音频传。2018年年初,国家发改委和中国人民银行公布首批12个社会信用体系建设示范城市,浙江省杭州市、温州市和义乌市入选,进一步擦亮了“信用浙江”这一金字招牌。

基于日益完善的一体化信用平台,浙江省还探索构建信用综合监管体系。目前,浙江省“放管服”改革将重心转移到监管工作上。省发改委有关负责人介绍,浙江省构建信用监管体系,总体上将以公共信用评价结果和信用档案核心内容为基础，形成信用分级分类监管，先期将在省发改委企业投资项目在线审批 2.0 平台、企业债券、节能检查等工作中探索实施。

值得一提的是，2017 年以来，浙江省社会信用体系建设重点围绕“531X”工程，完善五类主体公共信用评价体系，探索构建以信用为核心的新型市场监管体系。目前，企业、自然人、社会组织、事业单位和政府机构五类主体公共信用评价体系已初步建立，企业公共信用评价已于 2017 年 7 月上线试运行，试运行情况良好。

省信用办相关负责人表示，接下来，浙江省将继续围绕信用建设“531X”工程，以建立完善五类主体公共信用评价体系为基础，以强化公共信用评价结果应用为重点，以健全信用联合奖惩机制为关键，努力探索构建以信用为核心的新型市场监管体系，为形成具有浙江特色的现代治理体系提供有力保障。

在新时代大力弘扬“求真务实、诚信和谐、开放图强”的浙江精神（节选）

（2019 年 9 月 6 日　《浙江日报》　作者：中共浙江省委理论学习中心组）

2006 年年初，时任浙江省委书记的习近平同志在《浙江日报》上发表了题为《与时俱进的浙江精神》的署名文章，明确提出要与时俱进地培育和弘扬“求真务实、诚信和谐、开放图强”的浙江精神。这是对浙江人民在创造灿烂文明中孕育的精神品格的深刻总结，是对浙江人民赓续文脉、砥砺奋斗、开拓创新的真实写照。我们对浙江精神理解得越深刻，就越能感受到其所蕴含的强大生命力和无穷创造力。

…………

三要大力弘扬“诚信”精神，推动诚实守信成为浙江最美的风景线、最好的竞争力。加强个人诚信建设，倡导诚实立身、诚实待人、诚实做事，遵守诺言、遵守契约、遵守规则，推动诚实守信在全社会蔚然成风、深入人心。深入推进“信用浙江”建设，健全完善以个人为基础、企业为重点、政府为关键的现代信用制度，用技术给信用“赋能”，大力发展信用经济，培育诚信社会环境，让诚信成为浙江新的生产力、竞争力。各级党委政府要在诚信建设上当好标杆、注重引领，讲信用、言必信、行必果，像爱护自己的眼睛一样爱护公信力，以为民服务的高质量和高效率取信于民。

为什么他们是“最美诚信浙江人”？故事，你想听听看吗（节选）

（2020 年 9 月 19 日　浙江文明网、浙江文明网　记者：陶韬）

立身之诚、职守之诚、交往之诚、经营之诚……解码 32 例、34 人“最美诚信浙江人”的故事，有这些关键词。他们中，最小的有“95 后”，最久的有百年坚守，最简单的理由有一句“我就是觉得该这样”;他们中,有董事长也有一线员工,有灯塔守护者也有福利彩票站经营者,有老党员更有普通村民……标签不重要,身份不重要,重要的是,榜样存在,即是力量。

…………

就应该这样

顾客选的彩票中了37万元奖金,而这张彩票正捏在包利华手里,何去何从?千方百计联系到买彩票的顾客,竟然还被质疑是骗子,何去何从?但凡包利华和丈夫存了一点私心,也就没有了后来我们听到的福利彩票站经营者将彩票物归原主的故事。

“要把彩票还给人家,毕竟也是挺大一笔钱。”在包利华看来,诚信不是外在的约束,不管是多大的利益,也该物归原主。因为,“就应该这样”。

我在空无一人的海岛上守灯塔

这件听起来像行为艺术的事,是叶中央一家五代人传承百年的生活常态。一个岛、一座塔、一盏灯,他们日复一日擦亮“黑夜的眼睛”,为茫茫大海中南来北往的船舶校正航向、保障安全。

坚守,本就是诚信的题中之义

如果可以遇到11岁的自己,他会对他说,诚信是做人的根本,叶石云,加油。

11岁,他父母双亡,还有3万元债务。

这笔债却不是债主找上门来要还的,而是他一笔笔主动上门寻来的。“他们都是好人,是他们借钱给我家,我的爸爸妈妈才能活得更久一点。”

而今,1998年出生的叶石云是浙江静远电力实业有限公司的一名员工,在他灿烂的笑容下看不出太多经历过的苦涩。提及11岁开始利用周末和节假日,捡废品、打短工赚钱还债的6年岁月,叶石云回忆道:“夜深人静之时我也会哭,也会抱怨,但我从来没有抱怨过还债这件事。”

很多时刻,放弃似乎比承担更容易。但是选择的是诚信的路,所行虽苦,风雨兼程。

故事还有很多

有人好友家中遭遇不幸,默默承诺替好友挑起家庭重担,看顾幼子、照料双亲,不离不弃,义无反顾20载;有人坚持为社区居民义务理发17年,主动加入“巧媳妇”服务队,志愿服务冲锋在前;有人曾郑重承诺:“宁愿一人脏换来万家洁”,为此这份“别有味道”的工作他坚持了30多年;有人自掏腰包组建浙江省首支家庭义务消防队，为乡亲义务救火25载，累计救火160起，挽回经济损失650多万元，得名“救火阿三”；有人遵循着诚信经营的初心和一丝不苟的匠心，几十年执着于为天下母亲做一双舒适的好鞋……

诚信，体现在重要时刻的抉择里，也在日复一日一丝不苟的细节里。论迹亦论心，航行在时代的浪潮中，以诚信为灯，方有方向。

四、链　接

1. 丽水李菊妹家庭：诚信大过500万元巨款

https://baijiahao.baidu.com/s?id=1555551098200407&wfr=spider&for=pc

（来源：环球网）

李菊妹在县城开了一家彩票销售点。2012年3月的一天，有位彩民打电话给李菊妹，让她代买一组机选彩票号码，其中一注中了500万元大奖。买彩票的钱是李菊妹垫付的，彩票也在她手中，在中奖的人毫不知情的情况下全家人一致决定，把彩票交给人家，不要任何报酬，只收了买彩票的钱。12月12日，李菊妹一家成为第一届全国文明家庭，受到习近平总书记的接见。她一家之所以能被评为“全国文明家庭”，是因为两个字：诚信。

2. 梅光汗10多年走遍百村千户——一位老农的还债路

https://zjnews.zjol.com.cn/system/2014/08/05/020179546.shtml

（来源：2014-08-05　浙江在线—浙江日报）

梅光汗是浙江省台州市三门县亭旁镇小林山村农民，24年前，妻子因为意外高位截瘫，生命垂危。为了凑医药费，梅光汗挨家挨户乞讨，走遍附近的上百个村庄、上千户人家。每收到一笔钱，他都会记在随身携带的笔记本上，并说，这是借的，日后一定会还。10多年前开始，梅光汗重走当年乞讨路，一一上门还清债务，其中最少的一笔只有两角钱。这位平凡的老人，用诚信和感恩，为自己的人生写下了感人的注脚。

3. 赞！面对巨款不动心 两学生拾金不昧受表扬

http://gxxw.zjol.com.cn/gxxw/system/2017/07/24/030266233.shtml

（来源：2017-07-24　浙江在线—嵊州新闻网）

何源龙，绍兴市职教中心学生，暑假时他与安徽籍同学耿强强骑着电动车一起去购买物品，途经三界镇振兴路与杭温路交叉口时，发现地上躺着厚厚的一大沓钱，足足22800元，他们商量将钱送到派出所。民警依托技术手段确定了人员信息，最终确定失主为三界镇村村民沈国建。当沈国建从民警手中拿回失而复得的22800元现金时，他对两位好心的中学生何源龙、耿强强及民警表示万分感谢。两位学生拾金不昧,向社会传递正能量。何源龙因此入选2018年浙江好人榜。

4.首届世界浙商大会宣言(节选)

http://news.ifeng.com/c/7faeNwGc9U5

我们当秉承浙江精神。……我们当恪守诚信之本。诚为安身立命之本,信为鼎立事业之基。身为浙商,我们深知诚信的宝贵。正是手持诚信的金钥匙,浙商才打开了一扇扇通往财富与成功的大门。戒欺戒诈,浙商所传承;不诚不信,浙商所不容。无论艰困之际,无论成功之时,无论业内业外,无论待人待己,浙商务必恪守诚信,慎言慎行,自重自律。

5.有关温商诚信的这些故事 你都听过吗?

(来源:2017-08-09 温州网 记者:朱则金 陈培锋)

……昨天是温州第16个“诚信日”。

回溯温州“诚信日”之由来,源于30年前杭州武林广场上的那把大火。1987年8月8日,5000多双温州产“晨昏鞋”“星期鞋”等劣质皮鞋在武林广场被付之一炬。这把“耻辱之火”令温州的信誉跌入谷底。知耻而后勇,这把“耻辱之火”,也使温州走上了重建温州信用、重塑温州形象的“诚信”之路。2002年,温州市人大常委会决定,将每年的8月8日定为温州“诚信日”。

6.浙江省加强政务诚信建设的实施方案

http://www.zj.gov.cn/art/2017/8/9/art_32432_293908.html

为深入贯彻《国务院关于加强政务诚信建设的指导意见》(国发〔2016〕76号),充分发挥政府在社会信用体系建设中的引领、示范和表率作用,进一步提升政府公信力,加快构建具有浙江特色的现代治理体系,制定本实施方案。

7.杭州市生态环境局政务信用承诺书

(来源:2020-03-10 杭州市环境信息中心)

一、依法行政承诺;二、规范审批承诺;三、便民高效承诺;四、廉洁自律承诺。任何单位和个人对我局工作人员的服务不满意或发现违诺行为的,可进行举报和投诉,欢迎社会各界对我局工作进行监督。监督电话:0571-87232201

8.直抵人心的力量 2020年“最美诚信浙江人”揭晓

https://news/zjxw/202009/t20200918_12302036.shtml

(来源:2020-09-18 浙江在线—钱江晚报 记者:朱丽珍 胡芸)

今天,由中共浙江省委宣传部、浙江省精神文明建设委员会办公室、浙江省发展和改革委员会、浙江省市场监督管理局、共青团浙江省委共同推出的2020年“最美诚信浙江人”正式揭晓。他们是2020年感动浙江的34位普通人。热血、大爱、舍身、坚持……每一个主题词,背后是一个个人物书写的暖心故事,这是一种精神传承,也是一份温暖传递。

9.寻找身边诚信浙江人|为了一碗童年酱油拌饭,他卖掉工厂撑起百年老字号

https://www.sohu.com/a/405418066_226695

不求百强但求百年，不比聪明比老实。始于1919年的鱼跃酱油，曾濒临破产。2006年，土生土长的陈旭东卖掉经营状况良好的铜件厂，接手经营。一晃过去14年，如今的“鱼跃酿造”，不仅承载了几代丽水人的乡愁回忆，更是非物质文化遗产。而这背后，是掌门人用“诚信”二字撑起了这个百年老字号。

10. 浙江电视台《聚焦浙商》栏目报道——“诚信服务”示范单位

https://v.youku.com/v_show/id_XMzU2MTE1NzIwOA==.html

11. “信义少年”已长成！云和“信义少年”获“最美诚信浙江人”（视频）

https://www.bilibili.com/video/av202156946

12. 浙江卫视直播—诚信在线

https://v.qq.com/x/page/i01173n063j.html

社会主义核心价值观:友善

一、思政元素

崇德向善、善心善行、助人为乐、善风良俗;推己及人、友爱和善、尊重关心、感恩信任;开明包容、团结协作、共克时艰、顺应自然、天人合一

二、案例导读

友善,即"友好善良",表达了个人与亲人、个人与他人、个人与社会、个人与自然之间亲近和睦、与人为善的和谐关系。关心帮助他人,减少矛盾冲突,是友善的重要表现。友善有助于建立良好的人际关系、改善社会不良风气、凝聚社会各阶层的力量、维护社会的稳定,推而广之,还有助于民族国家的团结、世界的和平、人与自然的和谐。

在社会主义核心价值观中,友善是公民个人层面处理人际关系的基本价值准则,是维系良好社会关系的基本道德规范,也是各个阶层、各个行业、各个社会团体应当积极奉行的基础性的价值理念。近年来,特别是在市场经济建设过程中,竞争压力不可避免会带来人际关系的紧张,各种社会矛盾凸显,培育和践行社会主义友善价值观,是缓解社会矛盾、维护社会秩序、促进社会和谐的坚实基础。

"仁者乐山,智者乐水""上善若水",依山傍水而居的浙江人,走在了中国改革开放的前列。他们"走遍千山万水、吃尽千辛万苦、说尽千言万语、想尽千方百计",显出了山的硬气、海的大气、河的灵气,将中国传统的"仁""智"做出了现代的注解。他们以"务实、守信、崇学、向善"为当代人的共同价值观和经济社会发展的精神坐标;以山的坚守与厚实,勇于担当社会责任,义行天下;以水的灵动与谦和,关照他人,爱满人间。"积流成河,积善成德",浙江儿女以他们的实际行动诠释并丰富着"友善"的内涵。

以下案例仅仅是浙江大地近年来践行社会主义核心价值观之"友善"中的沧海一粟。遂昌村民拯救美国大兵,小人物铸就中美大友谊;将美丽生态转化为美丽经济,善待自然、记得住乡愁的松阳模式;最美妈妈吴菊萍感动了中国;一群人温暖一

座城，一座城温暖无数人，三年累计捐赠超 5000 万元的宁波隐名部落……无论是亮眼的数据，还是动人的故事，团结、互助、热忱、感恩……浓浓的善意成了浙江人流在血液里的品质，成为一所学校、一座城市、一个省域的文化标识与社会良俗！

从个人到群体，从普通民众到在校大学生，从社团到国家，从捐款捐物到科技助善，友善呈现不同的模样。对于我大中华而言，一带一路，构建人类命运共同体，开明包容、构建和谐、顺应自然、天人合一，也必将是友善最高的境界！（撰写人：许大平）

三、案　例

浙江丽水：一段尘封 75 年的故事，小人物铸就中美大友谊(节选)

（2017-11-06　https://www.sohu.com/a/202611702_327914）

小人物，大友谊！这是一段来自江南秘境的人间真爱！这是一段由小人物铸就的中美大友谊！

2017 年，美国“杜立特空袭”迎来 75 周年，一段当年丽水大山深处的生死营救的记忆，再次被唤醒，一份延续 75 年的中美友谊，再次被续写，丽水大山里深藏的大善大爱，再次被点燃……让我们一起来看这段尘封已久的往事，感受丽水人的大爱情怀！

拯救美国大兵

这段被尘封的历史要追溯到 75 年前，1942 年 4 月 18 日，珍珠港事件后的第一百三十三天，杜立特中校率领 16 架美国空军 B-25 轰炸机，突袭日本东京等地，只用了短短几十秒钟就狠狠地打击了日本人的嚣张气焰……

按原定计划，机队完成任务后，在衢州机场降落。不幸，返回途中，天气恶劣、联络中断、燃油告罄……机组人员被迫弃机跳伞！其中，3 号机坠落在丽水市遂昌县柘岱口乡北洋村大坞山。机上有 5 名机组人员，机械师利兰·法克特来不及跳伞，殉职于机舱内；其余 4 人中，机长罗伯特·格雷降落在遂昌县西畈乡岩坑村，投弹手阿登·琼斯降落在遂昌县柘岱口乡坑西村，另 2 名降落在衢州江山。

就这样！美国飞行员与遂昌人民的故事拉开了序幕……拯救美国大兵，遂昌老百姓开始了一场艰难的接力救援，讲述了一段由小人物铸就的中美大友谊！

危难之际，我们是并肩作战的盟军

1942 年 4 月 18 日，雨夜，丽水市遂昌县柘岱口乡北洋村，一片静谧。

忽然，传来一声巨大声响，美国空军 B-25 轰炸机编队 3 号机坠毁在海拔 1100 米的大坞山上。

今年(2017年)86岁的黄大清,那时只有11岁。他对记者说:“当时我正躺在床上,突然‘轰隆’一声巨响,划破寂静的小村庄,村民们都被吓了一跳,纷纷跑出家门口去看。”但什么也没看到……

第二天清晨,与北洋村相邻的坑西村。跳伞存活的美国空军投弹手阿登·琼斯中尉被村民黄雄忠等人发现时,正蹲在路边抽烟。

琼斯中尉一看,眼前突然出现数人,顿时警惕起来,叽里呱啦说了一通,黄雄忠等人碍于语言不通,也不知他在说什么,没过一会儿,琼斯中尉就不见了。

“不熟悉地形,万一迷路,会非常危险。”黄雄忠不免有些担心,赶紧叫堂弟跟着琼斯,自己则停下手上的活,奔回村里向保长汇报情况。

黄雄忠堂弟一路跟随,琼斯中尉途经河边时,想划竹筏过河,可惜没有成功,又绕回到了村子里。

终于,在柘岱口乡的关帝庙(当时的柘岱口小学设在这里),大家又再次相见。

琼斯中尉走进关帝庙,黄雄忠等人连忙跟了进去。

大家互相之间仍保持着警惕。直到看到墙上孙中山先生的画像,琼斯才安心下来。他走到黑板前,拿起粉笔,画了一架飞机、一顶降落伞,指指画像,又指指自己,拍了拍自己的肩章。这时大家才明白过来,原来他是我们并肩作战的盟军。

…………

大德大美,中国老百姓拯救美国大兵,从中展现出来的大善大爱,体现了丽水人民的淳朴善良、真诚勇敢、义薄云天,也真实地说明了二战期间中美两国人民共同抗日,用鲜血和生命在反法西斯战场上筑就了一段友谊长城。

松阳顺应自然整治环境修复生态——松阴溪畔　群鸟蹁跹

(2018年1月22日　《浙江日报》　见习记者:丁施昊等)

2018年1月13日清晨,气温降至零度。天蒙蒙亮,松阳县的观鸟达人宋世和裹上大衣,拎着十多斤重的摄影装备到松阴溪边去了。

“看,中华秋沙鸭!”老宋将他的长焦镜头对准了溪滩,咔嚓拍下一张“鸟片”。图片里,几只有着红喙、白胸,头顶厚实羽冠的漂亮鸟儿正在嬉戏。一路上,小䴙䴘、青脚鹬、鸳鸯等野鸟也纷纷现身。绕着松阴溪滨水绿道走一圈,老宋的相机里留下了不少珍稀鸟类的倩影。近几年,松阴溪湿地的生态环境越来越好,这年冬天,13只被誉为“鸟中大熊猫”的中华秋沙鸭光临这里。

天已大亮,绿道上多了许多晨练的市民,快步走、慢跑、练太极拳……松阳二中的退休教师陈清娣和老伴每天早上都会来绿道走走,看看风景,锻炼身体。得知我们不是本地人,陈老师热情地介绍说:“这是我们松阳人的母亲河,这条是滨水绿道,有60多公里长……”陈老师边说边掏出了手机,展示她拍的照片,有树有蓝天有水鸟。

好生态来之不易。松阳县水利局总工程师曾建伟告诉我们，由于采砂利润丰厚，松阴溪河道的采砂一度肆虐，2012年，流域内大大小小的采砂场有79处，严重破坏了湿地生态。为了让国宝级鸟儿安心栖息，为了松阴溪的美丽风景，松阳人下定决心整治环境。2012年年底，流域内全面禁止采砂，关停了采砂场。在“中华秋沙鸭栖息保护地”，还设置了野生动物保护巡逻队，每天都有两三名队员巡视。

不仅禁砂，松阳还大力恢复生态，修建人工浅滩，并种上水生植物，现在，浅滩已成为鸟类栖息的天堂。2017年秋天，上千只白鹭在此翩跹。

2017年年底，松阴溪湿地成为浙江省林业厅批复同意的5个省级湿地公园之一，松阴溪也被评为浙江“最美家乡河”。

保护湿地，不仅仅是为动植物提供栖息地，更是为百姓带来更多幸福感。松阳正逐步将防洪堤的块石改为抛石，种下植物，形成绿篱，以此来保护堤岸，拉近人与自然的距离。滨水绿道也将继续延伸至松阴溪的各条支流，越来越多市民可以享受到在溪畔漫步的美好。

美丽生态正转化为美丽经济。从松阳高速出口下，不出5分钟就能到达松阴溪边的白龙堰，这里正在建设“独山驿站”，配有展廊、茶室、亲水平台等，它是一座游客接待中心，本身也是一个景点。在松阴溪下游的象溪段，根据沿岸古村落的不同特点，设计了“靖居古渡”“花雨南州”等景观节点，构建滨水旅游综合体。未来，15座各具特色的驿站将陆续建成，展现松阴溪流域的多彩文化。10多个旅游综合体将引客入村，带动沿岸百余个乡村发展。

2011年感动中国十大人物之：最美妈妈——吴菊萍

(http://news.sohu.com/20120204/n333710640.shtml)

颁奖词：危险裹胁生命呼啸而来，母性的天平容不得刹那摇摆。她挺身而出，接住生命，托住了幼吾幼以及人之幼的传统美德。她并不比我们高大，但那一刻，已经让我们仰望。

2011年7月2日，浙江杭州滨江区一住宅小区，2岁女童妞妞从10楼的窗台坠落。在楼下人们惊呼的一刻，吴菊萍甩掉高跟鞋、伸开双臂向妞妞掉落的位置冲去，在即将落地的一刹那，她接住了妞妞！

“事情发生在一瞬间，我根本来不及多想。我只知道她是一个孩子，我是一个母亲，孩子是母亲的心头肉，母亲救孩子是天经地义的事！”为了接孩子吴菊萍左臂尺桡骨断成了3截，可她的脸上仍挂着明朗的笑。

“如果没有菊萍，我女儿一点希望也没有啊，我感受到了一生中最大的一次温暖。”妞妞爸爸眼含泪水说。

吴菊萍是阿里巴巴的员工,有一个7个月大的孩子。"同事来看我时,说被我感动了,还带着五六百只写满祝福的千纸鹤,我才感动呢。当时我请他们把千纸鹤送给妞妞,希望她能快点好起来。"

被感动的人其实有很多。事发当日,吴菊萍勇敢救人的消息在微博上被转发了上万次,网友们纷纷跟帖致敬。杭州白金海岸社区的居民们自发在小区系上黄丝带、点上蜡烛,为吴菊萍和妞妞祈福。

浙江省委书记赵洪祝也于第一时间前往病房探望。他说:"吴菊萍的先进事迹体现了中华民族的传统美德和人性大爱,也充分体现了一名共产党员'平常时候看得出来、关键时刻豁得出去'的精神风貌。"浙江省妇联等单位向她授予省级"三八红旗手"等荣誉称号,美联社等欧美媒体赞扬她"勇敢""无私",是一个"守护天使"。

在家人看来,吴菊萍能这样做"既意外也不意外"。丈夫陈建国说,"她继承了父母的朴实和善良,她今天所做的只是这种善良的习惯性流露"。

7月12日,浙江省儿童医院重症监护室传来好消息:"妞妞有应答反应了!妞妞醒了!"这让吴菊萍无限欣悦。

3年捐款超5000万元　走进宁波隐名慈善"部落"(节选)

(2020年12月2日　浙江新闻客户端　记者:王晨辉　陈醉)

11月27日,宁波市慈善总会迎来老朋友"顺其自然",103万元善款刷新了其单次捐助金额纪录。

22年来,"顺其自然"累计向宁波市慈善总会捐款1258万元。在其帮助下,2000余名困难学子得到资助,多所学校重建了教学楼或添置了教学设施。"顺其自然",已然成为宁波的"爱心名片"。

"顺其自然"的善行,在不断扩散,很多人和他(她)一样,慷慨解囊,帮助他人。如今,隐名捐款在宁波成为一种风尚,并逐渐形成了一个特殊的爱心群体。仅2018年以来,就有5000余人次向宁波市慈善总会隐名捐款,总额超过5000万元,加上向其他慈善机构和项目捐款的,隐名爱心人士这个群体更加庞大——宁波这座城市,也因为爱心更有温度。

…………

22年来,这位老朋友的汇款署名不断变化,前4年用"顺其自然",之后改成这4个字的随意组合。汇款地址也是一年一变:有时路名是真的,门牌号不存在;有时路名也是虚构的,但汇款风格一致。根据有关规定,单笔汇款超过1万元,汇款者必须用实名,"顺其自然"就以多张9999元汇款单的方式"规避"。

除了单据和来信,档案袋里还有"顺其自然"每笔捐款的详细用途。……

宁波市慈善总会工作人员还发现,他们不是"顺其自然"唯一的捐款渠道。

2006年台风过后，宁波市慈善总会连续接到湖南永州市慈善总会、江西赣州市红十字会等3个省的5家单位来电，希望寻找叫“风调雨顺”“风调顺”的捐款人。比对这些受捐单位寄来的汇款单存根复印件或信件，宁波市慈善总会认为，这个向3省捐助21万元的“风调雨顺”“风调顺”就是“顺其自然”。

虽然没有人知道“顺其自然”是谁，但这位好心人的形象却越来越真切。

“顺其自然”的爱心，也在不断传播。记者在宁波市慈善总会采访时，就见到两位爱心人士前来为宁波“困难儿童守护者月捐计划”捐款，他们都不愿意透露真实姓名。不少曾受“顺其自然”帮助的人，如今也接过爱心接力棒，隐名捐款帮助他人。

…………

正是这一场场爱心接力，激发了更多爱心行为的涌现。11月初，一名隐名爱心人士通过宁波慈善网捐款50万元，用于14个慈善项目；11月18日，一名老人来到宁波市鄞州区邱隘镇人民政府门口，扔进一个装着3万元现金的包裹，并附上纸条，希望用于新冠病毒肺炎疫情防控。

记者在采访中也发现，爱心远不止捐款捐物。自1998年以来，宁波市逾155万人次无偿献血，数千名献血者获得全国无偿献血荣誉表彰，宁波自2001年起连续8次荣获“全国无偿献血先进市”称号；2003年，宁波市正式启动造血干细胞捐献工作，至今已有110例造血干细胞捐献；截至2020年6月30日，宁波市器官捐献累计221例，占浙江省的15.57%，器官捐献总量居浙江省第二。

一份承诺践行23年　绍兴文理学院3736名困难学生受到毕业生资助

（2019年6月13日　浙江在线　记者：孙良　通讯员：诸丹萍）

“今年的‘爱心承诺’已经启动，目前已有1600多名毕业生做出承诺，爱心金额达55万余元。”在6月12日举行的毕业典礼上，绍兴文理学院2019届毕业生将该校“爱心承诺”接棒到了第23个年头。截至目前，已累计资助家庭经济困难的学生3736人。

“爱心承诺”是指毕业生在离校之际，承诺在毕业后的若干年内将自己工资的一部分资助给母校的特困生。1997年夏天，在一场“绿叶对根的情意”毕业晚会上，20多名毕业生联名发起这一倡议。毕业晚会成了爱心晚会，300多名毕业生当场做出郑重承诺。从那年起，“爱心承诺”成了绍兴文理学院每年毕业生离校前的传统活动和毕业典礼的保留议程。

从1997年到2018年的22年间，“爱心承诺”以“关爱特困、传承爱心”为主旨，以“自愿承诺、及时践诺”为重点，先后共有29977位毕业生做出承诺，承诺款已达994.8384万元。

“不少学生毕业后离开绍兴，但没有忘记毕业时的‘爱心承诺’。特别是20年前,大家收入不高,汇款方式也少,做出承诺的毕业生依旧通过各种途径将爱心款转交至学校。"绍兴文理学院一名负责人告诉记者,让他印象最深的是一位98届中文系毕业生,在校时他是贫困生,毕业时他做出了500元的"爱心承诺"。他后来在新昌的一所山区学校工作,收入不高,为了兑现承诺,他分8次向学校汇款,最终兑现了承诺。

绍兴文理学院有关负责人表示,学校设立专门账户,成立爱心基金管理委员会,建立专题网站,常态化通报资金使用情况。

四、链　接

1.共抗疫情　浙江累计募集捐赠资金23.09亿元(节选)

http://m.cnr.cn/news/20200514/t20200514_525090200.html

新冠病毒肺炎疫情暴发初期,医疗物资紧缺。疫情发生后,浙江省民政厅第一时间提请省疫情防控领导小组发布捐赠公告,向社会募集资金和紧缺医用物资。第一时间发挥省慈善联合总会的行业统筹优势,率先向社会发布"募捐活动倡议书",并于2020年1月25日在腾讯公益平台发起"爱心驰援 共抗疫情"慈善项目。该项目上线第一天募捐量就突破1000万元。第一时间开展疫情防控急需物资的全球采购,1月27日就组织了首批10万个N99精密级医务口罩驰援湖北武汉,彰显了浙江的慈善速度。

2.村民健康的守护者 身边的活雷锋 乡村医生冯荣根

https://v.youku.com/v_show/id_XMjk2OTYwNDczNg==

(来源:优酷视频)

冯荣根,男,1949年10月出生,中共党员,绍兴市越城区城南街道南苑社区人。他是一名普通的"村官",一个有着20余年党龄的党员,一个义诊半个世纪的"赤脚医生"。50年里,他坚持在村卫生服务站为村民看病,接待义诊百万病人,并多次成功救治病危人员,却从不收取诊金,遇到腿脚不便的老人,他更是主动上门义诊。救死扶伤是他当初学医的初衷,也是他践行党员为人民服务的职责,免费给人看病的好事他已经做了50年,还将一直做下去。

3.方亚儿:"我就是您的女儿"

http://www.wenming.cn/sbhr_pd/hrhs/201211/t20121120_942422.shtml

(来源:2012-11-20　《人民日报》)

方亚儿是浙江省宁波市鄞州区高桥镇高峰村的一位普通妇女,她和好友董雪云情同姐妹。后董雪云过世,善良的方亚儿走进董家,默默地替亡友尽着一份并不轻松的责任。20年来,方亚儿将董雪云的家人当成自己的家人,不计回报地细心照顾一大家子,无论是患小儿麻痹症和轻度智力障碍的弟弟、右肢残疾的弟媳,还是中风瘫痪失去了劳动能力的董父、胰腺癌晚期的董母，她帮着这个家一次次渡过难关，超越血缘，不计回报，撑起了一个风雨飘摇的家。

4. 浙江省道德模范羊耀周：种菜卖菜资助 9 名贫困大学生

http://www.wenming.cn/syjj/dfcz/zj/201510/t20151020_2917870.shtml

（来源，2015-10-20　中国文明网）

羊耀周，男，79 岁，磐安县安文镇岩里村村民，获 2014 年“浙江骄傲年度人物”、第四届省道德模范。种菜、割菜、挑菜、卖菜……羊耀周每天重复着单调而繁重的种菜卖菜生活。一根斑驳的扁担，一副瘦弱的身板，让很多人记住了他。而更让人动容的，是他平凡外表下火热的内心：哪怕身边仅剩 100 元，也要拿出来资助贫困学子。10 余年来，羊耀周独自一人起早贪黑，却把一分一分积攒起来的钱，用来无偿资助 9 名素不相识的贫困学生，帮助他们圆大学梦。

5. 浙江学子募捐万元 叩启“悄悄话”女孩的有声之门

http://www.zj.chinanews.com/news/2018/0816/17423.html

（来源：2018-08-16　中新网浙江新闻）

温州医科大学“健康巴士逐梦河溪”团队，在暑期社会实践中发现患有先天的神经性耳聋、家境贫困、自幼生活在弱听世界的之怡，队员们通过市残联、居委会等相关慈善机构，网络众筹、社会募捐等形式筹集善款近万元，为这位特殊的“悄悄话”女孩戴上助听器，帮助她回到有声世界。这一团队还在短短几天之内，走访了多个村落的残障家庭，针对“悄悄话”儿童开展聋哑体验、心理抚慰等一系列帮扶，并筛选符合条件的贫困听障儿童，进行助听器选配、人工耳蜗植入公益手术的申请，依托于浙南闽北耳鼻咽喉科诊疗中心的温州医科大学附属第一医院，帮助他们叩启有声世界之门。

6. 林作河的公益情怀和“商道奖学金”

https://www.sxvtc.com/info/1006/4945.htm? form＝singlemessage

（来源：绍兴职业技术学院官网）

“一双手养活一家人，一颗心感恩全社会”是 2005 年创办的沈园堂健康文化传播有限公司一直以来秉承的企业精神。林作河先生创业不忘回报社会，带领员工积极投身慈善公益事业。在对学生的帮困助学中，他分享的不仅仅是金钱，还有创业经历、公益情怀和人生理想。授人以鱼不如授人以渔，他创立“沈园堂商道奖学金”，也同时是向学子传递范蠡求真务实、积德行善之精神与“商圣文化”，此乃责任与思想文化发扬光大的大善之举。

7. 做“大爱友善使者”，关爱失智老人，你可以的！

https://www.sohu.com/a/320469799_171287

2012 年 12 月，浙江省大爱老年事务中心，在曾长期担任浙江省老龄工作委员会办公室副主任、退而不休的钱小平理事长带领下，勇敢出发，用行动去啃这块硬骨头——帮助照顾患有阿尔茨海默病的老人。……转眼之间,6年多过去了。“大爱人”以“找到他”“关心他”“帮助他”为线索,坚持“预防比治疗更重要”理念,在社会各界的关心支持下,把西湖区的失智老人早期预防干预服务,做成了全国领先的“西子样板”。

8. 夜空中,来自绍兴最亮的“星”(节选)

https://new.qq.com/rain/a/20210122A07W0L00

这场“点亮夜空”的援助行动,发起者是一家来自千里之外的绍兴柯桥企业——浙江极客桥智能装备有限公司。2020年年初,“极客桥”曾派出志愿者连夜出发,把6架照明无人机送到武汉,支援“火神山”和“雷神山”医院工地的夜间施工。约一年后,“极客桥”再次出手,在黄庄公寓隔离场所开建的3天内,先后送去了16架照明无人机。

9. 顺应这片自然 依存这块土地

http://epmap.zjol.com.cn/jsb0523/201904/t20190406_9840322.shtml

(来源:2019-04-06 《嘉兴日报》 记者:谢梦骑)

2013年,高建军来到嘉兴市秀洲区洪合镇泾桥村开办了这家特色农场。平时他爱看书,他干脆就用从书中悟出的道理给他的农场取了一个富有哲理的名字——“顺天”。“所有的粮食、水果都是大自然的恩赐,在中国几千年的传统种植文化当中包含的科学都是以顺应天时为理论基础的,取这个名字也是希望来到这里的人们能够学会尊重自然,了解自然。”

10. 绍兴文理学院资助育人出品牌:爱心承诺24年

https://www.usx.edu.cn/xywh/axcn.htm

“爱心承诺”活动,始于一场“绿叶对根的情意”毕业晚会。最初的目的是帮助家庭经济困难的在校学生顺利完成学业,引导毕业生文明离校。1997年的夏天,20多位毕业生联名向全校毕业班同学倡议:在即将离开母校之际,承诺在毕业后的三到五年之内将自己工资的一部分资助给母校的特困生。一场毕业晚会变成了爱心晚会,感动了全场观众,300多位毕业班同学当场做出了郑重承诺。第二天,《绍兴文理学院报》头版头条醒目地刊登了陈祖楠老校长亲自撰写的《向我们的学生——“爱心承诺”者学习》一文,向全校师生发出了号召。从这一年起,“爱心承诺”作为每年毕业生文明离校教育的传统活动和毕业典礼上的规定议程,成为绍兴文理学院六月校园里最动人、最感人、最亮丽的一道风景线。24年来,先后共有35720位毕业生做出承诺,承诺款11229018元。

11. 浙江庆元 善良阿姨信守承诺 将孤身老人接到家中照料18年

https://v.qq.com/x/page/k00285gi3rj.html

12. 专著《新时代友善价值观在浙江的实践探索》

(作者:刁蓉晖 出版社:经济科学出版社 出版时间:2020年4月)

下编　课程思政“三地一窗口”教学设计方案

文学、历史学、哲学类专业课程

1. 基础写作

<table>
<tr><td>学　　院</td><td>人文学院</td><td>课程名称</td><td>基础写作</td></tr>
<tr><td>授课教师</td><td>钱　刚</td><td>授课班级</td><td>汉语言文学(师范)201、汉语言 201、202</td></tr>
<tr><td>授课章节</td><td colspan="3">诗歌创作模块(第三讲，1—2 节)：任意写作法</td></tr>
<tr><td>课程类别</td><td colspan="3">A. 公共平台课　<u>B. 专业平台课程</u>　C. 专业选修课　D. 全校选修课</td></tr>
<tr><td>教学目标(知识、能力、素质三方面)</td><td colspan="3">一、知识目标
1. 掌握基本知识：认识诗歌节奏的概念，了解经验在诗歌写作中的含义。
2. 熟知基本方法：诗歌语言的节奏、意象和经验转换。
3. 理论联系实际：实际写作中，有意识地运用这种方法。
二、能力目标
1. 节奏把握能力：从日常叙述中找到诗歌写作的节奏。
2. 经验体验能力：从日常叙述中找到值得展现的经验。
3. 意象提炼能力：从日常叙述中找到提取诗歌的意象。
三、素质目标
1. 合作学习：协作共同修改作品，并且包容他人的意见。
2. 创新意识：通过相对极端的方式，培养诗歌写作的创意能力。
3. 工匠精神：通过反复修改作品，培养学生的专注精神和精品意识。</td></tr>
<tr><td>教学内容</td><td colspan="3">一、重点难点
1. 教学重点：诗歌节奏的产生。
2. 教学难点：诗歌节奏的转化。
二、教学设计思路
用包含七个步骤的“任意写作法”来引导学生从日常的散文式记录入手，通过分行、节奏的切分和经验的发掘来理解诗歌，找到诗歌写作的初步门径，揭示节奏和经验对于诗歌写作的重要性。在修改过程中，让学生目睹诗歌从平常语言中产生的奇妙过程，切身体会到现代诗的写作经验，向他们证明了万物皆可为诗的理念，让他们相信写作的可能性是无限宽广的。
任意写(10 分钟)→当堂读(10 分钟)→分分行(5 分钟)→减一减(20 分钟)→加一加(20 分钟)→修一修(15 分钟)→都来写(10 分钟)
三、教学准备
让学生提前预习“红船精神”和浙江精神的相关资料和案例。
四、板书设计
任意写→当堂读→分分行→减一减→加一加→修一修→都来写</td></tr>
<tr><td>“三地一窗口”典型案例(3～5 个，注明时间、来源等)</td><td colspan="3">案例一：《省委常委会议：从“三个地”的政治高度推动主题教育走深走实》(来源：杭州网；发布时间：2019-06-03)
会议强调，浙江是中国革命红船起航地、改革开放先行地、习近平新时代中国特色社会主义思想重要萌发地，开展好“不忘初心、牢记使命”主题教育有着特殊意义。我们要充分发挥“三个地”的政治优势，用好相关党史资源，全面对照这次主题教育的总要求、总目标，高标准完成中央的规定要求，把我省主题教育开</td></tr>
</table>

“三地一窗口”典型案例(3～5个,注明时间、来源等)	展得有“红船味”“浙江味”,有特色、有成效。 **案例二:《红船精神:一个大党和一条小船的故事》**(来源:杭州电子科技大学纪检监察办公室网站,发布时间:2017-11-09) 深秋的南湖,微风习习、清波荡漾。一艘长约16米、宽3米的画舫静静地停在岸边。世上恐怕再没有第二条船能够像它一样享有如此盛誉。这艘要低头弯腰才能进入的红船,旺季时每天会有近两万人来此感怀当年中国共产党诞生时的情境,如今已先后迎来了3000多万人次参观。 1921年7月23日,中国共产党第一次全国代表大会在上海举行。7月30日,法租界巡捕房密探突然闯入会场,会议被迫中断。事发之后,有代表主张把会址移到杭州西湖,但由于西湖游人多、易暴露,且从上海到杭州费时也多,未被采纳。李达夫人王会悟建议去她的家乡浙江嘉兴,在南湖租游船开会。因上海去嘉兴通火车,当天可来回;在南湖上开会,既安全又方便,此建议得到代表们一致赞同,于是决定至嘉兴南湖的一条游船上举行最后一天的会议。就在这艘船上,中国共产党宣告成立—— “让我们再喊一遍口号吧! 记得声音要轻一点。”“嗯!”“中国共产党万岁!”……声音低沉却铿锵有力。 大会还通过了党的第一个纲领,党的名称也被确定为“中国共产党”。这条船见证了党的诞生,因而也获得了一个永载中国革命史册的名字——“红船”。这一近代中国开天辟地的大事件具有划时代的伟大意义,谱写出中国历史崭新的篇章。多年以后,毛泽东同志这样评价“红船”上的这一幕历史:“自从有了中国共产党,中国革命的面貌就焕然一新了。” 红船也由此成为中国革命源头的重要象征。新中国成立后,中共“一大”代表董必武在南湖写下这样的句子:“烟雨楼台,革命萌生,此间曾著星星火;风云世界,逢春蛰起,到处皆闻殷殷雷。” **案例三:《小短片|红船精神,我们的精神家园》**(来源:哔哩哔哩网站https://www.bilibili.com/video/BV1Sr4y1F7ms,2021-03-02) 
思政元素	红船精神: 开天辟地、敢为人先的首创精神, 坚定理想、百折不挠的奋斗精神, 立党为公、忠诚为民的奉献精神。

	学习步骤	具体过程	设计目的
教学实施路径	1. 任意写	让学生以红船故事或红船精神为题，任意写下五句话。 示例： 那天我去嘉兴南湖，看到了那条红船，真没想到，它看起来很不起眼，那天还下了雨。	埋下伏笔，让最不像诗的语言作为素材。
	2. 当堂读	抽取几个学生的作品，让其进行朗读，让大家挑出最不像诗歌的作品。	调动学生的积极性和主观性，也让他们通过直观感受来进行审美判断。
	3. 分分行	按照诗歌的一般规律，将“红船精神”、浙江精神或者“枫桥经验”的句子分行排列。 示例： 那天我去嘉兴南湖 看到了那条红船 真没想到 它看起来很不起眼 那天还下了雨	一句一行的诗歌形式对于大学生而言最为熟悉，这样处理更容易唤起他们的诗歌感觉，分行本身也具有化腐朽为神奇的魔力。
	4. 减一减	让学生把认为可以删除的部分删掉，并将语感不太好的字句和节奏进行调整。 示例： 我去嘉兴南湖 遇到了狂风暴雨 红船看起来那么平凡	强化学生们对于诗歌节奏的感受力，培养他们的写作判断力。
	5. 加一加	通过启发性思维，让同学上来给诗歌增加结尾，反复推敲，出现诗的基本雏形。 示例(抓住风雨意象和平凡特色)： 我走过南湖 遇到了狂风暴雨 游人四处逃散 只有红船 在湖中岿然不动 仰望着历史的长空 它始终在那里驻守 就像最初的一天 貌似平凡的一天	学生在协同写作和修改的过程中，对于现代诗的写作过程有了直观把握，强化他们对于诗歌节奏和经验的感受力，维护他们写作的积极主动性。

<table>
<tr><td rowspan="3">教学实施路径</td><td>**学习步骤**</td><td>**具体过程**</td><td>**设计目的**</td></tr>
<tr><td>6. 修一修</td><td>让诗相对完整，继而微调，让语感层面过关。
示例：
我走过南湖
遇到了狂风暴雨
游人惊得四处逃散
只有红船
在湖中岿然不动
任凭天上的惊雷
任凭风雨的打击
仰望着历史的长空
那里有过漫长的黑夜
乌云也曾遮过太阳
但最终 温柔的黎明
从东方升了起来
给大地以光明 希望
而红船
始终驻守在那里
就像最初的那天
那是平凡的一天
那是伟大的开端</td><td>培养学生的语感和细节的修改能力。</td></tr>
<tr><td>7. 都来写</td><td>总结经验，在课后布置了相关作业，让所有学生从第二步续写这首诗。</td><td>进一步强化训练，让学生在现代诗写作中走好最初几步。</td></tr>
<tr><td>教学反思与评价</td><td colspan="3">**一、教学特色创新**
1. 教学方法创新
彻底打通日常语言与诗歌的转化路径，展示诗歌语言的可能性。
2. 诱导式教学，尊重学生的主体性
不设置标准答案，让学生在讨论和思考中自主修改诗歌。
二、教学反思
1. 诗歌的节奏转化要加强训练，冰冻三尺，非一日之寒。
2. 诗歌的主旋律主题跟私人经验的关联并不存在根本矛盾，需要经过强化训练。
3. 通过多种教学方法、载体的运用，让同学们真心喜欢红色主题的诗歌创作，激发他们的创作灵感。</td></tr>
</table>

2. 中国文化概论

学　　院	人文学院	课程名称	中国文化概论
授课教师	梁苍泱	授课班级	汉语言文学(师范)181、182
授课章节	第六讲第二节　汉字意趣美之对联		
课程类别	A. 公共平台课　**B. 专业平台课程**　C. 专业选修课　D. 全校选修课		
教学目标(知识、能力、素质三方面)	**一、知识目标** 通过本节课程的学习,学生能够说出对联的概念、要素、种类、发展历史和作用等知识;能够说出并讲解部分历史和地方名联;能够说出对联与格律诗的基本关系。 **二、能力目标** 通过本节课程的学习和训练,学生能够明确区分上下联并在日常生活中运用,判断某副对联是否符合基本规范;能够进行比较规范的对联创作;能具备格律诗写作的初步基础。 **三、素质目标** 通过本节课程,学生能从地方楹联搜集和释读中触摸地方文化脉搏,看到传统文化在历史长河中的绵绵不绝,与当下生活融会贯通的生生不息。学生能从对联这一小切口对中国文字书法艺术的具体表现有感性认知,体悟其中的文字与节律之美,感受其中赋形体物抒情的智慧,从而深切认知中国文化的丰博、宏大、生趣以及与时俱进的精神,形成高度的文化自信和民族自豪感。		
教学内容	**一、重点难点** 重点:对联的概念、要素、种类 难点:对联的平仄与律诗格律的关系;流水对的典型样式;对联写作的要点;对联所蕴含的中华文化要素及其价值;楹联文化与书法文化的关系。 **二、教学内容** 导入(5 分钟)—前言:对联的概念和发展历史(3 分钟)—对联的特点(10 分钟)—对联的种类(15 分钟)—汉字与对联之趣(20 分钟)—对联与近体诗对仗关系(10 分钟)—对联实践(25 分钟互动环节)		
“三地一窗口”典型案例(3～5 个,注明时间、来源等)	**案例一:董必武的三幅南湖题字**(来源:浙江新闻客户端,2020-09-20) 1921 年 8 月 3 日,十几位怀揣着报国理想的有为青年在南湖的一条小船上见证了中国共产党的诞生。从此,星火燎原,梦想起航。而在 13 位中共一大代表中,与嘉兴南湖最有渊源的,当属董必武先生了。他不仅是如今的一大纪念船——南湖红船的鉴定者,更为南湖留下了数件珍贵墨宝。 1963 年 12 月,董必武同志应邀为中共一大南湖会址题写了一副楹联。“烟雨楼台,革命萌生,此间曾著星星火。风雨世界,逢春蛰起,到处皆闻殷殷雷。”这不仅道出了中国共产党诞生的重大意义,更诉尽了中国革命的屡屡艰辛。如今这副楹联就悬挂在湖心岛上烟雨楼的厅堂里,守望着烟波浩渺的南湖。值得一提的是,作为中共一大南湖会议的见证者,烟雨楼的前檐匾额也是董必武先生 1965 年题写的。它与楹联一起,向南来北往的游客们畅述着那段值得被深深铭记的建党历史。		

“三地一窗口”典型案例(3～5个,注明时间、来源等)	**案例二:千年渔浦续写诗路传奇!全省诗词名家走进义桥重走浙东唐诗之路**(来源:萧山网,2018-09-02) 2018年9月1日,为了继续擦亮“浙东唐诗之路源头之一”这块“金字招牌”,浙江省诗词与楹联学会举行重走浙东唐诗之路义桥渔浦采风活动。浙江省诗词与楹联学会会长王骏,浙江省诗词与楹联学会原会长祁茗田,浙江省诗词与楹联学会常务副会长尚佐文等40多位省、区、市诗词与楹联学会的专家老师们来义桥镇实地采风,体会了义桥特有的渔浦文化特色。义桥镇宣统委员胡国建陪同采风活动。 “浙东唐诗之路”起于浙江钱塘西兴(今杭州萧山),沿古运河,经古越会稽(今绍兴),转上虞,溯剡溪(今曹娥江),过嵊州、新昌至天台山(今台州),终于永嘉(今温州),穿过诸暨、柯桥、绍兴、上虞、嵊州、新昌等地。 “浙东唐诗之路”涉及的地区,被学术界公认为中国山水诗的发祥地、中国山水画的发祥地、佛教中国化时期的中心地、道教巩固充实时期的中心地、中国书法艺术的圣地和士族文化的荟萃地。可以这么说,“浙东唐诗之路”是一条精神文化之路,包含着经济、政治、文化的综合要义,可与“河西丝绸之路”并列,同为唐代极具人文景观特色、深含历史开创意义的地域文化。 **案例三:征集诗词　歌咏英烈**(来源:浙江日报,2014-04-01) 为了更好地缅怀革命先烈、弘扬烈士精神、培育和践行社会主义核心价值观、继承和弘扬中华优秀传统文化、激发全社会凝心聚力共筑中国梦,省委宣传部、省文明办、省民政厅、省委党史研究室、浙江日报报业集团和省文联等单位联合开展“纪念先烈·报效祖国·圆梦中华——纪念浙江烈士原创诗词楹联辞赋征集活动”。 征文面向省内外社会各界人士,要求作品以“纪念先烈·报效祖国·圆梦中华”为主题,以缅怀革命先烈、继承革命传统、弘扬先烈精神为内容,联系党和革命建设中的重要时刻,革命先烈对自身的深刻教育、启迪等,表达对先烈的崇敬和敬仰,充分展示红色文化内涵和传统节日文化意蕴。 附获奖楹联之《怀浙江烈士》: 吴越有精魂不死,百战归来,朝为东浙潮,夕作西湖水; 乾坤看大德曰生,千秋几年,碑上几行字,心头一炷香。
思政元素	**思政元素一:爱国精神** 文化学本质是国情学,学习和创作作为本国文化重要表现形式的对联,本身便是爱国精神的表达。 **思政元素二:文化自信和民族自豪感** 赏鉴历代名联,体悟对联与近体诗词中的汉字独具的音韵节律和意趣之美,对树立文化自信、增进民族自豪感自有意义。 **思政元素三:实践出真知** 发动学生进行楹联现场搜寻、释读和写作,引导学生理解文艺创作最终来自生活,出自实践。
教学实施路径	**一、教学方法** 在五步教学法的基础上进行时间线的调整与突破,采用“教”“练”实时互动,“评”“测”动态穿插,游戏式集中反馈和巩固的教学方法。 **二、实施路径** 1.引起兴趣、导入问题:利用喜剧视频与疑难对联。

教学实施路径	2. 建构概念、确立基础：论述对联的概念和发展历史。 3. 阐明要点、穿插互动：阐明对联特点，多形式测验和反馈。 4. 深入系统、完善要点：介绍对联种类，确立系统整体认识。 5. 集中核心、回应疑问：阐释对联与汉字文化的联系，回应导入的问题，多元化对联游戏。 6. 提升层次、深化要点：介绍对联与近体诗对仗的关系及对联的文化政治价值。 7. 巩固所学、难度挑战：对对子实践和对垒赛，点燃学生热情。 8. 回顾重点、升华思考：回顾重点难点，提醒学生功夫在“联”外。对中华文化整体认知和把握，提升自己各方面的文化素质和积累丰富的生活经验，才是写好对联的关键所在。
教学反思与评价	**一、教学特色** 1. 通过喜剧视频与脑力对联，瞬时集中学生的注意力，导入知识点，并将难度对联的解答过程在课程中呈现，使学生的学习过程有一种“破案”的畅快之感。 2. 提前让学生进行的对联搜集准备为他们进入课堂的氛围奠定了良好的基础，也实现了课堂内外的顺利勾连。 3. 依据教育心理学的学习规律来设计教学活动，创造性地设计多种形式如连线题、组合题、问答题、击鼓传花擂台式对对子等互动环节，始终刺激学生的好奇心、“胜负欲”和积极的学习状态，保证课程学习的挑战度。 4. 通过不同形式的对联的巧妙安排，形成课程前后内容的连贯和呼应，帮助学生整体性地理解本节课程，获得对联知识的理性与感性的双重认识，体现课程的高阶性。 **二、隐性思政元素** 通过案例中的楹联分析、浙东唐诗之路及其相关故事的介绍等引入“红船精神”、地方文化，彰显中国气派、古今辉映、诗画交融的文化浙江新格局。 **三、持续改进措施** 1. 除引入优秀传统对联外，可进一步结合课程教学时期发生的文化时事，并适度增加今人写作的优秀对联的比例。 2. 因课程中互动环节很多，需不时涉及随机互动环节，尽可能在教学中注意和避免出现部分学生特别活跃，不断参与教学环节，而少数学生参与较少甚至“摸鱼”的情况。

3. 中国现当代文学 1

学　　院	人文学院	课程名称	中国现当代文学 1
授课教师	傅红英	授课班级	汉语言文学(师范)204
授课章节	第二章　鲁迅(一)《呐喊》：中国现代小说的开端与成熟		
课程类别	A. 公共平台课　**B. 专业平台课程**　C. 专业选修课　D. 全校选修课		

教学目标(知识、能力、素质三方面)	**一、知识目标** 1.学习掌握《呐喊》的文学风格与艺术特色; 2.明确鲁迅小说《呐喊》的文学史地位与作用; 3.掌握鲁迅"立人"思想对于中华民族现代性的深远意义。 **二、能力目标** 1.通过《呐喊》作品细读与交流,培养学生自主阅读习惯与独立思考能力; 2.初步学习运用科学方法分析鲁迅小说,培养学生分析研究作品的能力,提高对小说的审美鉴赏与批评研究能力; 3.学习文本解读、文献查找与研究的方法,培养学生创造性地独立开展研究解决问题的能力; 4.培养与提高学生论文撰写、课件制作与汇报交流等能力。 **三、素质目标** 1.通过组建学习小组,培养学生主动学习与交流的习惯,培养与提高学生的团队合作意识; 2.通过开展读书汇报展示活动与小论文撰写活动,培养学生创新思维意识与科学研究精神; 3.深入理解新文学革命的启蒙意义,学习以鲁迅为代表的现代作家们强烈的社会担当意识与崇高的人文理想精神,引导学生建构独立健全的现代人格,关心弱势群体,注重批判性、创造性思维与反思精神的培养,树立文化自信心与社会责任感,更好地为推进民族现代化建设服务。
教学内容	**一、教学重难点** 教学重点:对鲁迅作品进行深度解读,切实理解鲁迅作品的"立人"主题与新文学革命启蒙的现代意义。 教学难点:鲁迅作品的分析研究与审美鉴赏。 **二、教时安排:3课时** **三、教学设计** 通过课前"读—查—作",课堂"讲—探—评"与课后"练(写)"的七步法进行教学。具体包括: 1.课前:阅读作品—查找文献—制作课件; 2.课堂:讲述理解(读书汇报)—讨论探究—师生评述; 3.课后:(小论文与读后感)写作练习。 **四、课堂教学内容与过程** 1.解读《〈呐喊〉自序》,介绍"铁屋子"理论,明确《呐喊》写作的背景与目的(10分钟)。 2.文本细读:以《狂人日记》(20分钟)《孔乙己》(15分钟)为例,分析鲁迅作品的主题与人物形象,着重讨论交流鲁迅作品中的国民精神状况。 3.分组进行作品阅读与分析:各作品按照读书汇报(3分钟)+交流讨论(4分钟)+师生评述(2分钟)流程进行教学。推荐作品有《药》《明天》《头发的故事》《风波》《故乡》《端午节》《白光》《兔和猫》《鸭的喜剧》《社戏》。

教学内容	4. 提炼总结：浙江区域文化传统是浙江精神的深厚根脉，通过将鲁迅作品中的旧时代国民精神面貌与当下的国民精神面貌进行比较，我们可更深刻清晰地感受到鲁迅先生在唤醒沉睡的国民、建构独立自强的现代民族精神中的作用，进而理解鲁迅先生为何被称作“民族脊梁”。 浙江精神作为中华民族精神的重要组成部分，是以爱国主义为核心的民族精神。“三个地”书写了浙江精神的历史谱系，浙江人“勇立潮头”筚路蓝缕 、不断创新发展的精神正是我们青年人应该不断弘扬与发展的爱国主义民族精神。 说明：《阿 Q 正传》放在第二节“说不尽的阿 Q”中进行独立分析与讨论交流。
“三地一窗口”典型案例(3～5 个，注明时间、来源等)	**案例一：《绍兴援疆教师张浩杰：一条援疆路　一生援疆情》**（来源：浙江新闻客户端，记者：郑培庚，2018-07-24） 张浩杰，绍兴市上虞区东关中学副校长，是第九批第一期绍兴援疆教师组组长，阿瓦提县第四中学副校长，也是 7 位援疆教师中年纪最小的一个，出生于 1981 年。他积极开展组团式教育援疆，在“顶岗＋传帮带”上积极发挥作用，助力阿瓦提县提升教育教学水平，着力培训了一支永远带不走的教师骨干队伍。 **案例二：《绍兴市委会架起帮扶丰宁“连心桥”，提前完成专项行动任务目标！》**（来源：澎湃新闻・澎湃号・政务，2020-08-06） 绍兴市多措并举，积极推进和落实丰宁县的扶贫专项行动，提前五个月完成专项行动任务目标，架起了对口帮扶的“连心桥”。 **案例三：《让青春在践行“三个地”的使命担当中绽放绚丽之花》**（来源：《中国共青团》，2020-03-31） 浙江精神作为中华民族精神的重要组成部分，是以爱国主义为核心的民族精神、以改革创新为核心的时代精神在浙江的生动体现，是浙江人民在千百年来的奋斗发展中孕育出来的宝贵财富。从“自强不息、坚韧不拔、勇于创新、讲究实效”，到“求真务实、诚信和谐、开放图强”，再到“干在实处、走在前列、勇立潮头”的浙江精神，世代传承，历久弥新，始终激励着勤劳、智慧、勇敢的浙江人民。如今的浙江大地处处唱响着“敢为天下先”的时代旋律，作为浙江地域文化个性和特色的表达，浙江精神早已成为浙江人的时代标签，也为浙江高校青年的成长提供了强大的精神动力。 作为教学工作者，要以“红船精神”领航，扛起“中国革命红船起航地”的使命担当；以“浙江精神”驱动，扛起“改革开放先行地”的使命担当；以“中国精神”赋能，扛起“习近平新时代中国特色社会主义思想重要萌发地”的使命担当。
思政元素	**思政元素 1：独立自主　自强不息** 通过作品分析，批评庸众自我的缺失及其没有尊严的生活状态，分析小说中人物的悲剧命运，激发同学们能够深入思考，独立判断，自强不息，自觉维护生命尊严。 **思政元素 2：改革创新 开放包容** 通过对旧国民生存状态与生命悲剧原因的解剖分析，教育学生要秉持改革创新精神，以开放包容的姿态对待民族文化传统与世界文化遗产，科学理性地促进自身成长，更好地为民族现代化服务。 **思政元素 3：帮困扶弱，注意自我反思** 学习鲁迅关爱民众，经常性地开展批评与自我批评，要于反思中不断成长与进步，做清新康健的独立自强的现代人。

教学实施路径

一、六步教学法

(一)课前准备

1.阅读作品。要求学生精读《呐喊》各作品。

2.查找文献。要求学生在阅读作品文本的基础上,查找文献资料,了解研究概况,掌握学术动态,学习研究方法。

3.制作课件。分小组落实任务,各组交流汇报内容、准备读书汇报课件,做好读书汇报准备。

(二)课堂交流

4.读书汇报。学生在精读作品基础上,选取指定作品的思想主题、人物形象、文体结构特征、文学艺术特色等角度进行汇报交流。

5.学生在同学汇报交流基础上,在教师引导下展开讨论与探究。

6.师生评述交流。

(三)课后练习

学生进行小论文与读后感写作练习。

二、三阶学习目标

针对不同学生的学习基础、学习能力与学习预期等学情和差异化学习目标,设定低阶、中阶和高阶三个阶层学习目标,反向设计教学方案,实施差异化教学,达到精准化教学目标。

分类	学习目标	成绩预期	教学要求	教学方式
初阶	及格	60～79 分	读懂作品,能进行基本分析,观点正确。	作品阅读与汇报;撰写读后感。
中阶	良好	80～89 分	掌握文本解读方法,能够较好地分析作品,有自己的见解。	作品阅读与汇报;课堂讨论与交流;撰写读后感与小论文。
高阶	优秀	90 分以上	充分理解作品,见解深刻,观点独到有新意,并能够系统阐述。	作品阅读与汇报;课堂讨论与交流;师生评述与交流;撰写读后感与小论文。

教学反思与评价

一、教学特色创新

1.采用教师讲授与小组交流、读书汇报结合等方式教学,充分发挥学生的主体作用,并实行过程性评价,切实提升学生的文学批评、艺术鉴赏水平与学术研究能力。

2.落实专业课程的思政建设理念,重视学生情感态度价值观的培养。深入理解新文学革命的启蒙意义,学习以鲁迅为代表的现代作家的社会担当与人文理想,促进民族现代化建设。

3.通过专家学者了解中国现代文学学科前沿;通过中学语文特级教师的同课异构,以中学语文教学前沿的文学学习问题为导向,综合提升自身人文素养。

二、融入课程思政

1.重视"人"的培养

鲁迅有名言"其首在立人,人立而后凡事举"。课程在作品分析基础上,结合鲁迅名言,懂得"立人"之于民族现代化的深远意义。

教学反思与评价	2. 培养学生的创新思维 通过课前作品阅读，课上读书汇报交流与课后小论文、读后感写作结合的方式，培养学生的创新思维。 3. 培养批判性思维，学会自我反思 鲁迅的《呐喊》以"哀其不幸，怒其不争"的态度，对"看客"等庸众的国民劣根性予以深刻的批判，更以近乎苛刻的态度，对包括自己在内的知识分子与革命者进行深刻的反思，批判封建迷信，不畏强权，反对精神奴役与一切压迫，反对脱离民众。课程将结合作品分析、案例故事讲解，引导学生学会批判性思维，经常进行自我解剖，开展自我反思。

4. 高级英语 2

学　院	外国语学院	课程名称	高级英语 2
授课教师	吴　虹	授课班级	英语(师范)182
授课章节	Unit 2 Bards of the Internet		
课程类别	A. 公共平台课　**B. 专业平台课程**　C. 专业选修课　D. 全校选修课		
教学目标（知识、能力、素质三方面）	**一、知识目标** 1. 扩大词汇量，熟练掌握各种句式的构成、特点及用法； 2. 熟悉和掌握句子与句子之间、段落与段落之间的衔接、过渡等手段； 3. 熟悉论说文，学会分析课文中的修辞手法； 4. 掌握基本的英语国家的文化知识与习俗。 **二、能力目标** 1. 能就网络写作与传统写作进行个人观点陈述； 2. 能就互联网对写作的影响阐述观点； 3. 能读懂一般英美报纸杂志上的文章，分析其观点与篇章结构； 4. 能就所给材料写出观点明确、内容切题、语言得体的文章。 **三、素质目标** 1. 合作学习意识：组建学习小组，培养合作学习与主动学习的能力； 2. 创新学习意识：通过小组任务，培养语言实践与创新思维的能力； 3. 精益求精态度：通过隐性思政，培养制作课件与汇报的能力。		
教学内容	**一、重点难点** 1. 网络写作的特点，网络写作与传统写作之间的异同； 2. 互联网对写作产生的不利影响与积极影响； 3. 大量西方国家历史、哲学、文学、语言史与文化知识的理解； 4. 文章整体结构的把握； 5. 文章第一、二部分内容的分析，为理解后三部分内容奠定基础。 Part Ⅰ. (Paras. 1—2)　An introductory lead-in Part Ⅱ. (Paras. 3—4)　Feature and quality of net writing Part Ⅲ. (Paras. 5—9)　Reasons and defense Part Ⅳ. (Paras. 10—11)　Merits of net writing Part Ⅴ. (Paras. 12—13)　A counter-argument		

<table>
<tr>
<td>教学内容</td>
<td>
Paragraph 1: Question
Why does the author relate what happened to the telephone with what is happening to the computer?
Paragraph 2: Question
What is implied when the author says "... the media of McLuhan were supposed to render obsolete the medium of Shakespeare ..."?
二、教学设计
采用"pre-reading, global reading, detailed reading"三步教学法,包括:图片激发→问题讨论导入→泛读课文→结构分析→精读第1段→精读第2段→小测试→课后任务。
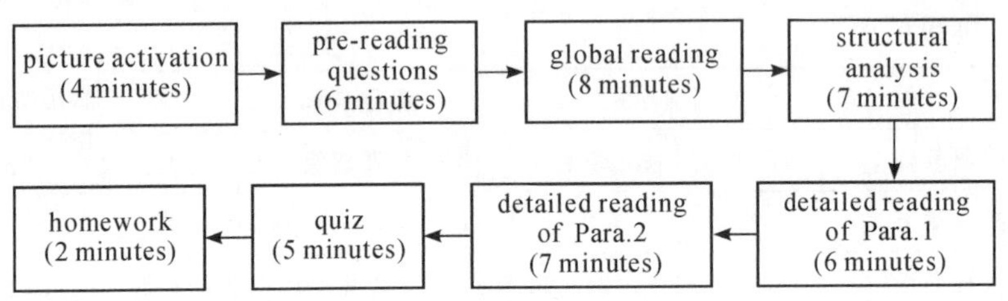

</td>
</tr>
<tr>
<td>"三地一窗口"典型案例(3~5个,注明时间、来源等)</td>
<td>
案例一:《让青春在践行"三个地"的使命担当中绽放绚丽之花》(来源:《中国共青团》,2020-03-31)
新冠肺炎疫情发生以来,浙江高校青年不忘爱国初心,牢记时代使命,带头增强"四个意识"、坚定"四个自信"、坚决做到"两个维护",切实扛起浙江"三个地"的使命担当,自觉将奋斗的青春融入打赢疫情防控阻击战的实践中,在服务人民、奉献社会中建功立业,彰显了青春的蓬勃力量,交出了合格答卷,在党和人民最需要的地方绽放出绚丽的青春之花。
案例二:《忠实践行"八八战略" 奋力打造"重要窗口"》(来源:浙江在线,2020-09-10)
浙江省委书记袁家军出席省委党校2020年秋季学期开学典礼并强调,坚定不移沿着习近平总书记为浙江指引的路子走下去的战略定力不能变,续写"八八战略"这篇大文章的战略意志不能变,奋力打造"重要窗口"的战略目标不能变。我们要坚持一张蓝图绘到底,一任接着一任干,忠实践行"八八战略",奋力打造"重要窗口",不断谱写习近平新时代中国特色社会主义思想在浙江实践的新篇章。
案例三:《打造"重要窗口"的闪亮窗眼》(来源:浙江在线,2021-01-19)
2020年是极不平凡的一年。这一年,浙江省宣传思想文化战线聚焦"文化强省、提升文化软实力,文化树人、引领社会新风尚"的总目标,打大战、迎大考、谋大事,经受了考验,提升了能力;这一年,全省宣传思想文化战线注重理论立魂、精神立德、人文立身、四治立信、精品立世、数智立新、融合立业、改革立制,新时代文化浙江工程扎实推进;这一年,全省宣传思想文化战线围绕中心、服务大局,努力把宣传思想文化领域建设成为"重要窗口"的闪亮窗眼,为忠实践行"八八战略"、奋力打造"重要窗口"、争创社会主义现代化先行省提供了有力的思想保证、精神支撑和文化引领。
</td>
</tr>
</table>

思政元素	**一、讲好中国故事** 全方位讲好中国故事、浙江故事，加快建设国际传播话语体系。在新媒体的语境下，要真正讲好中国故事，还面临相当多的挑战。具体来说，在宣传阐释中国特色时，要讲清楚每个国家的历史传统、文化积淀、基本国情不同，其发展道路必然有着自己的特色；讲清楚中华文化积淀着中华民族最深沉的精神追求，是中华民族生生不息、发展壮大的丰厚滋养；讲清楚中华优秀传统文化是中华民族的突出优势，是我们最深厚的文化软实力；讲清楚中国特色社会主义植根于中华文化沃土、反映中国人民意愿、适应中国和时代发展进步要求，有着深厚历史渊源和广泛现实基础。 充分尊重历史事实。通过讲好中国故事来传播好中国声音。中华传统文化既蕴含了优秀的思想精华和道德精髓，也包含了一些腐朽落后的思想观念。在继承和发扬的问题上，我们显然要有所取舍，不能什么故事都拿来讲，也不能什么故事都拉到一起讲，要自觉抵制腐朽落后文化的侵蚀；对不同历史时期的社会变革与观念冲突，也要秉持正确的历史观，发挥文化传播的积极作用。我们要深入挖掘中华优秀传统文化蕴含的思想观念、人文精神、道德规范，结合时代要求继承创新，让中华文化展现出永久魅力和时代风采。对我国传统文化，对国外的东西，要坚持古为今用、洋为中用，去粗取精、去伪存真，经过科学的扬弃后使之为我所用。 准确把握历史规律。要讲好中国故事，传播好中国声音，不能只埋头中国、扎根过去，要正确认识和把握世界大势和时代潮流。马克思主义哲学认为，事物的特殊性与普遍性是辩证统一的关系，特殊性离不开普遍性，普遍性又寓于特殊性之中。讲好中国故事的难点，就在于既要讲好特殊性，又要讲好普遍性，而只有找准普遍性，才能更好地呈现我们文化的亮点，才能更好地体现对其他文化的价值。我们要有全方位的视角和理念，在讲好普遍性和特殊性上下足功夫，从而讲好中国故事的当代价值和世界意义。 坚定文化自信。要讲好中国故事，传播好中国声音，既要讲清当下存在，又要展现美好未来。中华民族创造了源远流长的中华文化，中华民族也一定能够创造出中华文化新的辉煌。独特的文化传统、历史命运、基本国情，注定了我们必然要走适合自己特点的发展道路。推进国际传播能力建设，必须展现真实、立体、全面的中国，提高国家文化软实力。 做好创造性转化。要讲好中国故事，传播好中国声音，既要讲本源，也要会转化，要把已经发掘出普遍价值的优秀传统文化通过各种手段加以转化；既要讲好中国历史，也要提供世界视角，在多方位比较中体现故事的宏大价值；既要着眼于讲古，也要致力于开今，要站在从思想观念到物质生产的前沿，把习近平总书记针对传统文化提出的“创造性转化、创新性发展”的方针落实到讲好中国故事、传播好中国声音上来。 **二、立德树人** 高校依托新媒体开展网络育人工作，要坚持立德树人的根本遵循。习近平总书记强调，我们的教育必须把培养社会主义建设者和接班人作为根本任务，培养一代又一代拥护中国共产党领导和我国社会主义制度，立志为中国特色社会主义奋斗终身的有用人才。这是教育的目的，也是教育现代化的方向。围绕这一根本遵循，依托新媒体开展网络育人工作，需要明确新时代对于大学生的基本要求；需要关注当代大学生的思想特质和话语方式；需要创新网络思政教育的有效路径，增强新媒体育人的成效，提高网络思想政治工作的针对性和亲和力。

教学实施路径	**三步教学法:** 1.激活导入主题:借助图片与课前问题,激发小组活动引入主题; 2.泛读把握结构:快速通读全文把握文章整体结构; 3.概括文章主旨:归纳各部分大意,总结文章主旨; 4.精读理解语言:精读前两段课文,理解语言与文化; 5.测试课后任务:安排5分钟小测试并当场发课后纸质作业。
教学反思与评价	**一、教学特色创新** 1.设计多种线上线下的教学活动,激发学生保持较好的学习状态 依据教育心理学的学习规律来设计教学活动,选择图片和联系生活实际问题激发学生讨论的学习热情,丰富课堂教学形式,提高教学吸引力。 2.设置设问环节巧妙概括文章要点,介绍西方文化与语言知识点 泛读之后,将文章分解为一个个段落进行精读,通过问题导入讲解知识点,引出学习内容。 3.安排课内在线测试倒逼学生课前认真预习,课内全神贯注听讲 通过巧妙设计课堂结束前快测小问题,倒逼学生扎实掌握单词,深刻理解文章中的文化内涵与主题思想,及时消化并掌握知识点。 **二、隐性课程思政** 1.用英语讲好中国故事:学好英语的正确表达方式,用英语传播中华优秀传统文化。 2.分析比较再创新:通过比较中西不同文化对待同一问题的不同看法,揭示中国特色社会主义制度的优越性。

5.日本动漫文化

学　　院	外国语学院	**课程名称**	日本动漫文化
授课教师	朱　颖　丁　青	**授课班级**	全校选修课
授课章节	第六章　1982年至20世纪90年代初日本动漫的主要作品及艺术特征		
课程类别	A.公共平台课　B.专业平台课程　C.专业选修课　**D.全校选修课**		
教学目标(知识、能力、素质三方面)	**一、知识目标** 掌握日本动漫发展史各个时期重要的作家、导演和经典代表作品,理解作品的主题思想、创作风格和社会意义。 **二、能力目标** 培养学生具有正确的日本动漫简析能力,养成良好的分析问题和解决问题的综合能力。 **三、素质目标** 帮助学生掌握日本动漫欣赏和批评的方法,增强学生的人文素质和作品鉴赏能力。		

教学内容	**一、重点难点** 重点：分析该时期日本动漫的种类、形式、内容、题材的特点。 难点：评析该时期日本动漫对日本及海外的影响。 **二、教学设计** 以政府支持→民众拥护→版权保护→专业制作→文化底蕴→商业运作的授课思路，讲述该时期日本动漫的作品及特点。如以宫崎骏为代表的人性思考动漫，作品有《天空之城》《风之谷》；如以浅香守生为代表的美少女动漫，作品有《魔卡少女樱》等。
“三地一窗口”典型案例(3～5个，注明时间、来源等)	**案例一：《聚焦“三个地”，追求高质量》**(来源：浙江在线，2019-11-14) 突出青年电影人才的培养。“功以才成，业由才广”，人才是第一需要，也是第一资源，尤其是青年人才的培养。我们要充分发挥院校的育人作用，开展校企合作和校际合作。加强与海外重点院校开展双向交流，培养高端复合型影视专业人才和文化产业领军人才。深入实施以青年电影人才培养为重点的“新光”计划，开展以弘扬和传承工匠精神为内容的电影职业技能培训，培养青年实用型电影人才。 **案例二：《奋进电影强国新征程，打造“重要窗口”金名片》**(来源：《中国电影报》，2020-11-11) 在“提高国家软实力”上担当作为。文化事业和文化产业是国家软实力的重要组成部分，在世界各国的文化战略竞争中，电影占有越来越重要的地位。浙江将着眼于“文化强省、提升浙江软实力”这一目标，围绕建党百年、党的二十大等重要节点，抓好重大题材创作生产，推出一批与浙江“重要窗口”相匹配，具有传播度、辨识度、美誉度的浙产电影精品；同时，持续放大中国国际动漫节、浙江国际青年电影周、横店影视产业发展大会等节展活动的影响力，推进中国(浙江)影视产业国际合作实验区建设，强化长三角地区影视协同合作，让电影成为对外展示浙江“重要窗口”的闪亮之眼。 **案例三：《中共绍兴市委关于制定绍兴市国民经济和社会发展第十四个五年规划和二〇三五年远景目标的建议》**(来源：绍兴市政府网站，2020-12-30) 全方位优化全域创新生态系统。绍兴全市域推广新昌全面创新改革2.0版，实施产学研协同攻关、科技金融投贷联动等十方面联动改革，打造全面创新改革示范区。健全政府投入为主、社会多渠道投入机制，加大对基础研究和应用基础研究的支持。完善科技金融服务体系，强化覆盖创新创业全链条的多层次、多渠道、多元化投融资支撑。加快知识产权综合服务平台建设，创建国家知识产权示范城市。健全科技诚信治理体系，厚植创新创业文化，弘扬科学家精神、新时代越商精神和工匠精神，营造崇尚创新、宽容失败的社会氛围。
思政元素	**思政元素1：文化自信** 日本动漫是日本产业的文化产物，它将日本本土文化，如和服、武士、日本历史等用动画的形式表现出来。另外，日本动漫的创作有很高的自由性，灵活组合各类审美要素，创造出超现实的美感，给观众带来不一样的感官体验，受到全世界的认可和喜爱。靠着文化的力量，日本没有盲从于世界，而是让世界更加认识了日本，体现了本土文化的“文化自信”。事实上，我国国产动漫在文化自信的加持下，挖掘国风原创，去日漫化，也诞生了许多极具中国特色且符合时代特色的优秀动漫。

思政元素	**思政元素2:工匠精神** 从明治维新以来,日本人就推崇“匠人文化”。“匠人精神”不仅是社会走向繁荣的重要支撑,也是一份厚重的历史沉淀。日本将这种匠人精神运用到动漫制作之中,并取得了巨大的效益。本课程以日本各时期典型的代表作家为例,分析观察了他们是如何在日常生活中、在工作中贯彻这种匠人精神的,从中得到启示。
教学实施路径	1.导入时代背景:介绍1982年至20世纪90年代初的日本社会情况; 2.介绍动漫风格:介绍该时代的动漫导演的创作生涯、创作思想、艺术特色、作品风格; 3.欣赏电影片段:观看宫崎骏的《天空之城》等作品片段; 4.讲解重点知识:讲述动漫中出现的日本文化现象; 5.探究作品内涵:解析动漫作品的主题思想、结构、人物刻画、绘画风格、思想意义和社会意义; 6.引出下次内容:引出下一章《1993年至今日本动漫的主要作品及艺术特征》的引言; 7.布置课后任务:要求学生欣赏三部该时期的动漫作品,并要求提交读后感。
教学反思与评价	**一、教学特色创新** 1.采用多种教学手段,提高教学质量 依据教育心理学的学习规律来设计教学活动,采用情境教学法、“图式理论+合作学习法”和“文化导入法”等多种教学方式和手段,丰富课堂教学形式,提高教学质量。 2. 设计多种线上线下的教学活动,始终刺激学生保持较好的学习状态 在“互联网+”背景下,运用多种线上APP和平台,拓展教学活动场所,提高学生的学习兴趣。 3.运用动漫中的经典名言,启发学生思考 通过对动漫作品《天空之城》的片段欣赏以及台词分析,探讨人与自然的和谐共生,以及主人公为实现奋斗目标而体现出来的工匠精神和探索精神。

6. 国学世界传播(英)

学　　院	外国语学院	**课程名称**	国学世界传播(英)
授课教师	宋　莉	**授课班级**	英语(师范)201、202、203
授课章节	Chapter One Section 3　The Traditional Worldview, Values and Mode of Thinking of the Chinese People		
课程类别	A.公共平台课　**B.专业平台课程**　C.专业选修课　D.全校选修课		
教学目标(知识、能力、素质三方面)	**一、知识目标** 1.掌握中国人求和谐主平衡的传统世界观,理解“天人合一”和“中庸”思想; 2.掌握中国人大一统的观念和注重整体利益的价值取向; 3.掌握中国人辩证思维和经学思维的思维模式。		

教学目标（知识、能力、素质三方面）	**二、能力目标** 1. 提高学生用英语表达国学文化的能力和跨文化交际能力； 2. 培养学生的国学赏析能力和思辨能力； 3. 提高学生的合作学习能力和自主学习能力。 **三、素质目标** 1.提高学生的中国传统文化修养和人文综合素养； 2.增强学生的爱国热情和中华文化自信； 3.培养学生具备家国情怀，增强学生的民族自豪感和传承国学的使命感。
教学内容	通过这一章节内容的学习，学生深化了解并掌握中国人理性的求和谐主平衡的世界观、大一统的观念和注重整体利益的价值取向、辩证思维和经学思维等中国人特有的思维模式，并掌握相关的英语表达。 **1.理性的求和谐主平衡的世界观** 中国人崇尚“天人合一”和“中庸”思想。“天人合一”和“中庸”思想是农业文明的产物。最初的“天人合一”思想主要强调人与自然的协调以及不可分割的关系。儒、道两家都讲“天人合一”。后来，“天人合一”思想不仅是处理人与自然关系的准则，更升华为一种人生追求。中国人崇尚人与自然的和谐、人际关系的和谐以及身心的和谐。“天人合一”作为一种世界观，主张创立一个和谐平衡的世界。 “中庸”思想就其性质而言，是一种方法论。中庸思想反对偏激与极端，主张不偏不倚，不温不火，恰到好处。求和谐而主平衡，其终极目的是保持稳定。 **2.大一统的观念和注重整体利益的价值取向** 中国传统价值观念强调大一统和注重整体利益。大一统的观念由来已久，是中国人挥之不去的文化情结。注重整体利益的价值取向培育了中华民族的爱国主义和集体主义的精神传统。在中国历史上，无数的民族英雄在民族发展的关键时刻，能放弃个人的利益，甚至置自己的家庭、生命于不顾，为了民族的大义，赴汤蹈火，死不旋踵。这些民族英雄身上表现出来的精神，受到历代人民的崇敬，最终凝结为我们民族的精神脊梁。 **3.辩证思维和经学思维** 无论是辩证思维，还是经学思维，虽然形式不同，但性质都是一种直觉体验的思维方式。它从日常的生活经验出发，凭直觉行事，注重体验与顿悟，强调经验基础上的类比、类推，而缺乏严密的逻辑推理和理论上的归纳演绎，具有模糊性的特点。如何扬其长而避其短有待探讨。
“三地一窗口”典型案例（3～5个，注明时间、来源等）	**案例一：《“重要窗口”建设中高等教育的重要作用》**（来源：浙江新闻客户端，2020-08-03） 建设“重要窗口”的教育，高等教育是重中之重。高等教育作为人才培养中最高层次的教育，是满足人民对美好生活向往的重要途径，也是实现浙江经济社会又好又快发展的重要引擎。 建设“重要窗口”的教育，高等院校要发挥好主体作用。高等院校的质量水平如何，直接影响到高等教育的质量水平。虽然一所高校在高等教育领域这个整体中只是一个个体，但整体的强大需要每一个个体的共同努力。高校理应在“重要窗口”建设中结合自身的特色，找准定位，发挥好应有的作用。“重要窗口”建设需要文化传承与创新，高校就是文化传承与创新的重要平台和载体，不仅是全社会文化发展的重要力量，还是传播中国文化、讲好中国故事的生力军。

“三地一窗口”典型案例(3～5个,注明时间、来源等)	**案例二:《以文旅魅力增强“重要窗口”文化自信》**(来源:浙江新闻客户端,2020-08-24) 对于浙江省文化和旅游系统来说,认真学习贯彻习近平总书记考察浙江时的重要讲话精神和省委十四届七次全会精神,就是要将“窗口”意识、“窗口”标准、“窗口”担当贯穿文化和旅游工作全过程,切实增强“重要窗口”文化自信,以浙江文化和旅游发展的特色与优势,为我省“重要窗口”增添文化底色和旅游魅力。 一是加快形成文化和旅游“整体智治”的特色与优势。 二是加快形成弘扬优秀文化、激扬文化自信的特色与优势。首先,实施好优秀传统文化“活化”计划,进一步擦亮西湖、京杭大运河、良渚古城遗址等世界文化遗产,打造诗路文化、良渚文化、越文化、南宋文化、南孔文化、和合文化、丝瓷茶文化等浙江标志性文化旅游目的地品牌。其次,实施好革命文化和红色基因传承计划,发展红色旅游,创建一批富有感染力和震撼力的“浙里红”红色旅游项目、景区和教育基地。 **案例三:《瞄准“双一流”建强“三个地”》**(来源:《浙江教育报》,2019-04-19) 以社会需求倒逼专业“瘦身”,以优势学科促进专业“健身”,布局建设新专业,提升学科专业的社会契合度。深化培养模式改革和课堂革命,夯实“互联网+”教学基础,推进科教融合、产教融合和国际化培养,提升学业挑战度。以一流学科建设为主线,加快建成应用基础研究和产业核心技术创新高地。
思政元素	**思政元素1:爱国主义、集体主义** 注重整体利益的价值取向培育了中华民族的爱国主义和集体主义的精神传统,这是我们的宝贵财富。 抗击新冠肺炎疫情是一场没有硝烟的战争。在这个过程中,全国涌现出了一批批“逆行者”。他们在战“疫”一线勇往直前,不计得失,甚至无畏生死,为了人民的生命安全而无私奉献。“舍小家、顾大家、为国家”,他们的行动迸发出无穷的力量,温暖人、鼓舞人、启迪人。中华民族的爱国主义和集体主义的精神传统是我们的宝贵财富,是我们制胜的法宝,值得我们世世代代去继承和弘扬。 **思政元素2:文化自信** 通过中西文化对比,引导学生不断增强自我意识、提高文化认同感和思辨能力;培养学生的中华文化自信,增强其传承中国文化的历史责任感和时代使命感,并能自信地用英语讲好中国故事、对外传播中国文化。 **思政元素3:开拓创新** 在平时的学习中,学生往往忽视国学知识和英语基础的积累,这在很大程度上影响了他们用英语表达中国文化能力的提高。讨论和实践活动可以让学生明白,必须一步一个脚印稳扎稳打,夯实自己的基本功,这样才能为后续的英语学习和对外介绍中国文化奠定坚实的基础。同时,还要勇于开拓创新,增强中国文化自信,提高自己的中国文化英语表达能力和跨文化交际能力,从而更好地继承和传播中国文化。
教学实施路径	**一、教学方法** 1. 基于超星泛雅平台搭建课程架构,结合课堂教师精讲、研讨式教学和企业微信班级课程群互动答疑。 2. 组建学习小组,开展合作式、探究式学习。 3. 以任务驱动为出发点,培养学生的自主学习能力。

教学实施路径	**二、教学措施** 1.课前:在超星泛雅平台建立课程架构,设置任务点,布置预习任务。 2.课中: (1)进行课堂在线前测,检查学生的预习情况; (2)通过视频学习和讨论导入新知识点; (3)教师精讲重、难点,开展小组讨论和合作式学习; (4)课堂结束前再次进行在线测试,考查学生对重、难点知识的掌握情况。 3.课后:布置课外作业、开展线上主题讨论和互动答疑。教师进行教学反思,撰写反思日记,及时改进教学方法和教学设计。
教学反思与评价	**一、教学特色创新** 1.设计多种线上线下的教学活动,刺激学生始终保持较好的学习状态 依据教育心理学的学习规律来设计教学活动,安排签到、在线测试、小组讨论和汇报、抢答等多种教学方式和手段,丰富课堂教学形式,提高教学的吸引力。 2.设置课内在线测试,督促学生课前认真预习、课内专心听讲 通过前测、抢答、课堂结束前再测,重点考查学生课前预习了没有,上课听了没有,重、难点掌握了没有,督促学生专心学习,及时消化并掌握章节重难点知识。 **二、不足之处** 1.在思政的内容设计方面,需要进一步挖掘英语课程中的思政内涵,进一步深化力度和深度; 2.教师的理论素养有待进一步提高,应将理论内化为思维模式和行为习惯,这样才能更好地引导学生、教书育人。

7. 英语高级听力1

学　　院	外国语学院	**课程名称**	英语高级听力1
授课教师	谢小伟	**授课班级**	英语184、185
授课章节	Unit 8 The Green Image		
课程类别	A.公共平台课 **B.专业平台课程** C.专业选修课 D.全校选修课		
教学目标（知识、能力、素质三方面）	**课程教学目标1** 有效地训练学生的听力技能,使学生能熟练使用缩略符号快速记笔记,并能在笔记的基础上,对所听材料进行推理和分析,完成提纲拟列和大意归纳;能听懂和了解反映社会、科技领域新发展的介绍内容,并熟知相关词汇;能听懂英语国家人士关于日常生活和社会生活的讲演或谈话,理解中心大意,抓住主要内容或要点,能辨别说话人的态度和语气。 **课程教学目标2** 培养、锻炼学生就听力内容发表观点、辩论、讨论、即席演讲、复述的能力;通过采用不同形式与题材的视听材料,如对话、讲座、新闻报道、采访、电影片段等扩展其知识面、人文修养和视野。 **课程教学目标3** 培养学生的独立思考和团队协作的能力;提高学生的学习主动性、自觉性,锻炼他们的主动参与意识和主动学习能力。		

教学内容	1. 听力策略训练:Listen from clues 本课程采用“策略引领”的教学模式。本单元学习 Listen from clues,通过上下文的线索和语境进行推论和分析。 2. 输入内容:课文内容学习 通过单元课文 An interview with Jonathon Porritt 和 How to put a stop to pollution 两部分的学习,使学生听懂有关生态环保的相关材料,快速记笔记;熟知生态环保相关的组织和听力词汇。 3. 输出训练:小组展示 开展小组团队活动,相互概述总结听练的材料,梳理辩论的论据和论点,并就如何从学生角度开展保护环境进行小组展示。
“三地一窗口”典型案例(3~5个,注明时间、来源等)	**案例一:《努力建设好十个“重要窗口”》**(来源:光明网—理论频道,2020-07-20) “全面展示”是内在要求,意味着要展示的不仅是物质性的成就,更是制度性的成果。“中国特色社会主义制度优越性”是核心要义,意味着必须以省域层面的实践探索,彰显中国特色社会主义制度的科学性、完备性、有效性,彰显中国特色社会主义的道路自信、理论自信、制度自信、文化自信。“重要窗口”是功能定位,意味着承担特殊的职责使命,具有开放性、国际性,还具有先行性、示范性。这就强调,要以“浙江之窗”展示“中国之治”,以“浙江之答”回应“时代之问”,为国际社会感知中国形象、中国精神、中国气派、中国力量提供一个“重要窗口”。为此,要推动学习贯彻习近平新时代中国特色社会主义思想不断往深里走、往心里走、往实里走,深化习近平新时代中国特色社会主义思想溯源工程和党的创新理论走心工程,需努力建设好“十个窗口”。 **案例二:《中共绍兴市委关于制定绍兴市国民经济和社会发展第十四个五年规划和二〇三五年远景目标的建议》**(来源:绍兴市政府网站,2020-12-30) 积极发展美丽经济。加快推动资源利用方式根本转变,全面推进资源能源节约。实行最严格的节约用地制度,建立存量土地盘活、土地产出效益与新增建设用地指标分配挂钩制度。加快绿色交通城市建设,大力发展绿色建筑。加快循环经济发展,推行企业清洁生产,推进开发区美丽园区创建和循环经济产业园建设,构建低碳经济发展模式。实施能源双控行动,完善用能结构,鼓励发展太阳能、生物质能等新能源和可再生能源,持续提升非化石能源消费比重。建设一批废旧物资回收利用平台,完善种养业布局和农业资源利用循环体系。开展绿色生活创建活动,引导城乡居民广泛使用绿色产品。做好温室气体排放等基础工作,加大力度降低碳排放强度。 **案例三:《努力建设好十个“重要窗口”》**(来源:光明网—理论频道,2020-07-20) 九是努力建设展示生态文明高度发达的重要窗口。浙江是习近平总书记“绿水青山就是金山银山”理念的发源地和率先实践地。这些年来,浙江坚定不移沿着“绿水青山就是金山银山”的路子走下去,持之以恒地推进生态省建设,取得了丰硕的理论成果、实践成果、制度成果。绿色生态已经成为浙江亮丽的金名片,绿色发展已经成为浙江干部群众的共识。在建设“重要窗口”的新征程中,浙江必须扛起生态文明建设先行示范的使命担当,要创新发展绿色低碳循环的美丽经济,完善生态产品价值实现机制,进一步打开“绿水青山就是金山银山”转化通道。要构建美丽城市、美丽城镇、美丽乡村有机贯通的美丽浙江建设体系,打造“千万工程”升级版,加快建设全省域美丽大花园,着力打造现代版“富春山居图”。

<table>
<tr><td>思政元素</td><td>

思政元素 1:爱国情怀

通过案例中对全面展示的诠释,让学生深刻意识到中国特色社会主义制度的优越性。在接触外来文化过程中,要让学生时刻牢记以爱国主义为核心的民族精神。

思政元素 2:生态文明、绿色发展

努力建设展示生态文明高度发达的重要窗口是"十个重要窗口"之一。在习近平总书记"绿水青山就是金山银山"理念指引下,绿色生态已经成为浙江亮丽的金名片。结合案例,通过对课文的讲解,使得学生牢固树立生态意识并付诸行动。

思政元素 3:明辨善思

组织观看原版音视频新闻报道和课文话题讨论,启发学生客观理性地看待中西方文化,培养独立思辨能力,不盲从。
</td></tr>
<tr><td>教学实施路径</td><td>

整堂课采用线上线下混合式教学组织形式,具体见下图。

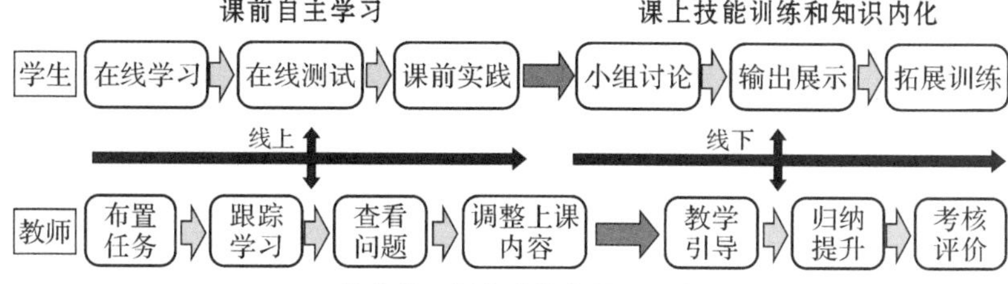

线上线下混合式教学组织形式

0. 课前自主学习

课前教师布置任务,让学生完成听力策略 Listen from clues 的微课学习,并完成相关的 Guess from the missing words 在线测试。教师及时了解测试存在的问题。

1. 快速激活

教师抽取课本中课文 A the natural world 的 Inaudible words 练习进行快速测试,从而帮助学生迅速激活。教师就 Listen from clues 这一策略存在的障碍和困惑提问,并提供一些支架式帮助。

2. 多元学习

首先让学生讨论:什么是绿色运动组织?它的宗旨是什么?中国是否需要相关的组织?然后教师组织学生学习有关生态和绿色运动组织等知识,最后听取一场有关 How to put a stop to the pollution 的英文辩论,让学生以小组为单位讨论并整理论据和论点。各小组以图片形式上传讨论结果。然后各小组派代表进行简单陈述,并阐述自己的观点。

3. 有效测评

结合手机软件快速对学生的输出展示进行生生互评和教师评价。

<table>
<tr><td rowspan="2">评价主体</td><td rowspan="2">评价内容</td><td rowspan="2">占比</td><td colspan="4">评价等级/分</td><td rowspan="2">评分标准</td></tr>
<tr><td>优</td><td>良</td><td>一般</td><td>较差</td></tr>
<tr><td rowspan="2">学生互评</td><td>小组学习成果</td><td>30%</td><td>41～50</td><td>31～40</td><td>21～30</td><td>0～20</td><td>抓住要点,言简意赅</td></tr>
<tr><td>展示和回答问题</td><td>30%</td><td>41～50</td><td>31～40</td><td>21～30</td><td>0～20</td><td>汇报得当、语言清晰、问题回答流畅</td></tr>
<tr><td>教师评价</td><td>小组学习成果</td><td>40%</td><td>41～50</td><td>31～40</td><td>21～30</td><td>0～20</td><td>抓住要点,言简意赅</td></tr>
</table>
</td></tr>
</table>

教学实施路径	**4. 简要总结** 教师对学生的表现进行整体评价,并再次渗透思政元素,提醒学生从日常做起,保护生态环境,并布置作业。拓展训练材料为"中国面临的挑战"。
教学反思与评价	**一、教学创新和特色** 1. 教学模式有层次。采用"策略引领,多元互动"的线上线下混合式教学模式,课堂组织有层次,能较好地丰富课堂并调动学生的积极性。 2. 思政元素比较清晰。从单元选题音频材料的"输入"了解西方生态保护的情况和制止污染的办法,然后"输出"探讨如何防止环境污染。生态意识、环境保护意识这样的思政元素很自然地得到呈现和渗透。 3. 拓展材料帮助内化。课后材料有关中国 21 世纪面临的挑战,帮助学生内化知识,更深层次地了解中国生态保护面临的问题。在期末的标志性成果展示"像 TED 一样演讲"活动中,学生可以就这一话题进行演讲。 **二、教学不足** 以上只是一节课的教学设计,还比较程序化,创新性还有待提高。思政元素要"润物细无声"地进行渗透并取得好的思政效果,还需要进一步探讨和尝试。

8. 大学英语 2

学　　院	上虞分院	课程名称	大学英语 2
授课教师	陈黛霞	授课班级	学前教育 201、202
授课章节	Unit 2　Mistaken Identity		
课程类别	**A. 公共平台课**　B. 专业平台课程　C. 专业选修课　D. 全校选修课		
教学目标(知识、能力、素质三方面)	**1. 知识目标** 把握文章的基本结构和主题思想,熟练复述课文要点并就文中相关话题发表意见。 **2. 能力目标** 掌握记叙文的特点及相关的阅读技巧,侧重 speaking(说)和 reading(读)。 **3. 素养目标** 能对人生(做人)、价值观阐述自己的观点。		
教学内容	本节课的教学内容是第二单元课文 A Mistaken Identity,是一篇可令人会心一笑的记叙文。作者以诙谐幽默的手法讲述了自己因被误认为纽约市长而如何得到了很好的待遇。其内容生活化,有一定的教育意义,故事的内容趣味性也强。通过对本课内容的学习、理解与掌握,学生将不难发现课文中有很多耐人寻味、值得深思之处。比如当作者被误认为纽约市长时,周围人立即表现出对他的无比热忱、殷勤,毕恭毕敬,谄媚的姿态跃然纸上。由此,也让我们不禁联想到在我们的生活中,此类趋炎附势之人随处可见,对那些在金钱地位面前表现出的丑陋行为,我们应嗤之以鼻,要学会做一个善良、诚实可靠的人。对此,本节给学生在生活中该如何做人上了极为重要的一课。 **1. 教学重点** 对文章主题及行文结构的把握和文章基本内容的了解。		

教学内容	**2. 教学难点** 记叙文的特点和相关阅读方法及在文中的应用；对文章相关内容、话题自由发表看法。 **3. 教学设计理念** 基于任务型自主学习的及时反馈教学模式理念，课前于云班课教辅平台布置自学任务，任务设计以识记和理解为主，要求学生课前开展自我学习，自测互评。 课堂教学始终围绕“说”和“读”英语语言能力创设学习任务展开。教学全过程关注相关知识、技能及人文素养的传递、构建及其巩固与拓展，让学生在识、读中理解，在说、练中升华。
“三地一窗口”典型案例(3～5个，注明时间、来源等)	**案例一：《袁家军看望优秀教师代表：为建设“重要窗口”培育更多优秀人才》**(来源：浙江在线，2020-09-09) 教育是事关国计民生的大事，教师是“人类灵魂工程师”。这次受表彰的30名优秀教师是全省66万多名教师的杰出代表，有在科技领域领军创造的院士专家，有在基层默默耕耘的普通教师，有在偏远地区无私奉献的支教教师。大家虽然岗位不同，但身上都蕴含着忠于党的教育事业、师德高尚、业务精湛、无私奉献的优秀品格，展现了新时代浙江广大教师的崇高精神。 袁家军指出，当前我省正在建设“重要窗口”，需要一批又一批优秀儿女努力奋斗。教师承担着为党育人、为国育才的重任，使命光荣，责任重大。教师的言行能够影响学生的一生。全省广大教师要尽心尽力、履职尽责，为建设“重要窗口”做出新贡献。 **案例二：《瞄准“双一流”建强“三个地”》**(来源：《浙江教育报》，2019-04-19) 以社会需求倒逼专业“瘦身”，以优势学科促进专业“健身”，布局建设新专业，提升学科专业的社会契合度。深化培养模式改革和课堂革命，夯实“互联网＋”教学基础，推进科教融合、产教融合和国际化培养，提升学业挑战度。以一流学科建设为主线，加快建成应用基础研究和产业核心技术创新高地。 **案例三：《中共中央党校龚克：勇立潮头源自忠诚本色》**(来源：浙江新闻客户端，2020-06-15) 今天，浙江要“努力成为新时代全面展示中国特色社会主义制度优越性的重要窗口”，必须始终保持忠诚本色。 浙江人民为什么能够始终干在实处、走在前列、勇立潮头？那是因为浙江人民深深知道“真理的味道是甜的”，必须守初心、担使命，必须干在实处，奋力建设好中国革命红船的起航地，确保红色江山永不变色；那是因为浙江人民深深知道“改革开放是决定当代中国命运的关键一招”，必须走在前列，奋力建设好改革开放的先行地，确保中国特色社会主义事业永远前进；那是因为浙江人民深深知道“习近平新时代中国特色社会主义思想是中国人民的行动指南”，必须勇立潮头，奋力建设习近平新时代中国特色社会主义思想的重要萌发地，确保实现中华民族伟大复兴的中国梦；那是因为浙江的党员干部深深知道“禄厚恩深何以报，惟当努力罄忠诚”，必须始终不渝地用干在实处、走在前列、勇立潮头的担当诠释对党的忠诚、对人民的赤诚。

<table>
<tr><td>思政元素</td><td>本文故事中人物之间的言语、场景与活动,细细读来,无不体现以下课程思政元素:
1.待人以诚。要诚实待人,不要欺骗别人,不要做伤害别人自尊的事,更不要在背后议论别人(如文中的典型反例人物窗口售票员等)。
2.诚信。做人要敢做敢当,诚实守信(如文中的典型反例人物搬运工 Tom 等)。
3.给别人面子,也是给自己面子。当别人遇到尴尬的时候,或是做错事的时候,不要当面说穿,应帮其渡过难关,而后再告诉他做错了或不要再提起让他人尴尬的事,尤其是有其他人在场的时候(如作者"我"与"my companion"之间)。</td></tr>
<tr><td>教学实施路径</td><td>"Mistaken Identity"是一堂英语阅读课。本着"师生互动、共同学习"的原则,在"导入新课、新课传授、巩固练习、课堂拓展"等教学过程中,注重培养学生的综合语言应用能力。主要采用英语短片呈现与情境创设法并用,教师引导与学生自主学习相结合,合作探究与角色扮演合用,"交互式"如对话、讨论等和"任务型"如发言、角色扮演等教学方法实施教学。具体过程如下。
1.创设情境导入(Warming-up & Leading-in)
通过一个视频小短片呈现和两个情境话题展开导出新课。
(1)通过观看一小段相关搞笑短剧,引入话题;(2)再由两个情境问题深入话题。
2.任务驱动,合作交流,新知探究
教学活动一:讨论记叙文的特点,根据课文内容,弄清楚此文对应的六要素。
设计意图:通过讨论题目可以得出这是一篇记叙文,了解记叙文的特点,才能有助于我们更好地阅读此文,且可进一步认识此文的框架。
教学活动二:a)用 skimming(略读)找文章主题思想及各段落中心思想并初步划分文章的段落。
b)用 scanning and intensive reading(浏览和精读)找文章细节,通过故事发展的先后顺序 time /event sequence (时间/事件序列)进一步深入理解文章的发展脉络。
设计意图:阅读需要技巧,技巧能帮助进行有效阅读。
3.模拟演练,巩固应用(consolidation)
教学活动三:2 topics for discussion(讨论 2 个话题)
(1) What do you think Mark Twain felt /did after he knew that he was mistaken for the mayor of New York?
(2) Do you agree that the people in this story are mostly snobbish(势利的)? Try to find out the details showing their snobbishness in the text,Can you find other examples of snobbishness in real life?
设计意图:此环节实际上是理论联系实际的职业教学要求和以学生为主体的教学理念的运用,通过以上学习,学生对课文故事已有了较深入的理解和把握。
这两个问题都要求根据对课文内容的理解自由表述自己看法,特别是能利用文中细节证明、支持自己的观点,巩固所学。此练习可让学生更深刻理解课文内容,也可开阔思维,锻炼自己的英语语言组织和表达能力。同时,对自身人生价值观也有一定的启迪。
4.遗留空间,课堂延展 (随机抽团组课堂展示)
教学活动四:Role play(角色扮演)
Suppose you have a face which is very similar to a famous person. If the strangers mistakenly consider you to be the famous person, how do you face the</td></tr>
</table>

教学实施路径	situation? Tell the truth or pretend to be the famous person continuously? Discuss the situation with your classmates and find your cooperation partners to play the role in such the situation. 设计意图：通过此场景的设计，给了学生一个很大的自由发挥空间，可以让学生拓展思维，展开自由想象，从而锻炼其创造性的思维能力。与此同时，丰富了课内外生活，也能锻炼学生的表演能力，还有助于促进其专业素质培养和人生价值观的引导。 5. 布置作业，升华提高(assignment) 1. 改写(rewriting)：To adapt the 1st paragraph of the text for a dialogue. 要求学生将第一段课文内容改写成两人对话。 2. 复述(retelling)：To retell the story using the information you have learned in the text. 要求学生能复述文中故事。
教学反思与评价	**1. 教学反思** 通过设计多样的线上线下混合式教学活动，引导学生们积极、独立地思考，大胆发言；鼓励同学们在谈论时各抒己见，相互补充完善各小组汇报，归纳本组探讨的答案。在指导学生阅读时，主要以学生自学、自己寻找答案、学生间协作讨论等形式，让学生在自学、讨论、比较中加深对阅读内容的理解与掌握，这样更能培养学生的分析能力、判断能力和自学能力。 另外，通过巩固演练和课堂延展两个环节中的问题设计，可恰到好处地实施课程思政。 (1)通过讨论，引导学生明白做人不应趋炎附势(snobbish)，应该保持“诚”的本色(如善良真诚、诚实守信、以诚待人等)。 (2)学前教育专业的学生是未来的人民教师，承担着为党育人、为国育才的重任，使命光荣、责任重大，更应该重德修身，不断提升自我，以自身的人格魅力塑造学生纯真完美的心灵，以自身的师表风范带动社会风气的改善。 (3)学前教育专业的学生、未来的人民教师，应该勇于攀登、刻苦钻研，走在科技和社会发展前沿，不断提升业务水平，更好地传道授业解惑，带动培养一批又一批优秀人才；勇于改革创新，改进教育教学的方式方法，让学生勤于创造、敢于创造，努力多出人才、快出人才。 **2. 教学评价** 本次教学目标明确，在课堂教学中，对资料收集、问题设计、环节安排、课件制作等方面都进行了精心思考，并根据设计，适时使用蓝墨云班课等网络辅助手段，实现课前讨论、资料共享，课后作业互评等目标，教学效率大大提高。在过程性评价方面，也通过云班课辅助，即时保留学生的小组活动轨迹，作为教学活动评价和结果的参考。 在教学中继续秉持“学生为中心”的教学理念，继续线上线下结合的教学举措，进一步完善教学。同时，不断调节授课策略，针对不同层次学生的学习特点，不断改进教学方法，让不同层次的学生都有自我展示、自我提高的机会。阅读是一个过程，能力的提高更是一个循序渐进的过程。而阅读技巧是灵活多变的，阅读课仅限于课堂是远远不够的，其能力的提高也远非一日之功。学生只有不断积累词汇，积累语法知识，在老师的积极引导下掌握有效的阅读方法和技巧，才能真正实现阅读能力的飞跃。

经济学、管理学、法学类专业课程

1. 公共政策学

<table>
<tr><td>学　院</td><td>商学院</td><td>课程名称</td><td>公共政策学</td></tr>
<tr><td>授课教师</td><td>程　隽</td><td>授课班级</td><td>公共事业管理19级</td></tr>
<tr><td>授课章节</td><td colspan="3">第二章　公共政策的性质与类型　第一节　公共政策的表现形式</td></tr>
<tr><td>课程类别</td><td colspan="3">A.公共平台课　<u>B.专业平台课程</u>　C.专业选修课　D.全校选修课</td></tr>
<tr><td>教学目标(知识、能力、素质三方面)</td><td colspan="3">一、知识目标
1.掌握基础知识:公共政策横向表现形式与纵向表现形式;
2.探索新知途径:主动探索习得公共政策表现形式相应的最新知识;
3.理论联系实际:依据所学理论认知现实中的公共政策表现形式。
二、能力目标
1.独立与协作能力:组建动态小组,培养学生的独立思考与团队合作能力;
2.发现关联的能力:学生能够建立各知识点间的联系;
3.沟通与说服能力:能够通过沟通实现意见的一致或整合;
4.信息处理的能力:能够及时发现有用的政策信息并进行处理的能力。
三、素质目标
1.公共政策的敏感度,尤其是对“三地一窗口”政策的敏感度;
2.思考政策问题的公共性与选择性,能够站在政府角度与公众角度思考问题,以公共性为导向,思考政策表现形式背后的选择逻辑;
3.未来发展导向:通过隐性思政,培养作为未来公共管理者的学生服务意识、责任意识、敬业精神与创新意识。</td></tr>
<tr><td>教学内容</td><td colspan="3">一、教学主体内容
第二章 公共政策的性质与类型
第一节 公共政策的表现形式
具体包括:
1.公共政策学的横向表现形式
(1)中国(重点内容)
第一,立法决策;第二,司法决策;第三,行政决策;第四,执政党决策。
(2)西方(以美国为例)
第一,立法决策;第二,司法决策;第三,行政决策。
难点:中美决策表现形式的比较
2.公共政策学的纵向表现形式
(1)主要形式:元政策(重点内容)、基本政策、具体政策
难点:如何看待三者的关系?如何看待个人政策?</td></tr>
</table>

<table>
<tr><td>教学内容</td><td>
(2)其他形式：例如中央政策与地方政策等
思政元素融入途径：理论与实践的结合

“公共政策学”的理论部分较为枯燥，需要案例的支撑。浙江是中国革命红船起航地、改革开放先行地、习近平新时代中国特色社会主义思想重要萌发地。对于公共事业管理专业的学生，一方面，要使学生知道“三地一窗口”具体指什么，并在此基础上引导学生主动去发现哪些政策能够体现“三地一窗口”，并提炼出“三地一窗口”政策表现形式背后的深层含义，用专业知识分析这些政策应该归于哪类政策表现形式，它们在政策体系以及现实中如何实现其功能；另一方面，鼓励学生具有足够的政策敏感度，思考作为未来的政府工作人员，通过政府这只“看得见的手”对公共事务进行管理时，如何树立公共意识，实现使命担当。
二、教学设计
采用“显隐结合、润物无声”的教学方法，将隐性的思政元素直接转化为显性的课程知识，引导学生关注“三地一窗口”的内容，并内化为自己可接受的专业知识。
在具体操作中，以“案例教学法”为主，将“三地一窗口”以案例的形式直接呈现于课程之上，引导学生进行讨论，建立自身的理论体系并内化形成自己可接受的知识与思政因素。
</td></tr>
<tr><td>“三地一窗口”典型案例(3～5个，注明时间、来源等)</td><td>
案例一：《“三个地”奋力担当新时代全面展示中国特色社会主义制度优越性重要窗口的使命任务》(来源：杭州网，2020-05-12)
在全面建成小康社会的决胜之年，在统筹推进疫情防控和经济社会发展的特殊时期，习近平总书记亲临浙江考察并发表重要讲话，赋予了浙江“努力成为新时代全面展示中国特色社会主义制度优越性的重要窗口”的新目标、新定位。
要对标习近平总书记重要讲话精神，将新目标、新定位作为新时代浙江发展的最大契机，秉持浙江精神，干在实处、走在前列、勇立潮头，推动浙江谱写更加辉煌的时代篇章，真正成为新时代全面展示中国特色社会主义制度优越性的重要窗口。
“重要窗口”是习近平总书记为新时代浙江实现更高水平的发展擘画的新目标、新定位，具有重大的历史意义、现实意义、全局意义。
案例二：《以“三个地”担当推动“一带一路”建设走深走实》(来源：《浙江日报》，2020-03-21)
车俊指出，共建“一带一路”是习近平总书记亲自谋划、亲自部署、亲自推动的重大倡议。我们要深入学习贯彻习近平总书记重要讲话精神，强化“三个地”的政治担当，自觉把“八八战略”再深化、改革开放再出发，与推动“一带一路”建设走深走实有机贯通起来，围绕“大写意”、绘好“工笔画”，发挥数字、浙商、通道、平台四大特色优势，深化对外开放和国际合作，使我省的“一带一路”建设工作落地生根、开花结果、走在前列。
</td></tr>
</table>

<table>
<tr><td>“三地一窗口”典型案例(3～5个,注明时间、来源等)</td><td>案例三:《高站位高质量抓好村社组织换届为“重要窗口”建设打牢基层基础》(来源:浙江在线,2020-09-29)
袁家军要求,高质量推进村社换届,要把握全面加强党的领导这一根本原则,紧紧抓住换届工作主导权;要树立全程全面高质量的鲜明导向,坚持目标导向与效果导向、组织认可与群众满意、换届人选与优化治理相统一;要完善科学组织选举的管用实招,动态“研”、精密“选”、智慧“管”,数字赋能精密智选;要打造优化基层政治生态的清风正气,贯穿“严”的主基调,营造清正好环境,换出和谐新局面;要交出干中换、换中干的高分报表,坚持为事业选人,推动实干得人心,持续激励担当干事。各级各部门要着眼于打好“整体战”,主动担当、压实责任、管控风险、稳妥推进,推动形成做好村社换届工作的强大合力。</td></tr>
<tr><td>思政元素</td><td>作为公共事业管理专业的学生,未来的职业发展定位主要是公共部门的工作人员,他们需要对大量的公共事务进行处理,对思政元素的介入需要与他们未来的职业相契合,这主要表现在以下方面。
思政元素1:形象意识
全面展示中国特色社会主义优越性的重要窗口包括“是”和“展示”两个重要因素,通过对学生的引导,使学生意识到“三地一窗口”与政策表现形式间的契合度,书面知识所习得的政策表现形式是中性的,但在具体实施中,要努力展示正面积极的形象,而树立良好形象的背后是政府对自身的高标准严要求,真正体现出制度的优越性。
思政元素2:社会责任
通过“三地一窗口”系列政策的介绍,以及让学生真正去搜集相关资料,使学生能够自觉树立起公共责任意识,改变“不求有功、但求无过”的错误观点,在未来的工作中敢于承担责任、接受挑战。
思政元素3:职业道德
通过系列政策的介绍,尤其是对不同地方政策表现形式的分析,使学生意识到未来职业的神圣与崇高,进而引导他们树立正确的职业观,遵守职业规范,坚守职业伦理,实现职业价值,并在此过程中强调作为未来政府工作人员的奉献精神以及诚信意识。
思政元素4:服务思想
登哈特的“新公共服务”、毛主席的“为人民服务”与现在政府提出的“服务型政府”同出一源,通过公共政策元政策、基本政策等内容的学习,“润物细无声”地塑造服务意识。</td></tr>
<tr><td>教学实施路径</td><td>1. 基本思路
从公共政策感受出发,通过角色模拟使学生触碰公共政策,并在分析研究的基础上升华认识,实现思政目标。
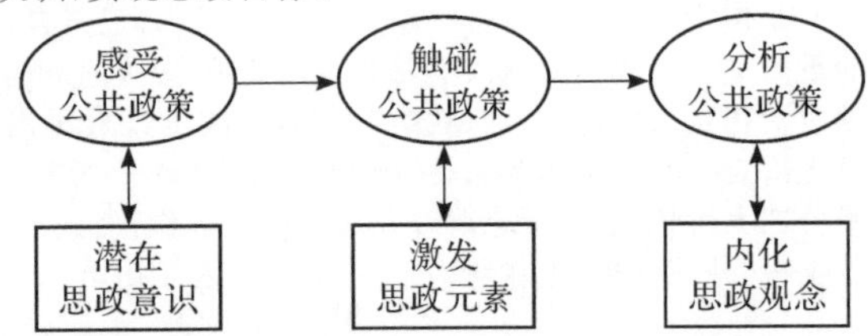</td></tr>
</table>

<table>
<tr>
<td>教学实施
路径</td>
<td>

2. 教学方法

线上线下混合式、角色模拟、案例法等。

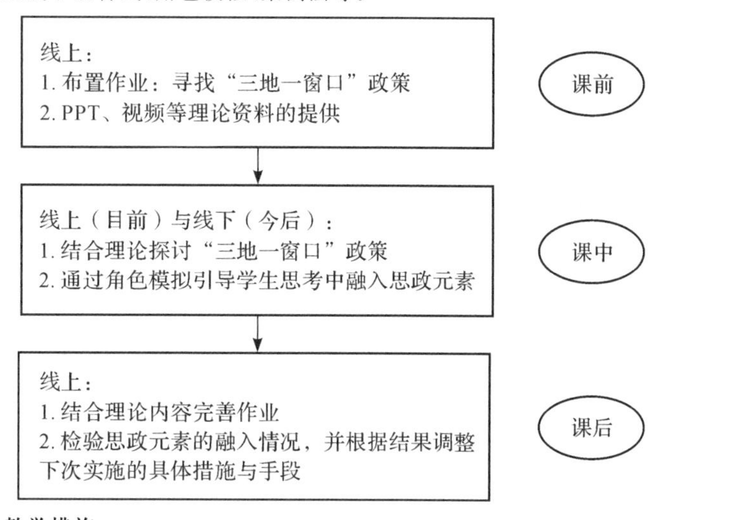

3. 教学措施

(1)课前：资料收集。

通过"学习通"提交相关理论材料，提醒学生提前预习，并布置作业寻找"三地一窗口"政策，建议学生先去搜集相关资料，可以不用形成书面文件。在此过程中，每个学生对政策的收集方向是不同的，接触的材料是大量的，他们最终选择的是学生愿意接受并认可的，这提升了思政元素融入的可能性，达到"润物细无声"的效果。

(2)课中：网络课堂的沟通。

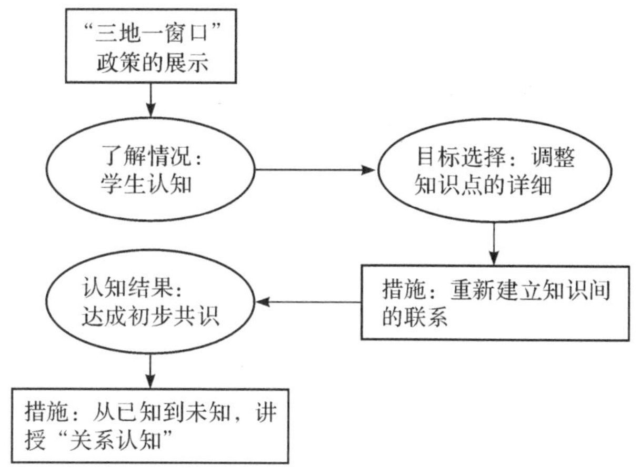

第一环节：政策展示。

学生以小组形式展示收集到的"三地一窗口"政策。

展示时间：三分钟内。

展示形式：角色模拟。

展示内容：可详细讲解某一内容，也可简略讲解多个政策。

</td>
</tr>
</table>

教学实施路径	第二环节:情况了解。 首先,通过各小组间互动,了解他们选择一个或多个"三地一窗口"政策的途径; 其次,通过"学习通"小测验的发布,了解他们对于事先布置的理论内容的掌握程度; 最后,通过提问,了解学生对于政策与知识间联系的掌握程度。 第三环节:重建联系。 结合学生提供的"三地一窗口"政策案例,首先分析我国公共政策横向的表现形式,将理论与现实政策相结合,理解各类公共政策表现形式在我国实际政策生活中的应用;结合安德森、张国庆等人的观点,引导学生注意中西方公共政策表现形式上的区别,同时引入案例《"三个地"奋力担当新时代全面展示中国特色社会主义制度优越性重要窗口的使命任务》,着重从执政党角度分析,使学生明确执政党决策是我国公共政策的特色化表现形式,以及其重要意义与价值;引入案例《以"三个地"担当推动"一带一路"建设走深走实》,使学生明确不同政策表现形式背后的关联性,在未来的职业生涯中审慎地制定各类政策,以实现"1+1>2",提升政策的效果与效率。 其次,分析公共政策的纵向表现形式,并与学生提供的政策案例相匹配,同时通过案例《高站位高质量抓好村社组织换届为"重要窗口"建设打牢基层基础》,明确元政策的功能与作用,并与基本政策和具体政策相关联,明确三者间的关系,同时探讨对于个人政策的不同认知。 (3)课后:通过作业的形式检测与学生最初发言间的区别,若无太大改变,通过调查研究方法分析背后原因,下次授课过程中予以改正;若出现变化,找出变化的关键点,可以在此基础上进一步完善。
教学反思与评价	**一、教学特色** 1.线上与线下的互动,通过"课前预习—课中检测—课后复习"三个环节,使学生能够不断进行巩固; 2.知识与思政的良性循环,将"三地一窗口"直接融入教学内容中来,在专业知识体系中升华思政元素,确保"三地一窗口"政策的双重功能同向同行; 3.知识点与关联性的螺旋式上升,以"三地一窗口"为纽带,建立知识点间的关联性,实现以点成面,以面带点的状态,引导学生的公共意识、责任意识、敬业精神等,真正做到化有形为无形,实现思政的"润物无声"; 4.变被动为主动的思政接受过程,通过引导,要求学生主动寻找"三地一窗口"相关材料,让发现的过程成为学生不断接受与内化的过程,学生在付出努力后会更愿意接受相关内容,且与未来的职业生涯规划相联系,更会提升学生的主动性。 **二、缺点** 在"课程思政"领域,专业特色突出,具有其他专业难以比拟的优势,思政元素基本可以用公共管理类专业知识进行分析,因此,在推广上略显薄弱。

2. 行政法与行政诉讼法

<table>
<tr><td>学　　院</td><td>商学院</td><td>课程名称</td><td>行政法与行政诉讼法</td></tr>
<tr><td>授课教师</td><td>徐肖东</td><td>授课班级</td><td>法学 19 级</td></tr>
<tr><td>授课章节</td><td colspan="3">第六讲　第七节　行政许可的实施</td></tr>
<tr><td>课程类别</td><td colspan="3">A. 公共平台课　<u>B. 专业平台课程</u>　C. 专业选修课　D. 全校选修课</td></tr>
<tr><td>教学目标
（知识、能力、素质三方面）</td><td colspan="3">一、知识目标
1. 掌握概念：许可机关、相对集中许可、听证等基础概念；
2. 掌握方法：分析行政许可实施的合法性的方法。
二、能力目标
1. 检索能力：具备检索行政许可实施相关的法律规范与司法案例的能力；
2. 分析能力：具备分析行政许可司法案例的能力；
3. 写作能力：具备撰写行政许可相关判例的研读报告的能力。
三、素质目标
1. 厚德育：坚持德法兼修，将社会主义核心价值观融入法学学习；
2. 重协作：组织开展模拟法庭、判例研读会，形成有效的协作互动；
3. 强钻研：挖掘案例背后的法理，注重法学研究。</td></tr>
<tr><td>教学内容</td><td colspan="3">一、重点难点
1. 行政许可的实施主体。
<table>
<tr><td rowspan="3">实施主体</td><td>法定行政机关</td></tr>
<tr><td>被授权的组织</td></tr>
<tr><td>受委托行政机关</td></tr>
</table>
难点：(1)区分行政处罚的委托与行政许可的委托；
(2)区分被授权与受委托。
2. 行政许可权相对集中制度。
难点：结合实践中的行政审批制度改革分析。
3. 实施机制：一个窗口对外与联合办理。
难点：与“最多跑一次”改革的关系。
4. 行政许可实施的一般程序。
5. 行政许可实施中的听证程序。
6. 行政许可实施的特殊程序：以政府特许经营权为例的分析。
难点：三种特许程序类型比较（作为课后作业，下堂课由学生报告）。
<table>
<tr><td>类型特征</td><td>解决标准多样性的能力</td><td>披露竞争对手信息的能力</td><td>控制串谋的能力</td><td>反腐能力</td><td>行政成本</td></tr>
<tr><td>公开投标竞价</td><td>低</td><td>中</td><td>低</td><td>高</td><td>低</td></tr>
<tr><td>密封投标竞价</td><td>中</td><td>低</td><td>高</td><td>低</td><td>中</td></tr>
<tr><td>比较听证程序</td><td>高</td><td>高</td><td>中</td><td>中</td><td>高</td></tr>
</table></td></tr>
</table>

<table>
<tr><td>教学内容</td><td>

二、教学设计

采用概念阐述结合案例分析的教学法,突出法理、规范与案例的有机融合。教学过程:上堂课内容提问→案例引导→集中讲授→总结与布置任务。具体如下图。

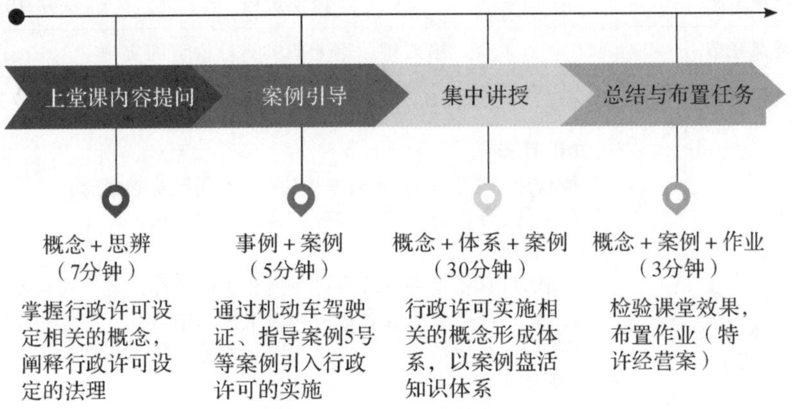

掌握行政许可设定相关的概念,阐释行政许可设定的法理

通过机动车驾驶证、指导案例5号等案例引入行政许可的实施

行政许可实施相关的概念形成体系,以案例盘活知识体系

检验课堂效果,布置作业(特许经营案)

</td></tr>
<tr><td>“三地一窗口”典型案例(3~5个,注明时间、来源等)</td><td>

案例一:《肩负起“重要窗口”的制度建设责任》(来源:《浙江日报》,2020-06-22)

以“最多跑一次”改革为牵引,努力打造最富活力的制度创新高地

坚持以“最多跑一次”改革为牵引,着力破解公共服务供给、基层社会治理以及应急管理的难点、堵点、痛点,探索形成体制创新的倒逼机制和联动机制,要聚焦人才强省、创新强省的首位战略,坚持走中国特色自主创新道路,着力建设最有利于提升人才集聚度、活跃度、贡献度,最能调动创新能力、动力、活力的制度环境,全面构建具有全球影响力、全国一流水平和浙江特色的全域创新体系,不断增强经济社会发展的内生动力。

案例二:《中共浙江省委关于制定浙江省国民经济和社会发展第十四个五年规划和二〇三五年远景目标的建议》(来源:浙江省人民政府网站,2020-11-23)

推动有效市场和有为政府更好结合,加快构建充满活力的市场经济体制机制。

全面深化数字化改革,深入推进“最多跑一次”改革,加强改革举措系统集成、协同高效,促进活力和秩序有机统一,使活力成为最鲜明特征、法治成为最优环境,增创市场有效、政府有为、企业有利、群众受益的体制机制新优势。

案例三:《聚焦“三个地”,追求高质量》(来源:浙江在线,2019-11-14)

不断完善浙江省域影视业发展的治理体系和治理能力的现代化。深化文化领域“最多跑一次”改革,建立“互联网+”政务服务平台,优化办事流程,实施“网上办事、掌上办公”,99%实行“零次跑”,提高行政审批效率。

推进“互联网+监管”平台建设,按照“事前管标准、事中管检查、事后管处罚、信用管终身”的原则,加强日常监管,严厉打击违法违规行为,建立黑名单制度,依法保障企业合法权益,进一步营造公开、公正、公平和透明的电影产业发展环境,有力地促进电影事业健康发展。

</td></tr>
</table>

“三地一窗口”典型案例(3～5个,注明时间、来源等)	**案例四:《中共绍兴市委关于制定绍兴市国民经济和社会发展第十四个五年规划和二〇三五年远景目标的建议》**(来源:绍兴市政府网站,2020-12-30) 全方位营造一流营商环境。对照世界银行标准,迭代升级优化营商环境“10＋N”行动,持续打造市场化、法治化、国际化营商环境。……深化商事制度改革,探索以承诺制为核心的极简审批。依法平等保护企业产权和企业家权益,健全产权执法司法保护制度,打通知识产权创造、运用、保护、管理和服务全链条。
思政元素	**思政元素1:高效便民** 柯桥区全力打造行政审批集成式改革的“柯桥样板”。为推动行政审批制度改革从“单兵突进”走向集成化,为全省全面推进“最多跑一次”改革提供示范,柯桥区行政审批集成式改革列入省委全面深化改革领导小组2017年工作要点。2017年9月25日,省委全面深化改革领导小组第十八次会议审议通过《绍兴市柯桥区开展以“最多跑一次”为目标的企业投资项目行政审批集成式改革实施方案》。方案总体要求:坚持需求导向、数据“跑路”、点面结合,采取前置评估“一站服务”、在线推送“一网速办”、项目全程“一章审批”、竣工验收“一门办理”等措施,推进审批职能集成、创新方式集成、配套要素集成、实现途径集成,构建行政审批集成式服务体系。“柯桥样板”充分体现了国务院《全面推进依法行政实施纲要》要求的高效便民原则。 **思政元素2:行政法治** 指导案例88号:张道文、陶仁等诉四川省简阳市人民政府侵犯客运人力三轮车经营权案。最高人民法院通过该案确定的裁判要点有三:1.行政许可具有法定期限,行政机关在作出行政许可时,应当明确告知行政许可的期限,行政相对人也有权力知道行政许可的期限。2.行政相对人仅以行政机关未告知期限为由,主张行政许可没有期限限制的,人民法院不予支持。3.行政机关在作出行政许可时没有告知期限,事后以期限届满为由终止行政相对人行政许可权益的,属于行政程序违法,人民法院应当依法判决撤销被诉行政行为。但如果判决撤销被诉行政行为,将会给社会公共利益和行政管理秩序带来明显不利影响的,人民法院应当判决确认被诉行政行为违法。该案体现了行政法治原则。 **思政元素3:诚实信用(信赖保护)** 公报案例:益民公司诉河南省周口市政府等行政行为违法案。该案的经典裁判摘要:“根据最高人民法院《关于执行〈中华人民共和国行政诉讼法〉若干问题的解释》第五十八条的规定,被诉具体行政行为违反了法律规定,且损害了相对人信赖利益,但如果撤销该行政行为,将会给公共利益造成重大损失的,应确认被诉具体行政行为违法,并责令被诉行政机关采取相应的补救措施。”
教学实施路径	**一、概念阐述结合案例分析的教学法** 1.概念讲授形成行政法与行政诉讼法的学科体系(从动态的行政过程视角讲授行政法知识体系)。 2.通过案例教学盘活行政法与行政诉讼法的学科体系。 3.课后定期开展行政诉讼判例研讨,由学生召集、主持、报告与评议,最后由主讲教师做总结发言。

教学实施路径	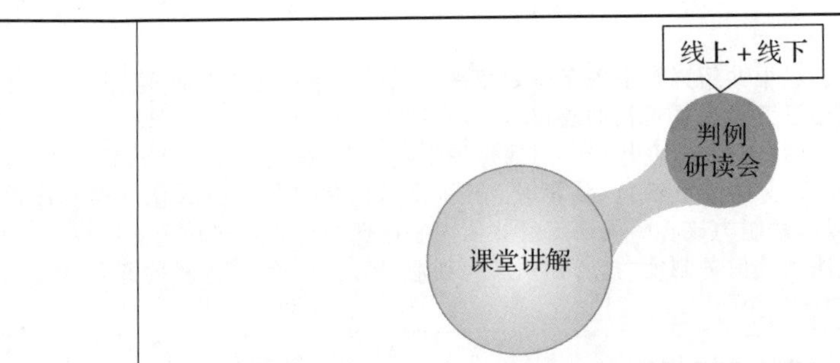 以“行政许可的实施”一节为例,主要讲解的内容有行政许可的实施主体、行政许可相对集中制度、一个窗口对外、联合办理及行政许可实施的程序等概念。 结合案例的教学主要分为两个方面。 1.随堂案例讲解。如在讲到行政许可实施中的信赖保护原则时,主要以益民公司诉河南省周口市政府等行政行为违法案展开。 2.课后案例研读。本节可以研读的案例有指导案例 88 号、邱正吉等不服厦门市规划局规划行政许可案等。案例研读由学生按照一定格式形成报告,并定期在线下或线上组织的判例研读会上报告与评议。 **二、以服务“三考”的学习目标设计教学内容** 本课程根据学生的不同需求,围绕“三考”(即公务员考试、法律职业资格考试、研究生入学考试)制定相应的学习目标。公务员考试要求学生掌握行政许可实施的基本制度,如行政许可听证的适用范围;法律职业资格考试要求学生学会理解、变通相应的专业知识,尤其注重案例题的考察;研究生入学考试要求学生掌握案例背后的法理,如信赖保护的构成要件。此外,因面(复)试需要,课程还注重演说能力的提升,包括课堂回答、案例报告、模拟法庭及其他与人交流的训练。 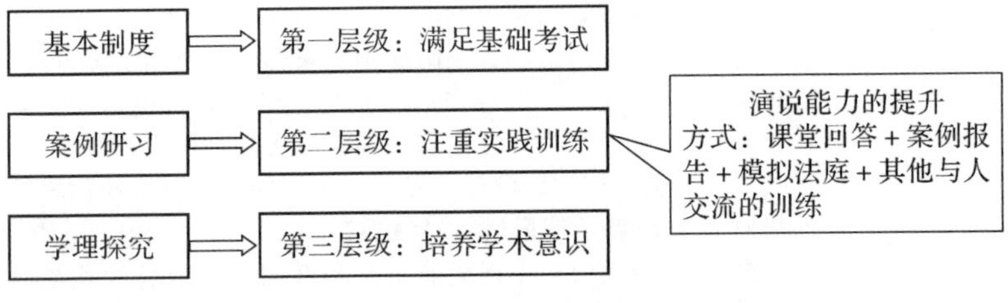
教学反思与评价	**一、教学特色创新** 1.通过讲述典型案例(如指导案例 88 号)、热点案例(如樵彬报考驾驶证考试纠纷案),提高教学的吸引力,提升学生的实践能力; 2.强调行政过程论的分析,动态掌握行政许可实施的相关知识; 3.开展课外判例研读,鼓励学生撰写判例研读报告,提升学生的法律思维。 **二、隐性课程思政** 1.适用一般原则的司法判例。近年来,最高人民法院积极践行和弘扬社会主义核心价值观,不断规范和加强裁判文书释法说理,先后印发了《关于在人民法院工作中培育和践行社会主义核心价值观的若干意见》《关于在司法解释中全面贯彻社会主义核心价值观的工作规划(2018—2023)》《关于深入推进社会主义核心价值观融入裁判文书释法说理的指导意见》等规范性文件,还先后发布三批

教学反思与评价	"弘扬社会主义核心价值观典型案例",公正审理"英烈保护公益诉讼""私自上树摘杨梅坠亡案""冰面遛狗溺亡索赔案"等系列案件,充分发挥人民法院在培育和践行社会主义核心价值观方面的引领、规范和保障作用,以司法公正引领社会公正,让遵法守纪者扬眉吐气,让违法失德者寸步难行。本课程的一般原则与社会主义核心价值观密切关联,因此通过适用一般原则的司法判例能够体现课程思政的内容。 2. 与行政法治相关的政策文件。与本课程相关的政策文件包括行政审批制度改革与"最多跑一次"改革相关的依据。坚持改革和法治相统一相协调是处理改革与法治关系的准则,课程思政便融入对这些政策文件的解读中。

3. 国际市场营销(英)

学　　院	商学院	**课程名称**	国际市场营销(英)
授课教师	江爱情	**授课班级**	国际贸易 17 级
授课章节	第五章　国际市场营销战略　第 3－1 节　国际目标市场细分		
课程类别	A. 公共平台课　**B. 专业平台课程**　C. 专业选修课　D. 全校选修课		
教学目标(知识、能力、素质三方面)	**一、知识目标** 掌握市场细分的概念、细分标准,理解市场细分的作用,了解目标市场战略的步骤。 **二、能力目标** 能够运用细分标准进行实际市场的细分,以及具体个案的分析。 **三、素质目标** 坚定中国特色社会主义核心价值观,启发学生批判性思维,拓展学生国际化视野。		
教学内容	**一、重点难点** 教学重点是市场细分作用和细分标准,教学难点是市场细分标准的具体运用。 **二、教学设计** 采用"导、讲、探、评、练" 五步教学法,开展课堂活动。 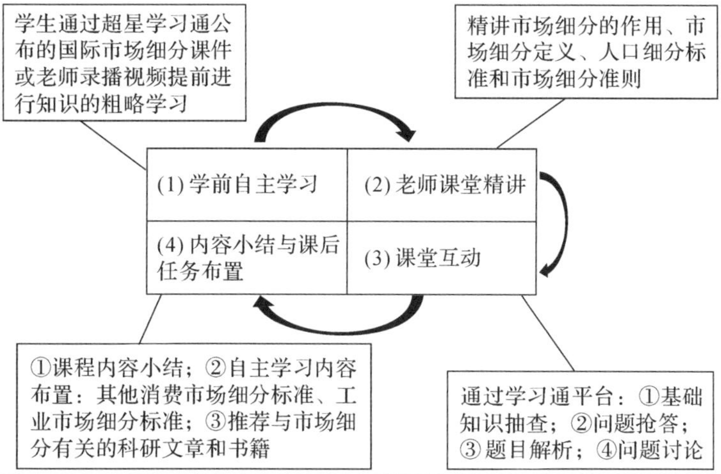 学生通过超星学习通公布的国际市场细分课件或老师录播视频提前进行知识的粗略学习 精讲市场细分的作用、市场细分定义、人口细分标准和市场细分准则 (1) 学前自主学习 (2) 老师课堂精讲 (3) 课堂互动 (4) 内容小结与课后任务布置 ①课程内容小结;②自主学习内容布置:其他消费市场细分标准、工业市场细分标准;③推荐与市场细分有关的科研文章和书籍 通过学习通平台:①基础知识抽查;②问题抢答;③题目解析;④问题讨论		

"三地一窗口"典型案例(3~5个,注明时间、来源等)	**案例一:《浙江精神,奋进新时代的磅礴力量》**(来源:杭州网,2019-09-03) 求真务实。尊重规律、崇尚科学,真抓实干、讲求实效。 不断求改革之真。坚持以"八八战略"为总纲,扎实推进"六个浙江""四个强省""两个高水平"建设。"腾笼换鸟、凤凰涅槃"助力经济转型升级,探索民营经济高质量发展新路径。不断创造体制机制新优势,"最多跑一次"改革从浙江跑向全国……在共圆中国梦的伟大实践中,满眼是浙江探索求真的身影。 不断务发展之实。当年的"鸡毛换糖"换来了城乡居民人均可支配收入分别连续18年和34年居全国各省(区、市)首位,生产总值从1949年的15亿元跃升到2018年的5.6万亿元,平均每9个浙江人中就有一位创业者。全省的经济内生动力澎湃,改革创新的"形"和"势"都表现出好于全国平均水平的态势。决胜全面小康的路上,处处有浙江务实进取的行动。 **案例二:《浙江文化研究工程实施十五周年:坚定文化自信,熔铸浙江精神》**(来源:杭州网,2020-09-21) 2005年7月,中共浙江省委十一届八次全会后,"文化研究工程"被列为浙江文化大省建设的"八项工程"之一。在"文化大发展大繁荣"的号角声中,一项有关浙江历史文化和当代发展的系统研究,以前所未有的规模在之江大地徐徐展开。浙江文化研究工程相继启动一期、二期,从容布局,始终围绕着"今、古、人、文"四个字做文章。 一"今"一"古",互为观照。"今"即"浙江当代发展研究",既深入总结浙江经验,科学解读省委、省政府的重大决策;又系统研究浙江经济社会发展进程中的重大发现和理论问题。"古"即"浙江历史文化专题研究",以浙江文化的起源、发展、变迁及其在中国文化史上的地位、影响为重点。 一"人"一"文",相映成趣。"人"即"浙江名人研究",对在浙江历史上产生重大影响的名人生平、思想等进行系统考订与研究,撰写出版名人传记。"文"即"浙江历史文献整理",收集、整理、出版浙江经济、政治、文化、社会等方面的重要文献资料。 这项工程的启动和运行,是浙江以项目化、工程化方式推动文化传统赓续发展所下的一盘先手棋,也是浙江在文化领域"秉持浙江精神,干在实处、走在前列、勇立潮头"的重要举措。 **案例三:《车俊:大力弘扬浙江精神和企业家精神,推动企业稳外贸拓市场抓创新促发展》**(来源:央广网,2020-07-23) 2020年7月22日,浙江省委书记车俊赴嘉兴调研并主持召开企业座谈会。他强调,要深入学习贯彻习近平总书记在企业家座谈会上的重要讲话精神和考察浙江重要讲话精神,把习近平总书记对企业的关怀和支持及时传导下去,把浙江企业的灵性和活力更好激发出来,坚持深化改革扩大开放,坚持市场有效政府有为,大力弘扬浙江精神和企业家精神,支持企业稳外贸拓市场、抓创新促发展,推动企业发挥更大作用,实现更大发展。

思政元素	**思政元素 1:开拓创新** 晶科能源公司是浙江最大的光伏电池和组件制造企业,凭借强大的技术创新和售后服务优势,产品畅销“一带一路”沿线国家,订单排到了明年。亚特电器公司近年来强化创新,在新冠肺炎疫情防控期间部分市场变化的情况下,主动争取客户,转移订单,顺利拓展了国际市场。 **思政元素 2:求真务实,诚实守信** 海亮集团致力于教育、有色材料智造、健康三大主业的发展,卓有成效。董事局董事、总裁周迪永强调,诚信文化是海亮企业文化的基石,是所有品牌的基石。海亮的文化,有着浓郁温馨的家文化,这就要求海亮人始终坚守诚信文化,更加具备自驱力、更加具备主动性。
教学实施路径	采用“导、讲、探、评、练” 五步教学法,开展课堂活动。 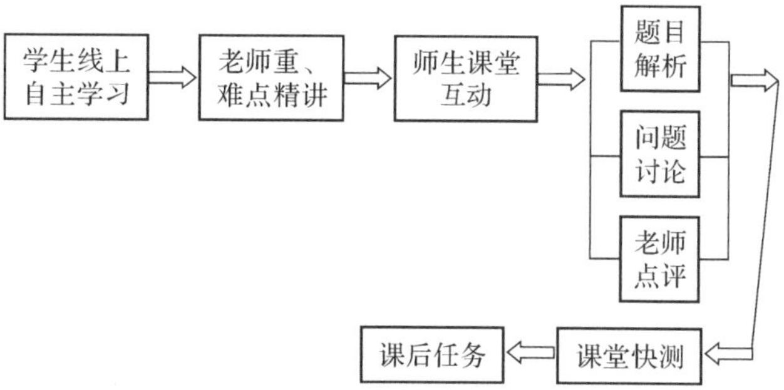 学生线上自主学习 ⇒ 老师重、难点精讲 ⇒ 师生课堂互动 ⇒ 题目解析 / 问题讨论 / 老师点评 ⇒ 课堂快测 ⇒ 课后任务 1.学生通过超星学习通的 PPT 和授课视频进行课前自主学习; 2.“导”和“讲”:老师通过重、难点精讲进行知识点的课堂导入; 3.探和评:师生通过题目解析、课堂抢答、课堂选人等进行市场细分的理解性和创新性知识点的探索和点评; 4.练:通过课堂快测测试学生基础知识的掌握,以及课后的章节测试和课外讨论进一步巩固学生对本节知识点的理解和掌握; 5.在问题探讨中引导学生正确的三观以及课后名人故事分享进一步强化职业素养。
教学反思与评价	**一、教学特色创新** 1.设计多种线上线下的教学活动,始终刺激学生保持较好的学习状态 依据教育心理学的学习规律来设计教学活动,安排题目解析、问题讨论、课堂快测等多种教学方式和手段,丰富课堂教学形式,提高教学的吸引力,考查学生有没有认真预习,课堂有没有认真听讲,知识点有没有认真理解,倒逼学生扎扎实实地进行课堂内外学习,及时消化并掌握知识点。 2.通过案例引入市场细分的概念和体会市场细分的重要性,引出研究内容。 **二、隐性课程思政** 1.课堂问题讨论:例如高油高盐类食品,如汉堡、油炸肉类等在儿童中的细分问题,探讨企业进行市场活动时如何兼顾道德问题。 2.课后分享名人故事:例如知名企业家宗庆后如何创业以及在企业经营中如何坚守企业的社会责任问题、社会担当问题。

4. 管理沟通

学　　院	商学院	课程名称	管理沟通
授课教师	雷　宇	授课班级	工商管理19级
授课章节	第五章　倾听		
课程类别	A. 公共平台课　**B. 专业平台课程**　C. 专业选修课　D. 全校选修课		
教学目标 (知识、能力、素质三方面)	**一、知识目标** 1. 倾听的基本内涵:学生能够评论倾听的重要价值;描述倾听的过程;比较并辨别“有效的倾听”和“无效的倾听”。 2. 同理心倾听:学生能够列举同理心倾听的关键环节。 3. 倾听的障碍:学生能够归类倾听的主客观障碍的具体内容。 4. 有效倾听的技巧:学生能够分别列举三种以上倾听中听的技巧、说的技巧和非语言技巧。 **二、能力目标** 1. 初步具备倾听中的人际敏感性,并能够进行换位思考; 2. 通过倾听中的语言和非语言行为,建构良好的沟通关系和沟通结果。 **三、素质目标** 1. 扎实务实的工作作风。能够积极主动地倾听,控制负面情绪和分心行为;创新工作方式方法,寻求问题的解决。 2. 超越小我的价值观。能够换位思考和行动,寻求“互赢”合作。		
教学内容	“倾听”是“管理沟通”课程教学内容三大模块(基础模块、技能模块和应用模块)中技能模块的内容之一。“倾听”这一章的教学内容具体包括四节,即倾听的基本内涵、同理心倾听、倾听的障碍和有效倾听的技巧(如下图所示)。 第五章 倾听 — 基本内涵:有效倾听的意义;倾听及其过程;无效倾听的表现(忽视地听;虚假地听;……) — 同理心倾听:站在对方角度;辨识情绪和含义;恰当反馈 — 倾听的障碍:主观障碍:生理、态度与行为;客观障碍:自然环境与组织环境 — 有效倾听的技巧:“听”的技巧;“说”的技巧(复述;澄清与提问;认同情绪与感受);非语言技巧 另外,图中有灰色底纹的部分是本章的重点、难点部分,即同理心倾听和有效倾听的技巧两节。之所以是重点,是因为这些内容是进行有效倾听的重要理念和技巧;之所以是难点,是因为其和常识有出入。		

“三地一窗口”典型案例(3～5个，注明时间、来源等)	**案例一:《统筹推进疫情防控和经济社会发展工作　奋力实现今年经济社会发展目标任务》**(来源:《浙江日报》,2020-04-02) 2020年3月29日至4月1日,习近平在浙江省委书记车俊和省长袁家军的陪同下,先后来到宁波、湖州、杭州等地,深入港口、企业、农村、生态湿地等,就统筹推进新冠肺炎疫情防控和经济社会发展工作进行调研,强调要全面贯彻党中央各项决策部署,奋力实现今年经济社会发展的目标任务。 在调研过程中,习近平积极倾听并了解了来自各个方面的汇报和建议,对浙江各项工作予以肯定,赋予了浙江“努力成为新时代全面展示中国特色社会主义制度优越性的重要窗口”的新目标、新定位。 **案例二:《有诉求可及时说　有意见可当面提》**(来源:《绍兴晚报》,2021-01-19) 宾舍村是柯桥区人口最多的村庄,常住人口逾1万人。两年前,它还是全区有名的“后进村”。两委班子“瘫痪”,村民人心涣散,历史遗留问题多……2019年3月,宾舍村跨出蝶变第一步——新上任的村党总支书记钱勇征、第一书记邱国庆推出“书记接待日”,听民意,解民困。 数据显示,2019年,宾舍村“书记接待日”共接待村民来访201人次,受理疑难问题143个,90%以上问题得到解决。经测评,群众对村干部的满意度从2018年的87%提高到96.8%。2019年当年就摘掉了“整转帮扶村”的帽子。 **案例三:《上虞这群“和事佬”能耐大》**(来源:《绍兴日报》,2021-02-19) 上虞区有12名交通事故专职调解员。2019年至2020年,他们成功调解交通事故纠纷3801起,其中重大事故纠纷调处成功率为99.39%,涉及赔付金额3160.71万元。纠纷就地化解后,没有出现一起反悔或上访现象。2020年,上虞区涉交通事故诉讼案件同比减少28.15%。近日,这个12人团队被司法部授予“全国模范人民调解委员会”称号。 上虞区交调委主任陆银龙说,交调委的调解员们个个有诚心、耐心和责任心,让一起起事故纠纷最终得以化解,“我们的‘秘籍’是,面对面消怨气,背靠背解疙瘩,当场调解当场履行完毕,避免节外生枝”。 **案例四:《“1万多元的手机丢了,谁不难受?你交给警察,做回好人吧!”》**(来源:《宁波晚报》,2021-01-20) 2021年1月16日,浙江宁波慈溪市的张女士来到一家数码店维修手机,正好遇上店老板在打电话,在一旁等待的张女士听出,电话那头的人想对一部捡来的手机刷机、解锁,而店老板则在电话中明确拒绝,直言不讳地跟对方说“做回好人吧”,并建议对方把手机交给警察或者送到派出所。“你送到派出所就行了!”“换位思考一下,你一万多元的手机丢了,难不难受?”“刷不开的!这手机就是刷开了也没用的,你还是交给警察吧!”“别动(歪)脑筋了!”看到这位正义感满满的小伙“教育”了一番电话另一头的人,张女士顺手记录下这一幕。 据了解,小伙叫小楼,今年27岁,是浙江慈溪人。2015年,他从武警部队退役。目前在慈溪当地经营着一家数码店。对于在网络上的“走红”,小楼表示很意外,“我就是一个平凡人,做了大家都会做的事,没什么了不起的”。 **案例五:《高速堵车救护车获45°让行,监控记录全过程,画面太震撼!》**(来源:北晚新视觉网(北京晚报官网官方账号),2021-02-16) 2021年2月16日,浙江金华。杭金衢高速上,一辆救护车驶过拥堵路段,车辆纷纷采取了45°避让法为救护车让出生命通道。据悉,该路段正好发生了一起交通事故,引起了后方的拥堵,救护车想要通过堵车路段,必须有车辆的让行才能通过,于是就上演了暖心一幕。

思政元素	繁体字的“聽”为耳德(如下图所示),即耳朵所得。将“听”字拆分开:左侧为“耳”听为“王”,右侧为“十目”“一心”。 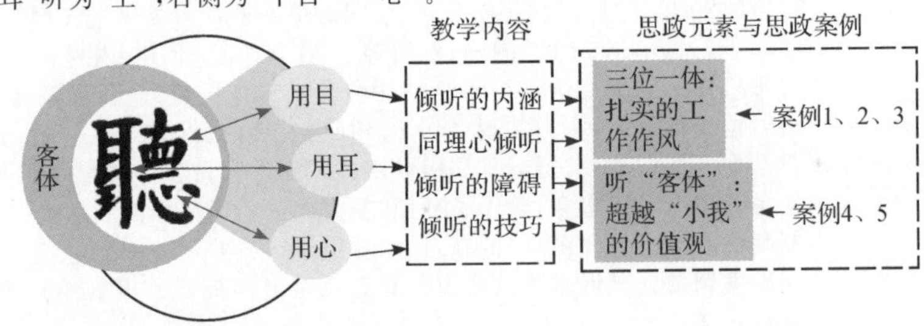 **思政元素1:扎实的工作作风** 倾听从定义来看是“通过语言或非语言方式接收信息,确定其含义,并做出反馈的过程”。正如中国的繁体字“聽”所展示的,交流的过程需要动用眼睛、嘴巴和心灵,才能够较好地听到真意,克服倾听中的主客观障碍。这种“三位一体”的倾听过程,来不得半点偷懒和松懈。 **思政元素2:超越“小我”的价值观** 倾听是一个和外界客体互动的过程。客体有可能是一个人,也可能是一群人,甚至是自然环境中的任何事物,乃至社会道德法则。在互动过程中,只有换位思考,超越“小我”,才有可能求同存异,实现“共赢”。在这个过程中,可以充分利用倾听的各种技巧,尽可能全面地获取信息,和客体积极互动并反馈,以达成共识。
教学实施路径	在教学设计中,充分利用线上教学平台,开展课前预习和课后复习总结。同时,以课堂教学为主战场,结合倾听章节的具体内容,通过课堂教学六环节实施路径(如下图所示),即案例导入、倾听的内涵讲解、同理心倾听演练、倾听的障碍讲解、有效倾听技巧的应用与分享、课程总结。其中,围绕同理心倾听和有效倾听的技巧两个重难点,开展课堂演练与应用。 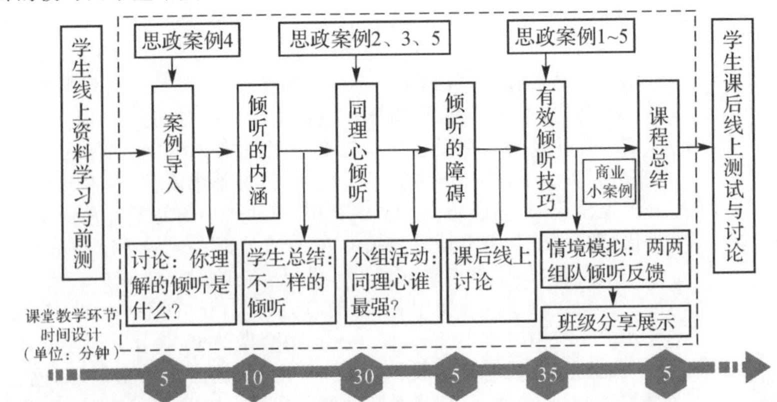 在具体实施过程中,教师需要做好课堂讲解的引导与启发,并注意时间的把控,切实实现对教学内容重难点的突破。对于学生线上学习,教师要尽量引导和促动,通过提供学生喜闻乐见、富有时代气息和社会正能量的多种形式的教学素材,以充分调动学生的学习积极性。

教学反思与评价	**一、教学反思** 1.教学目标引领教学设计 在整个教学过程中，始终围绕着教学目标开展教学设计与实施，通过多种形式的教学内容设计和教学活动设计，调动学生的学习积极性，提高学生的倾听能力。特别是围绕着“倾听”这一章的重、难点，开展课堂讨论及模拟应用（如“同理心谁最强？”“有效倾听技巧情景模拟”）。 2.为教学设计赋予时代气息 任何的社会活动都是在一定时代和场景中进行的，教学活动也是如此。教学设计和教学内容必须和时代的需求相一致，既符合青年学生的审美和表达特点，又积极努力传达社会正能量。只有这样，才能让青年学生“听进去”“听入心”。例如，五个思政案例都具有这样的特点。其中，案例四的当事人和青年学生年龄相当，倾听和反馈表达清晰，因而作为教学导入案例，既可以让学生领悟倾听在生活中的应用，又可以将其作为学习的榜样。 **二、教学评价** 教学评价既包括评学评价，也包括促学评价。评学评价主要通过线上的课前测试和课后测试完成。促学评价包括教师评价和学生互评。其中，教师评价包括课堂口头讨论评价以及线上讨论评价（如“倾听的障碍”）；学生互评包括讨论评价（如“同理心谁最强？”“有效倾听技巧应用”等）。 教师在教学评价中要注意加强和学生的交流和对话，引导学生之间相互倾听和学习，逐步改进和提高倾听能力，发展学生可持续的学习能力。

5.财务会计

学　　院	上虞分院	课程名称	财务会计
授课教师	徐群飞	授课班级	会计192班
授课章节	第五章　固定资产　第二节　自营建造固定资产的会计核算		
课程类别	A.公共平台课　**B.专业平台课程**　C.专业选修课　D.全校选修课		
教学目标（知识、能力、素质三方面）	**一、知识目标** 1.掌握基础知识。掌握自营建造固定资产支出中资本化费用化的概念，以及资本化开始与结束的时点判定，掌握自行建造与出包建造的区别。 2.掌握分析方法。掌握自营建造固定资产的会计核算方法。 3.理论联系实际。分析实际自建厂房和自建职工宿舍等账务处理的应用。 **二、能力目标** 1.理论计算能力：对建造不同建筑物的成本构成（料、工、费、税）的计算能力。 2.分析比较能力：对建造不同建筑物的增值税、消费税等计算与会计处理能力。 3.软件仿真能力：利用网中网财务会计模拟实训平台，分析审核原始凭证并进行账务处理的能力。		

教学目标(知识、能力、素质三方面)	**三、素质目标** 1.团队合作学习:组建学习小组，培养合作学习、主动学习与团队精神。 2.爱国报国意识:通过案例,感受中国速度、“基建狂魔”,激发爱国情怀。 3.创新思维意识:通过模拟实训项目,培养实践与创新思维。 4.精益求精态度:通过隐性思政,培养追求极致的工匠精神。
教学内容	**一、重点难点** 1.资本化与费用化的区分,资本化开始与结束时点的判断。 2.购入和领用工程物资的增值税处理;领用原用于生产的原材料和领用自产产品的增值税与消费税的会计处理。 3.自营建造中发生各项支出的会计处理。 4.针对仿真实训中的原始凭证,如何审核分析,并正确进行账务处理。 **二、教学设计** 采用“导、讲、探、评、练、拓”六步教学法:案例导入—概念剖析—探索具体业务处理—分组挑战相互评价—仿真模拟演练—总结拓展布置任务。
“三地一窗口”典型案例(3~5个,注明时间、来源等)	**案例一:《深刻认识建设“重要窗口”的重大意义,进一步增强做好工作的责任感使命感荣誉感》**(来源:《浙江日报》,2020-06-23) 习近平总书记赋予浙江的新目标、新定位,为我们向第二个百年奋斗目标进军、迎来浙江更加美好的明天,注入了“百尺竿头、更进一步”的加压之力、“面向现代化、拥抱现代化”的驱动之力、“以稳求进、以进固稳”的笃定之力。我们要对标最高最好最优、有站位有担当有特色,不断找差距、提层次、抓落实,进一步在迈向现代化的征程中找准切入点、聚焦发力点、形成增长点,努力实现全领域全方位全过程的全面过硬,更好地展示“重要窗口”整体形象。 **案例二:《为建设“重要窗口”培育更多优秀人才》**(来源:浙江在线,2020-09-09) 当前浙江省正在建设“重要窗口”,需要一批又一批优秀儿女努力奋斗。教师承担着为党育人、为国育才的重任,使命光荣、责任重大。教师的言行能够影响学生的一生。希望广大教师重德修身,不断提升自我,以自身的人格魅力塑造学生纯真完美的心灵,以自身的师表风范带动社会风气改善;勇于攀登、刻苦钻研,走在科技和社会发展前沿,不断提升业务水平,更好传道授业解惑,带动培养一批又一批优秀人才;勇于改革创新,改进教育教学的方式方法,让学生勤于创造、敢于创造,努力多出人才、快出人才。 **案例三:《瞄准“双一流”建强“三个地”》**(来源:《浙江教育报》,2019-04-19) 以社会需求倒逼专业“瘦身”,以优势学科促进专业“健身”,布局建设新专业,提升学科专业的社会契合度。深化培养模式改革和课堂革命,夯实“互联网+”教学基础,推进科教融合、产教融合和国际化培养,提升学业挑战度。以一流学科建设为主线,加快建成应用基础研究和产业核心技术创新高地。

<table>
<tr><td>思政元素</td><td>

思政元素 1:爱国报国

“不可能完成的任务”“10 天建座医院,这怎么可能完成?”这是众多参加火神山医院设计、施工者接到任务指令时的第一反应。中建三局三公司项目经理方翔从事土木建筑行业多年。他说:“按照常规流程,3 万多平方米建筑量的项目,至少要两年才能建成。紧急状态下搭建临时性建筑都需要 1 个月,更何况是新建一座传染病医院?”疫情不等人。与死神竞速,情势紧迫,间不容发。各方面迅速动员,进入战时状态。在这么短的时间里,顶着全国瞩目的重大压力,还是在春节假期缺工人、人员密集风险高的大环境下,要调配大量的人员和物资,部门之间要默契配合,共同完成一项零失误、零感染的任务,这件事放眼世界,只有中国能做到。

在中国湖北武汉,从一块平地上建造火神山医院,1000 个床位,具备新风系统、负压系统、急救室、污水处理、食堂、水电气网,并可容纳 2000 名医护人员的住宿,只用了 10 天。在这个成果的背后是一群人的付出。

有人觉得短时间内建成雷神山、火神山医院是奇迹,但不是,因为奇迹是不可复制的。十天之内建起一家医院,在中国除西藏以外的任何三线城市都能做到,这才是真正的奇迹。

思政元素 2:工匠精神

财务会计学是科学与艺术的完美结合。一方面,财务会计学是一门管理科学。它是以企业财务数据为基础,运用多种分析工具,对企业的薄弱点进行控制调整,从而实现企业价值。这一过程需要多种量化计算,准确性要求极高,所以说财务会计学是一种科学。另一方面,财务会计学也是一种艺术。会计准则为会计人员从事会计工作提供规则和指南。理论或许可以排除非正常因素的一切干扰,但在实际中按理论判断对与不对往往并不可行。财务会计学是一种讲究分寸的艺术,要在排除各种干扰之后再做出判断,在考虑企业能力的同时更要遵守原则。因此,对会计从业人员来说,不断学习新知识,是必然要求。这就需要会计人员具有较强的学习能力,及时更新掌握会计专业知识,完善自己的专业知识体系,能够站在全局的高度考虑企业的财务会计问题。会计的工匠精神要求会计人员对财务会计报告、管理报告等,精益求精,必须确保每个数字的准确;不断提升专业技能,因为真正的工匠在专业领域上绝对不会停止追求进步,无论是使用的工具、政策还是财税法规,都在不断完善。

</td></tr>
<tr><td>教学实施路径</td><td>

一、六步教学法

采用“导、讲、探、评、练、拓”六步教学法。 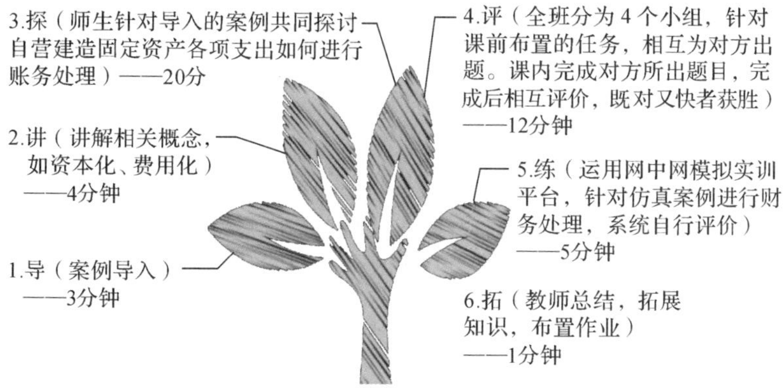

</td></tr>
</table>

教学实施路径	1.案例导入:用火神山建造案例引入,体验中国速度、基建狂魔,激发爱国情怀,并引出知识点——自营建造固定资产的会计核算。 2.概念精讲:通过对比迁移的方式,分别介绍资本化与费用化的概念,以及资本化开始与结束的时点判定。 3.探究新知:师生共同探究自营建造固定资产如何进行账务处理,尤其是针对不同建造类型在增值税、消费税等方面的会计处理。 4.挑战互评:按课前分组自学要求,自学完成后各小组为别的小组出一道题,若对方答对则对方加分,对方答错则出题方加分。课堂交换题目后快速讨论解答,并为对方评分,增强团队协作能力。 5.模拟演练:通过网中网财务会计模拟实训平台,针对仿真原始凭证进行模拟账务处理,系统自动评分,检验学习效果。 6.小结拓展:小结本节课知识重难点,提出拓展问题,并布置作业。
教学反思与评价	一直期待自己的课改能够持续走向深层变革,期待学生的学习能够持续走向深度学习,最终使自己的课堂能够朝着"有生命、有灵魂、有生长"的目标持续努力。 第一,让课堂"有生命"。课堂是师生延续和发展生命的地方,若将善待学生生命落实到课堂之中,课堂定然是鲜活和富有人性的。如何使课堂"有生命"?我理解的生命课堂是以尊重学生的个体生命为基本的课堂,要想让每一个生命的个体都能在课堂上闪现出生命活动的过程,我们必须进行有效教学。要想构建"有生命"的课堂,我们必须真正体现以学生的学习为中心的教学理念。教学准备时需要研究学生原有的认知准备和情感准备;在教学过程中始终关注学生学习的状态,学习的兴趣、动机的激发以及互动、合作的学习方式的运用,学生学习效果的反馈,选择和实施适当的教学策略;教学效果的评价以学生的发展为目的。有效教学应充分重视教师在教学过程中的地位和角色,既强调学生在教学过程中的主导地位,同时也明确教师在教学中起到激励、组织、引导、评价的作用。 在本节课中,课前让学生通过学习通自主学习,自编案例,然后让学生到课堂探究新知,为其他小组讲解评价,每个环节都凸显出学生的主导地位,充分挖掘学生的潜力,激发学生的学习兴趣,让课堂更具活力和生命力。 第二,让课堂"有灵魂"。所谓"有灵魂",要凸显课堂教学的精髓。众所周知,知识、技能、思想是学科教学的三大要素,学科思想是学科教学的精髓与灵魂。学科思想是形成学生情感、态度、价值观的重要因素,是赋予学生"价值生命"的营养要素。 本节课的课堂"灵魂"在于体现会计学科思想,也即《企业会计准则》和《中华人民共和国税法》,会计核算始终以此为基准。我们的课堂更要培养会计人的职业道德,发扬工匠精神,精益求精。 第三,让课堂"有生长"。所谓"有生长",即学生有获得、有成长,重点要突出知识技能和精神成长两个方面。如今的课堂变革正从"教本"持续走向"学本"与"习本",每一堂课要让学生有实实在在的收获与成长,彰显教育的"知识、技能、人格、文化"四大元素,以达成三维课堂教学目标。 在本节课中,最后的教学环节即总结拓展,给学生提出一些教材之外的观点和理念,让学生查找资料验证真伪,并结合税法改革与发展,让学生明白终身学习的道理。

6. 酒店服务心理学

<table>
<tr><td>学　　院</td><td>上虞分院</td><td>课程名称</td><td>酒店服务心理学</td></tr>
<tr><td>授课教师</td><td>章杰瑛</td><td>授课班级</td><td>酒店管理 191</td></tr>
<tr><td>授课章节</td><td colspan="3">服务篇模块十　酒店客人投诉心理及处理策略</td></tr>
<tr><td>课程类别</td><td colspan="3">A. 公共平台课　<u>B. 专业平台课程</u>　C. 专业选修课　D. 全校选修课</td></tr>
<tr><td>教学目标（知识、能力、素质三方面）</td><td colspan="3">1. 知识目标
了解酒店客人投诉的原因和心理需求，熟练掌握处理投诉的程序，并能认识和理解公民基本道德规范在酒店服务工作中的意义。
2. 能力目标
运用心理学的相应理论和经验，结合酒店业实际情况，有效解决客人投诉问题；培养学生细致的观察能力、高效的合作能力、揣摩心理的分析能力、求新求变的创新能力等综合职业能力。
3. 素质目标
激发学生的学习兴趣和学习动力，提升专业认同感；强化学生的角色知觉，培养学生爱岗敬业、自觉为客人提供优质服务的职业品质；引导学生成人成才，融入、贯穿、落细、落小、落实社会主义核心价值观的弘扬和培育。</td></tr>
<tr><td>教学内容</td><td colspan="3">1. 重点
掌握处理投诉的策略，强化责任意识，养成认真负责的习惯，应用规范化程序解决具体的投诉案例并内化为能力，增强从业信心。
2. 难点
处理投诉的灵活与创新，将运用心理学处理投诉的经验转化为生活智慧，注重个人综合素质的提升。</td></tr>
<tr><td>“三地一窗口”典型案例（3～5 个，注明时间、来源等）</td><td colspan="3">案例一：《建设“重要窗口”　贡献基层力量》（来源：人民论坛网，2020-04-28）
习近平总书记对浙江提出了新目标、新定位，要加快把浙江建设成为“新时代全面展示中国特色社会主义制度优越性的重要窗口”。成为“重要窗口”，不是一句空洞的口号，也不是一张自贴的标签，更不是一蹴而就便可实现的，而是需要每一个浙江人脚踏实地去干成的。在实干中增长才能、在实干中彰显价值、在实干中成就梦想，应是当下青年一代的人生追求。平凡的岗位，基层的工作，也可以有不平凡的奋斗精神。
案例二：《中共浙江省委关于制定浙江省国民经济和社会发展第十四个五年规划和二〇三五年远景目标的建议》（来源：浙江省人民政府网站，2020-11-23）
中国共产党浙江省第十四届委员会第八次全体会议就制定国民经济和社会发展“十四五”规划和二〇三五年远景目标提出：要坚持以社会主义核心价值观为引领，深入实施文化建设“八项工程”，文化强省、提升文化软实力，文化树人、引领社会新风尚；要深化文化体制改革，健全出精品、出人才、出效益的体制机制，要推进文旅、体旅深度融合，创建富有文化底蕴的世界级旅游景区和度假区、文化特色鲜明的国家级旅游休闲城市和街区。政府决策为后疫情时期文旅业带来极大红利，也让酒店从业人员迎来了又一个春天。</td></tr>
</table>

“三地一窗口”典型案例(3～5个,注明时间、来源等)	**案例三:《向服务致敬　向标杆学习》**(来源:《绍兴日报》,2019-10-23) 新中国成立70年,特别是改革开放41年,绍兴旅游饭店业的发展取得了辉煌成就和良好态势。70年,也是旅游饭店人倾匠心之力铸就绍兴饭店业服务品牌的历史。他们心怀改革、勇立潮头,他们坚定不移、充满激情,他们子承父业、薪火相传,几十年如一日坚守岗位不懈追求,奋斗路上永不停歇。为进一步推进全市旅游饭店业发展,2019年绍兴市特别举行了“向服务致敬、向标杆学习”——新中国成立70周年绍兴市饭店业先进表彰暨创建高品质饭店大会。大会通过表彰,激励行业先进继续前行,鼓励全市从业人员以身边模范为榜样,以行业先进为标杆,在全行业、全社会营造“比学赶超”的良好氛围,为创造绍兴饭店业新成就而持续奋斗。
思政元素	**思政元素1:“爱国、敬业、诚信、友善”的社会主义核心价值观** 本班学生均为省内生源,学习基础和学习能力较好,但学习主动性有待增强,习惯于被动接受,受传统思想的影响,很多同学对酒店服务认识有偏差,片面认为这是脏活、粗活、差活,是没有挑战性的工作。针对学生的这些情况,课程教学须坚持“以学为中心”,变孤立式教学为互补性教学,创设更多工作模拟场景和实践机会,进一步培养学生的专业认同感;在此基础上引导学生及时将理论知识外化为自觉行动,同时围绕专业自信的塑造培育学生“爱国、敬业、诚信、友善”的社会主义核心价值观。 **思政元素2:工匠精神** 工作熟练无误,仅以为“工”,而未成“匠”;由表及里,精益求精乃为“工匠”。想要成为“工匠”,最重要的就是要热爱本职工作,将满腔的热忱投入工作当中,在服务中实现自己的人生价值,不断学习,不断进步。工匠精神不是一朝一夕的慷慨激情,而是长年累月的坚守,在平凡的岗位上,始终保持初心,且心无旁骛,锲而不舍,即是工匠精神最生动的践行。
教学实施路径	**教学方法** 1.任务驱动教学法。课堂教学以具体任务的形式出现,在教师的引导下,通过师生双向互动逐步深入,得出结论和提出解决问题的方案,使学生获得具体生动的行业理论知识,激发学生的学习兴趣,提高学生学习的自觉性。 2.案例分析与启发式教学。选择针对性强的相关案例,进行深度剖析,提出富有思考性的问题,“营”势利导,让学生主动去了解问题出现的特点、变化的动态,剖析其中存在的规律,提出解决问题的方案。 3.线上线下混合式教学。通过绍兴文理学院网络教学平台搭建及时反馈、自定步调、积极反应的互动学习平台,建立“互联网+”的“五阶段”混合式教学模式,即教学准备—课前模仿练习与难点发现—课中难点突破与专项训练—课后强化训练与应用迁移—及时评价与反思提高。 **教学内容与过程** 1.创设情境,导入新课(5分钟):通过网络视频资料导入新课,引导学生带着目标去学习。 (1)知识体系:酒店投诉的概念。(2)思政元素:诚信。 2.教师引导,新知探究(10分钟):通过“举例说明”和“现场提问”,引导学生有效思考客人投诉的心理需求。 (1)知识体系:酒店客人投诉的目的分类,酒店客人投诉的心理需求。(2)思政元素:友善。

教学实施路径	3.案例分析,思考归纳(10分钟):通过案例1和案例2,指导学生分组讨论、分析、探究,导出课程核心知识。 (1)知识体系:处理客人投诉的策略,包括处理原则、处理程序和处理技巧。(2)思政元素:“包容、协作、团结、和气、宽厚”等价值理念。 4.应用实践,角色扮演(15分钟):通过角色扮演,创设工作场景,增强学生的课堂参与度和体验度。 (1)知识体系:巩固知识要点,做到学以致用。(2)思政元素:爱岗敬业,工匠精神。 5.扩展提升(5分钟):通过展示案例3向学生发出开放式提问,实现教学内容衍生化。 (1)知识体系:投诉对酒店的意义。(2)思政元素:爱国。 6.课后反思:线上阅读并分析酒店投诉的真实案例,完成教学评价表,实现知识的内化。 **教学评价** 本节课的教学评价,基于“形成性评价+总结性评价”相结合,注重对在学习和应用上有创新的学生及时给予鼓励。具体来说,形成性评价主要是: 1.通过学生的出勤情况、课堂学习状态、主动回答问题的情况、主动参与师生互动的情况等了解学生的学习兴趣和学习态度; 2.通过学生回答的问题、主动提出的问题和请教老师的情况等来了解学生对知识和技能掌握的情况; 3.通过课堂上和课后的操作、测试、模拟训练、作业等完成情况,了解学生对学习内容的掌握和运用情况; 4.结合学生自评、生生互评、教师评价等多元评价,综合分析和评价学生的学习情况。 总结性评价主要是:期末综合考试和项目综合实践。
教学反思与评价	**1.打造金课,推进课堂教学现代化** 将信息技术运用到课堂教学中,基于移动端打造线上线下混合式金课:课前帮助学生建立初步印象,课中引导学生提出问题并及时反馈,让学生敢于表达、乐于分享,让课堂有互动、有思考、有趣味;同时根据具体学情合理提升学业挑战度、增加课程难度、拓展课程深度。 **2.“融盐入汤”,推动课程育人有实效** 专业课程的课程思政突出的是课堂的温度和教师的情怀,所要达到的是“润物细无声”的效果。实施渠道或深度挖掘、寓政于教,或画龙点睛、寓道于教,或专题嵌入、寓德于教,或参与体验、寓教于乐,或讲好故事、自信融合。结合时代要求和社会实际,寓思政教育引导于知识传授之中,通过知识和技能传授,使学生在渴望求知的兴奋、愉悦和暗示下接受熏陶,启发学生自觉认同,产生共鸣与升华,实现潜移默化的课程育人。

教育学类专业课程

1. 教育概论

<table>
<tr><td>学　　院</td><td>教师教育学院</td><td>课程名称</td><td>教育概论</td></tr>
<tr><td>授课教师</td><td>蒋洁蕾</td><td>授课班级</td><td>思想政治教育(师范)191</td></tr>
<tr><td>授课章节</td><td colspan="3">第二章　教育与社会发展的关系</td></tr>
<tr><td>课程类别</td><td colspan="3">A. 公共平台课　B. 专业平台课程　C. 专业选修课　D. 全校选修课</td></tr>
<tr><td>教学目标(知识、能力、素质三方面)</td><td colspan="3">一、知识目标
1. 理解基本教育概念。能用自己的话解释教育功能、教育的制约性等基本概念。
2. 应用基本教育原理。能评析教育与社会发展的关系,运用教育与社会发展的关系解释教育现象和教育问题。
二、能力目标
1. 问题解决能力。能综合运用多种视角和方法(事实论证、理论论证等)论证基本教育问题和命题。
2. 教育反思能力。能对教育现象和热点问题进行教育学的反思和批判。
3. 团队合作能力。经历小组合作的过程,克服分歧,学会协作、沟通、分享和互助。
三、素质目标
1. 职业情感。热爱教育事业,形成投身教育的职业信念,树立为学生而教、为国家而教、为真理而教的价值理念。
2. 创新意识。通过项目学习、教育热点反思批判,提高创新意识、增强创新能力。
3. 辩证思维。通过教育问题和命题论证、课堂辩论,发展辩证思维。</td></tr>
<tr><td>教学内容</td><td colspan="3">一、重点难点
1. 教育与社会发展之间的辩证关系的梳理和理解。
2. 教育功能的辩证理解。
3. 论证“教育的社会制约性”以及“教育促进社会发展的”的方式和方法。
二、教学设计
实施“情境导入→问题提出→课堂探究→知识精讲→巩固练习→归纳总结”“六步教学”(LQEICS),融通讲授、讨论、练习、线上线下混合式教学法,开展班级授课、小组合作和翻转课堂,实现从“我讲你听”的被动学习到“问题导向、做中探究”的主动学习的转变。

“六步教学”过程
教学过程：情境导入 → 问题提出 → 课堂探究 → 知识精讲 → 巩固练习 → 归纳总结</td></tr>
</table>

<table>
<tr>
<td>"三地一窗口"典型案例(3～5个,注明时间、来源等)</td>
<td>

在"2.2.1 教育的经济功能"课堂上,重点凸显"国家认同"这一育人元素,通过设计原创教学案例、视频赏析、资料拓展等方式帮助学生体悟国家的教育政策和最新科学技术。教学过程中采用了以下课程思政素材。

案例一:习近平总书记有关教育的语录。用习近平总书记的教育观点来论证相关的知识点。

案例材料:"教育是提高人民综合素质、促进人的全面发展的重要途径,是民族振兴、社会进步的重要基石,是对中华民族伟大复兴具有决定性意义的事业。"(党的十九大报告)

案例二:社会科技大事件进课堂。用"中国骄傲"的例子(嫦娥五号探测月球、华为"天才少年计划"等)来丰富课堂教学资源,引导学生关注国家大事,产生"点赞中国,骄傲中国"的情绪情感体验,从而更扎实地树立为中国教育事业做贡献的态度和价值观。

案例材料:据央视新闻报道,2020 年 12 月 3 日 23 时 10 分,嫦娥五号上升器 3000N 发动机工作约 6 分钟,成功将携带样品的上升器送入近月点环月轨道。组合体实现月面国旗展开以及上升器、着陆器的解锁分离。此次国旗展开是我国在月球表面首次实现国旗的"独立展示"。

案例三:中国的"教育先行"政策。回顾中国教育先行、科教兴国的历史进程,帮助学生明确我国对教育事业的重视,从而坚定成为一名优秀教师的职业信念。

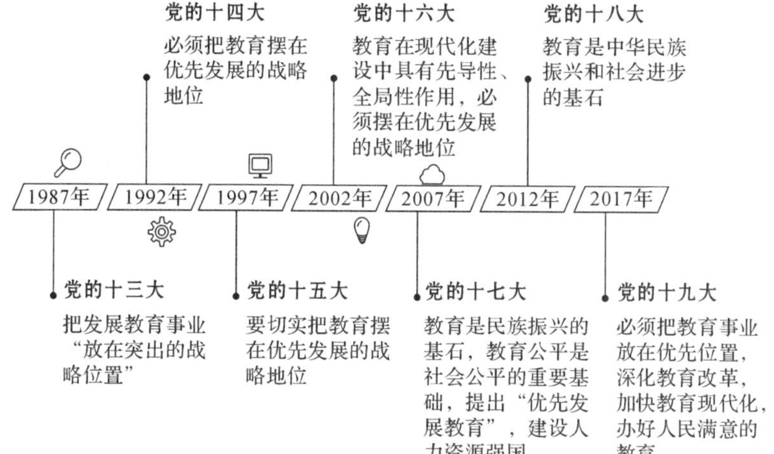

</td>
</tr>
</table>

<table>
<tr><td>思政元素</td><td>1. 国家认同
在阐明教育与社会发展之间的相互关系的过程中,势必会讨论当前中国社会发展的新态势。因此,教学内容蕴含天然的思政元素。已有的教学过程中的论证材料比较陈旧,无法反映当今中国社会发展的最前沿。因此,通过对社会发展的前沿科技、当前国家领导人对教育的相关论断的阐述来证明教育与社会发展的关系,能够启发学生关心国家大事,感受中国的强大,产生为中国骄傲的情绪情感。
2. 社会关怀
通过引入社会教育热点,让学生深入了解、探究社会问题,思考教育与社会的内在联系,增强社会责任意识。
3. 理想信念
教育可以推动科技的巨大进步,师范生应树立为科技进步而教,为祖国繁荣昌盛而教的理想信念。</td></tr>
<tr><td>教学实施路径</td><td>1. 启发引导法
孔子有云:“不愤不启,不悱不发。”《学记》有曰:“道而弗牵,强而弗抑,开而弗达。”教育要注重启发引导,不直接说教。教师要帮助学生自己去得出结论和感悟思考。在启发式教学理念的指引下,本节课通过设置引导性的问题(“这些科技成果是谁发明的?”“科学家为什么能研发如此的高科技呢?”)引导学生思考、讨论、交流,自己找到答案。在此基础上,教师总结归纳:“影响科学家发明的因素很多,国家的重视、经费的投入等都是影响因素,但非常重要的一点是这些科学家具备了研发知识、能力和素质。而科学家素质品质的养成有赖于教育。”
2. 多元感官法
“多感官参与”是有效教学的一条原则,要求教学活动要尽可能地调动学生的多元感官。当多种感官指向同一学习内容时,学习效果会成倍增加。有鉴于此,本节课通过文字、图片、视频等多元素材刺激学生的感官,帮助学生更直观地感受、体悟“中国骄傲”,产生“点赞中国、热爱中国”的思想情感。
3. 语言烘托法
教师通过声情并茂的语言、语气、语调创设良好的感知氛围。在教师娓娓叙述中国奇迹、中国骄傲等科技大事件的过程中,自然而然将这种骄傲、惊奇、感动传递给学生,从而与学生达到共鸣共情的效果。</td></tr>
<tr><td>教学反思与评价</td><td>一、教学特色创新
1. 设计多种线上线下的教学活动,始终刺激学生保持较好的学习状态
依据教育心理学的学习规律来设计教学活动,安排多元学习活动(讨论、探究、讲解、线上练习、观看视频等),丰富课堂教学形式,提高教学的吸引力。
2. 设置设问环节巧妙导入知识点,引发认知冲突顺势引入课堂探究
在对教育理论的分析中,引出本堂课所探究的问题“教育与社会之间是什么关系”。
3. 设计多元认证材料和论证方式,帮助学生逐步学会如何科学论证
通过名人名言、科技大事件、数据图表、推理等方式,引导学生经历科学论证问题的过程。
二、隐性课程思政
1. 政治家教育名言。用习近平总书记的教育观来论证相关的知识点。</td></tr>
</table>

教学反思与评价	2. 我国科技大事件。用“中国骄傲”的例子（嫦娥五号探测月球、华为“天才少年计划”等）来丰富课堂教学资源，引导学生关注国家大事，产生“点赞中国、骄傲中国”的情绪情感体验，从而更扎实地形成为中国教育事业做贡献的态度和价值观。

2. 普通心理学

学　　院	教师教育学院	**课程名称**	普通心理学
授课教师	谢敏芳	**授课班级**	校公选课选课学生
授课章节	第七章　动机　第3—4节　需要、意志行动		
课程类别	A. 公共平台课　B. 专业平台课程　C. 专业选修课　**D. 全校选修课**		
教学目标（知识、能力、素质三方面）	**一、知识目标** 掌握需要的基本概念、内涵与种类，理解需要与动机的关系，掌握马斯洛需要层次理论；掌握意志的基本概念、理解意志行动的基本发展阶段与特点。 **二、能力目标** 掌握需要、意志行动的相关基础知识，初步具有分析自我心理需要的能力，能够应用心理学的观点发现、分析学习、工作、人际交往等方面的背后的真正动机与需求，初步掌握应用心理学相关知识探索自我、发展自我的能力，促进自我意志能力的发展。 **三、素质目标** 增进学生对心理学的理解，形成基本的心理学理念，能够把学习的原理、原则、方法等运用到具体情境中，运用所学习的理论来分析、说明、解决实际心理问题，提高学生结合实际进行心理探索与研究的能力，促进学生的自我探索和自我成长。		
教学内容	**一、重点难点** 1. 需要的内涵及其种类； 2. 马斯洛需要层次理论； 3. 意志行动的内涵与过程及意志行动过程中的冲突与挫折； 4. 意志品质。 **二、教学设计** 1. 讲授需要、意志、意志行动、双趋冲突、双避冲突、趋避冲突、马斯洛需要层次理论等基本概念和基本理论时注重理论基础，重视思维逻辑，示范唯真求实的态度。 2. 在教学过程中，密切联系实际，进行具体案例教学，并组织学生积极讨论同一情境下个体内在需要的差异、不同冲突类型下的选择等内容，培养学生联系实际、善于思考的科学态度。 3. 除了课堂讲述和案例分析外，还可通过分组讨论、课后作业等，在培养学生团结协作意识的同时，给予学生更直接的体验，帮助学生在教学过程中更好地发现问题、解决问题，提高学生切实解决问题的能力，切实提高学生的心理素质。		

“三地一窗口”典型案例(3~5个,注明时间、来源等)	**案例一:《让青春在践行“三个地”的使命担当中绽放绚丽之花》**(来源:《中国共青团》,2020-03-31) 新冠肺炎疫情发生以来,浙江高校青年秉承着“浙江精神”,奋力扛起“改革开放先行地”的使命担当,将安身立命与创新创业结合起来,将实现个人价值与体现社会价值结合起来,生动展现了浙江精神的本质与精髓。战“疫”面前,浙江高校青年磨炼了“自强不息,坚韧不拔”的顽强毅力。浙江大学的孙定敬同学每天早上九点从防疫点搭宣传车出发,下午5点左右返回防疫点,在大山里穿梭20多个村民组,坚持超过100公里的行程,为近600户人家宣传防疫知识;浙江大学的陈纪开同学利用自己的专业优势,参与制定《新型冠状病毒公众预防指南》,并在社区内进行纸质版投送。…… **案例二:《打造与浙江“三个地”相适应的文明高地》**(来源:《人民日报》,2019-12-17) 提升道德高度,精心打造“最美现象”这张金名片。伟大时代呼唤伟大精神,崇高事业需要榜样引领。先进典型是有形的正能量,也有鲜活的价值观。他们的身上既见信仰信念,又见人格风骨,更见家国情怀。近年来,浙江注重以先进典型引领道德风尚,用榜样力量温暖启迪人心,深入挖掘群众身边的典型,广泛宣传源于平凡的感动,经过多年的精心培育,形成了“最美家庭”“最美警察”“最美教师”“最美医生”“最美志愿者”等来自各行各业的“最美现象”。“最美”成为人们心目中榜样的代名词,成为产生刷屏效应的流行语,由“风景”变成了“风尚”。先进典型,代表着一个时代的道德高度。我们要坚持以“最美现象”为抓手,深化“最美浙江人”主题宣传活动,广泛开展最美人物、感动人物、身边好人、道德模范等典型选树培育活动,让社会主义核心价值观蔚然成风。 **案例三:《为建设“重要窗口”培育更多优秀人才》**(来源:浙江在线,2020-09-09) 这些年来,浙江省广大教师以办好人民满意的教育为目标,坚持把立德树人作为根本任务,培养造就了一批又一批优秀人才,推动浙江高质量发展不断走在前列。这次受表彰的30名优秀教师是全省66万多名教师的杰出代表,有在科技领域领军创造的院士专家,有在基层默默耕耘的普通教师,有在偏远地区无私奉献的支教教师。大家虽然岗位不同,但身上都蕴含着忠于党的教育事业、师德高尚、业务精湛、无私奉献的优秀品格,展现了新时代浙江广大教师的崇高精神。
思政元素	**思政元素1:以人为本,精神文明** 近年来,浙江注重以先进典型引领道德风尚,用榜样力量温暖启迪人心,深入挖掘群众身边的典型,广泛宣传源于平凡的感动,经过多年的精心培育,形成了“最美家庭”“最美警察”“最美教师”“最美医生”“最美志愿者”等来自各行各业的“最美现象”。 **思政元素2:坚韧不拔,责任感强** 战“疫”面前,浙江高校青年磨炼了“自强不息,坚韧不拔”的顽强毅力。浙江大学的孙定敬同学每天早上九点从防疫点搭宣传车出发,下午5点左右返回防疫点,在大山里穿梭20多个村民组,坚持超过100公里的行程,为近600户人家宣传防疫知识。

教学实施路径	采用五步教学法，进行课程内容教学。 **1. 导入所学知识** 通过案例，让学生切实感受需要、意志到底是什么，并在此基础上，引入需要、意志、意志行动等概念。 **2. 讲解重点知识** 通过小组讨论、教师提问等方式，澄清基本概念，对于需要、需要的种类、意志行动及其结构等知识进行着重讲解。 **3. 探究具体应用** 通过案例分析、小组讨论等方式，帮助学生探究实际生活中人们的需要与类型，意志活动的过程与意志的品质，并在此基础上，理解需要与动机的关系，理解马斯洛需要层次理论，理解意志活动过程中的冲突与挫折。 **4. 质疑解惑** 通过小组汇报、师生共同分析等方式，进一步帮助学生理清思路，引导学生深入思考，不仅“知其然”，而且“知其所以然”，尤其着重掌握马斯洛需要层次理论在现实生活中的应用以及如何应对挫折。 **5. 归纳总结** 对课堂内容进行归纳总结，巩固教学成果，同时引出下次课程内容。
教学反思与评价	**一、教学特色** 1. 设计多种形式的教学活动，始终刺激学生保持较好学习状态 依据教育心理学的学习规律来设计教学活动，通过案例分析、小组讨论等多种教学方式和手段，丰富课堂教学形式，提高教学的吸引力，在完成知识点的传授的同时，在教学活动中培养学生能力。 2. 通过案例巧妙导入知识点，引发共鸣 通过呈现各种案例，给予学生直观感受，同时组织学生积极讨论同一情境下个体内在需要的差异所产生的不同结果、意志行动过程中各种应对以及“自强不息，坚韧不拔”等意志品质的培养，在引发学生思考的同时，引发学生情绪情感上的共鸣，从而对需要和意志行动产生更深的理解。 3. 在掌握心理学知识的基础上，重视学生心理素质发展 通过小组讨论、共同分析案例，在学生掌握知识的同时，培养学生团结协作的意识，联系实际、善于思考的科学态度，帮助学生更好地发现问题、解决问题，提高学生解决切实问题的能力，切实提高学生“以人为本”“坚韧不拔”等心理素质。 **二、隐性课程思政** 1. 在讲授需要、意志、意志行动、马斯洛需要层次理论等基本概念和基本理论时注重理论基础，重视思维逻辑，示范唯真求实的态度。 2. 通过具体案例教学，让学生切实体会需要、意志的重要性，培养学生认真学习、积极思考等良好品质，培养学生“以人为本”“坚韧不拔”等重要心理素质。 3. 通过组内分工、合作、讨论等活动，培养学生团结协作意识。

3. 小学数学教学案例写作

学　　院	教师教育学院	课程名称	小学数学教学案例写作
授课教师	陆有海	授课班级	小学教育 183、184
授课章节	第一篇　小学数学教学案例写作基础		
课程类别	A. 公共平台课　**B. 专业平台课程**　C. 专业选修课　D. 全校选修课		
教学目标(知识、能力、素质三方面)	**一、知识目标** 1. 掌握(小学)数学意义的多视角内涵及其综合意义。 2. 掌握(小学)数学细分内涵的具体内容,包括数学智慧、数学道理、数学思想、数学方法、数学力量、数学文化等。 3. 掌握(小学)数学教学目标与教学内容的逻辑关系。 4. 掌握(小学)数学教学的逻辑程序与基本方法。 5. 掌握(小学)数学教师必须具备的基本能力与基本素养。 6. 掌握(小学)数学学习的基本方法与基本程序。 7. 掌握(小学)数学学习的支持系统。 **二、能力目标** 1. 具有检索与阅读文献的基本能力,形成自觉自主提升(小学)数学教学素养与能力的意识。 2. 能够观察分析(小学)数学教学行为,并不断努力提升教学行为的有效性。 3. 能够观察分析(小学生)数学学习行为,并尝试改进提升学习行为的有效性,能够根据学习行为水平选择教学内容与教学方法,做到因材施教。 **三、素质目标** 1. 团队合作学习:组建学习小组,培养合作学习与主动学习。 2. 创新思维意识:组织思考讨论,培养阅读能力与思辨能力。 3. 精益求精态度:通过隐性思政,培养求实创新的教育精神。 4. 非技术性因素:通过具体实践,培养踏踏实实的工作态度。			
教学内容	**一、教学内容设计** 1. (小学)数学是什么? (对象性定义)数学是研究客观世界数量关系与空间形式的科学。(过程性定义)数学是对客观世界的定性描述与定量刻画,逐渐抽象概括、形成方法与理论,并进行广泛应用的过程。(结果性定义)数学作为人类智慧的一种表达形式,反映了生动活泼的意念、深入细致的思考,以及完美和谐的愿望。(心理性定义)数学是对客观世界(数量关系与空间形式)信息的感知、提取、交流、刻画的方法与结果。(综合性定义)数学是人类凭借智慧对客观世界数量关系与空间形式进行定性描述与定量刻画,逐渐抽象概括、形成智慧性的方法与理论,并进一步促进人类智慧发展的科学研究活动。让数学观走向本质,走近本源,形成正确科学的数学观,为教学案例分析研究奠定基础。 2. (小学)数学有什么? 数学是有道理的。数学不是无理的存在,数学的发生发展过程是一个讲道理的过程。我们不能讲着讲着突然就不讲道理了,我们必须把道理讲到底,但是,数学道理讲到最后一定是不能讲道理的(数学是一种形式化结论)。			

<table>
<tr><td>教学内容</td><td>
数学是有层次的。要完成数学活动任务层次，经历数学品格训练层次，实践数学方法创新层次。数学教学活动不能局限在某一个层次上，必须经历低层次到高层次的发展过程，才能实现数学素养的全面提升。
数学是有力量的。"研究创新"是人的力量放大器！"研究创新"是人的运动加速器！数学是有力量的，数学的力量包含抽象的概括力与集聚力、逻辑的趋势力与同构力、文化的吸引力与激励力、平台的承载力与生长力。数学教学活动必须在传授数学知识的同时传导数学力量，让学生在数学学习活动中变得活泼与强大。
3.(小学)数学教什么？
无论是"基础知识、基本技能、基本思想、基本活动经验"，还是"发现并提出问题、分析解决问题"的能力；无论是"信心、兴趣、良好习惯"，还是"创新精神和科学态度"；无论是"知识技能、情感态度"，还是"数学思考、解决问题"——这些目标，看起来繁杂无序，但都应该包含在数学活动中，要么在数学活动过程中，要么在数学活动结果中。"数学教什么"的问题，可以归结为"教过程与教结果"的问题，而"结果"必然也是"完整过程的结果"。结论：数学只要"教过程"。这样就可以增强教师数学教学的定力。
4.(小学)数学怎么教？
活动是一种生命的运动，活动是"活"与"动"的联系方式。活着必然产生运动，运动必然能更好地活着。活动是展现生命活力的基本方式，也是人类生存的重要方式。就个体而言，人类的活动方式有两种：内在的生命运动与外在的交互运动。学习活动是人类活动的一种重要活动，包括主体式学习活动与交互式学习活动。小学数学怎么教的问题，就是一个小学数学活动的问题，也就是小学数学活动的方案设计、方案实施乃至方案可行性评估与实施有效性评价的问题。
5.(小学)数学谁能教？
在教师的职业生涯中，每一天都是需要播种的春天，每一天也是自然收获的秋天，每一天从来都不是严寒的冬天与炎热的夏天。什么样的人才能教(小学)数学？这一个静态的问题，更是一个动态的问题。也就是说，能教(小学)数学的人，不仅是一个现实的人，还应该是一个理想的人，而且是一个有着深厚教育情怀的人。
6.(小学)数学怎么学？
(小学)数学学习过程是一个复杂而持续的过程，简而言之，就是对察之未察、闻之未闻、思之未思、行之未行之事，察之、闻之、思之、行之。总而言之，学习就是面对未知(空间)世界、走进未知(空间)世界、挑战未知(空间)世界的过程。
7.(小学)数学谁能学？
数学情境与数学知识的关系问题是检验学生能不能学习数学、能不能学好数学的基本问题。怎么学是内容与方法的问题，谁能学是愿望与储备的问题。"数学情境"与"数学知识"是研究"怎么学"的关键元素，"情感储备""经验储备""知识储备""能力储备""心理储备"是评判"谁能学"的基本要素。
二、教学方法设计
1.阅读思考与分析讲解相结合，实现师生思维与智慧的交融与碰撞。
2.名言引用与经验总结相结合，实现师生教育教学思想体悟与概括。
3.课内交流与课外体悟相结合，实现师生教育教学效果达成与提升。
</td></tr>
</table>

<table>
<tr><td>“三地一窗口”典型案例(3～5个,注明时间、来源等)</td><td>

案例一:《陈建功:中国现代数学的拓荒人》(来源:《中国科学报》,2019-10-18)

陈建功(1893—1971),浙江绍兴人,杰出的数学家、数学教育家,中国函数论研究的开拓者之一。1955 年当选为中国科学院学部委员(院士)。

陈建功出生于绍兴一个小职员家庭,幼年就读于私塾,热爱数学。受“科学救国”“教育报国”等思想影响,他 3 次东渡日本深造数学,于 1926 年在东北帝国大学跟随博士生导师藤原松三郎专攻三角级数论,1929 年获得东北帝国大学博士学位,成为在日本首个获得理学博士学位的外国学者。随后他毅然决定回国。

陈建功是中国现代数学的奠基人之一、中国数学界公认的权威,毕生从事数学研究和数学教育。他在国内开创了函数论研究,并开拓了实变函数论、复变函数论、直交函数级数等多个分支方向,特别是在三角级数方面卓有成就。他先后经历了 3 个阶段——浙江大学时期、复旦大学时期和杭州大学时期,分别在 3 所大学带领团队倡导“数学讨论班”教学研究模式,提出原创性数学教学方法,形成了实用性、论理性、心理性 3 条教育原则。他开创新方向、建设研究基地,成为中国数学界公认的函数论开拓者。他创建了三大高地,形成了三大特色,提出了三大原则。

案例二:《蔡元培自然教学理念》(来源:蔡元培,《中国人的修养》,1918)

《中国人的修养》是蔡元培公民道德修养方面的代表作,主要收录了他最为重要的道德思想代表作品《华工学校讲义》和《中学修身教科书》,并收录了他其他几篇有关道德修养的文章,体现了蔡元培先生对现代中国人应具有的道德素养的总体构想。

案例三:《瞄准“双一流”建强“三个地”》(来源:《浙江教育报》,2019-04-19)

以社会需求倒逼专业“瘦身”,以优势学科促进专业“健身”,布局建设新专业,提升学科专业的社会契合度。深化培养模式改革和课堂革命,夯实“互联网+”教学基础,推进科教融合、产教融合和国际化培养,提升学业挑战度,以一流学科建设为主线,加快建成应用基础研究和产业核心技术创新高地。

案例四:《浙江省委书记袁家军接受中新社专访:为全球数字变革写下“浙江方案”》(来源:浙江学习平台,2021-03-09)

“这些年,我们一直围绕数字浙江建设持续发力,坚持以人民为中心的发展思想,深化‘最多跑一次’改革,大力推动政府数字化转型,并撬动经济社会全方位数字化转型,在省域层面先行探索‘万物互联’时代的政府治理、经济治理、社会治理,省域治理体系和治理能力现代化程度显著提升。”全国人大代表、浙江省委书记袁家军说。

“万物互联”时代,如何在全球数字变革的“风口”占据先机?以这个“浙江方案”为蓝图,随着数字壁垒的打破、数字鸿沟的消除,在袁家军看来,在打造全球数字变革高地的道路上,浙江正向着实现全社会共享“数字红利”的美好愿景大步迈进。

</td></tr>
<tr><td>思政元素</td><td>

思政元素 1:开拓创新(教育理论与方法的探索创新)

陈建功的开创精神(创建三大高地,形成三大特色,提出三大原则)。

思政元素 2:自然意识(教育研究与设计的精益求精)

蔡元培的探究思想(教育本质与教育方法)。

思政元素 3:爱国敬业(教育研究与设计的精益求精)

全球数字变革写下“浙江方案”。

</td></tr>
</table>

教学实施路径	教学实施过程(阅读思考＋分享交流＋分析讲解)： 1.学生自主阅读教学内容,分析概括教学内容,发展阅读思考能力。 2.班级小组分享阅读体会,形成合理教育观点,发展交流协作能力。 3.教师全面分析教学活动,形成系统知识结构,奠定系统厚实基础。
教学反思与评价	**一、教学特色创新** 1.阅读思考分享交流引发师生共鸣 依据教育心理学的学习规律来设计教学活动,安排事先阅读小组交流,课中集体交流,教师全面系统分析解读,丰富课堂教学形式,形成智慧碰撞的教学机制。 2.系统研究自编讲义引领超前发展 开启新时代中国特色社会主义建设的重要窗口,经济是基础,教育是灵魂。大国教育必须要有大国教育的理论与方法,以前期十三年研究为基础,逐步形成了一套较为系统的“面向现实与未来的小学数学理论与方法”,为小学教育数学方向学生专业能力发展提供了一套较为完整的小学数学教学理论与实践课程,形成了小学数学教学能力的逻辑框架与小学数学教师专业能力的机制。 **二、隐性课程思政** 1.数学家名人名言 我热爱科学,科学能战胜贫困,真理能战胜邪恶,中华民族一定能昌盛! 2.教育家名人思想 决定孩子一生的不是学习成绩,而是健全的人格修养!而这人格的培养绝不都是在社会层面完成的,而是应该从初始的自然环境中获得。让孩子融入自然环境中,找到一种人类探索和进取的本能,具备一种面对恶劣环境敢于寻求生存和繁衍的技能,这是孩子走向社会、能够独立、勇于进取的逻辑起点。 3.用事实说话,实事求是 全球数字变革的“浙江方案”,体现了勇于创新、开拓奋进、引领发展、追求卓越的浙江精神。

4. 社会心理学

学　　院	教师教育学院	课程名称	社会心理学
授课教师	高奇扬	授课班级	小学教育201、202班
授课章节	第六章　态度与偏见　第1—2节　态度概述和态度的形成		
课程类别	A.公共平台课　**B.专业平台课程**　C.专业选修课　D.全校选修课		
教学目标(知识、能力、素质三方面)	**一、知识目标** 掌握社会心理学的基本理论知识,了解社会心理学发展的动态趋势和心理学研究、应用的最新进展和研究范式。 **二、能力目标** 培养在生活中应用心理学知识分析问题的能力和探究心理现象本质的批判性思维能力。引导学生熟悉社会心理学系统研究方法,并能综合运用所学过的社会心理学理论分析问题,并就某个特定的社会心理问题形成假设,设计研究计划,熟练处理研究中的变量关系。		

教学目标(知识、能力、素质三方面)	**三、素质目标** 发挥课程育人的作用,培养具有广泛的心理学知识和具有新时代青年的"家国"情怀,以及具备自主学习和合作学习能力的创新型人才。
教学内容	**一、态度的定义** 1.将态度视为认知和评价的组织或倾向,如罗佩奇(M. Rokeach)所说"态度是个人对于同一对象数个相关联的信念的组织"。 2.偏重于情绪情感的态度定义,如爱德华(A. L. Edwards)将态度视为"与某个心理对象有联系的肯定或否定感情的程度"。把态度看作情感的标志,衡量态度就是衡量赞成与不赞成、好与恶。 3.把态度看作行为反应的准备状态,强调的是态度的行为意向方面。如奥尔伯特认为,态度是这样一种心理的神经的准备状态,它由经验予以体制化,并对个人心理的所有反应过程起指导性的或动力性的影响作用。这是态度的经典定义。 4.把认知、情感和行为都平行地纳入态度中,试图包容上述三类定义的内容,如弗里德曼(G. Fridman)、梅尔斯(D. G. Myers)、安德鲁(H. Anderw)。弗里德曼等人指出:"态度对任何给定的客观对象、思想或人,都是具有认识的成分、表达成分和行为倾向的持久体系。"这一定义为当前社会心理学界所主要采用的定义。 **二、态度的特性** 作为一种重要的社会心理现象,态度具有如下几种特性。 1.态度的社会性。态度不是生来就有的,而是个体在后天的社会生活中通过学习而获得的。个体在其后天长期的社会生活中,通过与他人的交往和相互作用,通过接受周围生活环境和社会文化的不断影响和习染而逐渐形成其对他人、他事、他物的一定态度。态度本身所包含的内容及其变化充分体现了态度的社会特性。 2.态度的主观经验性。个体的意识世界可分为两种:观念的世界和经验的世界。态度则介于这两者之间,一方面它与个体的观念世界尤其是其中的信仰和价值观保持密不可分的联系,常常反映个人所持有的各种思想观念;另一方面它又包含了相当大的经验成分。因此,态度本身就具有了主观经验性。 3.态度的动力性。态度对个体自身内潜的心理活动和外现的行为表现都具有一种动力性的影响,同时对个体与他人的相互作用和个体对社会生活环境的适应也具有这种影响,表现为一种激发、始动和调整、协调的作用。 **三、态度的构成要素** 作为一种具有认知基础的心理反应倾向,态度兼具认知、情感和行为三种成分,并且这三种成分是彼此相互关联的。 1.态度的认知成分是指人们作为态度主体对于一定态度对象或态度客体的知识、挂念、意象或概念,以及在此基础上形成的具有倾向性的思维方式。 2.态度的情感成分是指个体对态度对象所持有的一种情绪体验,如尊敬和鄙视、喜欢和厌恶、同情和嘲讽等。态度的情感成分与认知成分紧密相关。 3.态度的行为成分是指个体对态度对象所持有的一种内在反应倾向,是个体做出行为之前所保持的一种准备状态。

教学内容	**四、教学设计** 知识导入→案例解析→探究原因→重点难点→习题分析→小组探讨→点评总结→课后任务。
“三地一窗口”典型案例(3～5个,注明时间、来源等)	**案例一:《以国家和人民的名义致敬抗疫英雄》**(来源:《北京青年报》,2020-09-09) 抗疫斗争,艰苦卓绝。沧海横流,方显英雄本色。危急时刻,向来都没有从天而降的英雄,只有千千万万个普通人挺身而出、慷慨前行。平凡而伟大的中华儿女以无私、无畏、无悔的英雄气魄,铸就了中华民族千百年来百折不挠的英雄气概,彰显了敢于斗争、敢于胜利的革命英雄主义精神。 向抗疫英雄致敬,每一名抗疫先进个人都代表着举国“战疫”的14亿英雄人民。人民至上,生命至上,只要是为了人民的生命负责,什么代价都豁得出去。不放弃一名患者,不放弃任何希望,一个又一个挽救垂危生命的“奇迹”闪耀着人性光辉,演绎了人类与疾病斗争史上又一个英勇壮举。 **案例二:《“光荣属于英雄的中国人民!”》**(来源:《人民日报》,2020-11-12) “岁月静好,是因为有人替你负重前行。”2020年春节,面对突如其来的新冠肺炎疫情,白衣天使冲锋在前,与病毒作战,与死神抗争;人民警察和志愿者,在各个关口日夜坚守,义无反顾;党员干部和基层职工,在无数个清晨和黑夜护佑着平安……这些“平民英雄”在医院、在疫区、在街头巷尾用拼搏筑起守卫生命的防线。 **案例三:《〈中国抗疫图鉴〉,全景记录抗疫震撼感人瞬间》**(来源:《人民日报》,2019-03-28) 新冠肺炎疫情暴发后,各网络媒体都积极采用海报、条漫等形式展现抗疫历程。《中国抗疫图鉴》主创团队从1月底就开始在微博上向网友广泛征集战“疫”英雄人物及其感人事迹,梳理疫情发展情况和震撼瞬间。主创团队最终决定选用中国传统长卷式的构图,打破空间的概念,按照疫情的发展时间线,选取其中比较有代表性的人物与事件、场景,有机融合到长卷里。这种新颖的形式在过去的新媒体漫画中是较为少见的,同时,制作难度也是其他漫画形式的数倍,但其所能带来的视觉冲击力,也会比常见的网络漫画形式要强得多。
思政元素	**思政元素1:“家国”情怀** “社会心理学”的教学过程中,在以心理学的基础理论知识和研究前沿动态为核心教学内容的基础上,增加了与日常生活实际相关的案例,使同学们理论联系实践,特别是针对社会认知、态度的形成与转变等社会心理学知识。以2020年“抗疫”为案例,全面回顾梳理了我国从发现疫情及时干预、医护人员舍身忘己、专家团队殚精竭虑、全民一心众志成城的抗疫史歌,并对比了同时期国外一些国家的抗疫情况。让学生深切体会到了在这一过程中,不同文化群体态度的形成与改变过程,生动形象地掌握了课堂重难点知识,更进一步地,让学生深刻领悟到了中国的大国担当、国家给人民带来的安全感以及生命至上的理念等,牢固树立了学生的国家情感和爱国意识,培养了学生的家国情怀。

思政元素	**思政元素 2:科学家精神** 在备课过程中,结合时政热点,授课教师搜集了为我国科学事业发展做出突出贡献的中国科学家、他们的创造性研究成果以及他们持之以恒进行科学研究背后的故事,并融入相关的社会心理学知识点中,展示我国一段时间以来的高水平科研成果及科学家们废寝忘食、为祖国发展而孜孜不倦严谨研究的作风,让同学们深入感受科研前辈爱国、创新、求实、严谨、奉献、协同、育人的科学家精神。在讲解“态度的形成”一节时,引入 84 岁高龄的钟南山院士“逆行”抗疫的事迹、中国药学家屠呦呦发现青蒿素的科研奋斗经历,使同学们真切感受到老一辈科学家们在强烈的民族责任感和高度的国家使命感中,艰苦奋斗、无私奉献、锐意进取、永攀高峰的科学精神,从而引导学生从现在起将个人成长融入祖国的繁荣昌盛中,树立牢固的民族自豪感与责任担当,向科学家学习严谨的工作和学习作风,指导自己学习和生活。
教学实施路径	**1. 直接引导法** 教师在讲授专业概念、原理时,将相应的思政材料寓于其中,作为支撑材料,使学生在学习掌握专业知识时不知不觉地加强思想修养,达到思政教育的目的。比如,态度的行为成分是指个体对态度对象所持有的一种内在反应倾向,是个体在做出行为之前所保持的一种准备状态。而行为反过来又会对态度产生影响。学习“态度与行为之间相互关系”这一小节时,教师就可以结合时政热点,通过展示为我国科学事业发展做出突出贡献的中国科学家、他们的创造性研究成果以及他们持之以恒进行科学研究背后的攻坚克难的态度,并融入相关的社会心理学知识点中,展示我国一段时间以来的高水平科研成果及科学家们废寝忘食、为祖国发展而孜孜不倦严谨研究的作风,让同学们深入感受科研前辈求实、严谨、攻坚克难的科学态度。 **2. 课堂小组活动** 把全班同学分成若干学习小组,在课堂上围绕相应主题展开讨论。课堂小组活动强调全员参与、人人发言,借助小组动力,通过脑力激荡法激发学生学习探究的积极性、主动性和创新精神,以达到 1+1>2 的效果。运用课堂小组活动开展社会心理学课程思政,一是要注意选好讨论主题,将思政元素融于讨论主题之中。二是要注意找好小组讨论主持人。主持人要能够掌控住讨论的方向,不能偏题,同时要能带动全组同学积极参与,营造气氛,不能冷场。三是要教师做好总结引导,强化思政要素,起到画龙点睛的作用。比如,对社会角色内容的学习,要求学生理解、掌握、扮演好社会角色必须遵循的角色规范,即每个社会角色都有其相应的角色行为模式。
教学反思与评价	**一、教学特色创新** 1. 将学习融入生活,给学生学习的激情。教材的生活性提供了学习和生活融合的前提。知识来源于生活实践,又服务于生活实践。在熟悉、可接触的事务和情境中,理解和体验知识,主动参与到学习内容之中,培养学生主动探索、解决问题的能力。 2. 科学创设问题情境,给学生探索的空间。在教学过程中,提出有一定难度的问题,使学生感到熟悉又不能单纯用已有的知识和习惯的方法去解决,使得学生进入“心求通而未通,口欲言而不能”的境界,让学生自然而然地主动探索寻求答案。在问题创设上注重问题的现实性、真实性、开放性、挑战性、典型性和本质性。

教学反思与评价	**二、隐性课程思政** 1. 先进事迹引领方向。通过对抗疫战线上的不同人物，如白衣天使、平民英雄面对疫情考验的典型案例分析，以最真实、最直观的方式让学生们体会到这些英雄事迹背后的宝贵精神态度，结合自己的感悟，引出本节课的主题“态度”。 2. 科学家精神做榜样。通过引入84岁高龄的钟南山院士“逆行”抗疫的事迹，使同学们真切感受到老一辈科学家们在强烈的民族责任感和高度的国家使命感中，艰苦奋斗、无私奉献、锐意进取、永攀高峰的科学精神，从而引导学生从现在起将个人成长融入祖国的繁荣昌盛中，树立牢固的民族自豪感与责任担当，向科学家学习严谨的工作和学习作风，指导自己学习和生活。

5. 健美操

学　　院	教师教育学院	课程名称	健美操
授课教师	刘小明	授课班级	体育教育181、182
授课章节	健美操拓展部分——搏击操		
课程类别	A. 公共平台课　**B. 专业平台课程**　C. 专业选修课　D. 全校选修课		
教学目标（知识、能力、素质三方面）	**一、知识目标** 1. 基础知识：了解搏击操的基本理论知识。 2. 技术技能：掌握搏击操的基本动作名称及动作特点。 **二、能力目标** 1. 知识能力：了解搏击操的历史、动作特点、音乐特点，掌握基本拳法的动作名称、基本腿法的动作名称等。 2. 技术技能：掌握搏击操拳法的基本动作和腿法的基本动作，能够在音乐的伴奏下独立完成搏击操小组合。 3. 教学能力：在掌握搏击操基本动作的情况下，能够进行搏击操的基本动作的教学。 **三、素质目标** 1. 团队协作学习：组建学习小组，培养合作学习与主动学习。 2. 教学能力延伸：培养学生的综合能力。 3. 自信心的培养：音乐强劲，动作控制，进一步增进自信心。		
教学内容	**一、重点难点** 1. 搏击操的基本动作控制、发力以及上肢、下肢的配合等。 2. 搏击操小组合动作的衔接教学。 **二、教学设计** 第一部分是热身活动。 为了锻炼同学们的胆量、创编能力以及教学能力，同时也是为了防止运动损伤，在教学前给予学生热身活动的时间，这部分内容基本是在掌握健美操基本步法后进行的动作创编。		

教学内容	第二部分是基本教学部分。 在前期线上学习的基础上,对学习的动作进一步讲解细化,强调动作规范,尤其是强调细节。同学们在线观摩学习只能够模仿一定的基本动作,但其动作的主要特征、发力点、控制等,是教学的重点,同时小组合的动作衔接是难点,在分小组练习过程中,发现大错误集体纠错,小错误个别指导。 第三部分是做拉伸练习活动。 这部分是由学生领着进行的。充分的放松与拉伸,对缓解肌肉疲劳有很大的作用,同时也是锻炼学生学会用音乐来控制节奏的能力。
"三地一窗口"典型案例(3～5个,注明时间、来源等)	**案例一:《以"三个地""一窗口"的政治自觉深入学习贯彻　推动我省体育事业五个走在前列》**(来源:《体坛报》,2020-06-01) 浙江省体育局党组书记、局长郑瑶主持召开局党组理论学习中心组(扩大)专题学习会,传达学习全国"两会"精神和全省领导干部会议精神,统一思想认识、凝聚智慧干劲、推动工作落实。会议上提出全面深化体育改革,为全国改革探路提供更多浙江经验;大力发展群众体育,在推进体育基本公共服务均等化上展示浙江的担当和情怀;加快发展体育产业,努力培育经济发展新动能;积极筹办杭州亚运会,确保"办赛精彩、参赛出彩";着力提升体育治理能力,争当省域体育治理现代化的排头兵;深入开展"三服务"活动,营造实干担当、干事创业的浓厚氛围。 **案例二:《为建设"重要窗口"培育更多优秀人才》**(来源:浙江在线,2020-09-09) 浙江省委书记袁家军指出,当前我省正在建设"重要窗口",需要一批又一批优秀儿女努力奋斗。教师承担着为党育人、为国育才的重任,使命光荣、责任重大。教师的言行能够影响学生的一生。全省广大教师要认真学习贯彻习近平总书记关于教育强国的重要论述和对第36个教师节的重要寄语,尽心尽力履职尽责,为建设"重要窗口"做出新贡献。 **案例三:《瞄准"双一流"建强"三个地"》**(来源:《浙江教育报》,2019-04-19) 以社会需求倒逼专业"瘦身",以优势学科促进专业"健身",布局建设新专业,提升学科专业的社会契合度。深化培养模式改革和课堂革命,夯实"互联网+"教学基础,推进科教融合、产教融合和国际化培养,提升学业挑战度。以一流学科建设为主线,加快建成应用基础研究和产业核心技术创新高地。
思政元素	**1.吃苦耐劳的拼搏精神** 搏击操是搏击选手与职业健身操运动员联合推出的,其是将拳击、空手道、跆拳道功夫,甚至一些舞蹈动作混合在一起,并配合强劲的音乐,成为风格独特的有氧健身操。搏击操具有瞬间爆发力强、肢体伸展幅度大、运动量较大的特点,同时其动作的力与控制的感觉需要反反复复练习才能体会到。在反复的练习过程中同学们把这种不怕吃苦、不怕累的拼搏精神彰显出来。搏击操的强劲的音乐和动作,激发着同学们的热血努力拼搏。 **2.强化身心、增加自信** 搏击操通过很多拳击动作来体现,融合武术、跆拳道和空手道等多种元素,并配以音乐来完成。搏击操的练习更能增进爆发力和刺激性,通过锻炼可使人精力旺盛,更加有力,更加自信。在教师的带动下,同学们做着整齐有力的动作,加之在发力间伴着整齐有力的喊声,同学们热血沸腾,通过直拳、摆拳、勾拳、正踢、膝击、侧踢、侧蹬等搏击动作,随着音乐挥动双拳,动作刚劲有力,促进血液循环,增进肌肉力量,使人更加自信。

教学实施路径	**一、教学流程** 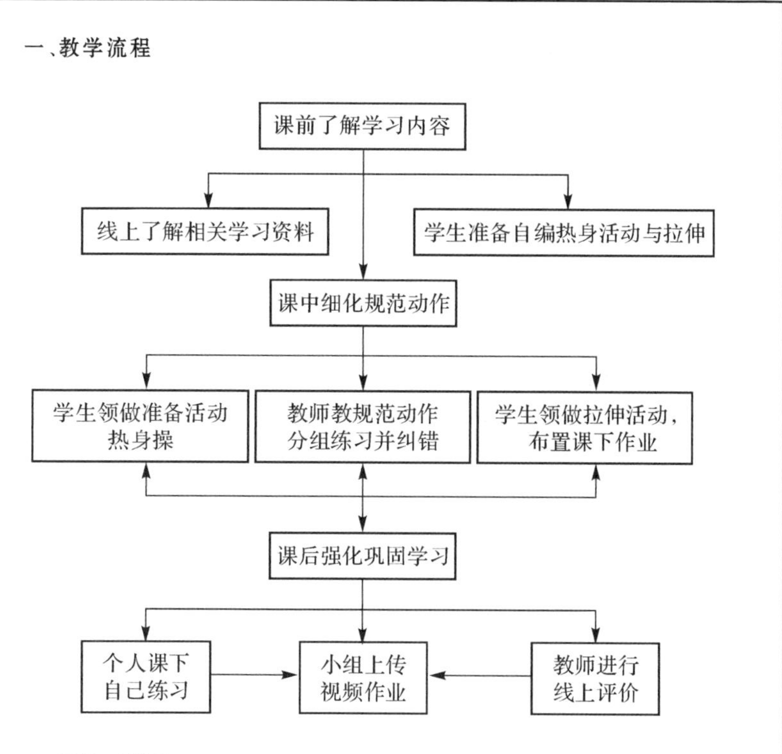 **二、教学三部曲** 1.课前 任课教师把教学视频内容分解动作上传至网络平台，包括正反两个方面，方便同学们的学习与掌握。课前同学们通过线上了解本次课的内容，对动作衔接与音乐的控制有了大概的了解。 (1)教学相关资料：这部分以学生自主学习为主。 (2)教学示范动作：同学们可以根据慢动作进行学习。 2.课中 (1)第一部分是热身活动。在教学前给予学生自带热身活动的时间，锻炼领操能力及创编能力。 (2)第二部分是基本教学部分。在前期线上学习的基础上，对学习的动作进一步讲解细化，强调规范动作，尤其是动作的衔接，采用分小组练习，集体纠错和个别指导相结合的方式。 (3)第三部分是做拉伸练习活动。最后这部分也是由学生领着进行的，充分的放松与拉伸，缓解肌肉疲劳。 3.课后 课后部分主要是学生的巩固练习的阶段，同学们上交视频作业，教师进行线上评定，了解同学们课下练习的程度与效果，有利于调动学生的积极主动性，充分利用课余时间来巩固课上的学习内容，能够达到更好的教学效果。

教学反思与评价	**一、教学创新** 1.教学方法的创新。在教学方法上采用线上线下的模式,有利于学生更好地在课上学习教学内容,课下的视频作业有利于更好地巩固上课内容。 2.教学内容拓展。搏击操是健美操内容的拓展之一,它融入了拳击、跆拳道、空手道等动作,其音乐与动作强劲有力,容易引起体育生的共鸣,具有一定的新颖性和挑战性。 **二、存在问题** 1.培养认真专注、吃苦耐劳品质。对于搏击操,同学们的认识还不够充分,思想准备没有到位,在学习过程中对动作的控制与发力还需要多多练习和体会。 2.培养精益求精、追求卓越意识。由于搏击操的动作幅度较大,无论是拳法还是腿法都要求瞬间发力,为避免拉伤,这就要求准备活动一定要充分,放松运动一定要到位,课后练习一定要加强,这些方面同学们的认识要提高,行动要落实。

理学、工学类专业课程

1. 光伏器件与技术

学　　院	数理信息学院	课程名称	光伏器件与技术
授课教师	李志彬	授课班级	微电子 171
授课章节	太阳能电池概论		
课程类别	A. 公共平台课　B. 专业平台课程　**C. 专业选修课**　D. 全校选修课		
教学目标（知识、能力、素质三方面）	通过本课程的学习，使学生了解光伏器件的材料、结构、工艺、性能之间的关系，以及光伏产业的国内外发展状况，具备评价分析光伏器件设计、制造及测试方案的基本能力。 **一、知识目标** 使学生增强对绿色能源的认识，了解光伏技术的发展状况以及我国光伏产业在国际上的地位和作用，培养国家自信和爱国情怀。 **二、能力目标** 使学生全面理解光伏器件的原理、组成、材料、组装和应用，了解各类太阳能电池的优缺点和研究、开发前景。 **三、素质目标** 使学生掌握太阳能电池的分析测试方法，具有基本的太阳能电池设计、组装和测试技能。		
教学内容	本节课程介绍发展可再生能源及太阳能电池的必要性、太阳光的基本知识、太阳能电池发展历史及分类、太阳能电池材料的发展现状与研究重点。 学生需要了解发展太阳能电池的必要性、发展历史、种类与性能，掌握各种太阳能电池的优缺点，理解太阳能电池的发展现状与研究重点。		
“三地一窗口”典型案例（3～5 个，注明时间、来源等）	**案例一：《打造与浙江“三个地”相适应的文明高地》**（来源：《人民日报》，2019-12-17） 国无德不兴，人无德不立。党的十八大以来，以习近平同志为核心的党中央高度重视公民道德建设，立根塑魂、正本清源，破立并举、守正创新，取得了历史性成就，人们的精神面貌焕然一新。习近平总书记身体力行、率先垂范，亲自谋划、亲自推动，创造性地提出了一系列新思想、新观点、新论断，为加强新时代公民道德建设指明了前进方向、提供了根本遵循。站在“两个一百年”奋斗目标历史交汇点，处于中华民族伟大复兴关键时期，新时代公民道德建设新的顶层设计是巩固全体人民团结奋斗共同思想道德基础的战略举措，从制度层面回答了“培养什么人、怎样培养人、为谁培养人”的根本问题，这对推动社会主义思想道德建设优势进一步转化为治理效能，具有重大而又深远的影响。 **案例二：《打造科技自立自强的“重要窗口”》**（来源：《浙江日报》，2020-11-13） 着力突破建设三大科创高地的关键核心技术。坚定不移地走自立自强的科技创新道路，突破建设三大科创高地的关键核心技术，构建完善的自立自强的科		

“三地一窗口”典型案例(3～5个,注明时间、来源等)	技创新体系。要深化实施尖峰、尖兵、领雁、领航等计划,培育国家战略科技力量,打造高水平新型研发机构,充分发挥省属重点高校的创新资源优势,聚焦建设三大科创高地的关键核心技术,构筑有效支撑建设三大科创高地的关键核心技术研发体系。推动建立“大科学平台创新联盟”,助力面向三大科创高地建设的关键核心技术联合攻关。 **案例三:《以“三个地”担当推动“一带一路”建设走深走实》**(来源:《浙江日报》,2020-03-21) 省委书记、领导小组组长车俊主持浙江省推进“一带一路”建设工作领导小组第三次(扩大)会议并讲话。袁家军、郑栅洁、冯飞、朱从玖、高兴夫出席。会议听取和讨论了我省推进“一带一路”建设的年度进展和安排及“十四五”规划框架。共建“一带一路”是习近平总书记亲自谋划、亲自部署、亲自推动的重大倡议。我们要深入学习贯彻习近平总书记重要讲话精神,强化“三个地”的政治担当,自觉把“八八战略”再深化、改革开放再出发,与推动“一带一路”建设走深走实有机贯通起来,围绕“大写意”、绘好“工笔画”,发挥数字、浙商、通道、平台四大特色优势,深化对外开放和国际合作,使我省的“一带一路”建设工作落地生根、开花结果、走在前列。
思政元素	**一、爱国情怀** 中国光伏产业起步较晚但呈现出迅速发展的势头。尤其是“十五”期间,我国在光伏发电技术研发工作上先后通过“国家高技术研究发展计划”“科技攻关”计划安排,开展了晶体硅高效电池、非晶硅薄膜电池、碲化镉和铜铟硒薄膜电池、晶硅薄膜电池以及应用系统的关键技术的研究,大幅度提高了光伏发电技术和产业的水平,缩短了光伏发电制造业与国际水平的差距。 2010年后,在欧洲经历光伏产业需求放缓的背景下,我国光伏产业迅速崛起,成为全球光伏产业发展的主要动力,累计光伏装机并网容量16GW。2018年全国新增光伏并网装机容量达到44GW,同比下降17%。累计光伏装机并网容量超过174GW。新增和累计装机容量均为全球第一。全年光伏发电量约为1800亿千瓦时,约占全国全年总发电量的2.6%。 2019年虽然我国光伏新增装机再次同比下降,但是新增和累计光伏装机容量仍继续保持全球第一。 **二、工匠精神** 昆虫的复眼是由多颗“小眼”组成的,数量从数百到数千都有。这些小眼睛让蚂蚁、苍蝇等昆虫拥有超广视野与快速侦测运动的能力。而最近沙特阿拉伯科学家就从大自然获得灵感,想提高太阳能板的捕光能力,研发外观神似迪斯科舞厅彩球的球形太阳能电池,更声称其发电效果比一般的2D太阳能电池要多101%。沙特阿拉伯阿卜杜拉国王科技大学(KAUST)、吉达大学与美国加州大学伯克利分校团队希望能借由增加吸收光的表面积,提高太阳能板发电量,因此以苍蝇与向日葵为灵感缪斯,KAUST微系统工程(microsystems engineering)博士后Nazek El-Atab表示,通过复眼,苍蝇的视野可以达到270°,而向日葵被广为人知的就是永远朝着阳光生长。因此团队用交指式背电极太阳能结构(IBC)制作出球形太阳能电池,不需要装设追日系统也能时时捕获直射阳光,且取决于采用的太阳能电池材料与环境,效率可提高15%～100%。根据团队的研究,新型的IBC结构单晶硅球形太阳能转换效率也达18.93%。

思政元素	**三、创新意识** 澳大利亚国立大学(ANU)的科学家们设想了一种光电化学(PEC)太阳能制氢(STH)电池，理论上可同时吸收太阳能与水，然后直接向外输送氢气，而不是转为外部电解系统供电。通过将尖端的钙钛矿光伏电池与电极串联在一起，其效率比使用廉价半导体制造的任何其他设备都要出色。硅—钙钛矿双吸收串联光电化学电池可直接制氢。该校工程与计算机科学学院首席研究员 Siva Karuturi 博士称：“光伏面板吸收产生的能量与半导体带隙成正比，而硅又是市面上最流行的光伏材料，可惜只能产生水解制氢所需能量的三分之一。”通过使用带隙为硅的两倍的半导体，他们解决了这一问题。不过需要权衡的是，带隙越高，光伏的太阳能转化效率会越低。有鉴于此，研究团队采用了两倍于半导体的较小带隙。从而不仅有效地转化太阳能，且能出产必要的自发制氢能量。这套系统的一个关键指标，就是从太阳能到氢气的总效率。
教学实施路径	**一、教学设计** 本节课的教学设计包括课前预习；讲授发展太阳能电池的必要性，太阳能电池的种类、性能、优缺点、发展现状与研究重点；课堂讨论；本章总结。 **二、教学方法** 1.线上线下混合式。利用超星学习通平台发布学习资料、课前预习内容、课堂讨论内容、相关网络资源、布置作业等。 2.专题探讨，师生互动。探讨太阳能电池的发展方向，研究重点；通过师生互动，增强学习氛围，提高学生的学习积极性。 **三、教学措施** 1.利用超星学习通平台，分享教学资源。 2.使用企业微信，开展在线直播。 3.布置线上测试和讨论，开展线上考核。
教学反思与评价	1.教师和学生对网络教学手段还需不断适应，应积极参与教学过程，积极应对教学过程中的各种问题。 2.增加社会热点新闻穿插课程的频率，自然引出教学任务，增强课堂活跃性，引起学生的学习兴趣。 3.利用线上教学资源上传心得体会，教师做出评价并在课堂上展开讨论，形成线上线下有效互动。

2. 大学物理 C

学　　院	数理信息学院	课程名称	大学物理 C
授课教师	黄　晖	授课班级	轻化工程 201
授课章节	第二章　牛顿定律　第一节　牛顿三大定律		
课程类别	A.公共平台课　**B.专业平台课程**　C.专业选修课　D.全校选修课		
教学目标(知识、能力、素质三方面)	**一、知识目标** 1.掌握基础知识：掌握牛顿三大定律的基本概念与原理。 2.掌握分析方法：掌握使用牛顿定律分析力学问题的步骤与方法。		

教学目标(知识、能力、素质三方面)	**二、能力目标** 1.分析受力能力:具备分析物体受力的种类和方向分解的能力。 2.理论计算能力:掌握使用动力学方程将受力情况与运动学方程联系起来求解的能力。 **三、素质目标** 1.逆向思维意识:通过牛顿定律的学习,培养打破常规的创新思维。 2.实事求是态度:通过解题分析,培养客观分析问题和检验的习惯。 3.团队合作学习:通过相互讨论和辩论,培养多角度看待和处理问题的科学精神。
教学内容	1.在上一章运动学内容的基础上,进一步阐述分析深层次的动力学原因——牛顿定律。 2.介绍牛顿三大定律的内容和内在联系、适用范围。 3.学习以牛顿三大定律为基础建立起来的经典宏观物体的运动学规律——牛顿力学的动力学方程。 4.学习几种常见的力,以及物体之间力的相互作用的方式和受力分析。 5.掌握力学问题的受力分析和物理模型的基本特点,运用矢量运算、微积分运算的方法求解两类运动学问题。
“三地一窗口”典型案例(3~5个,注明时间、来源等)	**案例一:《让青春在践行“三个地”的使命担当中绽放绚丽之花》**(来源:《中国共青团》,2020-03-31) 新冠肺炎疫情发生以来,浙江高校青年自觉扛起“中国革命红船起航地”的使命担当,主动投入疫情防控工作,用实际行动传承和彰显了“不畏牺牲、无私奉献”的革命精神。在疫情防控一线,我们看到,浙江大学的蒋旻佑同学在上海火车站引导旅客扫描二维码、填写健康云,发放来沪告知书;浙江工业大学的孙启元同学,主动报名参与湖州南高速路口卡点的防疫志愿服务;浙江理工大学的陈鑫同学,在家乡湖北疫情暴发后,组织发动社团近千名志愿者参与火车站防疫检查、社区交通管制设卡登记等;宁波财经学院的茅作东同学驾驶着摆渡车,运送患者穿梭在中国科学院大学宁波华美医院(宁波市第二医院)的4号楼与8号楼之间,同校的巫春波向新冠肺炎患者持续捐献血小板,组建爱心车队运送一线医务工作者;浙江机电职业技术学院的沈邱同学在西塘镇进行14天的隔离区服务工作…… **案例二:《何显明:“三个地”书写浙江精神的历史谱系》**(来源:浙江新闻客户端,2019-09-10) 红船精神使浙江区域文化传统得到革命洗礼。浙江成为中国革命红船起航地,隐含着深刻的文化必然性。上海共产党早期组织的15位成员中,浙籍知识分子就有7人,其中就包括《共产党宣言》第一个中文译本的翻译者陈望道。红船精神作为中国革命精神之源,无论是开天辟地、敢为人先的首创精神,坚定理想、百折不挠的奋斗精神,还是立党为公、忠诚为民的奉献精神,莫不与浙江区域文化的优秀精神传统息息相关。深受浙江区域文化气息滋润的红船精神,反过来完成了对浙江区域文化精神的革命洗礼,将浙江儿女的探索和奋斗汇聚到践行中国共产党的初心和使命上。就此而言,红船精神已经成为革命、建设和改革各个历史时期浙江人民精神气质的最高表现。

“三地一窗口”典型案例(3～5个，注明时间、来源等)	**案例三:《深化“八八战略”　扛起“三个地”使命担当:接续奋斗只争朝夕再出发》**(来源:中国蓝新闻客户端,2021-01-10) 新年的第一个工作日,杭州滨江区的党员干部就兵分多路,进企业、下基层、访社区。一个上午,滨江区经信局小分队就走访了3家企业。宁波余姚税务局的“三服务”小组上门为企业送来了“减税降费”大礼包;衢州衢江的“三服务”专班前往项目一线聆听企业诉求,帮助解决项目推进中的难题。义乌后宅街道在“三服务”中推出“两问大家访”工作机制,筛选、票选、公示、督办村里需要解决的“关键小事”。需求在哪里,“三服务”就跟进到哪里。更深、更实、更精细,新年伊始,我省继续深入开展“服务企业、服务群众、服务基层”活动。从城市到乡村,从海港到厂区,从实验室到写字楼,到处是机关干部走访企业、服务群众、走入基层的身影。
思政元素	**一、脚踏实地、实事求是——幸福都是奋斗得来的** 牛顿的三大力学定律,都是在前人的研究成果的基础上进一步发展而来的,是历经千年,多少代物理大师脚踏实地、专心致志,一点一滴累积下来的科学发现。而最重要的是,每一个进步,都是基于严谨的态度和严格的物理求证,每一个知识都是实事求是的结晶。浙江人的奋斗精神、争先创新精神、务实实干精神成就了今天的浙江奇迹。 **二、把握规律、坚定信心——事物的内在规律都是相通的** 伟大的物理学大师,从亚里士多德、伽利略,再到牛顿,无一不是兴趣广泛,在众多领域都是出类拔萃,建树颇多。这正是因为各门各类的知识都是相通的,在一个方面有所钻研,其他就能触类旁通。这向年轻人展示,既要保持广泛的兴趣,但也要守正抱一。专注一点,其他的也会迎刃而解。——“红船精神”的先辈们,正是基于对人类社会发展规律的深刻认识,进而树立起远大的理想和坚定的信念。“真理永远存在!”
教学实施路径	**循序渐进—有机融合教学法** 1.导入所学知识:以加速度的概念为桥梁,过渡到新内容,逐步介绍牛顿定律的概念和原理,引出知识点。 2.引入物理科学精神:介绍力学研究的历史脉络和历代著名科学家在物理规律探索上的思维模式。 3.讲解重点知识:讲解牛顿定律的概念、物理意义、适用范围。 4.注重数学的结合:探究力的矢量属性,以及力的叠加原理、合力与分力的分析方法。 5.物理模型:通过力的叠加原理和系统内各个物体的受力分析,深刻理解和掌握牛顿第二定律的实际物理意义。 6.典型应用:通过具体分析几种物理受力情况,掌握动力学方程的建立和求解。 7.练习和讲评:布置两个左右的相近物理模型的题目,让学生在课堂上动手分析解答,再进行提问、回答、讲评环节来增强学习效果。

教学反思与评价	**一、设计多种直观的教学形式,确保学生更容易接受高难度的知识点** 例如,增加3D的动画演示和具体物理模型的受力分析视频。 **二、设置讨论和活动环节,增强课堂活力和趣味性** 例如,让学生提前预习并设计受力的几种典型情况,并设计活动向其他学生演示。 **三、课程思政与物理科学精神的结合** 例如,加入各个物理大师的生平趣事的介绍和重大科学发现的过程中展现的性格魅力的巨大影响。

3. 电磁场与微波技术

学　　院	数理信息学院	课程名称	电磁场与微波技术
授课教师	卢新祥	授课班级	电子信息工程181
授课章节	第四章　微波传输线与阻抗匹配		
课程类别	A.公共平台课　B.专业平台课程　**C.专业选修课**　D.全校选修课		
教学目标(知识、能力、素质三方面)	**一、知识目标** 1.使学生建立起电磁场传输线理论中的阻抗匹配的基本概念和基本原理。 2.掌握微波传输线中典型的阻抗匹配方法。 **二、能力目标** 掌握电磁场基本分析方法,熟悉微波阻抗匹配与变换方法,培养学生综合利用电磁场与微波知识进行微波系统分析与设计的能力,为学生从事电子与通信相关工作打下基础。 **三、素质目标** 1.结合微波系统的综合设计能力,使学生树立整体最优理念与大局观。 2.勇于创新,新时代担当。		
教学内容	主要内容:理论讲授传输线方程及其求解、传输线的特性参量、均匀无耗传输线工作状态分析、阻抗匹配概念与方法以及典型传输线的传输特性。 重点:理解传输线方程及传输特性、阻抗匹配,典型微波传输线。 难点:Smith圆图及其应用。		
"三地一窗口"典型案例(3~5个,注明时间、来源等)	**案例一:《"三个地"|奋力担当新时代全面展示中国特色社会主义制度优越性重要窗口的使命任务》**(来源:杭州网,2020-05-12) 在全面建成小康社会的决胜之年,在统筹推进疫情防控和经济社会发展的特殊时期,习近平总书记亲临浙江考察并发表重要讲话,赋予了浙江"努力成为新时代全面展示中国特色社会主义制度优越性的重要窗口"的新目标、新定位。 一切时代的荣光始于实干,唯有奋进不息才能抵达梦想的彼岸。 要对标习近平总书记重要讲话精神,将新目标、新定位作为新时代浙江发展的最大契机,秉持浙江精神,干在实处、走在前列、勇立潮头,推动浙江谱写更加辉煌的时代篇章,真正成为新时代全面展示中国特色社会主义制度优越性的重要窗口。 "重要窗口"是习近平总书记为新时代浙江实现更高水平的发展擘画的新目标、新定位,具有重大的历史意义、现实意义、全局意义。		

“三地一窗口”典型案例(3～5个,注明时间、来源等)	**案例二:《集成电路产业创新不足　浙江绍兴聚力提升“国产化率”》**(来源:中国新闻网,2019-11-16) “全国集成电路产业总产值超过6500亿元,10年内增长超6倍,保持了持续高速增长。然而集成电路产业发展依然面临创新能力不足的问题。”在11月16日浙江绍兴召开的2019年中国(绍兴)第二届集成电路产业峰会上,国家发展和改革委员会国际合作中心副主任崔琳直言。集成电路产业是现代信息技术产业的核心和基础。为发展集成电路产业,近年来,国家从政策、资金、财税、人才等方面出台了一系列配套措施,各地区加速产业培育,实现了产业快速发展。 以长三角地区重要城市浙江绍兴为例,该地集成电路产业正加快形成涵盖设计、制造、封测、设备等领域的全产业链,致力提升集成电路产业的“国产化率”。中国集成电路产业的健康快速发展,将走出一条创新提升、高质量发展的新路。科技创新与产业兴国,助力浙江打造“新时代全面展示中国特色社会主义制度优越性的重要窗口”。 **案例三:《为建设“重要窗口”培育更多优秀人才》**(来源:浙江在线,2020-09-09) 教师承担着为党育人、为国育才的重任,使命光荣、责任重大。教师的言行能够影响学生的一生。广大教师要重德修身,不断提升自我,以自身的人格魅力塑造学生纯真完美的心灵,以自身的师表风范带动社会风气改善;勇于攀登、刻苦钻研,走在科技和社会发展前沿,不断提升业务水平,更好地传道授业解惑,带动培养一批又一批优秀人才;勇于改革创新,改进教育教学的方式方法,让学生勤于创造、敢于创造,努力多出人才、快出人才。
思政元素	**思政元素1:精益求精　工匠精神** Smith圆图是由菲利普·史密斯(Phillip Smith)于1939年发明的,当时他在美国的RCA公司工作。史密斯曾说过,“在我能够使用计算尺的时候,我对以图表方式来表达数学上的关联很有兴趣”。在计算机发明之前,就可以使用如此简洁的工具来解决微波工程问题,而且准确程度符合实际应用需求,把一个图表打造得如此切合实际并方便使用,真是了不起的工匠精神。在计算机普及的时代,Smith圆图在直观表达工程问题时仍发挥着重要作用,不可替代。 **思政元素2:敢于创新　时代担当** 在第68届国际固态电路会议上,中国电科发布了一款高性能77 GHz毫米波芯片及模组,在国际上首次实现两颗3发4收毫米波芯片及10路毫米波天线单封装集成,探测距离达到38.5米,刷新了当前全球毫米波封装天线最远探测距离的新纪录。此次发布的封装天线模组包含两颗38所自研的77GHz毫米波雷达芯片。该芯片面向智能驾驶领域对核心毫米波传感器的需求,采用低成本CMOS(互补金属氧化物半导体工艺),单片集成3个发射通道、4个接收通道及雷达波形产生等,主要性能指标达到国际先进水平,在快速宽带雷达信号产生等方面具有特别优势,芯片支持多片级联并构建更大规模的雷达阵列。像这样的自主科技创新,在中国贸易战和“卡脖子”的国际形势下,显得尤其难得。 **思政元素3:科技兴国　重要窗口** 中国集成电路产业的健康快速发展需要社会各界的努力。绍兴通过高标准编制产业规划、高质量实行产业招商、高水平构建产业生态,走出一条创新提升、高质量发展的新路。科技创新与产业兴国,助力浙江打造“新时代全面展示中国特色社会主义制度优越性的重要窗口”。

<table>
<tr><td>教学实施路径</td><td>
1. 理论讲授微波系统传输线的基本概念、基本原理。
2. 将水波与电波类比，以水龙头和水管的口径不一致作为对比，引出微波电路中的不匹配现象和后果，并适时提出阻抗匹配的必要性。
3. 阐明在做微波系统的整体分析与设计时，要考虑各部分的匹配，做到整体最优。
4. 在掌握的基础上，借助工程小软件，演示阻抗匹配的具体过程；讲清阻抗匹配的必要性，即消除源与负载的阻抗不相等引起的反射。
5. 利用纸质圆图演示微波工程问题的传统解法。
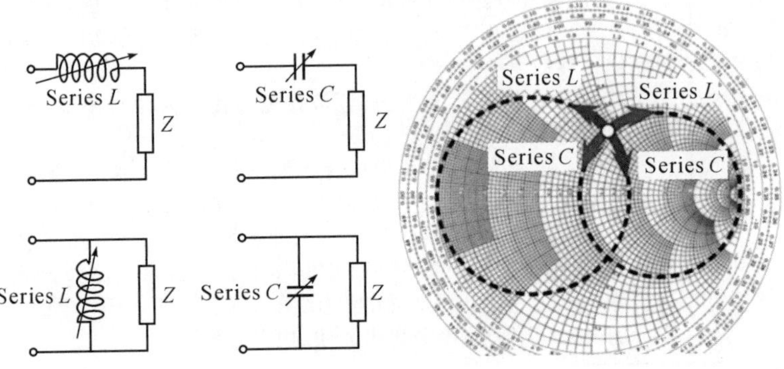

6. 利用小软件，让同学动手试用，体验工具之美；让同学代表来演示操作，和同学一起一步一步地获得最终的正确答案。
7. 归纳几种常用的匹配结构，根据负载阻抗所处的区域，引导学生正确使用匹配方法，完成阻抗变换，实现匹配。
8. 从圆图工具的发明到适应信息化时代的方便使用，引出精益求精的工匠精神和与时俱进的创新理念。对标习近平总书记重要讲话精神，将新目标、新定位作为新时代浙江发展的最大契机，秉持浙江精神，干在实处、走在前列、勇立潮头，推动浙江谱写更加辉煌的时代篇章，真正成为新时代全面展示中国特色社会主义制度优越性的重要窗口。
</td></tr>
<tr><td>教学反思与评价</td><td>
1. 设计课内互动、在线测试引导学生积极参与
通过巧妙设计随堂测、思政测，考查学生的听课情况与思考的深入程度，促使学生主动思考，深入参与课堂教学。
2. 课程思政的嵌入，做到润物细无声
专业课程与思政内容尽量做到有机融合与深度融合，切忌生拉硬拽，弄巧成拙。在这一点上，要常教常新，反复思考和经常钻研。
</td></tr>
</table>

4. 高等数学 B1

<table>
<tr><td>学　　院</td><td>数理信息学院</td><td>课程名称</td><td>高等数学 B1</td></tr>
<tr><td>授课教师</td><td>周凤燕</td><td>授课班级</td><td>机械类 201、202</td></tr>
<tr><td>授课章节</td><td colspan="3">第三章　第 1 节　拉格朗日中值定理(第二课时)</td></tr>
<tr><td>课程类别</td><td colspan="3">A. 公共平台课　B. 专业平台课程　C. 专业选修课　D. 全校选修课</td></tr>
<tr><td>教学目标
(知识、能力、素质三方面)</td><td colspan="3">一、知识目标
1. 熟练掌握拉格朗日中值定理及推论。
2. 阐释拉格朗日中值定理的几何意义，清晰其与罗尔定理的联系和区别。
二、能力目标
1. 领会拉格朗日中值定理证明采用的“构造法”。
2. 能应用拉格朗日中值定理和推论进行不等式、等式证明。
三、素质目标
1. 通过数学知识背后的故事，感悟数学家科学探索、开拓创新、求真务实的品质，体会数学与实际的联系，提升数学素养。
2. 多样化课堂教学活动体验，体会数学探究的乐趣，学会用发展眼光看问题，领悟共性与个性、特殊与一般的辩证关系，提升合作进取精神。</td></tr>
<tr><td>教学内容</td><td colspan="3">一、教学重点与难点
重点：拉格朗日中值定理、拉格朗日中值定理的应用。
难点：拉格朗日中值定理证明中辅助函数的引入，利用导数证明不等式的技巧。
二、教学设计内容
(一)回顾旧知　导入新知
1. 集体回顾罗尔定理内容。
2. 问题驱动引入新知
设计问题：罗尔定理三个条件中，哪个条件最特殊？引出拉格朗日中值定理。
设计意图：以问题驱动，层层设问，教师启发、学生合作讨论，动手试一试，激发学生直觉思维，发散思维能力培养，同时促进对旧知的巩固和知识的推广。
(二)数形结合　对比讲授
1. 拉格朗日中值定理的内容
条件：若函数 $f(x)$ 满足
(1)在闭区间 $[a,b]$ 上连续；
(2)在开区间 (a,b) 内可导
结论：在 (a,b) 内至少存在一点 ξ，使得 $f'(\xi)=\dfrac{f(b)-f(a)}{b-a}$。

拉格朗日中值定理的几何意义</td></tr>
</table>

<table>
<tr><td>教学内容</td><td>
2. 定理解释
(1)拉格朗日中值定理的两个条件是充分不必要的,注意区别和举反例(略)。
(2)拉氏公式:$f(b)-f(a)=f'(\xi)(b-a)$(由定理结论变形得到)为后面应用做好铺垫。
(3)作用地位与应用:微分学的理论基石。
3. 几何意义:满足条件(1)(2)的曲线,至少在曲线上存在一点 $C(\xi,f(\xi))$,使得曲线在该点的切线平行于两端点连线。
其中$\frac{f(b)-f(a)}{b-a}$表示两端点连线,若 $f(a)=f(b)$,则结论变为 $f'(\xi)=0$,即拉格朗日中值定理退化为罗尔定理。
4. 拉格朗日中值定理与罗尔定理的联系与区别。
5. 拉格朗日生平与拉格朗日中值定理背后故事分享讨论(课前在学习通上传资料,学生预习,上传学习心得,课中简单交流)
设计意图:数形结合,通过对比,基于几何意义,让学生体会拉格朗日中值定理与罗尔定理在几何意义上的相同点和在结果上的不同,体会共性与个性、一般与特殊之间的辩证关系。以数学名家故事激励学生学习兴趣,促进求真务实品质的形成。
(三)构造思想　证明定理
1. 教师设问,师生合作
教师启发:既然如此,那么能否在原来曲线 $y=f(x)$ 基础上构造一个新的函数,让它两端点连线是水平的呢?引出构造法。
2. 师生合作,证明定理
设计意图:注重分析过程,教师循循启发,引导学生逐步体会到构造函数 $F(x)$的关键点,课堂给予学生充分思考时间,做好学生思维拓展和创新能力培养,并激励学生积极考虑其他方法,趁热打铁,再次运用构造思想,留作课外作业,课外讨论。
(四)合作探究　分类应用
推论:若函数 $f(x)$在区间 I 上连续,I 内可导且导数为零,则 $f(x)$在区间 I 上是一个常数。
设计意图:给出两个例题,例 1 直接用推论解决,例 2 属于双向不定式,可采用拉格朗日中值定理证明。两个例题让学生先独立思考,再小组交流,发言,教师讲解补充方式展开。课堂注重学生思考过程,通过这两个题目的讲解,促进学生对定理的再次认识。
(五)总结与作业
</td></tr>
<tr><td>“三地一窗口”典型案例(3～5 个,注明时间、来源等)</td><td>
案例一:《“三个地”书写浙江精神的历史谱系》(来源:浙江新闻客户端,2019-09-10)
“八八战略”推动浙江精神实现历史性升华。21 世纪之初,浙江遭遇一系列“成长中的烦恼”。在浙江工作期间,习近平同志制定实施推动浙江发展的“八八战略”,概括提炼出“求真务实、诚信和谐、开放图强”的浙江精神。“求真务实、诚信和谐、开放图强”作为浙江人民精神世界变革的新坐标,推动了浙江精神的历史性升华。
</td></tr>
</table>

<table>
<tr><td>“三地一窗口”典型案例(3～5个,注明时间、来源等)</td><td>案例二:《建设“重要窗口” 贡献基层力量》(来源:《浙江日报》,2020-06-28)
建设“重要窗口”,必须敢于开拓创新。我们正处在经济全球化加速推进、改革不断深化的关键时期,因此,更要牢固树立创新精神和创新品格。作为基层干部,我们要牢固树立“学习为本”“终身学习”“带头学习”的理念,把学习当作人生的一大需要,当作一种生活习惯和修养,不断地积累知识,提高理论思维能力,从而不断更新知识,超越自我。
案例三:《袁家军出席省委党校秋季学期开学典礼并作开学第一课》(来源:浙样红 TV,2020-09-11)
浙江省委书记袁家军指出,忠实践行“八八战略”、奋力打造“重要窗口”,是我们一以贯之的主题、一贯到底的主线。“八八战略”是习近平总书记留给浙江取之不尽、用之不竭的宝贵财富,它紧扣坚持和发展中国特色社会主义这个主题,结合浙江实际提出了省域科学发展的战略布局;贯穿优势论、辩证法的马克思主义立场观点方法,提供了推动全省协同发展的科学指引;建设“重要窗口”本质上是忠实践行“八八战略”的延续升华,两者具有“普遍”与“特殊”、“量变”与“质变”、“内在”与“外在”的一致性,为浙江实现更好发展指明战略方向、提供战略指引。
案例四:《突出扩内需、畅通双循环,加快探索构建新发展格局》(来源:《宁波日报》,2020-11-23)
加快打造“一带一路”重要枢纽。以企业为主体,以市场为导向,高质量参与“一带一路”建设。质量推进杭州数字丝绸之路合作示范区、宁波“17+1”经贸合作示范区、中非经贸文化合作示范区建设,办好中国—中东欧国家博览会及常年展。深化义甬舟大通道建设,高质量建设义乌世界小商品之都。推进世界(温州)华商综合试验区、华侨经济文化合作试验区等建设,构建海外浙商服务网络。高质量服务国家总体外交,加强国际人文交流活动,推进联合国全球地理信息知识与创新中心建设。</td></tr>
<tr><td>思政元素</td><td>思政元素1:求真务实
课堂中融入“求真务实”的浙江精神。通过学习数学家拉格朗日的生平故事和拉格朗日中值定理背后的故事,体会数学家科学工作的准确性和深刻性,激励学生积极探索,养成求真务实的良好品质。
思政元素2:开拓创新
打造“重要窗口”积极“开拓创新”。在国际形势复杂、条件多变的情形下,创新已成为一种使命。在罗尔定理条件改变情形下,引导学生积极探究,学习新的定理——拉格朗日中值定理,体会定理的推广,知识的创新。巧妙运用“构造法”证明拉格朗日中值定理,使学生体验方法的创新,感悟数学的魅力。
思政元素3:辩证思维
通过已学的罗尔定理与新学的拉格朗日中值定理的比较学习,学会用发展眼光看问题,透过现象看本质,能抓共性、保个性,体会特殊到一般、一般与特殊之间的关系,学会在学习、生活和工作中使用马克思主义辩证的立场、观点和方法。
思政元素4:合作进取
“突出扩内需、畅通双循环,合作共赢。”课内外通过小组队员分工合作、团队讨论等方式促进交流合作,提升合作意识,发扬进取精神。</td></tr>
</table>

教学实施路径	**一、教学流程** 教学设计从导入环节、新知探究、应用练习和作业总结四方面展开,采用“导、问、猜、讲、比、论、证、探、思”九步骤,流程图如下。 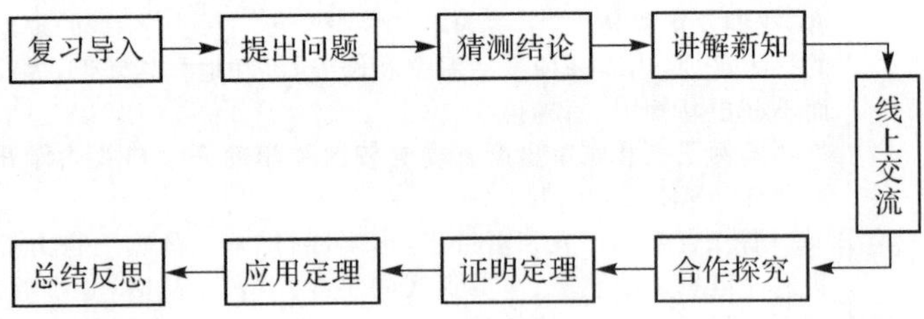 **二、教学方法** 问题驱动法、讲授法、比较法、合作学习法、线上线下混合式教学。 **三、教学实施** 课前:超星学习通布置预习任务,上传数学史资料,学生上传观看心得。 课中: 1. 问题驱动复习旧知。 2. 小组讨论、师生合作探究新知。 3. 线上观点交流,数学名家感悟。 4. 师生合作、团队合作、证明应用。 课后: 1. 布置线上讨论题:(1)拉格朗日中值定理的其他证明方法;(2)拉格朗日中值定理除了证明不等式和等式以外的其他应用,限时提交,分组线上(学习通或者企业微信)进行讨论、汇报,教师把关,做好课堂拓展。 2. 布置作业,及时上交、批改、反馈。
教学反思与评价	拉格朗日中值定理是微分中值定理的核心,在内容上起到承上启下的作用。该定理的证明巧妙用到“构造法”。这一思想方法学生刚开始学习会有困难,对该定理的应用学生也会感到困难。鉴于此,本课以师生合作为主,以问题驱动为主线,以教师启发、学生合作、数学史融入、线上线下结合的形式展开教学。 **创新特色** 1. 名家故事融入课堂 课堂教学中融入数学名家拉格朗日的生平介绍和拉格朗日中值定理背后的故事,提升学生的学习积极性;以数学家科学探索、不畏艰难的勇气激励学生求真务实、积极进取。 2. 思政元素围绕教学内容 知识传授的过程注重与思政元素的对接,隐式将“三个地”“重要窗口”重要思想融合于课堂教学。 3. 多样化教学活动贯穿课堂 通过多样化课堂教学活动,如师生问答、小组讨论、代表发言、课堂板演、线上讨论、小测、出门票式小结等方法调动学生积极性,激发主观能动性,促进团队合作意识。 本课存在不足:45 分钟内容会安排得比较满,学生配合度好的话课堂比较顺利,如果配合不顺利,例题 2 会来不及讲,内容安排稍满。另外,学生需花费额外时间学习线上资源,小部分同学会有怨言,如何平衡也是一个问题。

5. 食品分析

<table>
<tr><td>学　　院</td><td>生命科学院</td><td>课程名称</td><td>食品分析</td></tr>
<tr><td>授课教师</td><td>徐　笑</td><td>授课班级</td><td>酿酒工程 1811</td></tr>
<tr><td>授课章节</td><td colspan="3">第八章　碳水化合物的测定　第 2 节　可溶性糖的测定</td></tr>
<tr><td>课程类别</td><td colspan="3">A. 公共平台课　<u>B. 专业平台课程</u>　C. 专业选修课　D. 全校选修课</td></tr>
<tr><td>教学目标（知识、能力、素质三方面）</td><td colspan="3">一、知识目标
1. 基础知识：概述碳水化合物的定义，列举碳水化合物的分布及分类。
2. 分析方法：描述碳水化合物提取与澄清的方法步骤和注意事项。
3. 理论联系实际：测定黄酒中还原糖含量的流程并分析应用范围。
二、能力目标
1. 原理挖掘能力：具备基于可溶性糖测定理论举一反三的能力。
2. 分析比较能力：判别比较多种还原糖测定方法的优劣和适用范围。
3. 拓展能力：列举不同食品中碳水化合物分析标准，探索新方法、新技术。
三、素质目标
1. 合作学习：以小组为单位完成拓展学习，培养分工协作和资源整合能力。
2. 创新思维：以小问题和小项目为导向，培养实践、探索和创新思维。
3. 精益求精科学素养：通过隐性思政弘扬正气和代代传承的工匠精神。
4. 持续学习能力：培养研究项目撰写、制作课件与汇报能力。</td></tr>
<tr><td>教学内容</td><td colspan="3">一、知识点重点和难点
1. 可溶性糖类的提取试剂和方法，澄清剂的选择和适用范围。
2. 直接滴定法测定还原糖的基本原理、操作步骤、计算方法。
3. 还原糖测定方法（直接滴定法、高锰酸钾滴定法、铁氰化钾法）的注意事项和适用范围及特点。
二、知识拓展点
1. 国家标准中列举的还原糖测定方法。
2. 还原糖测定方法在黄酒等食品中的应用案例。
三、教学设计
采用 BOPPPS 六步教学法，包含课堂导入（bridge-in）、学习目标（objective/outcome）、前测（pre-assessment）、参与式学习（participatory learning）、后测（post-assessment）、总结（summary）。涉及以下内容：课前激活→知识导入→食物中碳水化合物分布、种类及含量→探讨测定食物中碳水化合物的意义→知识重点、难点讲解→探究式团队任务→同伴教学及总结→知识拓展点→下课出门卡。</td></tr>
</table>

<table>
<tr><td rowspan="10">教学内容</td><td colspan="5">GB5009.7—2016 中四种还原糖检测方法的比较</td></tr>
<tr><td>方法</td><td>第一法 直接滴定法</td><td>第二法 高锰酸钾滴定法</td><td>第三法 铁氰化钾法</td><td>第四法 奥氏试剂滴定法</td></tr>
<tr><td>适用范围</td><td>多种食品中还原糖的测定,但不适用于深色的样品</td><td>多种食品中还原糖的测定,对深色的样品同样适用</td><td>小麦中还原糖的测定</td><td>甜菜块根中还原糖的测定</td></tr>
<tr><td>参与反应试剂</td><td>碱性酒石酸铜溶液</td><td>碱性酒石酸铜溶液、硫酸铁溶液</td><td>碱性铁氰化钾溶液、碘化钾溶液</td><td>奥氏试剂、碘标准溶液、碘化钾溶液</td></tr>
<tr><td>指示剂</td><td>亚甲基蓝溶液</td><td>反应自身颜色变化</td><td>淀粉溶液</td><td>淀粉溶液</td></tr>
<tr><td>滴定用标准溶液</td><td>葡萄糖、果糖、乳糖、转化糖标准溶液</td><td>高锰酸钾标准溶液</td><td>硫代硫酸钠标准溶液</td><td>硫代硫酸钠标准溶液</td></tr>
<tr><td>滴定方式</td><td>直接滴定</td><td>间接滴定</td><td>间接滴定</td><td>间接滴定</td></tr>
<tr><td>反应条件</td><td>加热条件下滴定</td><td>碱性酒石酸铜溶液与还原糖在沸腾状态下反应;常温下滴定</td><td>碱性铁氰化钾溶液与还原糖在沸水浴中反应;常温下滴定</td><td>奥氏试剂与还原糖在沸腾状态下反应;常温下滴定</td></tr>
<tr><td>特点</td><td>试剂用量少、操作简单快速、滴定终点明显</td><td>准确度高,重现性好,但操作复杂、费时</td><td>专属性强,准确度高,操作步骤较简单</td><td>专属性强,准确度高,但操作步骤复杂,耗时长</td></tr>
<tr><td>其他事项</td><td>当称样量为 5g 时,定量限为 0.25/100g;与第二法比较为仲裁法</td><td>当称样量为 5g 时,定量限为 0.5g/100g</td><td>还原糖含量以麦芽糖计</td><td>当称样量为 5g 时,定量限为 0.25g/100g</td></tr>
<tr><td>“三地一窗口”典型案例(3～5 个,注明时间、来源等)</td><td colspan="5">案例一:《历史超两千年的中国黄酒》(来源:《浙江日报》,2021-02-09)
黄酒,与啤酒、葡萄酒并称为世界三大古酒,也是唯一产自中国的古酒,而中国黄酒尤以绍兴黄酒为最。绍兴黄酒已有数千年的历史,魏晋南北朝时期,酿造饮用黄酒之风得以发展,到了唐代,黄酒需求量不断增大。清朝文人梁章钜在《浪迹续谈》中写道:“今绍兴酒通行海内,为酒之正宗……盖山阴、会稽之间,水最宜酒,易地则不能为良。故他府皆有绍兴人如法制酿,而水既不同,味即远逊。”
案例二:《浙江省绍兴市市场监管局公布 2020 年度绍兴市黄酒十大典型案件》(来源:中国质量新闻网,2020-12-25)
黄酒是绍兴的历史经典产业,代表的是国家形象,体现的是国家标准,更是绍兴的金名片。自 2017 年以来,绍兴市市场监管系统共查办各类黄酒侵权案件 76 起,成功捣毁跨省、市仿制绍兴黄酒知名品牌产品的生产窝点 13 处,以及定</td></tr>
</table>

“三地一窗口”典型案例(3～5个,注明时间、来源等)	制、销售窝点30余家。2020年,绍兴在全市范围内组织开展了“两头在外”违法行为专项行动,全市开展执法行动80余次,出动执法人员560余人次,检查企业70余家,有力地促进该市黄酒产业健康发展。 **案例三:《不负鉴水　酒香自来——绍兴黄酒演绎“人与自然关系”》**(来源:中国新闻网,2020-08-14) 佳酿之地必有名泉,绍兴黄酒由鉴湖水酿制而天下无双。在水乡绍兴,改革开放后印染等传统产业迅速兴旺,让千古流芳的鉴湖水饱受摧残。庆幸的是,浙江及时响应习近平总书记提出的“绿水青山就是金山银山”理念,通过搬迁集聚、改造提升、“五水共治”等一系列举措,让鉴湖水重现往日清波,以更科学的治理方式改善人与自然关系,绍兴酒再续千年佳话。 **案例四:《黄酒产业:在“创、变、聚”中突围》**(来源:绍兴市政府网站,2020-11-09) 产品创新近年来一直是国内黄酒产业的主题。与此同时,黄酒包装创意迭出。好产品,精包装,“创”出新路径,尽显国际范、国潮风、绍兴味。今年的黄酒博览会和黄酒展让更多人感受到了绍兴这座城市的酒香与文体气息。 **案例五:《黄酒之乡开启传统“冬酿”》**(来源:新华社新媒体,2019-11-07) 从立冬节气开始到第二年立春,这段时间最适合做黄酒,人们把这段时间称为“冬酿”。有着2500多年历史的绍兴黄酒依旧保留着古法酿造工艺:浸米、蒸饭、摊凉、落缸、保温发酵、开耙(前发酵)、露天后发酵,到第二年春天接着开始压榨、煎酒(杀菌)、装酒入坛、封坛口、入库贮藏。经过一代又一代酿酒技师的口授心传,传统的绍兴黄酒酿制工艺被完整地保存下来。
思政元素	**思政元素1:工匠精神** 每个黄酒厂都有几位经验丰富的酿酒大师,酒厂“传帮带”的优良传统代代相传。原粮选择、踩曲、发酵、下窖、蒸馏、摘酒、存储、勾兑调味等基础工序技艺需要经过多年的劳动学习,而每一道工序背后都倾注着每一位酿酒师傅的心血。 **思政元素2:开拓创新** 在将黄酒的千百年文化和酿酒技艺传承的同时,仍需创新发展。黄酒在市场上有一定知名度,但在发展过程中,也存在生产时机械化程度过低、产品竞争力弱等问题,因而急需开发先进的酿造技术和先进设备,降低传统黄酒的上头成分,改善黄酒的口感和外观,实现机械化清洁生产,降低生产成本,让酒的口感更加迎合市场和消费者的需求。
教学实施路径	1.导入(bridge-in):以水果、蔬菜、谷物、牛乳、农作物籽粒等食物为例,枚举碳水化合物在不同食品中的分布、分类及含量,激活学生的学习思维,讲述单糖、双糖、寡糖、多糖等在食品中的作用,明确测定食品中碳水化合物的意义。 2.学习目标(objective /outcome):在知识目标方面,通过学习能列举碳水化合物的分布及分类,可以描述碳水化合物提取与澄清的方法步骤和注意事项,能掌握测定黄酒中还原糖含量的流程并分析应用范围;可以判别比较多种还原糖测定方法优劣势和适用范围。 3.前测(pre-assessment):回顾葡萄糖的理化特性,样品预处理的方法、目标和意义。 4.参与式学习(participatory learning):讲解中性醋酸铅、乙酸锌和亚铁氰化钾、硫酸铜和氢氧化钠、活性炭作为澄清剂的使用和适用范围;讲解还原糖测定的常用方法,包括直接滴定法、高锰酸钾法和铁氰化钾法;以小组为单位进行学习讨论,比较3种方法的原理差异和优劣势,并进行同伴教学和展示。

教学实施路径	5.后测(post-assessment):课前出门卡,2～3 道课程内容的小测验,以便对课程内容进行回顾和学习反思。 6.总结(summary):对知识重点和难点进行总结。
教学反思与评价	课程弥补了传统的教师单向输出教学方法的局限,采用"以学生为中心"的教学模式,建设 BOPPPS 教学方法,引导学生在接受知识的过程中自主探索。 **1.重视多感官参与原则** 课前激活对提高学生的学习效率有很大帮助,包括听、动、看、说等多方面,激发学生主动学习的动力和专注力,可采取资料搜集查阅、小组讨论、提问与互评等模式开展。 **2.遵循主动学习优先原则** 鼓励学生多思考、多讨论、多传授知识于他人,提高学生的主观能动性和自我效能感,增进学习效率。 **3.提倡动静结合原则** 传统课堂多以坐着听课为主,若结合动手操作体验将有助于激发学生理论联系实际,强化知识点记忆。 **4.注重培养持续学习能力原则** "授人以鱼不如授人以渔",注重学生学习反思,督促学生主动学习、积极实践、学以致用,培养学生探索精神和持续学习的能力。 **5."课程思政"有效实施** 以案例选取为关键要素,结合专业理论教育和德育教育目标,达成"思政元素"与专业教学的有机结合。同时,通过对社会热点和时事政治新闻的关注和引导,使学生课后主动提升与专业相关的思想政治修养。

6. 黄酒文化与鉴赏

学　　院	生命科学学院	**课程名称**	黄酒文化与鉴赏
授课教师	彭　祺	**授课班级**	酿酒工程 2011
授课章节	第一章　黄酒文化概论　第一节　认识黄酒		
课程类别	A.公共平台课　**B.专业平台课程**　C.专业选修课　D.全校选修课		
教学目标(知识、能力、素质三方面)	**一、知识目标** 1.掌握基础知识:掌握黄酒的起源、类别、生产技术。特别是对新中国成立后的国家名酒、重要人物与事典、对经济文化的贡献等多角度、多视野概要性的表述和介绍,使学生对博大精深的中国酒文化有一个相对完整的认识。 2.掌握分析方法:具备文献的分析与解读思考的能力。 3.理论联系实际:多维度思考酒与当前社会发展相关问题的联系。 **二、能力目标** 1.理论实践能力:能将学到的酒文化知识与其他学科相关的知识关联起来,从宏观的角度去认识酒。 2.分析比较能力:能利用本课程的知识去分析酒与当前社会发展相关问题的联系。 3.酿酒仿真能力:基于 VR(虚拟现实)技术实践酿酒的能力。		

<table>
<tr><td>教学目标（知识、能力、素质三方面）</td><td>三、素质目标
1. 团队合作学习：组建学习小组，培养合作学习与主动学习。
2. 创新思维意识：通过实践项目，培养工程实践与创新思维。
3. 精益求精态度：通过隐性思政，培养追求极致的工匠精神。
4. 非技术性因素：培养研究项目撰写、制作课件与汇报能力。</td></tr>
<tr><td>教学内容</td><td>一、重点难点
1. 黄酒的起源和发展：了解河姆渡文化遗址与中国酒史起源。
2. 各个历史时期黄酒文化的发展情况：通过仪狄造酒、晋代王羲之兰亭曲水流觞、梁元帝山阴甜酒等史料，了解黄酒历经史前、夏朝、商代、周代、春秋战国、秦汉、三国、魏晋南北朝、隋唐、五代十国、宋、元、明、清和新中国的时代变迁，逐渐演变成中国特有的政治文化、人情文化。
3. 黄酒与儒家文化：使学生理解“中庸”黄酒之格，“仁义”黄酒之礼，“忠孝”黄酒之德，“治国”黄酒之魂，体味黄酒与儒家文化的一脉相承，异曲同工之妙。
4. 黄酒的生产现状和在社会经济中的重要地位：了解黄酒的行业现状、成长特性，黄酒产业的规模效益，产业整合与资产重组情况及其在社会经济中的地位。
二、教学设计
1. 线上课程的设计体现开放性、职业性和实践性三个特点：开放性体现在课程由校内专任教师与非物质文化遗产传承者、行业企业专家合作进行课程建设，且在网络教学平台上实现线上自主学习；职业性体现在课程培养目标设立以岗位职业能力标准为依据、以职业能力为本位；实践性体现在课程内容以实际具体任务为引领、以“工作”过程为主导。
2. 线上课程的内容注重现代教学资源建设和使用：把现代教学技术手段的应用融入课堂教学中，更好地进行课堂的翻转。将大师的全程操作与详解转化为宝贵的互联网课程资源。
3. 线下课程的设计着眼于学生职业岗位能力培养和职业素质的养成，以应用为目标，以实践为主线，以能力为中心，融教、学、做于一体，边做边学、工学交替，在做中学、学中做。
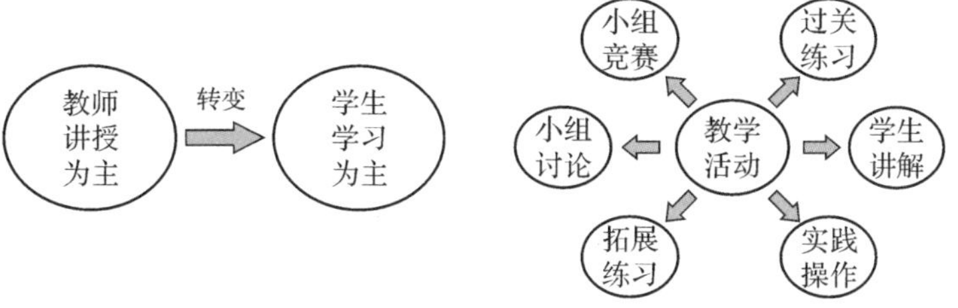
</td></tr>
<tr><td>“三地一窗口”典型案例(3～5个，注明时间、来源等)</td><td>案例一：《中共浙江省委关于制定浙江省国民经济和社会发展第十四个五年规划和二〇三五年远景目标的建议》（来源：浙江省人民政府网站，2020-11-23）
努力打造新时代文化高地。以党的创新理论为引领的先进文化、以红船精神为代表的红色文化、以浙江历史为依托的优秀传统文化、以浙江精神为底色的创新文化、以数字经济为支撑的数字文化全面发展，文化自信充分彰显、文化形象更加鲜明、文明程度显著提升，形成有国际影响、中国气派、古今辉映、诗画交融的文化浙江新格局，在人的现代化方面走在前列。</td></tr>
</table>

“三地一窗口”典型案例(3～5个,注明时间、来源等)	**案例二:《打造科技自立自强的“重要窗口”》**(来源:《浙江日报》,2020-11-13) 大力提升产业链供应链现代化水平。保持制造业比重基本稳定。实施制造业产业基础再造和产业链提升工程,运用大数据智能优化产业网络,做优做强自主可控、安全高效的标志性产业链。提升产业链龙头企业核心环节能级,推动产业并购,提高全球供应链协同和配置资源能力。实施制造业首台(套)提升工程,推进关键核心技术产品产业化应用。深化品牌、标准化、知识产权战略,推动质量革命,全面打响“浙江制造”品牌。深入推进传统产业改造提升,提升小微企业园、创新服务综合体,发展智能制造、服务型制造,培育经典时尚产业。实施产业集群培育升级行动,打造数字安防、汽车及零部件、绿色化工、现代纺织服装等万亿级世界先进制造业集群,培育一批千亿级特色优势集群,打造一批百亿级“新星”产业群,改造提升一批既有产业集群。 **案例三:《瞄准“双一流”建强“三个地”》**(来源:《浙江教育报》,2019-04-19) 以优势学科促进专业“健身”,布局建设新专业,提升学科专业的社会契合度。深化培养模式改革和课堂革命,夯实“互联网+”教学基础,推进科教融合、产教融合和国际化培养,提升学业挑战度。以一流学科建设为主线,加快建成应用基础研究和产业核心技术创新高地。学校构建了与区域重大战略相适应、与我省八大万亿产业相对接的学科体系,在办学核心竞争要素上处于全国地方高校前列。
思政元素	**思政元素1:中国精神** 一个民族的复兴不仅需要强大的物质力量,也需要强大的精神力量。在几千年的历史流变中,中华民族生生不息、绵延发展,饱受挫折又不断浴火重生,其中很重要一点就是我们的民族积淀了自身最深沉的精神追求,它有着独一无二的理念、智慧、气度,增添了中国人民内心深处的自信和自豪。这种强大的精神支撑,成为中华民族奋发进取的动力之源。这些精神所体现出的信念的能量、大爱的胸怀、忘我的境界、进取的锐气,大力激发了社会正能量,为实现“中国梦”提供强大精神动力。实现中华民族伟大复兴,是一场震古烁今的伟大事业,需要坚忍不拔的伟大精神。弘扬中国精神,凝聚中国力量,让主旋律更加响亮、正能量更加强劲,让我们的祖国永远朝气蓬勃迈向未来! **思政元素2:工匠精神** “工匠精神”出现在政府工作报告中,让人耳目一新。古语云“玉不琢,不成器”。工匠们喜欢不断雕琢自己的产品,不断改善自己的工艺,享受着产品在双手中升华的过程。他们追求完美和极致,其利虽微,却长久造福于世。从历史的角度看,自古以来,我国就不乏“工匠精神”之人。古代的中国曾是世界上最大的原创之国、“匠品”出口国和匠人之国。如古代的丝绸、瓷器、葵叶、漆器、金银器、壁纸等产品都是世界各国王公贵族和富裕阶层的“宠儿”。中国书法、中国画、雕塑、手工艺术品至今仍是世界各大博物馆引以为傲的镇馆宝藏。《梦溪笔谈》、《天工开物》、鲁班技艺,中国古代的能工巧匠无数,一直都在影响着世界!

教学实施路径

一、线上线下联合教学法

线上线下紧密结合，推进和实施非物质文化遗产教育传承和课程资源的立体性开发与建设，挖掘和提升非物质文化遗产的内涵和价值，实现课堂的有效“翻转”。

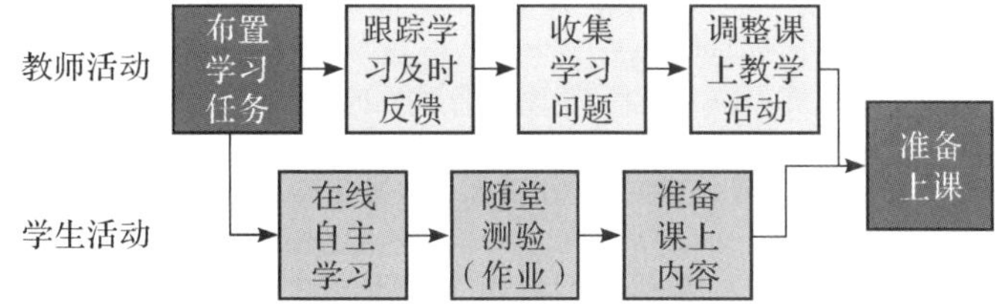

二、教学目标

学生习得基本知识和能力的同时，更要重树中国制造的文化自信。

1. 以培养社交和文化情感为目标：在这一目标下，本课程的混合式教学不仅关注学习内容或是某项技能，更多支持学生中华文化情感方面的发展。

2. 以辩论或是答疑为目标：通过精心设计问题，启发学生进行讨论以帮助他们批判性地思考问题。

3. 以思考总结所学内容为目标：要求学生对他们所学的内容进行反思总结并且将所得结果与教师和同学共享，这将拓展和丰富学生的思想。

4. 以小组合作或拓展学习为目标：在面对面合作过程中，学生充分发挥自己的想象力和创造力，不断拓展小组的学习内容，提高教学效果。

5. 以综合性教学或评价为目标：网络工具提供了一系列的教学辅助功能。作业和学期项目报告可通过电子系统传递；每周的课堂讨论可在论坛中进行；教师可通过电子记录反复查看学生学习进展。线上技术的使用使得学生成绩的评估真正公平公正，并且有电子记录，这些都可被师生反复查看。

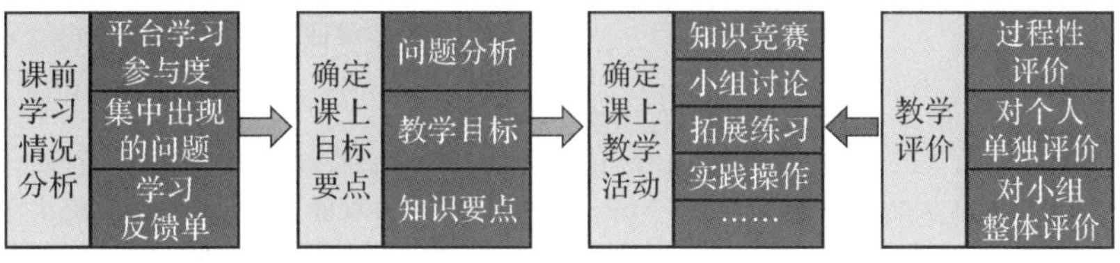

教学反思与评价

一、教学资源利用及考核评价

1. 教学的方式方法多样

本项目以培养具有专业胜任能力和社会适应能力的创新应用型黄酒人才为目标，遵循“学生中心、问题导向、学科融合、创新实践”的实验教学理念，通过实施“复合导引”的实验教学方法，让学生在沉浸式漫游、问题式辨析、交互式练习、自主式设计、矫正式引导、反馈式评价的实验过程中，充分锻炼实践操作能力，加深理论知识和技术应用的理解。

2. “虚实结合”，教学效果明显

线上虚拟仿真实验与线下传统经典实体教学互补，激发了学生的学习兴趣、提高了学习的效率、提升了学习的能力。通过对学生竞赛、毕业设计、论文发表、就业等数据进行跟踪调查与分析，发现本实验方式一定程度上提高了学生主动学习的品质，发现问题、分析问题、解决问题和创新的能力。

<table>
<tr>
<td>教学反思与评价</td>
<td>

二、评价体系

1.纠错与反馈

在项目的规范练习环节，操作错误时系统会自动提示和纠错；自主设计实验，系统全程自动记录实验过程与操作步骤，学生能够追溯回看自己的操作记录，促使学生养成规范练习和主动思考的学习习惯。

2.评价与反思

在练习及考核环节，系统自动生成可追溯线上答题过程的记录和分数；单一步骤考核完成后，系统自动评价，这些都是对学生操作进行评价的方式。系统对操作次数、操作时间、交互操作要点等进行多维度考核，并设置“作业习题”对学生进行理论知识考核，形成理论与实验相结合、过程性和终结性评价相融合的综合评价体系。管理平台可以跟踪记录学生整个项目的学习情况，并实现在线测验与及时评价反馈。将本教学项目纳入相关专业培养方案，制订相关教学效果评价办法。积极探索高校间相关实验教学项目成绩互认、学分转换机制。

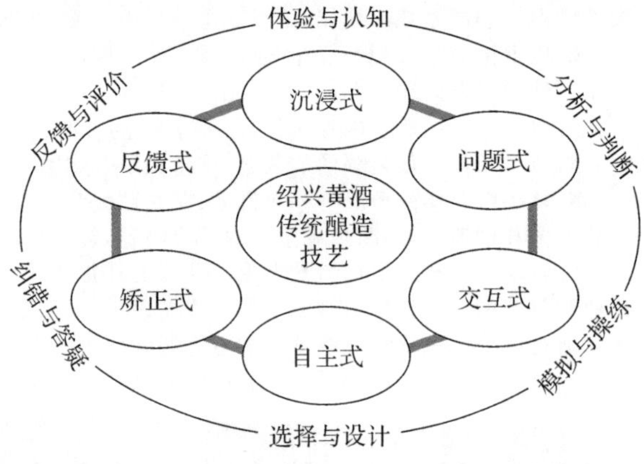

3.对传统教学的延伸与拓展

(1)延伸实验内容的深度、广度与实验空间。利用现代信息技术延伸了课程内容的深度与广度，为学生提供了高度仿真的虚拟实验环境，解决了真实黄酒酿制具有一定危险性、实验周期长、实验环境匮乏、实验时空受限等问题；有效解决了教师跟踪实验进程的困难，节省了实验教学成本；将传统的实验室、固定的上课时间延伸为泛在化的网络虚拟实验室和24小时在线的“空中课堂”。

(2)拓展以虚补实的“复合导引”实验教学方法。采用“复合导引”教学方法，通过“双手”的操作，学生与酿制工艺设备、虚拟场景和材料互动。学生在虚拟环境中亲临感受黄酒文化，其过程可通过教学系统自动实时打分，相关信息上传至本项目数据库，教师进行点评，学生之间进行互评，线下线上互动，实现了以虚补实、虚实结合的实验原则。课程中设置了社会服务栏目，学习者可以上传问题并在线咨询；学生通过团队研究，在教师的指导下分析、判断上传的问题样本，并设计个性化指导方案，实现学以致用的目的，大大提升了学生的实践能力和研究能力。

(3)拓展共享与辐射的范式。本课程不仅供本校学生使用，还与江苏食品药品职业技术学院、浙江工业职业技术学院等13所高校共享，为整体培养酿酒工程专业人才提供了丰富的资源。

</td>
</tr>
</table>

7. 药剂学

学　　院	化学化工学院	课程名称	药剂学
授课教师	骆翔	授课班级	药学 181、药学 182
授课章节	第一章　绪论　第 1—2 节　药典和 GMP		
课程类别	A. 公共平台课　**B. 专业平台课程**　C. 专业选修课　D. 全校选修课		
教学目标（知识、能力、素质三方面）	**一、知识目标** 1. 掌握基础知识：掌握药典与 GMP（药品生产质量管理规范）规范的基本概念与使用。 2. 掌握分析方法：掌握如何使用药典及 GMP 规范开展药学研究。 3. 理论联系实际：分析实际生产中采用药典和 GMP 规范的实例。 **二、能力目标** 1. 理论判断能力：采用《中国药典》和 GMP 规范判断药品研发与生产的规范性。 2. 分析比较能力：采用《中国药典》和 GMP 规范分析药品研发与生产的异同点。 3. 指导实践能力：利用《中国药典》和 GMP 规范指导药品实际生产的能力。 **三、素质目标** 1. 团队合作学习：组建学习小组，培养合作学习与主动学习。 2. 创新思维意识：通过实践项目，培养工程实践与创新思维。 3. 精益求精态度：通过隐性思政，培养追求极致的工匠精神。 4. 非技术性因素：培养研究项目撰写、制作课件与汇报能力。		
教学内容	**一、重点难点** 1. 药典和 GMP 规范的基本概念、使用范围与异同点。 2. 采用《中国药典》和 GMP 规范判断药品研发与生产的规范性。 3. 采用《中国药典》和 GMP 规范分析药品研发与生产的异同点。 4. 采用《中国药典》和 GMP 规范指导药品实际生产的能力。 5. 采用《中国药典》和 GMP 规范指导药厂车间建设和设备放置（下节课知识点）。 **二、教学设计** 采用"导、讲、探、评、练"五步教学法，包括：知识导入→比较概念→探究原因→重点难点→习题分析→探究式团队任务→点评总结→院士名言→快测式点名→课后任务。		
"三地一窗口"典型案例（3～5 个，注明时间、来源等）	**案例一：《从浙江医药的"窗口"看浙江的医药》**（来源：浙江新闻客户端，2020-11-10） 浙江医药是浙江省医药企业的一面旗帜。浙江医药对产品品质的要求渗透到了产品开发、生产、销售的全过程，通过完善的三级质量保障体系，严格执行 GMP、CGMP（动态药品生产管理规范）规范，为消费者提供安全、可靠、高质量的产品。企业全部产品均通过了 GMP 认证，优势品种通过了国外卫生部门的 GMP 认证、美国 FDA（美国食品药品管理局）认证及瑞士 SGS（通用公证行）的 HACCP 认证等。		

“三地一窗口”典型案例(3~5个,注明时间、来源等)	目前,浙江医药已经形成了脂溶性维生素、类维生素、喹诺酮类抗生素、抗耐药抗生素等系列产品的专业化、规模化生产。浙江的维生素E产量国内最大,为全球第二大生产商;天然维生素E产量为国内最大,全球第三大生产商;β-胡萝卜素和斑蝥黄素是全国最大、全球第三大供应商;盐酸万古霉素和替考拉宁已占全球产量的40%以上;公司制剂产品乳酸左氧氟沙星注射液(商品名“来立信”)占全国销售的20%以上,注射用盐酸万古霉素(商品名“来可信”)占全国销售的30%以上,注射用替考拉宁(商品名“加立信”)为国内最大供应商。 **案例二:《打造科技自立自强的“重要窗口”》**(来源:《浙江日报》,2020-11-13) 面对全球科技革命和产业变革新趋势,浙江“互联网+”、生命健康、新材料三大科创高地建设需要在突破关键核心技术、构筑科技创新大平台、加快创新链产业链融合发展、强化高科技人才队伍建设等方面协同发力。重点引进和培养建设三大科创高地急需的突破“卡脖子”技术研发和关键技术标准研制的战略科学家,加快集聚全球顶尖人才、科技领军人才、青年科技人才和新时代浙江工匠。 **案例三:《中医药文化输出促进“窗口”建设》**(来源:中国新闻网,2019-01-05) 在浙江药企传播中医药文化的过程中,诸多以养生保健、医疗康复等服务为主题的旅游目的地应运而生,促进了大众所需,呈现出一番火热景象。经过一百多年的发展,时至今日,前来胡庆余堂的人仍络绎不绝。除了日常拿药的市民,还有前来打卡的游客。翻开历史画卷,早在1991年,胡庆余堂中药博物馆已经开门迎客。在手工作坊内,老药工丁光明师傅从17岁进入胡庆余堂学习“手工泛丸”,至今已有53年的工龄。每天起模、加水、盖面、泛制、筛选……最后把一堆药粉变成颗粒均匀的药丸。通过中药文化节等活动的举办,2018年中药博物馆接待约200万人次,进一步扩大了中医药文化的影响力。游客参观中药博物馆后,还可在胡庆余堂药膳馆用餐。拔丝人参、黄芪河虾、枸杞南瓜、芡实菠菜饼等美食不仅色香味俱全,还具有滋补功效,让慕名而来的游客在品尝美味的同时更深入地了解中医药的功效。可以说,胡庆余堂等百年老店为中医药文化的传播起到了至关重要的作用,也推动了康养旅游市场的发展。
思政元素	**思政元素1:开拓创新** 屠呦呦,中共党员,药学家,2011年9月因发现青蒿素——一种用于治疗疟疾的药物,挽救了全球特别是发展中国家的数百万人的生命而获得拉斯克奖和葛兰素史克中国研发中心“生命科学杰出成就奖”,2015年10月获得“诺贝尔生理学或医学奖”,理由是她发现了青蒿素,这种药品可以有效降低疟疾患者的死亡率。她成为首获科学类诺贝尔奖的中国人。青蒿素被称为拯救世界的神药,当之无愧。疟疾被称为“生命的收割机”,有着令人恐惧的高死亡率,1850年左右欧洲人意外发现了药物奎宁,让疟疾得到了一定程度的遏制,但随后药物的副作用也显露出来,治疗效果差,人体不适合,加上价格昂贵,普通人根本用不起,直到1972年,中国女科学家屠呦呦发现了“青蒿素”,让人类对疟疾从束手无策到彻底治疗,而其价格不到奎宁的十分之一。但发明它的中国却没得到应得的利益和感谢,中国人“做好事不留名”的侠客精神,换来的是挽救了几百万人生命的中国科学家籍籍无名。好在经过中国医学界的奋力抗争,2015年10月屠呦呦的科学家团队获得诺贝尔生理学或医学奖的认可,让世界了解中国人做出的贡献,让人们记住为此付出努力的人,才是最该尊重的英雄。 **思政元素2:工匠精神** 通过观看习近平总书记视察中科大的讲话视频,深入学习习近平总书记对大学生“增强文化自信”、“学好文武艺”和“踏踏实实做事、做人”的寄语,并展开

<table>
<tr><td>思政元素</td><td>了广泛讨论。增强文化自信和专业自信是树立远大医药职业理想的根基,"健康所系,性命相托"是医学学子的神圣职责,让学生们以学药为荣,以能用药学知识解人之急、解人之痛为荣。药学"文武艺"离不开扎实的药学理论知识和技能水平,一技在身就能真正体现自身价值,为社会服务。学医学药之路漫漫枯燥,使同学们认识到要静下心来刻苦学习,努力练好人生和事业的基本功,用精雕细琢、慢工细活的"工匠精神"对待每一堂课、每一门课。要做有理想有追求的大学生,做有担当有作为的大学生,做有品质有修养的大学生。</td></tr>
<tr><td>教学实施路径</td><td>一、五步教学法
1. 导入所学知识:介绍药典的强制性、规范性、指导性意义,引出知识点。
2. 讲解重点知识:讲解药典和 GMP 规范的概念、使用范围与两者异同点。
3. 探究应用方式:探究采用药典去分析 GMP 指导原则的准确性和精确性。
4. 引出下次内容:比较和分析药典与实际生产的联系和区别。
5. 评价多国药典:分析《中国药典》《美国药典》《欧洲药典》《日本药典》等。
6. 院士名人名言:介绍十大华人科学家钟南山院士有关勤奋名言。
7. 测试课后任务:安排 2 分钟快测式点名并当场发课后纸质作业。
二、三阶学习目标
针对不同学生的学习基础、学习能力与学习预期等学情和差异化学习目标,设定"低阶、中阶和高阶"三个阶层学习目标,反向设计教学方案,实施差异化教学,达到精准化教学目标。</td></tr>
<tr><td>教学反思与评价</td><td>一、教学特色创新
1. 设计多种线上线下的教学活动,始终刺激学生保持较好的学习状态
依据教育心理学的学习规律来设计教学活动,安排查药典、快测式点名等多种教学方式和手段,丰富课堂教学形式,提高教学的吸引力。
2. 设置设问环节巧妙导入知识点,介绍不同时期药典的异同点并引发共鸣
讲述不同版本《中国药典》的区别,导入需要讲解知识点,引出研究内容。
3. 安排课内在线测试,倒逼学生课前认真预习、课内全神贯注听讲
通过巧妙设计课堂结束前快测式点名,用与课堂内容(药典、药剂学)相关的基本概念题,重点考查学生上课听了没有、知识点了解了没有、重要概念和理论掌握了没有,倒逼学生认认真真地参与课堂学习,及时消化并掌握知识点。
二、隐性课程思政
1. 名人名言:介绍我国著名桥梁专家茅以升有关勤奋的名言"人的大脑和肢体一样,多用则灵,不用则废。在掌握了所读东西的记忆特征后,就唯有勤奋二字了",结合自身的感悟,引出"工匠精神"。
2. 分析比较再创新:分别采用 GMP 要求和《中国药典》规定,比较各种要求之间的联系和区别,达到能灵活应用各种药物制剂工程学要求的技术规范,创新掌握知识的路径与方式。</td></tr>
</table>

8. 药事管理学

学　　院	化学化工学院	课程名称	药事管理学
授课教师	吴春雷	授课班级	药学 171、172
授课章节	第八章　特殊管理的药品		
课程类别	A. 公共平台课　**B. 专业平台课程**　C. 专业选修课　D. 全校选修课		
教学目标(知识、能力、素质三方面)	**一、知识目标** 掌握特殊管理药品的生产、经营和使用等各方面法律规定。 **二、能力目标** 能够自主学习,团队协作学习;学会制作本章节内容相关的 PPT 案例,并上台汇报。 **三、素质目标** 对特殊管理药品相关的案例会利用所学知识自主研判分析。		
教学内容	1. 麻醉药品、精神药品及医疗用毒性药品的概念;麻醉药品和精神药品的生产、经营和使用的管理。认识含有特殊药品的复方制剂,并掌握此类药物在批发和零售时的各项规定。 2. 通过学习使学生能认识到特殊管理药品的重要性,能够在研发、生产、经营和使用等各个环节自觉遵守法规,严防滥用和流入非法渠道。		
“三地一窗口”典型案例(3~5个,注明时间、来源等)	**案例一:《扛起“习近平新时代中国特色社会主义思想重要萌发地”的使命担当》**(来源:《中国共青团》,2020-03-31) 中华民族曾经历经磨难,但英雄的中国人民从来没有在灾难面前屈服过,而是愈挫愈勇,多难兴邦。 **案例二:《打造与浙江“三个地”相适应的文明高地》**(来源:《人民日报》,2020-12-17) 提升道德高度,精心打造“最美现象”这张金名片。浙江注重以先进典型引领道德风尚,用榜样力量温暖启迪人心,深入挖掘群众身边的典型,广泛宣传源于平凡的感动,经过多年的精心培育,形成了“最美家庭”“最美警察”“最美教师”“最美医生”“最美志愿者”等来自各行各业的“最美现象”。 **案例三:《坚持以“八八战略”为统领　干在实处走在前列勇立潮头》**(来源:《浙江日报》,2020-04-02) 持稳中求进工作总基调,坚持新发展理念,坚持以“八八战略”为统领,干在实处、走在前列、勇立潮头。		
思政元素	1. 做一个爱国的好公民:学习林则徐“苟利国家生死以,岂因祸福避趋之”的爱国精神。 2. 做一个文明、和谐的社会人:认清毒品的本来面目,无论何时何地都要远离毒品,并对周围的人宣讲毒品的危害,一起来抵制毒品。 3. 做一个敬业、友善的药学人:要做一个有良好高尚职业道德的药师。 4. 做一个有良好自主学习和团队协作能力的大学生:通过小组自学,上台讲解案例,锻炼学生的自信心和团队合作自主学习的能力。		

<table>
<tr><td>教学实施路径</td><td>课程思政强调将思想政治工作贯穿于学科体系、专业体系、教材体系之中，在传授课程知识的基础上引导学生将所学到的知识和技能转化为内在德行和素养。本人将本节的课堂内容和要传达的社会主义核心价值观有机统一，通过结合以下案例作具体说明。
1.利用书本中已有的素材，凝练其思政元素，在课堂中引导学生，进行显性教育。英雄的中国人民从来没有在灾难面前屈服过，而是愈挫愈勇，多难兴邦。本章有一块内容是讲述我国的禁毒历史与现状，课堂中会穿插播放约1分钟的电影《虎门销烟》的视频，讲述我国第一次重大禁毒行动是从鸦片战争开始的，自然地引入民族英雄林则徐。“苟利国家生死以，岂因祸福避趋之”是林则徐写的诗，也正是其自身的写照，将其为国捐躯之心表达得淋漓尽致。通过此案例的学习，教育同学们要有一颗拳拳爱国之心。
2.精心设计和挑选课外案例，并利用案例教学的特点，将凝练的思政元素有机地和书本知识相结合，达到润物细无声的效果。通过讲解麻醉药品、精神药品，以及和毒品之间的关联，要求同学们能认清毒品的本来面目，做一个文明、和谐的社会人。首先，做到自身不沾毒，不管今后人生是富贵还是贫穷，都不能和毒品沾边，否则自己和家人的生活将沦落到万劫不复的地步；吸毒者的案例非常多，课堂上主要列举有关吸毒的明星，通过这些反面教材来教育同学们不管何时何地都要远离毒品，做一个健康的文明人。其次，作为学药的专业人士，利用所学的知识对家人及周围人士做好有关特殊管理药品和毒品知识的宣讲，让他们都能真正认识毒品。课堂上会列举具体的毒品种类，其中一个案例是指社会上有一种声音就是“摇头丸和冰毒”不是毒品，少量吸食对身体不会有影响，对于此种说法，我们在课堂上可以当场反驳，因为冰毒和摇头丸的实质就是甲基苯丙胺和3,4-亚甲基二氧基甲基苯丙胺，此种毒品和传统的海洛因不同，是精神兴奋类毒品，服食后会精神错乱，难以控制自己的情绪，会给社会带来极大的不安定因素，对人体自身也有着严重危害。此类物质当然在国家禁止的毒品名单之列。
在课堂中适当引入文理学院身边的“最美教师”案例，给同学们树立榜样。
3.以身作则：学高为师，身正为范，作为老师，在要求同学的同时，自身必须先要做到。如要多注重自己的仪容仪表，只要让同学们意识到老师对上课这件事非常认真和专注，他们也就更能集中注意力到课堂中来。千万不能是教师自己就表现得很随意，但又要求同学们严苛自己，这是很矛盾的表现。要做一个敬业、友善的药学人。讲解本章的最重点部分，有关麻醉药品、精神药品、毒性药品和含特殊管理药品复方制剂的生产、经营和使用法规，让学生明白作为药学专业人士，今后最大的就业方向就是做一个生产或经营的药师，而作为药店药师则需要从以下两个方面体现敬业。首先，对相关的法规知识和专业知识必须牢记于心；其次，要服务好病人，为病人推荐合适的药物。如在讲述含特殊药品的复方制剂时要耐心为病人讲解，有些病人听说可待因有“毒”，就非常害怕，作为药师需要解释好适当剂量的复方制剂对身体的治疗作用肯定远远大于副作用。又如，像新康泰克这种含有“麻黄碱”类药品，国家规定购买时必须出示身份证、登记号码和地址才可以购买，针对这个规定，有部分病患会难以理解，此时作为药师也需要做好解释工作，消除病人的误会。</td></tr>
</table>

教学实施路径	4. 进行教学模式改革,让学生在学习中潜移默化地具备相应的思政素质。做一个有良好自主学习和团队协作能力的大学生。教师将全班学生按照两人一组进行分组,要求每一组的同学在课后制作有关药品管理的案例。本章内容相关的就是吗啡等的生产、经营和使用案例。学生在课前做的案例,从选材到制作需要两个人共同协商完成,然后在课堂中由一个同学上台汇报。教师根据制作的 PPT 内容和讲解的情况,当场给出分数作为平时成绩的组成。这样,既能锻炼同学之间的团结协作能力,又能锻炼一个人的自信心和胆识,能更好地成为新时代的大学生。
教学反思与评价	1. 案例法导入课程内容,让学生带着问题听课 针对课程内容,精心准备相关案例,让同学们在听课过程中寻找案例的解决办法。 2. 要求学生分组自主学习和团队学习 根据本章节内容在课前做好预习和相关案例收集及 PPT 制作,既可以提升课堂效率,又锻炼了同学们的胆量。 3. 课堂内进行在线测试 通过在线测试,及时了解掌握同学们的学习情况,同时也督促他们课后及时复习巩固。

9. 数据结构

学　　院	机械与电气工程学院	课程名称	数据结构
授课教师	冯　晟	授课班级	计算机类 191
授课章节	第二章　线性表　第 3—4 节　单链表的插入算法及应用		
课程类别	A. 公共平台课　**B. 专业平台课程**　C. 专业选修课　D. 全校选修课		
教学目标(知识、能力、素质三方面)	**一、知识目标** 1. 掌握基础知识:掌握单链表插入算法基本概念及应用。 2. 掌握分析方法:掌握如何使用插入算法及程序设计步骤与函数。 3. 理论联系实际:分析现实世界中能用插入算法解决复杂工程问题。 **二、能力目标** 1. 理论设计能力:具备分析设计含多种类型数据的插入算法能力。 2. 分析比较能力:用多种方案设计插入算法计算时间复杂度的能力。 3. 软件开发能力:基于 C++语言开发插入算法并调试分析的能力。 **三、素质目标** 1. 分组协作探究式学习:组建项目团队,开展团队协作与探究式学习。 2. 高阶性能力培养:通过高阶性项目,培养解决工程问题的能力和素养。 3. 创新性能力培养:通过创新性项目,培养开拓创新的精神和思维能力。 4. 挑战度能力培养:通过挑战度项目,融合课程思政元素培养人文精神。		

教学内容

一、重点难点

1. 插入算法基本概念、设计开发与调试排除异常。

2. 分别建立两个单链表，将这两个递增的有序单链表合并为一个递增的有序链表。要求结果链表仍使用原来两个链表的存储空间，不会另外占用其他的存储空间。

3. 完成学术论文阅读理解，并举例说明插入算法在学术论文中的适用功能。

4. 将学习强国 APP 中的填空题改为算法设计题，应用链表数据结构的插入算法重新设计填空题。

5. 能够针对不同应用场景设计合理的插入算法函数实现，分析比较时间复杂度的优劣，并推导出鲁棒性更好的算法设计方案。

教学内容	高阶性任务	创新性任务	挑战度任务
合并单链表	分别建立两个单链表，将这两个递增的有序单链表合并为一个递增的有序链表		
学术论文阅读		完成学术论文阅读理解，并举例说明插入算法在学术论文中的适用功能	
解决复杂工程问题			将学习强国 APP 中填空题改为算法设计题，应用链表数据结构的插入算法重新设计填空题

二、教学设计

采用“预、导、探、评、讲、练”六步教学法，包括：课前预习→知识导入→抛出观点→分组讨论→创新性观点→教师点评→重点难点→探究式团队任务→融合思政元素→课后任务。

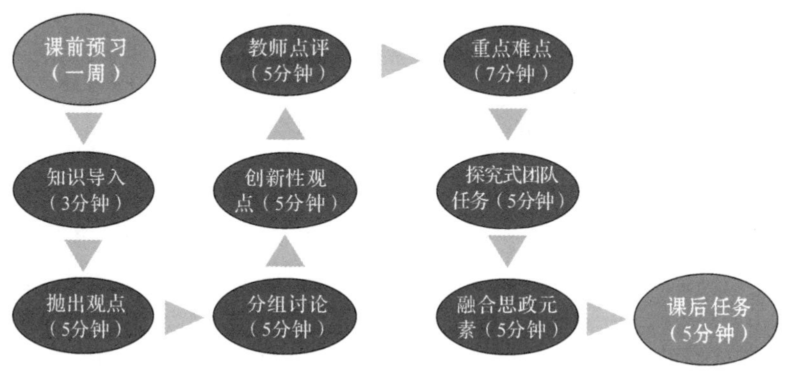

“三地一窗口”典型案例(3～5个,注明时间、来源等)	**案例一:《中共浙江省委关于制定浙江省国民经济和社会发展第十四个五年规划和二〇三五年远景目标的建议》**(来源:浙江发布,2020-11-22) 高标准建设自由贸易试验区。统筹推进舟山、宁波、杭州、金义四片区联动发展、创新发展,打造以油气为核心的大宗商品资源配置基地、新型国际贸易中心、国际航运和物流枢纽、数字经济发展示范区、先进制造业集聚区。推进贸易、投资、跨境资金流动、运输来往、人员进出便利化、自由化先行先试。做好“数字+自贸区”大文章,推进数字贸易先行示范。大力引进国际高端制造企业,建设引领性、示范性项目。加强与长三角区域自贸试验区协同,增强与省内联动创新区的联动发展。 **案例二:《努力建设好十个“重要窗口”》**(来源:光明网,2020-07-20) 要切实发挥“一带一路”建设、长江经济带发展、长三角一体化发展等国家倡议或战略叠加交汇的优势,深入推进中国(浙江)自由贸易试验区创新发展,大力推进长三角生态绿色一体化发展示范区建设,“跳出浙江发展浙江”,进一步发挥“浙江人经济”优势,推动浙商高质量参与全球产业链重构,加快新型贸易中心建设,推动外贸提质增效,打造高质量外资集聚地,构建对外开放新格局。 **案例三:《中共绍兴市委关于制定绍兴市国民经济和社会发展第十四个五年规划和二〇三五年远景目标的建议》**(来源:绍兴市政府门户网站,2020-12-18) 加快建设法治政府,推进重大行政决策法治化,构建职责明确、依法行政的政府治理体系。建设覆盖城乡的公共法律服务体系,推进多层次多领域依法治理。加大全民普法力度,培育法治文化,增强全民法治观念,建设法治社会。
思政元素	**思政元素1:社会主义核心价值观的自由理念** 链表中的插入操作可实现自由选择内存空间,体现了自由理念。与顺序表的插入操作不同,链表的插入操作不是选择连续的内存空间,而是根据计算机内存的实际使用情况,自由选择合适的内存空间,起到了优化内存的功能。该自由选择功能就像插班生可以在班级中自由选择志趣相投的同学交朋友,实现互帮互助,共同进步。因此,链表中的插入操作体现了自由理念。并且,创新性地与“三地一窗口”典型案例一和案例二相融合,强调经济社会发展必须遵循自由理念的要求,推进便利化和自由化发展。 **思政元素2:社会主义核心价值观的法治理念** 小到一个计算机系统,依规设计算法是排除潜在隐患的基本要求。通过法制建设来维护和保障计算机系统安全,是实现软件安全、系统安全的制度保证。大到一个国家,通过法制建设来维护和保障公民的根本权益,是实现自由平等、公平正义的制度保证。并且,创新性地与“三地一窗口”典型案例三相融合,强调社会治理必须遵循法治理念的要求,加快建设法治政府,构建职责明确、依法行政的政府治理体系。
教学实施路径	**一、教学法** 1.开展课前预习:组织学生利用线上线下资源开展课前预习工作。 2.导入所学知识:介绍如何组织课堂教学和学习内容引出知识点。 3.演示学习成果:邀请学生用编程语言当场测试学习成果和观点。 4.组织分组讨论:引导学生根据所提观点凝聚智慧促进深度思考。 5.鼓励创新思维:鼓励学生通过深层次思考形成个性化学习成果。 6.开展教师点评:根据提出的观点及时开展有针对性总结和指导。 7.讲解重点知识:讲解插入算法的概念以及程序设计思路和函数。

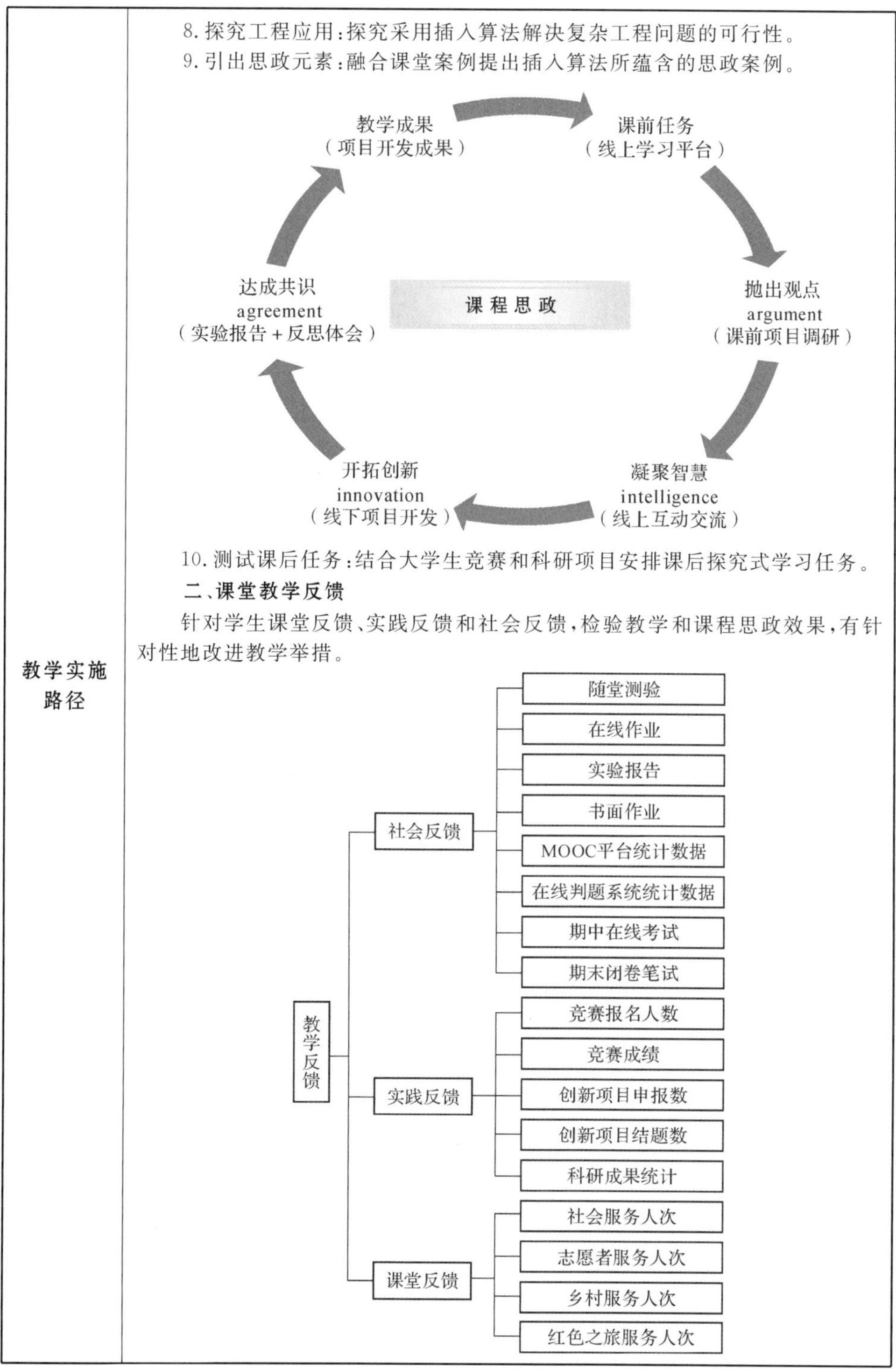

教学实施路径	8. 探究工程应用：探究采用插入算法解决复杂工程问题的可行性。 9. 引出思政元素：融合课堂案例提出插入算法所蕴含的思政案例。 10. 测试课后任务：结合大学生竞赛和科研项目安排课后探究式学习任务。 **二、课堂教学反馈** 针对学生课堂反馈、实践反馈和社会反馈，检验教学和课程思政效果，有针对性地改进教学举措。

教学反思与评价	**一、教学特色创新** 1.建设MOOC线上线下混合式教学资源,利用课前课后组织探究式学习 有效运用MOOC平台、QQ群等互联网技术开展线上线下混合式教学,充分利用课余时间组织小组讨论和项目开发实战,多角度丰富教学活动,提高教学质量。 2.设置学生上台讲解环节,引发深层次思考,促进插入算法的创新性思维 鼓励学生敢于抛出个性化学习成果,开展"头脑风暴",引发学习团队深层次思考和实践探索,促进创新性观点和方法的形成,引出高阶性、创新性和挑战度的研究任务。 3.安排课内软件开发和在线判题,促使学生动手动脑形成有效学习成果 通过巧妙设计课堂案例,鼓励学生课内开展软件开发和在线提交答案,实时获得成绩,从而促进学生动手动脑尽快形成个性化学习成果,有效提高知识点的掌握能力。 **二、隐性课程思政** 结合课程教学内容中的某一知识点,进行延伸讲解,将社会主义核心价值观的理念贯穿教学过程,引导学生关心国情、省情和市情,加强对学生的思想引领和价值引领。

10. 高级语言

学　　院	机械与电气工程学院	课程名称	高级语言
授课教师	黄龙军	授课班级	计算机类203
授课章节	第6章第4节　OJ题目求解		
课程类别	A.公共平台课　**B.专业平台课程**　C.专业选修课　D.全校选修课		
教学目标(知识、能力、素质三方面)	**一、知识目标** 1.巩固结构体理论知识。 2.加深选择排序、冒泡排序及STL之sort的理解。 3.加深理解函数的知识。 **二、能力目标** 1.学会运用结构体数组求解问题的能力。 2.提升分析和解决较复杂问题的能力。 3.程序设计、实现及调试的能力。 **三、素质目标** 1.积极向上、敢于挑战:通过具体问题中的排行榜、竞赛规则等内容,激励学生积极向上,敢于挑战需要"跳一跳"才够得着的编程题,并吸引优秀学生立志加入程序设计竞赛集训队,挑战更高难度的程序设计任务。 2.团队合作、探究学习:组建学习团队,针对较复杂的具体问题开展团队协作和探究学习,并就学习过程中遇到的疑难问题开展交流讨论、探究学习。 3.勇于创新、精益求精:对于同一道题目,尝试使用不同的方法求解,并分析不同实现方法的优缺点,从而促进学生用于创新、精益求精。		

<table>
<tr><td>教学内容</td><td>

一、教学重难点

1.结构体数组排序的一般程序结构。

2.结构体数组排序程序的主要函数。

3.根据不同的问题(解题排行、确定最终排名、获奖、竞赛排名等),设计结构体类型、编写比较函数、排序函数等。

4.排名函数。

二、教学设计

围绕“结构体排序专题”,运用翻转课堂教学,具体设计如下图所示。

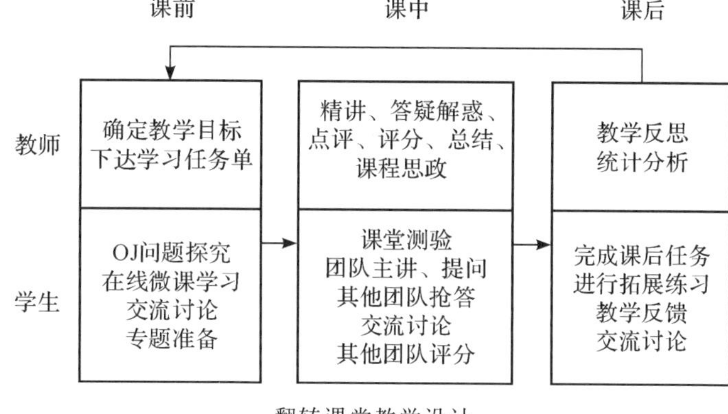

翻转课堂教学设计

</td></tr>
<tr><td>“三地一窗口”典型案例(3～5个,注明时间、来源等)</td><td>

案例一:《“三个地”|奋力担当新时代全面展示中国特色社会主义制度优越性重要窗口的使命任务》(来源:杭州网,2020-05-12)

历史,总是在一些特殊年份给人们以汲取智慧、砥砺前行的力量。

在全面建成小康社会的决胜之年,在统筹推进疫情防控和经济社会发展的特殊时期,习近平总书记亲临浙江考察并发表重要讲话,赋予了浙江“努力成为新时代全面展示中国特色社会主义制度优越性的重要窗口”的新目标、新定位。

一切时代的荣光始于实干,唯有奋进不息才能抵达梦想的彼岸。

案例二:《何显明:“三个地”书写浙江精神的历史谱系》(来源:浙江新闻客户端,2019-09-10)

改革开放的先行实践激活了浙江区域文化的精神基因。从家庭作坊、前店后厂到“挂户经营”,再到股份合作制,浙江的非公有制经济之所以蓬勃发展,民营企业之所以充满活力,就在于民间强烈的自主创业意识,促使千百万浙江人变成了市场经济的开路先锋,形成了波澜壮阔的大众化创业浪潮,催生出享誉全国的“走遍千山万水、说尽千言万语、想尽千方百计、尝遍千辛万苦”的“四千精神”。

案例三:《打造科技自立自强的“重要窗口”》(来源:《浙江日报》,2020-11-13)

在浙江省委十四届八次全会提出的“十三项战略抓手”中,着力建设三大科创高地是首项。面对全球科技革命和产业变革新趋势,浙江“互联网+”、生命健康、新材料三大科创高地建设需要在突破关键核心技术、构筑科技创新大平台、加快创新链产业链融合发展、强化高科技人才队伍建设等方面协同发力。

</td></tr>
</table>

思政元素	实干、奋进不息、敢于尝试、勇于创新、精益求精
教学实施路径	**一、课前** 1.教师确定教学目标,发布学习任务单。 2.学生根据任务单了解学习目标,学习微课,尝试求解 OJ 问题。 3.学生以学习团队为单位准备将在课中分享的专题内容(代码、PPT、提问及其答案等)。 **二、课中** 1.学生在超星泛雅平台参加相关知识点的在线测验。 2.教师精讲重难点,根据学生课前的讨论、课中测验情况进行答疑解惑。 3.随机选择学习团队进行专题分享,在线测评系统(简称 OJ)问题的求解。 4.主讲团队提问,其他团队抢答。 5.各团队就难点、拓展问题展开交流讨论。 6.教师点评、评分、总结,其他团队评分。 **三、课后** 1.学生完成课后任务(作业/练习等)。 2.学生进行拓展练习。 3.通过超星泛雅平台进行教学反馈和交流讨论。 4.教师进行教学反思,对学生学习情况进行统计分析,并修改、完善教学目标和学习任务。
教学反思与评价	**一、教学特色创新** 运用翻转课堂教学模式,突出以学生为中心,培养学生学会学习,提升学生的实践能力、创新能力和团队合作能力,提升学生分析问题和解决较复杂问题的能力。 **二、隐性课程思政** 通过在线解题排行榜、程序设计竞赛规则及评奖规则等激励学生实干、奋进不息、敢于尝试、勇于创新。通过具体问题的分析、求解及团队讲解准备,促进学生敢于尝试、勇于创新、精益求精、团队合作。

11. 单片机原理与应用

学　院	元培学院信息与机电工程分院	课程名称	单片机原理与应用
授课教师	唐晓平	授课班级	电子信息工程 1801、1802
授课章节	定时器原理		
课程类别	A.公共平台课　**B.专业平台课程**　C.专业选修课　D.全校选修课		
教学目标(知识、能力、素质三方面)	**一、知识目标** 1.掌握基础知识:掌握单片机定时器的基本概念与使用方法。 2.掌握分析方法:掌握使用定时器的步骤与方法。 3.理论联系实际:分析定时器的应用案例。 **二、能力目标** 1.理论计算能力:具备计算定时器初始值的能力。 2.分析比较能力:通过实际调试调整定时器的使用。 3.软件调试能力:基于 Keil 开发单片机定时器程序的能力。		

教学目标（知识、能力、素质三方面）	三、素质目标 1.养成理论联系实际、实事求是和探索创新的科学态度和工作作风。 2.增强对社会主义核心价值观的认同感和践行能力。 3.培养不畏困难、勇于拼搏的刻苦学习能力。
教学内容	**一、重点难点** 1.定时器基本概念功能。 2.定时器的原理。 3.定时器的工作模式。 4.定时器使用步骤与注意事项。 **二、教学设计** 采用“导、讲、探、评、练”五步教学法，具体包括：知识导入→定时演示需求→探究实现原理→了解工作模式→讲解如何使用重点难点→案例分析→探究式实验任务→点评总结→院士名言→快测式点名→课后任务。
“三地一窗口”典型案例（3～5个，注明时间、来源等）	首先给学生讲解“三地一窗口”。浙江是中国革命红船的起航地，是中国改革开放的先行地，也是习近平新时代中国特色社会主义思想的重要萌发地（简称“三个地”）。习近平总书记明确嘱咐浙江要努力成为新时代全面展示中国特色社会主义制度优越性的重要窗口（据此我们简称为“三地一窗口”）。 **案例一：《数字经济助力浙江迈向高质量发展》**（来源：新华网，2020-11-23） 数字经济核心产业增加值同比增长11%、对省内工业增长贡献率逾六成、新一代信息技术产业增加值同比增长20.9%……近期浙江省公布的前三季度经济数据中，数字经济底色愈发亮眼。注入新动能、带来新机会、创造新模式，数字经济正在助推浙江经济社会迈向高质量发展轨道。 **案例二：《中共浙江省委关于制定浙江省国民经济和社会发展第十四个五年规划和二〇三五年远景目标的建议》**（来源：浙江省人民政府网站，2020-11-23） 深入实施数字经济“一号工程2.0版”。深入实施数字经济五年倍增计划，大力建设国家数字经济创新发展试验区，打造数字强省、云上浙江。加快打造数字产业化发展引领区、产业数字化转型示范区、数字经济体制机制创新先导区，争取数字人民币试点，建设数字技术创新中心，加快打造数字变革策源地。创建国家制造业创新中心等高能级平台，培育壮大数字产业，形成一批具有国际竞争力的数字产业集群。推进工业、农业、服务业数字化转型，推动工业互联网和制造大省深度融合，培育提升“1＋N”工业互联网平台体系，推广新智造模式。加快国家新一代人工智能创新发展试验区建设。加快建设数字社会，拓展新基建应用场景，推进生活数字化、公共服务数字化。加强数字立法，探索数字化基础制度和标准规范，完善数据产权保护机制，深化数据开放共享，培育数据要素市场，保障数据安全，加强个人信息保护。 **案例三：《集成电路：崛起中的万亩千亿“芯”高地》**（来源：《绍兴日报》，2020-05-09） 集成电路产业是现代工业的核心和基础。基于缺“芯”之痛，近年来该产业更是成为各个城市发展的“必争之地”。随着“芯”版图的不断拓展，一个“万亩千亿”的绍“芯”高能级平台已脱颖而出，成为展示“绍兴风景”的重要窗口。

<table>
<tr><td>思政元素</td><td>思政元素 1:爱国情与中国梦
大国之盾:为祖国隐姓埋名四十载,唯一荣获 6 个顶级勋章的程开甲。他是中国唯一一位同时荣获科学院院士、国家最高科学技术奖、八一勋章、人民科学家、改革先锋奖和两弹一勋等六大顶级荣誉称号的人。他不惜隐姓埋名四十年,在荒漠戈壁中苦苦坚守,只为撑起民族脊梁。绝大多数国人很少听过他的名字。他为中国做出了卓越的贡献,他就是名副其实的“核司令”。
思政元素 2:开拓创新与强国梦
华为麒麟芯片是中国唯一能媲美国外厂商的高性能手机芯片,尤其是 2020 年 10 月发布的麒麟 9000 系列,甚至在体验上比后发布的高通骁龙 888 还要优秀。麒麟芯片能有现在的成就,与华为的高瞻远瞩以及始终坚持自主创新是分不开的。2020 年华为发布的麒麟 9000 系列,5nm 制程工艺,CPU 采用 A77 核心,GPU 采用 A78 核心,性能大幅提升,同时凭借华为的设计,麒麟 9000 的表现第一次不弱于后发布的骁龙芯片。麒麟芯片一路走来,凭借自身的积累和创新,不断进化,不少网友认为麒麟 9000 系列是麒麟的绝唱,但随着国际形势的改变和我国自主创新的加强,相信麒麟芯片能够以更强表现重现在我们眼前。你是从什么时候开始喜欢麒麟芯片的呢?</td></tr>
<tr><td>教学实施路径</td><td>一、课程教学设计
课程教学始终贯彻“课程思政”要求,将“课程思政”元素融入线上线下混合式教学的各处环节,充分利用“互联网+”教学模式。教师自己制作视频教程进行在线异步授课,与学生线上交流,线上答疑。要求学生在实验室完成项目实验操作,提交报告。
二、章节教学设计
单片机定时器教学设计包括讲解定时器原理以及通过定时器完成多位数码管扫描显示的实验案例。
这个项目的教学过程是,先从电子仪器设备的角度去讲需要时间控制的精确度的需求,讲原理定时器工作模式,讲应用电路软件编写调试,最后让学生自己上手实验,体验开发过程。
三、教学方法
实施线上线下混合式教学。采用包括视频、拓展资源、题库、考试和讨论区等线上资源,实现课前预习、课中探究式教学和课后拓展。
四、教学举措
1.课前:在线安排预习任务。
2.课中:案例教学和探究式教学相结合。
首先,运用线上线下混合式教学模式,帮助学生复习之前知识,回顾编程指令相关的内容,引入本次课教学内容。
接着,通过网络资源,引出本次课案例定时器。
突出案例教学,理论结合实际。应用背景很强的案例。使用易上手的案例以及步骤化的开发实例来吸引学生。
强调教学效果,督促学生达到实验要求,提交实验报告。
引用“Typora”软件,利用强大的笔记功能,让学生在线学习并及时整理笔记,方便日后查询回顾。</td></tr>
</table>

<table>
<tr><td>教学反思与评价</td><td>1. 通过线上教学方式开展教学，让学生可以利用视频，重复学习。学习的主观意愿调动得好，教学效果就会更好。可以在线与学生沟通，解答疑惑。学生对感兴趣的案例，会投入更多时间、精力去完成。认识到一项新技能，学生学习的积极性就会提高。
2. 尝试教学新模式，让学生有信心学习技术型的课程。通过一些案例的引入和项目例子的讲解，讲解核心逻辑，细讲具体细节代码的教学要求，让学生可以从整体更好地学习本课程。
3. 网络资源很多，备课期间搜集多套单片机培训机构的教程，挑选出适合学生的内容，是我在这次教学内容设计中重点考虑的。
4. 隐性思政元素的渗透。通过对行业先进人物事迹的了解，让同学们更好地激发自我潜能，牢固树立责任意识和敬业精神。</td></tr>
</table>

12. 药物分析

<table>
<tr><td>学　　院</td><td>元培学院</td><td>课程名称</td><td>药物分析</td></tr>
<tr><td>授课教师</td><td>张　娜</td><td>授课班级</td><td>药学 1801、1802、1803、1804、1811</td></tr>
<tr><td>授课章节</td><td colspan="3">第四章　药物的含量测定——高效液相色谱法</td></tr>
<tr><td>课程类别</td><td colspan="3">A. 公共平台课　<u>B. 专业平台课程</u>　C. 专业选修课　D. 全校选修课</td></tr>
<tr><td>教学目标（知识、能力、素质三方面）</td><td colspan="3">一、知识目标
1. 掌握药物制剂含量测定首选方法。
2. 掌握高效液相色谱法的基本原理和液相色谱仪的构成。
3. 理解液相色谱仪的操作。
二、能力目标
1. 通过药品含量测定的实例分析，培养学生具备清晰的药品全面质量控制的观念。
2. 通过高效液相色谱分离原理的介绍，使学生掌握药物分析研究的方法技能。
3. 通过液相色谱仪的构成、操作介绍，培养学生独立分析和解决药品质量问题的能力。
三、素质目标
1. 培养学生创新研究的思维，敏锐的观察能力，感受探索的乐趣。
2. 培养献身科学的精神和博学至精的价值追求。
3. 严格执行行业标准，坚守职业道德。
4. 建立全面的药品质量管理概念。</td></tr>
<tr><td>教学内容</td><td colspan="3">一、药品含量测定概述
药品质量的优劣直接影响药品的安全性和有效性，关系到用药者的健康与生命安危。含量测定是评价药品质量、保证药品疗效的重要手段。含量测定必须在鉴别无误、杂质检查合格的基础上进行。药物制剂的含量测定，首选高效液相色谱法。</td></tr>
</table>

<table>
<tr><td>教学内容</td><td>

二、高效液相色谱法基本原理

高效液相色谱法(high performance liquid chromatography,HPLC)是指采用高压输液泵,将规定的流动相泵入装有填充剂的色谱柱,对供试品进行分离测定的色谱方法。基本过程为:注入的供试品由流动相带入柱内,各组分在柱内实现分离,并带入检测器,由数据处理系统处理色谱信号。

三、药品含量测定——高效液相色谱法的操作

1.流动相的准备。
2.分析样品的准备。
3.仪器设置(排气、泵参数设置、检测波长设置、工作站设置)。
4.进样(手动进样、自动进样)。
5.记录色谱峰数据,计算含量。

四、高效液相色谱法用于药品含量测定的注意事项

检查流动相,清洗色谱柱,关闭紫外检测器,操作记录。

</td></tr>
<tr><td>“三地一窗口”典型案例(3~5个,注明时间、来源等)</td><td>

案例一:《打造科技自立自强的“重要窗口”》(来源:《浙江日报》,2020-11-13)

着力促进创新链产业链融合发展。以创新链支撑产业链、产业链拉动创新链,构建起与“互联网+”、生命健康、新材料三大科创高地融合促进的现代产业体系。要结合深入实施数字经济“一号工程2.0版”,立足三大科创高地产业重点领域,为加快形成以国内大循环为主体、国内国际双循环相互促进的新发展格局提供技术支撑,为大力提升产业链供应链现代化水平提供创新源泉。抓住长三角区域一体化发展的国家战略机遇,一体化高水平推进“人才链、创新链、产业链、政策链”四链深度融合发展。

案例二:《瞄准“双一流” 建强“三个地”》(来源:《浙江教育报》,2019-04-19)

以立德树人为根本,加快建成行业精英和领军人才培养基地。学校70%以上的专业对接我省八大万亿产业,是我省医药健康、高端装备、数字经济等产业领域重要的人才供给源。当前,学校以“行业精英和领军人才”为培养目标,构建高水平人才培养体系。打造有品质、有温度、有特色的思政工作格局,促进学生知识、能力和素质的全面提升。以社会需求倒逼专业“瘦身”,以优势学科促进专业“健身”,布局建设新专业,提升学科专业的社会契合度。深化培养模式改革和课堂革命,夯实“互联网+”教学基础,推进科教融合、产教融合和国际化培养,提升学业挑战度。

案例三:《把建设“重要窗口”的过程变成逐步展示成效提高成色的过程》(来源:《浙江日报》,2020-06-23)

要激发创新创造性,以思想大解放、理念大更新来推进窗口建设,把改革开放和创新精神贯彻到建设“重要窗口”各个环节,不断探索新办法、迈出新步子、打开新境界,为建设“重要窗口”提供源源不断的动力。

</td></tr>
<tr><td>思政元素</td><td>

1.科学精神和职业道德

培养学生建立起药品质量第一的观念,阐述药物分析的性质和任务及对保障用药安全有效的重要作用,从而使学生确立学习目标和奋斗方向。强调在具备探索研究药品质量的基本知识和技能的同时必须树立强烈的药品全面质量控制的观念,针对社会中出现的各种食品、药品、药物质量与安全问题引导学生反思,领悟道德和诚信是社会、国家、企业和个人发展的基石。

</td></tr>
</table>

<table>
<tr><td>思政元素</td><td>

2. 质量强国和爱国主义

在药品质量制定的先进性原则与药典沿革的教学时，有意识地培养学生从发展的角度看问题、用发展的思想解决问题的思维方式。从"神农尝百草"到现代色谱联用技术的应用，通过展示新中国成立后我国药学事业及药品质量控制的飞速发展，增强学生学习药物分析的热情，进而促进他们学好专业知识的信念，同时激发学生的爱国情怀，民族自尊心、自豪感和自信心，培养其社会责任感。

</td></tr>
<tr><td>教学实施路径</td><td>

一、教学切入点

药品是关系人民生命健康的特殊商品，保障其高质、有效和安全是医药工作者的神圣职责。建立能控制药物性状真伪、均一性纯度、安全性和有效成分含量的药品质量标准，需要高分离效能的分析方法。

以实际工作中广泛使用的药物制剂为例，讲解最为常用的高效液相色谱法，包括其分离原理和含量测定具体分析操作方法。

二、教学方法

启发探究式学习，问题驱动，采用微视频展示高效液相色谱仪工作原理，结合虚拟实验仿真系统辅助教学。

1. 案例启发

根据影视作品中药物分析测定的镜头，引入药物分析的重要性，同时引导学生建立药品全面质量控制的观念。

2. 分析方法引入

药品检验的一般程序是鉴别、检查含量测定，在鉴别和杂质检查合格的基础上，进行含量测定。在容量分析、光谱分析与色谱分析中，介绍药物制剂的含量测定首选方法——高效液相色谱法。

3. 技术详解

测定药品含量时，液相色谱仪的实际作用与操作注意事项。

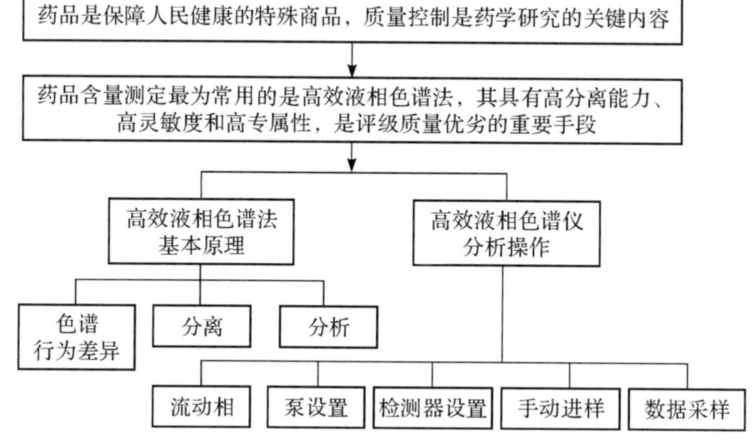

</td></tr>
</table>

<table>
<tr><td>教学反思与评价</td><td>一、教学特色创新
1.设计多种线上线下的教学活动,激发学生保持较好的学习状态
依据教育心理学的学习规律来设计教学活动,安排案例启发、微视频、虚拟仿真等多种教学方式和手段,丰富课堂教学形式,提高教学的吸引力。
2.设置设问环节巧妙导入知识点,介绍高效液相色谱法进行药物制剂含量测定的方法并引发共鸣,讲述制剂含量测定的特点,导入需要讲解知识点,引出研究内容。
3.安排课内在线测试,强化重要知识点
通过课内在线测试,考察相关的基本知识点,强化复习重要概念和理论,有助于及时消化并掌握知识点。
二、隐性课程思政
1.“药”言明道,立德“政”心
药犹兵也,药品是一种关系到人民生命健康的特殊商品。药物分析是利用分析测定手段,发展药物的分析方法,研究药物的质量规律,对药物进行全面检验与控制的科学,是药学类本科专业的一门重要专业课,也是药学科学的重要分支学科。药物分析被形象地比喻成药学的“眼睛”,为药品的安全、有效和质量可控保驾护航。
2.坚守职业道德
药物分析工作贯穿于药品研发、生产、流通、临床及使用的各个环节。药学从业人员的工作态度、责任心、职业道德均对药品安全影响重大。药学从业人员面对医药行业激烈的竞争与各种利益的诱惑,严格执行行业标准,坚守职业道德,践行社会主义核心价值观尤为重要。药物分析工作者不仅需要熟练地掌握药学知识和技能,更要具有严谨求实的工作作风、认真细致的工作态度、积极向上的价值观和主人翁的社会责任感。</td></tr>
</table>

13. 有机化学

<table>
<tr><td>学　　院</td><td>元培学院</td><td>课程名称</td><td>有机化学</td></tr>
<tr><td>授课教师</td><td>杜轶君</td><td>授课班级</td><td>药学 2003、2004</td></tr>
<tr><td>授课章节</td><td colspan="3">第五章　旋光异构　第二节　分子的对称性、手性和旋光活性</td></tr>
<tr><td>课程类别</td><td colspan="3">A.公共平台课　<u>B.专业平台课程</u>　C.专业选修课　D.全校选修课</td></tr>
<tr><td>教学目标(知识、能力、素质三方面)</td><td colspan="3">1.知识目标
掌握有机物分子的手性和旋光性特点;掌握手性化合物的特征;熟悉有机物分子对称性和手性间的关系;了解手性化合物。
2.能力目标
理解知识能力:具备判断手性化合物,标记手性中心的能力。
归纳总结能力:具备通过结构特征总结手性物质化学规律的能力。
实际应用能力:具备运用手性化合物的结构分析和解释现实中相关的科学问题的能力。
3.素质目标
(1)自主合作学习。
(2)创新思维意识。
(3)专业素养和科学态度。</td></tr>
</table>

教学内容

一、对映异构现象的发现——“内容引入”

法国化学家巴斯德，1848 提出酒石酸钠铵的立体结构是对称的。首次提出手性化合物即对映异构体的概念。

二、手性

1. 手性特征

手性以乳酸 $CH_3C^*HOHCOOH$ 为例来讨论。乳酸有两种不同构型的空间排列特征(如下图)。

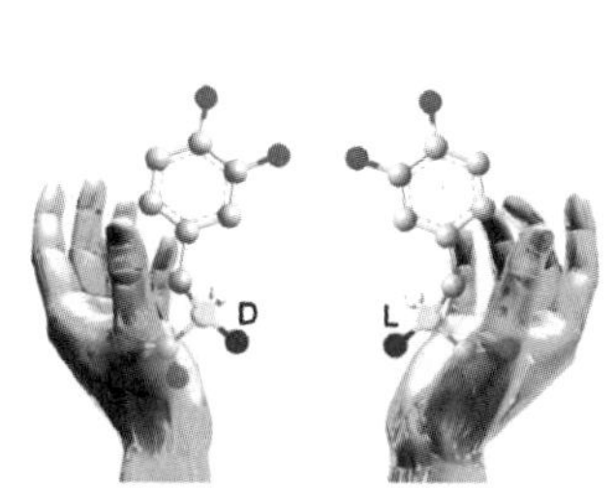

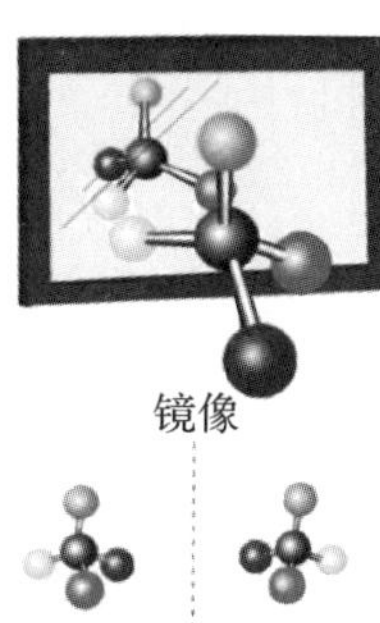

(1)不能完全重叠；

(2)呈物体与镜像关系(左右手关系)。

2. 手性分子和手性中心

具有手性(不能与自身的镜像重叠)的分子叫作手性分子。

连有四个各不相同基团的碳原子称为手性碳原子(或手性中心)，用 C^* 表示。

凡是含有一个手性碳原子的有机化合物分子都具有手性，是手性分子。手性分子都具有光学活性。

三、对映异构体(对映体)

对映异构体都有旋光性，其中一个是左旋的，一个是右旋的。所以对映异构体又称为旋光异构体。

四、对映异构体间的性质异同

1. 相同性质

物理性质和化学性质一般都相同，比旋光度的数值相等，仅旋光方向相反。

2. 不同性质

在手性环境条件下，对映体会表现出某些不同的性质，如反应速度有差异，生理作用不同等。

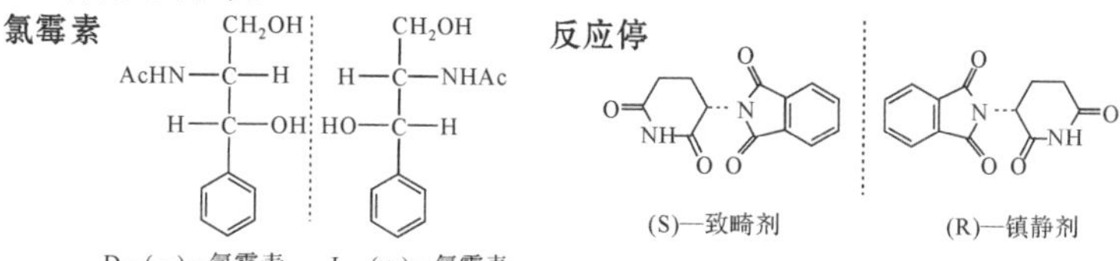

20世纪50年代，德国一家制药公司开发出一种镇静催眠药反应停（沙利度胺），对于消除孕妇妊娠反应效果很好，但造成了6000多名“海豹儿”出生的灾难性后果。

R体有镇静作用，而S体对胚胎有很强的致畸作用

教学内容	**重点、难点内容** 重点:掌握手性化合物的结构特点;熟悉手性化合物的光学性质。 难点:手性化合物手性中心和对称性的关系。
“三地一窗口”典型案例(3~5个,注明时间、来源等)	**案例一:《建设“重要窗口”贡献基层力量》**(来源:人民论坛网,2020-04-28) 建设“重要窗口”,必须敢于开拓创新。我们正处在经济全球化加速推进、改革不断深化的关键时期,因此,更要牢固树立创新精神和创新品格。 **案例二:《为建设“重要窗口”培育更多优秀人才》**(来源:浙江在线,2020-09-09) 希望广大教师重德修身,不断提升自我,以自身的人格魅力塑造学生纯真完美的心灵,以自身的师表风范带动社会风气改善;勇于攀登、刻苦钻研,走在科技和社会发展前沿,不断提升业务水平,更好传道授业解惑,带动培养一批又一批优秀人才;勇于改革创新,改进教育教学的方式方法,让学生勤于创造、敢于创造,努力多出人才、快出人才。 **案例三:《深刻认识建设“重要窗口”的重大意义进一步增强做好工作的责任感使命感荣誉感——二论学习贯彻省委十四届七次全会精神》**(来源:《浙江日报》,2020-06-23) 从历史的维度看,“重要窗口”植根于“三个地”的深厚基础,同时又彰显了“三个地”新时代方位。从实践的维度看,建设“重要窗口”为浙江做好各项工作提供了科学指引,为浙江加快“两个高水平”建设注入了新动力。
思政元素	**1. 创新精神** 当代大学生更应该意识到科学技术发展对国家、民族的重要性,因此在课程教学中通过学习手性药物的理论和前沿知识,对手性药物化合物的发展有一定创新意识,激励学生参与科学研究。 **2. 工匠精神** 通过“反应停事件”让学生认识到药品直接关乎人们的生命,所以要求实验、工作要“一丝不苟”“精益求精”“专注坚持”“专业敬业”。 **3. 敬业精神** 药学专业的学生应深入理解药物研发及相关研究对人类发展的重要性。鼓励学生积极关注应对新冠肺炎病毒药物的相关研究,树立药学专业的信心和投身专业的归属感和使命感。
教学实施路径	教学实施路径主要分为三个阶段,即课前、课中和课后,并借助“智慧树”平台,采用线上线下混合式教学。 **一、课前** 导学——布置学习内容,明确学生自主学习的学习要求,上传微课视频和相关学习资源,要求学生在一周内完成第五章旋光异构的2个微课视频的学习和自测练习。 **二、课中** 课堂教学——导入“反应停事件”,激活学习。直接讲授法:讲解手性化合物的结构特征、光学特征,对重点、难点进行精讲。合作学习:通过结构学习,启发学生讨论对映异构体间的物理化学性质的异同。拓展:介绍几种常见的手性药物及其生理性质。引出下次内容,标记对映异构体的方法。最后布置课后作业。

教学实施路径	三、课后 知识拓展和作业。
教学反思与评价	**1. 线上线下混合教学模式的运用** **2. 隐形课程思政** 案例教育：介绍"反应停事件"，讲述科学研究严谨性的重要性，教育学生药物研发关乎生命，从业者必须"专业""敬业"，无论以后从事药物生产还是药师的工作都要有"工匠精神"。

14. 面向对象程序设计

学　院	机械与电气工程学院	**课程名称**	面向对象程序设计
授课教师	戴振中	**授课班级**	计算机 20 级
授课章节	继承与多态的应用		
课程类别	A. 公共平台课　**B. 专业平台课程**　C. 专业选修课　D. 全校选修课		
教学目标（知识、能力、素质三方面）	**一、知识目标** 1. 掌握基础知识：能复述或解释继承与多态的基本概念；理解 super、final、abstract、protected 等关键字的含义和使用场景；掌握方法重写的实现。 2. 掌握继承和多态的基本分析思路：能基于方法重写实现多态，分析并理解其三要素及常用实现方案；通过模仿实现代码仿写。 3. 理论联系实际：根据实际案例，通过需求分析能正确识别基类和派生类，并正确进行类的设计和实现；通过基类引用指向不同类型对象实现多态。 **二、能力目标** 1. 具有一定的面向对象程序分析、设计、编码、调试能力。 2. 能够根据实际问题的特征、性质以及实际情况，抓住主要矛盾，进行合理的简化，建立相应的逻辑实体模型。 3. 学会借助 msdn、网络、文献独立获取知识的能力；能通过合理的猜测，从类库中发现并应用类。 **三、素质目标** 1. 通过实践项目，培养工程实践与创新思维。 2. 通过教学过程和实践开发过程中的规范要求，培养良好的编程规范和精益求精的精神，为学生以后从事更专业化的软件开发工作奠定基础。 3. 培养初步的报告撰写、课件制作与汇报、表达能力。		
教学内容	**1. 重点、难点** 重点：继承的概念以及实现方法，多态的体现和用法。 难点：多态的体现和用法，向上转型和向下转型。 **2. 教学设计** 在教学中将项目化教学与有效课堂理念有机融合，以学生为中心，坚持产出导向，依托省高校在线开放课程平台，借助 PTA 实验平台、蓝墨云班课、校 e-Learning平台等的支持，重构教学资源，设计"导入—讨论—实践—矫正—总结"的"渐进式项目驱动的五步课堂"混合式教学模式，有效开展教学活动。		

教学内容	
	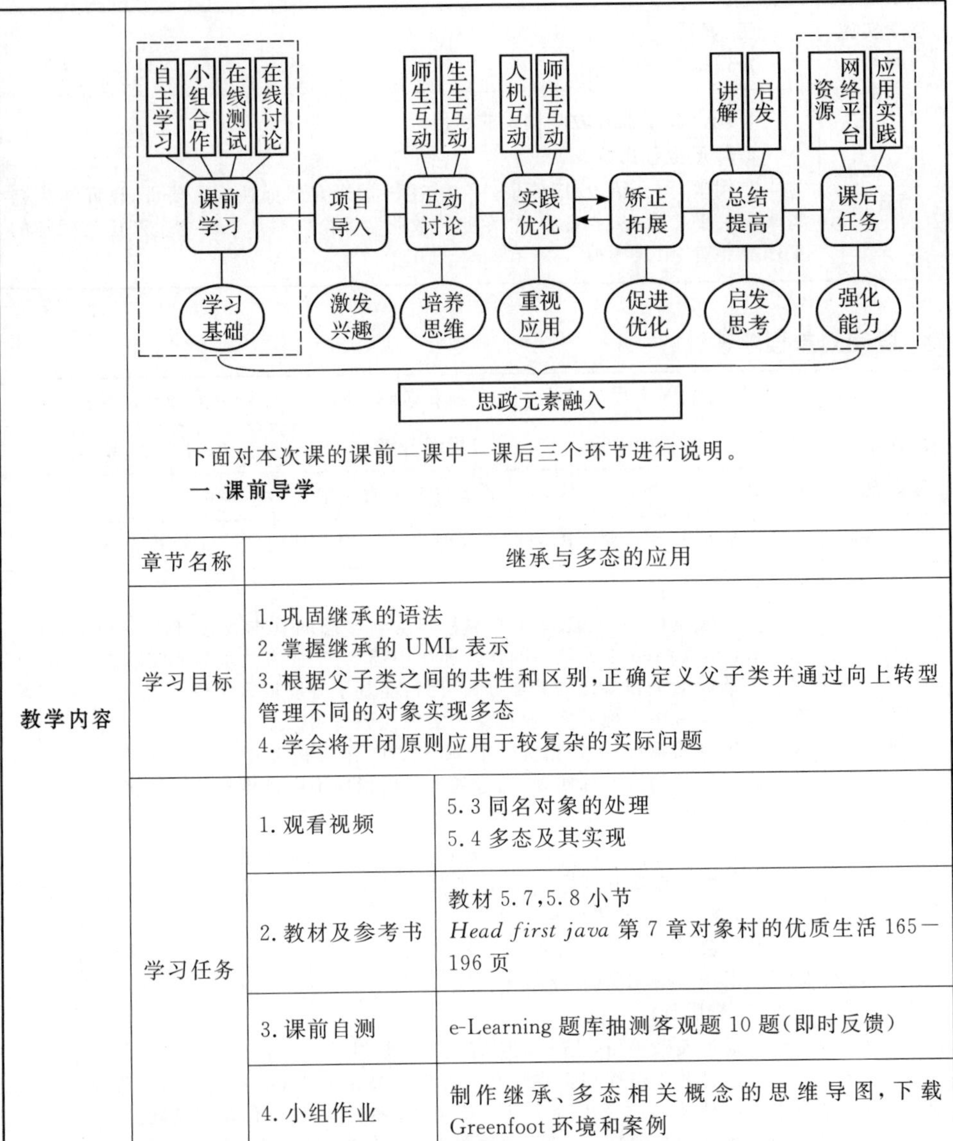 下面对本次课的课前—课中—课后三个环节进行说明。 **一、课前导学**

章节名称	继承与多态的应用	
学习目标	1. 巩固继承的语法 2. 掌握继承的 UML 表示 3. 根据父子类之间的共性和区别,正确定义父子类并通过向上转型管理不同的对象实现多态 4. 学会将开闭原则应用于较复杂的实际问题	
学习任务	1. 观看视频	5.3 同名对象的处理 5.4 多态及其实现
	2. 教材及参考书	教材 5.7,5.8 小节 *Head first java* 第 7 章对象村的优质生活 165—196 页
	3. 课前自测	e-Learning 题库抽测客观题 10 题(即时反馈)
	4. 小组作业	制作继承、多态相关概念的思维导图,下载 Greenfoot 环境和案例

二、课堂环节

对于初学者来说,虽然继承比较容易理解,但基于继承的多态就麻烦得多了。

从实际项目中找出父子类间不变的特质而不被表象迷惑是本节内容最难的部分。本次课的目的就是在学生学习了继承基础语法,并初步掌握了通过方法改写来改变继承得到的行为后,将不同的对象放在同一个场景中进行交互,从而理解多态带来的可扩展性,而这点在简单的控制台项目中是无法体现出来的。

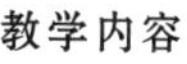
教学内容

课堂教学中采用下图所示的“五步课堂”教学法，引进 Greenfoot 游戏案例提供可视化的观察窗口，设计多样的课堂教学活动，引导学生进行探究性学习。

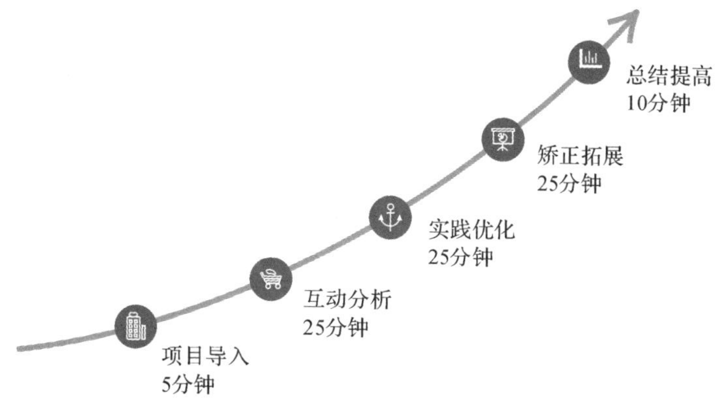

1. 导入：《星球大战》游戏项目演示，导入项目任务（约 5 分钟）

(1)统计展示预习情况，督促反馈。

(2)教师演示游戏，描述需求；学生观察。

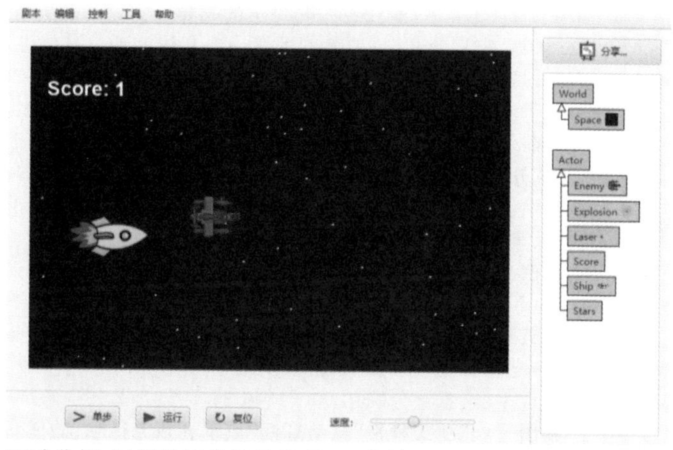

2. 互动分析：识别类间的继承关系（25 分钟）

(1)你在这个游戏中找到了哪些类？你能动态创建一些对象并用尽可能少的代码操纵他们吗？

(2)你发现哪些对象具有相同或相似的行为？

(3)如何来定义这些类？给出你的类图。

(4)碰撞后子弹、敌机、我机在处理上有什么差别？

(5)在 Word 中如何管理不同种类的对象（包括产生、移动、消除）？

(1)～(3)每人现场操作，用蓝墨云班课提交，点名随机讲解，系统记录得分。

(4)～(5)以小组为单位进行抢答。

<table>
<tr><td>教学内容</td><td>3.实践优化:改进游戏(25 分钟)
分组对游戏进行改进(共 6 组)。提供思路:(1)增加敌机种类;(2)多架敌机;(3)改变子弹频率等;(4)关卡设计;(5)其他合理的方案。
4.矫正拓展(25 分钟):分组展示、矫正认知
学生:进行"分组展示",实现互评。
教师:观察、记录、纠正。
5.总结提高(10 分钟)
(1)根据展示结果,总结本次课程重难点,针对前测及课堂中共性错误较高的题目进行深入解析(5 分钟)。
(2)引导学生思考如何对所有的属性进行初始化(4 分钟)。
(3)布置课后作业(1 分钟)。
三、课后任务
1.根据今天讲解的内容完善实验三及报告。
2.(可选)对游戏进行仿写、改进或设计完成类似的小游戏。</td></tr>
<tr><td>"三地一窗口"典型案例(3~5 个,注明时间、来源等)</td><td>案例一:《以"三个地"的政治自觉走好新时代长征路》(来源:《浙江日报》,2019-06-12)
6 月 11 日上午,浙江省四套班子的领导来到党的诞生地——嘉兴南湖,参加"不忘初心、牢记使命"主题教育的第一次集体活动。车俊讲话指出,此次开展初心之行,是一次追根溯源之行,是一次党性锤炼之行,也是一次宣示决心之行,充分表明了浙江省委弘扬红船精神、继承革命传统、担当时代使命的鲜明政治态度。当前,浙江正自觉践行习近平总书记赋予的新期望,行进在"八八战略"再深化、改革开放再出发的壮阔征程上。我们要站在"三个地"的政治高度,不断从红船精神中汲取力量,守好"四心"、答好"四问",高起点、高标准、高质量开展好"不忘初心、牢记使命"主题教育,走好新时代长征路。
案例二:《浙江:"最多跑一次"改革向纵深推进》(来源:央广网,2018-12-02)
2016 年 12 月浙江省开始全面实施"最多跑一次"改革,深化"一窗受理、集成服务""破除信息孤岛,实现数据共享""推进企业投资项目开工前审批"等措施。到目前,已经实现省市县三级"最多跑一次"事项 100%全覆盖,"最多跑一次"改革的实现率、满意率分别达 90.6%和 96.5%。
案例三:《"浙江精神"驱动扛起"改革开放先行地"的使命担当》(来源:《中国共青团》,2020-03-31)
疫情发生以来,浙江高校青年秉承着"浙江精神",奋力扛起"改革开放先行地"的使命担当,将安身立命与创新创业结合起来,将实现个人价值与体现社会价值结合起来,生动展现了浙江精神的本质与精髓。战"疫"面前,浙江高校青年磨炼了"自强不息,坚韧不拔"的顽强毅力。……浙江高校青年用身体力行证明了"战胜疫情"不是口号喊出来的,而是实实在在干出来的,浙江精神赋予了浙江高校青年有理想、有能力、有勇气担当时代重任,更激发了浙江高校青年以"改革开放先行地"的自信破除一个个战"疫"路上的拦路虎,以"时不我待,只争朝夕"的务实创新精神战胜疫情,助力疫后经济社会高质量发展。</td></tr>
</table>

<table>
<tr><td>思政元素</td><td>

思政元素 1:从继承到传承

继承原是一个法律名词,指按照法律或遵照遗嘱接受死者的财产、职务、头衔、地位等。在面向对象编程中继承与派生是从不同的角度来看同一个过程。继承是保持其父类的特性而构造新(子)类的过程,而派生是在其父类的基础上新增。因此,学了“继承”又不能止步于继承,还应着眼于派生和多态——传承和创新。传承是“传递,承接”的意思,除了含有“继承”的意思之外,更强调“传递”,一般指承接好的方面,如传承优秀的物质、文化遗产,传承优良传统等。从中共杭州小组的创立到“三个地”到“重要窗口”,浙江一直在变,但浙江精神的内涵一直没有变。中国共产党人“为中国人民谋幸福,为中华民族谋复兴”的初心和使命,也一直没有变。

思政元素 2:从多态到与时俱进

Java 实现多态有 3 个必要条件:继承、重写和向上转型。多态是本课程最重要的概念,也是最大的难点。如何实现多态呢?子类既可以直接继承父类的功能,也可以在保持方法签名不变的前提下,根据需求的变化进行重写,实现功能的改进。优秀的软件一定能够适应需求变化,通过不断迭代提供更强大的功能、更友好的界面,同时还应该具有良好的可读性、鲁棒性、可扩展性等特性,实现开闭原则,也就是“与时俱进”。

与时俱进的浙江精神,始终是支撑浙江干在实处、走在前列、勇立潮头的强大精神力量。浙江以“三个地”的政治优势,生动地书写现代浙江精神的历史谱系,书写新中国成立 70 年来浙江人民精神世界的自我革命历程。

思政元素 3:程序员也要追求“最多跑一次”

2016 年年底,“最多跑一次”改革在浙江首次被提出。这项“刀刃向内”、面向政府自身的自我革命,已然显现出成效。“最多跑一次”改革是通过“一窗受理、集成服务、一次办结”的服务模式创新,让企业和群众到政府办事实现“最多跑一次”的行政目标。对全国而言,浙江作为“最多跑一次”的改革样本,铺开改革仍是“进行时”。

“最多跑一次”改革致力于打造服务型政府,提升人民的幸福感。其数据共享服务平台搭建在阿里政务专有云和公共云平台上,实现了“数据跑路代替人跑腿”。软件业的本质是服务业,只有服务于其他行业才能产生真正的价值。作为未来的程序员,我们需要树立服务意识和社会责任感,用我们的产品去服务民众,不断提高代码的能用度、易用度和创新性,需要有负责的态度和服务的意识。只有这样,我们才会真心地希望自己的程序完美无缺,才会在发现程序的 bug 时不改之不罢休,才会从用户的角度来考虑和解决问题,才会主动发现设计的问题并修改方案,才会在自己开发的软件被客户认可时感到欣慰,才不会仅仅以编程为生计,才不会为了交差而交差!

</td></tr>
<tr><td>教学实施路径</td><td>

一、课程教学总体设计

本课程在教学过程中始终贯彻“课程思政”要求,将“课程思政”元素融入线上线下混合式教学的各个环节,充分利用“互联网+”教学模式,在省级教学平台上制作教学课件和视频,建立考试和作业库,与学生线上交流,线上答疑,实现教书与育人两者相辅相成、有机统一、不可分割。

“代码是原料,育人元素做调料,两者结合味道好”,通过将知识讲解与课程思政有机融合,潜移默化,实现同向协同育人。

</td></tr>
</table>

教学实施路径	**二、教学过程** 1.课前发布学习任务,学习继承与多态基础微课片段及相关思政资料。 2.通过课堂前测检查学生自主学习效果。 3.在课堂教学中结合思政元素进行重点、难点精讲。 4.结合《星际大战》游戏案例进行需求分析,讨论继承与多态在该案例中的应用并通过头脑风暴等活动扩展其功能。 5.课后复习,巩固练习。 (1)示例代码反刍、改进,反思学习。 (2)教师利用微信群、QQ群进行答疑。 (3)鼓励以小组为单位对游戏案例进行功能扩展或仿作。 **三、教学评价方案** 平时成绩占50%,其中课前预习完成度10%,课堂表现10%,4次实验30%。
教学反思与评价	1.通过问题引领、任务驱动,特别是游戏案例的引入,以及教学平台、富媒体资源等信息化手段的运用,提高学生的学习积极性和能动性,知识、能力、素质目标均基本达成。但是在教学过程中,对于学生学习过程与结果的即时分析并针对少数没有充分理解、吸收的同学怎样做到个别化指导、教学,是需要后续探索改进的。 2.在课程教学过程中,结合提前提供给学生的新闻资料进行延伸讲解,将相关课程思政元素贯穿教学过程,加强对学生的思想引领和价值引领,达到较好的效果。

15. 电工技术

学　　院	化学化工学院	课程名称	电工技术
授课教师	魏佩敏	授课班级	机械设计制造及其自动化191
授课章节	第4章　正弦交流电路　§4.8 功率因数的提高		
课程类别	A.公共平台课　**B.专业平台课程**　C.专业选修课　D.全校选修课		
教学目标(知识、能力、素质三方面)	**一、知识目标** 熟悉功率因数的构成要素和致低的原因。 了解功率因数低将会带来的几个典型问题。 掌握提高功率因数的工程解决方法。 **二、能力目标** 基于"器件—电路—系统"具备建立电路模型的能力。 基于工程实际要求具有设计和理论计算的能力。 基于多种电路分析方法具备综合分析比较的能力。 **三、素质目标** 围绕"中国梦"和"科学技术现代化"激励学生的家国情怀和勇担历史重任的意识。 围绕"科学精神""工匠精神"和"团结协作"培育工科学生的职业素养和创新思维。 围绕"道路自信""制度自信""责任担当"及"时代精神"规范,固化学生的专业意识、主动学习和精益求精的态度。		

教学内容	**一、基本内容** 1. 交流电路功率计算：$P=UI\cos\varphi$，$Q=UI\sin\varphi$ 和功率因数 $\cos\varphi$。 2. $\cos\varphi$ 低的原因及带来的问题。 3. 提高 $\cos\varphi$ 的方法。 4. 相量分析和功率三角形分析方法比较。 5. 案例说明。 **二、重点难点** 分析计算方法、理论联系实际。 “课程思政”教学设计实施。
“三地一窗口”典型案例(3～5个，注明时间、来源等)	**案例一：《奋力打造“重要窗口”，争创社会主义现代化先行省——访浙江省委书记袁家军》**（来源：《人民日报》，2021-01-15） “聚焦重大科创项目，协同推进科研攻关。打好关键核心技术攻坚战，实施尖峰、尖兵、领雁、领航四大计划，迭代梳理科研攻关清单，推行“揭榜挂帅”等科研攻关模式，加快突破一批关键核心技术。更好发挥企业主体作用，完善技术创新中心体系，大力建设创新联合体、产业创新服务综合体，提高创新链整体效能。” **案例二：《为建设“重要窗口”培育更多优秀人才——袁家军在看望优秀教师代表时向全省教师致以节日问候》**（来源：浙江在线，2020-09-09） “教师的言行能够影响学生的一生。全省广大教师要认真学习贯彻习近平总书记关于教育强国的重要论述和对第36个教师节的重要寄语，尽心尽力履职尽责，为建设“重要窗口”做出新贡献。希望广大教师重德修身，不断提升自我，以自身的人格魅力塑造学生纯真完美的心灵，以自身的师表风范带动社会风气的改善；勇于攀登、刻苦钻研，走在科技和社会发展前沿，不断提升业务水平，更好传道授业解惑，带动培养一批又一批优秀人才；勇于改革创新，改进教育教学的方式方法，让学生勤于创造、敢于创造，努力多出人才、快出人才。” **案例三：《中共绍兴市委关于制定绍兴市国民经济和社会发展第十四个五年规划和二〇三五年远景目标的建议》**（来源：绍兴市政府网站，2020-12-30） 积极发展美丽经济。加快推动资源利用方式根本转变，全面推进资源能源节约。……加快循环经济发展，推行企业清洁生产，推进开发区美丽园区创建和循环经济产业园建设，构建低碳经济发展模式。实施能源双控行动，完善用能结构，鼓励发展太阳能、生物质能等新能源和可再生能源，持续提升非化石能源消费比重。建设一批废旧物资回收利用平台，完善种养业布局和农业资源利用循环体系。开展绿色生活创建活动，引导城乡居民广泛使用绿色产品。做好温室气体排放等基础工作，加大力度降低碳排放强度。
思政元素	1. 围绕我国能源贫乏、低导致能耗大、电源容量不能充分利用的教学内容，隐性植入“中国梦”和“科学技术现代化”，展开马克思主义认识论、方法论教育。 2. 围绕节能减排、提高方法的探究，植入“科学精神”“工匠精神”和“团结协作”教育，培育工科学生的职业素养和创新思维。 3. 结合中外供电规则和我国改革开放发展案例，植入“道路自信”“制度自信”“责任担当”及“时代精神”教育，规范固化学生的专业意识、主动学习和精益求精的态度。

教学实施路径	采用“导、讲、探、评、练”五步教学法。 1.导入:中外供电都有规则,如高压供电的功率因数平均不得低于0.95,为什么?负载成因?前导知识铺垫。 课程思政植入:从能源危机、绿色低碳经济和发展美丽经济到关键核心技术攻坚,以案例引入。 2.精讲:怎么样?为什么?怎么办?教学内容前导后续,通过电路伏安关系相量分析和功率关系分析精讲本章节的重点、难点。 课程思政植入:马克思主义认识论和方法论,如何突破关键核心技术,进行科技创新。 3.探究:小组互动探究工业和日常生活用电现象,如何解决? 课程思政植入:“科学精神”“工匠精神”和“团结协作”教育。 4.评论:举证分析计算、互动讨论。 课程思政植入:鼓励学生勤于创造、敢于创造,激发学生科技报国的情怀和使命担当。 5.练习:课后作业训练与反馈。 课程思政植入:强化学生工程伦理教育,培养工科学生的职业素养和精益求精的工匠精神;增强“道路自信”“制度自信”;强化“责任担当”及“时代精神”。
教学反思与评价	灵活的教学组织,让沉闷的理论教学“活”泼起来; 隐性植入德育,让课程思政元素“显”现出来; 五步教学设计方法,让课程教学效果“实”了起来。

16. 工程制图

学　　院	机械与电气工程学院	课程名称	工程制图
授课教师	蒋伟江　华小洋	授课班级	机械类201
授课章节	第八章　第三节　读零件图		
课程类别	A.公共平台课　**B.专业平台课程**　C.专业选修课　D.全校选修课		
教学目标(知识、能力、素质三方面)	**一、知识目标** 1.学习贯彻制图国家标准及有关规定。 2.掌握各种图样的灵活应用。 3.了解极限与配合等有关机械工程技术的基本知识。 **二、能力目标** 1.培养阅读中等复杂程度机械零件图的基本能力; 2.培养具备运用制图知识解决工程实际问题的初步能力。 **三、素质目标** 1.培养爱岗敬业的良好职业道德和科学严谨、求真务实的职业能力。		

<table>
<tr><td>教学内容</td><td>一、教学目标
1.进一步了解零件图的内容和作用。
2.基本掌握读零件图的方法和步骤。
3.熟悉轴类和盘类零件的结构及表达特点。
二、教学重点
能读懂轴类、盘类零件图。
三、教学难点
能理解图中给出的各类信息,确定尺寸基准、技术要求含义等。</td></tr>
<tr><td>“三地一窗口”典型案例(3～5个,注明时间、来源等)</td><td>案例一:《以“三个地”担当加快建设高水平交通强省》(来源:浙江发布,2020-03-28)
交通是经济发展的命脉和民生改善的保障。浙江作为“三个地”,有责任、有义务,也有基础、有条件走在全国前列,率先建成交通强省。我们要牢牢把握交通“先行官”定位,抢抓国家战略交汇叠加机遇,围绕“人民满意、保障有力、世界前列”的要求,高水平推进交通强省建设。要强化规划引领,以超前的眼光、一流的标准进行谋划布局,构建安全、便捷、高效、绿色、经济的现代化综合交通体系。要强化改革创新,深化交通投融资体制改革,加强交通领域关键核心技术研究,不断提升交通数字化、智慧化水平。
案例二:《中共绍兴市委关于制定绍兴市国民经济和社会发展第十四个五年规划和二〇三五年远景目标的建议》(来源:绍兴市政府网站,2020-12-30)
“十四五”时期经济社会发展战略目标。忠实践行“八八战略”,奋力打造“重要窗口”,加快实现“四个率先”。
——率先走出腾笼换鸟、凤凰涅槃的智造强市之路。坚持念好“两业经”,深入实施“人才新政”“科技新政”,深入实施数字经济“一号工程2.0版”,
大力推进“双十双百”集群制造行动,大力推进传统产业数字化、智能化改造,大力推进精准招商、产业链招商,加快数字经济与制造业深度融合,以数字化引领现代产业体系建设,打造全国集成电路、生物医药产业高地和现代纺织、绿色化工世界级制造业集群。
案例三:《在接续奋斗中坚守初心勇担使命,以“红船精神”激励“重要窗口”建设》(来源:浙江在线,2020-09-11)
红船代表着我们党的历史和形象,承载着我们党的初心和使命,凝聚着我们党的精神和力量。红船从南湖起航是浙江的光荣。我们要倍加珍惜、用足用好“红船精神”这一宝贵资源,以“红船精神”激励“重要窗口”建设。当前,面对新形势新使命、新机遇新挑战,我们要把大力弘扬“红船精神”与弘扬伟大民族精神、时代精神、抗疫精神、浙江精神等结合起来,立足新时代、面向现代化,不断从中汲取信仰的力量、奋斗的力量。</td></tr>
<tr><td>思政元素</td><td>切入点一:工匠精神。材料案例:历届学生错误作业展示。
切入点二:规则意识。材料案例:苏联撤走专家时留下的图纸不全,曾导致重大事故发生。
切入点三:文化自信。材料案例:绍兴“十四五”规划建议材料,结合“三地一窗口”案例二。</td></tr>
</table>

教学实施路径	**1. 导入** 结合生产实际分析图样是技术交流的语言，工程技术人员不仅要会绘制零件图，也要会识读零件图，从而引出本节要讲解的内容——零件图的识读。 **2. 提出任务** 安排学生自主学习。学生先自主阅读教材，尝试完成读图任务。 **3. 合作探究** 以3～5人一小组为单位进行读图讨论。 **4. 师生互动阅读** 小组代表向老师提问，老师向每组同学提问，着重解决读图疑难问题。 **5. 总结**
教学反思与评价	**一、教学过程中存在的问题** 在教学过程中，教师的教学思路与学生的读图思路不能够完全吻合。教师的教学强调读图方法，而学生却不能够完全领悟读图方法，在读图过程中就没有办法按照方法读图。 **二、教学反思与实践** 1. 充分利用CAD(计算机辅助设计)教学资源，加强制图教学实践环节，提高学生的学习兴趣和学习效果。 2. 为增强学生的制图学习氛围，提高学生的学习兴趣，将学生从理论课堂引入虚拟模型室，让学生结合模型进行绘图。 3. 教师在教学过程中结合课程教学内容中的某一知识点，进行延伸讲解，将“工匠精神”“规则意识”“文化自信”等思政元素融入课堂教学，加强对学生的思想引领和价值引领，达到较好效果。

17. 三维实体建模

学　　院	机械与电气工程学院	课程名称	三维实体建模
授课教师	吴福忠	授课班级	机械设计制造及其自动化191
授课章节	第一章 草图绘制		
课程类别	A. 公共平台课　**B. 专业平台课程**　C. 专业选修课　D. 全校选修课		
教学目标(知识、能力、素质三方面)	**一、知识目标** 1. 掌握基于特征的参数化建模的基本概念、思想和方法。通过参数化三维实体造型技术实现较复杂产品的设计、优化与分析。 2. 掌握基于特征的实体生成方法。学会应用拉伸、旋转、扫描、放样等特征生成方法，进行零件的参数化实体模型设计。 3. 掌握装配体生成方法。学会在设计完成零件实体模型后，通过添加合理的约束条件，设计出能够完整表达产品信息的装配体模型。 4. 掌握基于三维模型的二维工程图生成方法。 **二、能力目标** 熟练地应用商业化的计算机辅助设计软件进行机械零件及装配体的实体建模；综合应用结构设计、机构设计以及力学分析技术，实现机械产品的创新设计。		

教学目标（知识、能力、素质三方面）	**三、素质目标** 学会将工程制图、计算机辅助设计技术与有限元分析技术、计算机辅助制造技术有机结合，提高工程实践能力。
教学内容	**一、三维实体造型基础知识** 1.了解三维实体造型的基本概念。 2.了解三维实体造型的应用领域。 **二、草图绘制方法** 1.掌握基本图元（直线、圆弧、样条）的绘制方法。 2.掌握尺寸标注方法。 3.掌握图元间约束的施加方法。 4.了解三维草图的绘制方法。 **三、特征造型方法** 1.掌握拉伸特征生成方法。 2.掌握旋转特征生成方法。 3.掌握扫描特征生成方法。 4.掌握放样特征生成方法。 5.掌握基准特征、附加特征与特征编辑方法。 6.掌握组合特征设计方法。 **四、曲线与曲面建模方法** 1.掌握三维曲线的生成与编辑方法。 2.掌握曲面特征生成方法。 3.掌握曲面裁剪、过渡、缝合等编辑方法。 **五、装配体生成方法** 1.掌握由零件装配生成装配体的方法。 2.掌握装配约束的施加方法。 3.了解爆炸图生成以及运动仿真方法。 **六、工程图生成方法** 1.掌握由三维模型生成基本视图的方法。 2.掌握尺寸和注解的标注方法。
“三地一窗口”典型案例（3～5个，注明时间、来源等）	**案例一：《打造科技自立自强的“重要窗口”》**（来源：《浙江日报》，2020-11-13） 在省委十四届八次全会提出的“十三项战略抓手”中，着力建设三大科创高地是首项。面对全球科技革命和产业变革新趋势，浙江“互联网＋”、生命健康、新材料三大科创高地建设需要在突破关键核心技术、构筑科技创新大平台、加快创新链产业链融合发展、强化高科技人才队伍建设等方面协同发力。 着力突破建设三大科创高地的关键核心技术。坚定不移地走自立自强的科技创新道路，突破建设三大科创高地的关键核心技术，构建完善的自立自强的科技创新体系。要深化实施尖峰、尖兵、领雁、领航等计划，培育国家战略科技力量，打造高水平新型研发机构，充分发挥省属重点高校的创新资源优势，聚焦建设三大科创高地的关键核心技术，构筑有效支撑建设三大科创高地的关键核心技术研发体系。推动建立“大科学平台创新联盟”，助力面向三大科创高地建设的关键核心技术联合攻关。……

“三地一窗口”典型案例(3～5个,注明时间、来源等)	**案例二:《以“三个地”使命担当推进省域治理现代化》**(来源:《今日浙江》,2019年第22期) 浙江省委十四届六次全会深入学习贯彻党的十九届四中全会精神,作出高水平推进省域治理现代化的决策部署,迈出了具有浙江特色的省域治理现代化之路的新步伐。全省各地、各部门和广大党员干部要自觉践行习近平总书记赋予浙江的新期望,更好扛起“三个地”的使命担当,坚定不移沿着“八八战略”指引的路子走下去,深刻领会和全面把握高水平推进省域治理现代化的总体要求、基本原则、主要目标、重点任务、具体举措,干在实处、走在前列、勇立潮头,为“中国之治”迈向更高境界贡献更多浙江力量。 在学深悟透上下更大功夫,一体推动党的十九届四中全会精神和省委十四届六次全会精神的贯彻落实…… **案例三:《让青春在践行“三个地”的使命担当中绽放绚丽之花》**(来源:《中国共青团》,2020-03-31) 新冠肺炎疫情发生以来,习近平总书记时刻关注疫情形势,亲自指挥、亲自部署这场疫情防控的人民战争、总体战、阻击战,对疫情防控工作做出了一系列重要指示批示,为我们做好疫情防控工作提供了根本遵循。党有号召,团有行动。浙江高校青年不忘爱国初心,牢记时代使命,带头增强“四个意识”,坚定“四个自信”,坚决做到“两个维护”,切实扛起浙江“三个地”的使命担当,自觉将奋斗的青春融入打赢疫情防控阻击战的实践中,在服务人民、奉献社会中建功立业,彰显了青春的蓬勃力量,交出了合格答卷,在党和人民最需要的地方绽放出绚丽的青春之花。 “红船精神”领航。扛起“中国革命红船起航地”的使命担当……
思政元素	1.由“Solidworks软件的强大设计能力及其对机械工业领域的重要性”引出“科技自强自立的重要性”。 2.由“不同的特征分解方案会导致不同的建模效率”引出“治理方式重要性”。 3.由“零件设计尺寸错误或结构不合理会造成零件失效,进而导致使用该零件的设备出现安全故障,威胁设备使用人员的生命安全”引出“安全意识、责任意识教育”。
教学实施路径	案例一:由“Solidworks软件的强大设计能力以及对机械工业领域的重要性”引出“科技自强自立的重要性” Solidworks是一款计算机辅助设计软件,其具有强大的设计、仿真、分析等功能,能够对机械设计、制造、分析、数据管理等领域产生重要影响。而这款软件是法国达索公司开发、销售的软件,一旦此类软件被禁止销售给中国公司,将会对机械制造业产生非常不利的影响。因此,要实现我国在工业基础软件领域的自强自立,提高自身的科技竞争力,才能避免“卡脖子”现象。 《打造科技自立自强的“重要窗口”》一文提出要着力突破建设三大科创高地的关键核心技术、着力优化建设三大科创高地的创新大平台、着力促进创新链产业链融合发展、着力培养建设三大科创高地的高科技人才队伍等举措,使浙江省在科技发展方面走在前列,展示“重要窗口”。 案例二:由“不同的特征分解方案会导致不同的建模效率”引出“治理方式的重要性” 在进行三维模型设计的过程中,有不同的特征分解方法。如果选择的方法比较合理,则绘图效率较高;否则,绘图效率偏低。针对这一现象,引出地方治理

<table>
<tr><td>教学实施路径</td><td>方式的重要性。浙江省在推进“八八战略”再深化、改革开放再出发的进程中，不断优化地方治理，有力推动省域治理走在前列。
《以“三个地”使命担当推进省域治理现代化》一文指出，推进治理现代化是以实践基础和现实条件为前提的，必须从实际出发，尊重客观规律。要把上级精神与本地实际有机结合起来，努力使国家的各项制度、上级的各项决策部署在本地、本部门得到细化、具体化、可操作化。特别是要尊重基层首创精神，大胆闯、大胆试、主动改，拿出“摸着石头过河”的勇气，学会“游泳渡江”的本领，善于用好“借船出海”的智慧，加快走出一条具有自身特色优势的治理现代化之路，努力为全省乃至全国创造更多鲜活经验。
案例三：由“零件设计尺寸错误或结构不合理会造成零件失效，进而导致使用该零件的设备出现安全故障，威胁设备使用人员的生命安全”引出“安全意识、责任意识教育”
在应用三维实体软件进行零件设计时，应准确设计每一个零件的每一个尺寸。如果零件尺寸出现错误，就会导致其强度、刚度受到较大影响，进而引起设备的使用故障。针对这些由于工作不严谨而可能引发的安全问题，引入思政元素：从事工程技术领域的工作，必须具有严谨务实的工作态度、高度的安全意识和责任意识，应充分考虑由于自身工作失误可能造成的安全事故，这些事故可能为公司财产带来损失，对他人生命安全造成威胁。情节严重的，还可能要承担法律责任。
《让青春在践行“三个地”的使命担当中绽放绚丽之花》一文指出，新冠肺炎疫情发生以来，习近平总书记时刻关注疫情形势，亲自指挥、亲自部署这场疫情防控的人民战争、总体战、阻击战，对疫情防控工作做出了一系列重要指示批示，为我们做好疫情防控工作提供了根本遵循。党有号召，团有行动。浙江高校青年不忘爱国初心，牢记时代使命，带头增强“四个意识”，坚定“四个自信”，坚决做到“两个维护”，切实扛起浙江“三个地”的使命担当，自觉将奋斗的青春融入打赢疫情防控阻击战的实践中，在服务人民、奉献社会中建功立业，彰显了青春的蓬勃力量，交出了合格答卷，在党和人民最需要的地方绽放出绚丽的青春之花。</td></tr>
<tr><td>教学反思与评价</td><td>在实际教学过程中，需要将学科知识与思政元素自然衔接、有机融合，才能取得较好的育人效果。在本次教学过程中，思政教育基本达到了预期效果。这主要表现在：
1. 将课程知识点、思政元素以及疫情防控三者紧密结合，利用时事热点，对学生进行教育，取得了较好的效果。
2. 利用课前等待学生上线的空档期，在 QQ 群中推送与学科发展前沿、社会发展热点紧密相关的新闻，引导学生深入思考，对学生进行思想引领，取得了较好的效果。</td></tr>
</table>

18. 工程经济与项目管理

<table>
<tr><td>学　　院</td><td>土木工程学院</td><td>课程名称</td><td>工程经济与项目管理</td></tr>
<tr><td>授课教师</td><td>高越青</td><td>授课班级</td><td>土木工程 181/182</td></tr>
<tr><td>授课章节</td><td colspan="3">第二章　现金流量与资金的时间价值(4 学时)</td></tr>
<tr><td>课程类别</td><td colspan="3">A.公共平台课　B.专业平台课程　C.专业选修课　D.全校选修课</td></tr>
<tr><td>教学目标(知识、能力、素质三方面)</td><td colspan="3">一、知识目标
理解资金时间价值的本质含义,学会运用现金流量表、现金流量图等分析工具,在掌握资金等值概念的基础上学会等值计算,并理解实际利率与名义利率的内涵。
二、能力目标
能够熟练掌握等值计算技能,具备名义利率和实际利率灵活换算的能力,能够自如应用资金时间价值概念对经济社会发展进行客观判断。
三、素质目标
理解社会资金流转与增值的原理,建立科学的经济发展观。树立认真、踏实的工作作风,懂得细节决定成败,努力追求精益求精。</td></tr>
<tr><td>教学内容</td><td colspan="3">一、教学主要内容
1.资金时间价值。理解资金时间价值的概念,掌握衡量资金时间价值的尺度和方法。
2.等值计算。理解资金等值、等值计算的概念,学会绘制现金流量图,并具备灵活运用等值计算的技能。
3.名义利率与实际利率。理解名义利率和实际利率的概念,掌握名义利率和实际利率的换算方法,并能熟练对名义利率和实际利率进行应用。
二、本章教学的重难点
<table>
<tr><td>项　目</td><td>内　容</td><td>解决措施</td></tr>
<tr><td>教学重点</td><td>· 资金时间价值
· 资金等值</td><td>· 通过案例讲解和同伴教学的教学方法,帮助学生掌握资金时间价值和资金等值的概念;</td></tr>
<tr><td>教学难点</td><td>· 等值计算的灵活应用
· 名义利率与实际利率的灵活应用</td><td>· 通过典型例题讲解和作业练习的教学方法,培养学生灵活应用所学知识的能力</td></tr>
</table></td></tr>
<tr><td>“三地一窗口”典型案例(3~5 个,注明时间、来源等)</td><td colspan="3">案例一:《打造科技自立自强的“重要窗口”》(来源:《浙江日报》,2020-11-13)
坚定不移地走自立自强的科技创新道路,突破建设三大科创高地的关键核心技术,构建完善的自立自强的科技创新体系。
以创新链支撑产业链、产业链拉动创新链,构建起与“互联网+”、生命健康、新材料三大科创高地融合促进的现代产业体系。</td></tr>
</table>

<table>
<tr><td>“三地一窗口”典型案例(3～5个,注明时间、来源等)</td><td>案例二:《让青春在践行“三个地”的使命担当中绽放绚丽之花》(来源:《中国共青团》,2020-03-31)
习近平总书记在浙江工作时高度重视浙江精神的凝练与弘扬,他指出,“浙江精神作为中华民族精神的重要组成部分,是以爱国主义为核心的民族精神、以改革创新为核心的时代精神在浙江的生动体现,是浙江人民在千百年来的奋斗发展中孕育出来的宝贵财富”。从“自强不息、坚韧不拔、勇于创新、讲究实效”,到“求真务实、诚信和谐、开放图强”,再到“干在实处、走在前列、勇立潮头”的浙江精神,世代传承,历久弥新,始终激励着勤劳、智慧、勇敢的浙江人民。如今的浙江大地处处唱响着“敢为天下先”的时代旋律,作为浙江地域文化个性和特色的表达,浙江精神早已成为浙江人的时代标签,也为浙江高校青年的成长提供了强大的精神动力。
案例三:《瞄准“双一流”建强“三个地”》(来源:《浙江教育报》,2019-04-19)
以社会需求倒逼专业“瘦身”,以优势学科促进专业“健身”,布局建设新专业,提升学科专业的社会契合度。深化培养模式改革和课堂革命,夯实“互联网+”教学基础,推进科教融合、产教融合和国际化培养,提升学业挑战度。以一流学科建设为主线,加快建成应用基础研究和产业核心技术创新高地。</td></tr>
<tr><td>思政元素</td><td>思政元素1:科学的经济发展观
经济发展离不开科技的支持,近年来,“科技兴国”“实施创新驱动发展战略”逐渐成为我国经济发展的主旋律。社会经济的发展必须遵循资金增值的客观规律。实体经济的发展离不开原始投资,但某项投资的回报率则取决于该项目的内在生产力,而提高生产力的主要路径则是技术进步。所以,重视技术创新、以科技进步引领经济发展是科学的经济发展观。
思政元素2:细节决定成败
无论是生活、学习还是工作,认真、仔细的工作态度都是成功的关键,每个人都应牢记“细节决定成败”,重视细节,努力做到一丝不苟。这与当今社会弘扬的“工匠精神”也是非常契合的。无数成功人士的人生经历都揭示了细致工作态度的重要性,学生应该在大学阶段有意识地培养自己细致工作的能力。</td></tr>
<tr><td>教学实施路径</td><td>本章节共计4学时,采用AMAS有效教学方法进行教学设计:重视课堂前几分钟的迅速激活(A);在授课过程中实施多元学习(M);选择多样化的方法进行有效测评(A);在每次课结束前几分钟准备有效的简要总结(S)。具体设计如下。
(1)第1学时
<table><tr><td>教学环节</td><td>教学活动设计</td><td>时间/分</td><td>材料和教具</td></tr><tr><td>迅速激活</td><td>采用播放视频和案例讲解的方法进行课程激活,播放一段社会物价水平波动的视频,并列举身边常见的物价波动案例(如食堂价格上涨、生活用品价格上涨等),鼓励学生思考上述案例情况发生的原因,以此引出“资金时间价值”的概念。</td><td>8</td><td>多媒体</td></tr></table></td></tr>
</table>

<table>
<tr><td rowspan="8">教学实施路径</td><td>教学环节</td><td>教学活动设计</td><td>时间/分</td><td>材料和教具</td></tr>
<tr><td>多元教学</td><td>(1)传统讲授知识点:资金的时间价值和资金等值。
(2)开展同伴教学,帮助学生加深对所学知识的理解。在理论讲解和例题讲解后,设计以下两个概念性问题开展同伴教学:1)同班同学大一时问你借1000元钱,大三时候还你1000元钱,你觉得划算吗?2)大一时借的1000元,大三时候还你多少是划算的?
【课程思政】资金进入社会生产流通之后会产生增值,从微观层面来说,学生应该具有理财意识,“你不理财,财不理你”。从宏观层面来说,社会经济发展,也必须遵循资金增值的客观规律。实体经济的发展离不开原始投资,但某项投资的回报率则最终取决于该项目的内在生产力,而提高生产力的主要路径则是技术进步,这也是我国目前倡导科技创新引领经济发展的根本原因。</td><td>30</td><td>多媒体</td></tr>
<tr><td>有效测评</td><td>要求学生在学习通APP上完成编写一张应用卡片。要求学生在以下两个主题中自由选择一个完成应用卡片:
1)举一个现实生活中能够体现资金时间价值的实际例子;
2)举一个现实生活中能够应用等值计算知识的实际例子。
通过应用卡片上的例子,判断学生对知识点的理解程度。</td><td>7</td><td>多媒体、手机APP</td></tr>
<tr><td colspan="4">(2)第2学时</td></tr>
<tr><td>教学环节</td><td>教学活动设计</td><td>时间/分</td><td>材料和教具</td></tr>
<tr><td>理论讲解</td><td>介绍项目现金流量的概念,讲授绘制现金流量图的方法,并强调只有同一时点的现金流量才能相加减。现金流量图是等值计算重要的分析工具。</td><td>10</td><td>多媒体、板书演示</td></tr>
<tr><td>讲练结合</td><td>讲解6个等值计算的基本复利公式。在每个公式讲解之后立即进行相应的计算练习予以强化和巩固。
【课程思政】6个复利公式是以项目所有现金流量都发生在年末为前提推导出来的,一旦现金流量发生在年初,则基本公式必须进行调整才可使用。通过例题练习,让学生注意到这个细节,并顺势向学生强调认真、仔细的工作态度是成功的关键,无论是学习生活还是未来工作,都要重视细节,一丝不苟,因为细节决定成败。</td><td>35</td><td>多媒体、板书演算</td></tr>
</table>

<table>
<tr><td rowspan="14">教学实施路径</td><td colspan="4">(3)第 3 学时</td></tr>
<tr><td>教学环节</td><td>教学活动设计</td><td>时间/分</td><td>材料和教具</td></tr>
<tr><td>强化训练</td><td>综合训练:在所有 6 个等值计算公式讲解之后,给学生进行 2～3 个综合计算题的练习。</td><td>25</td><td>多媒体、板书演算</td></tr>
<tr><td>理论讲解</td><td>通过案例讲解和计算分析解释名义利率和实际利率的概念、换算公式,并通过例题讲解和习题练习加深学生理解。
【课程思政】在讲解名义利率和实际利率后,向学生揭露目前社会上常见“套路贷”的实际利率。“套路贷”往往以周息、月息的形式标价,其年实际利率远远高于我国 36%年利率的高利贷标准,属于违法行为,由此应该杜绝一切“套路贷”。</td><td>20</td><td>多媒体、板书演算</td></tr>
<tr><td colspan="4">(4)第 4 学时</td></tr>
<tr><td>教学环节</td><td>教学活动设计</td><td>时间/分</td><td>材料和教具</td></tr>
<tr><td>讲练结合</td><td>讲解名义利率和实际利率在等值计算中的灵活应用,同时配合例题讲解和习题练习。</td><td>25</td><td>多媒体、板书演算</td></tr>
<tr><td>简要总结</td><td>以 PPT 呈现本章的全部知识点,并简要叙述重点和难点。</td><td>10</td><td>多媒体</td></tr>
<tr><td>有效测评</td><td>要求在学习通 APP 上完成在线测试,对于错误率比较高的题目即时讲解。</td><td>10</td><td>多媒体、手机 APP</td></tr>
<tr><td>教学反思与评价</td><td colspan="4">1. 从同伴学习讨论结果看,学生对资金时间价值概念的理解不够透彻。本课程授课对象此前从没接触过任何工程经济学的相关知识,所以在资金时间价值概念的讲解方面,应该寻找更多通俗易懂的例子来帮助学生理解。
2. 从有效测评的成绩看,学生对于等值计算的掌握并不熟练,仅凭课堂学习就能够灵活应用等值计算确实存在难度,所以应该通过课后作业帮助学生强化课堂所学知识。</td></tr>
</table>

19. 混凝土及砌体结构

<table>
<tr><td>学　院</td><td>土木工程学院</td><td>课程名称</td><td>混凝土及砌体结构</td></tr>
<tr><td>授课教师</td><td>李翠红</td><td>授课班级</td><td>工程管理191</td></tr>
<tr><td>授课章节</td><td colspan="3">第10章　预应力混凝土构件</td></tr>
<tr><td>课程类别</td><td colspan="3">A.公共平台课　B.专业平台课程　C.专业选修课　D.全校选修课</td></tr>
<tr><td>教学目标
(知识、能力、素质三方面)</td><td colspan="3">一、知识目标
1.熟悉混凝土及砌体结构基本构件的设计计算。
2.熟悉结构物的设计计算方法和构造方法。
3.熟悉结构设计规范。
4.掌握混凝土结构及砌体结构的构造知识。
二、能力目标
1.能应用结构设计规范,进行建筑工程中一般结构构件的设计。
2.具有结构施工图的绘制及识图能力。
3.能处理施工和工程管理中常见的结构问题。
三、素质目标
通过解读建筑结构相关规范及工程构造,结合经典工程案例,培养学生自学能力、分析问题和解决问题的能力及创造性思维能力,培养学生解决工程实际问题的自信自强、认真负责的工作态度和严谨细致的工作作风,使学生成为具备社会使命感、品德优良、能力卓越的管理人才。</td></tr>
<tr><td>教学内容</td><td colspan="3">一、教学内容要点
1.预应力混凝土的基本概念。
2.预应力混凝土的分类。
3.预应力混凝土的材料。
4.施加预应力的方法。
5.张拉控制应力和预应力损失。
二、重点难点
1.重点:预应力混凝土的基本概念。
2.难点:张拉控制应力和预应力损失。
三、教学设计
结合课程学习通APP平台,开展师生合作教学方式,实行课前、课中、课后三阶段学习管理,强化学习效果管理。课中线下教学为课堂集中面授,三阶段学习管理形式的详细内容见下页图。
采用“引入—讨论—讲授—练习”课堂教学四步法,强化课堂教学效率管理。首先由教师引入工程实践案例,吸引学生注意力;接着教师和学生讨论案例问题,引出课程知识;然后由教师讲解课程理论知识点和能力点;最后通过学生完成教师布置的作业练习,提升解决问题的实践能力。具体内容包括:具体工程案例导入知识(通过案例激发学生的爱国自豪感)→预应力混凝土基本概念→探究原因,普通混凝土和预应力混凝土比较(激发学生的未来工程师责任使命感)→生活中的预应力讨论,重点讨论预应力混凝土的定义及作用,“三地一窗口”典型案例讲述(培养认真负责的工作态度和严谨细致的工作作风)→难点预应力损失→课后任务。</td></tr>
</table>

<table>
<tr>
<td>教学内容</td>
<td>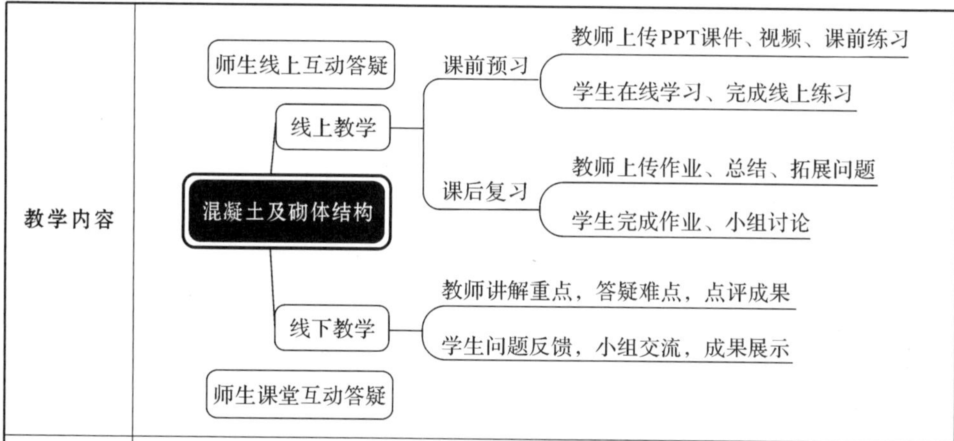
</td>
</tr>
<tr>
<td>“三地一窗口”典型案例(3～5个，注明时间、来源等)</td>
<td> 案例一:《“三个地”奋力担当新时代全面展示中国特色社会主义制度优越性重要窗口的使命任务》(来源:杭州网,2020-05-12)
历史,总是在一些特殊年份给人们以汲取智慧、砥砺前行的力量。担当三大责任:政治责任、先行责任、示范责任。“一引其纲,万目皆张。”“重要窗口”的新目标新定位和7个方面的主要任务,是以习近平同志为核心的党中央给出的新时代考题,需要浙江每一位干部群众都把自己摆进去,当好“重要窗口”的建设者、维护者、展示者。要以“重要萌发地”的担当扛起这一政治责任。新时代的中国需要向世界展示“中国之治”的理念和路径。世界需要能更好观察和认识当代中国的“魅力窗口”。浙江作为习近平新时代中国特色社会主义思想的重要萌发地,在展示习近平新时代中国特色社会主义“制度优越性”上具有独特优势、肩负重要责任。要突出政治影响、全局影响、全球影响,立足省域发展探索,及时总结提升思想理念、制度机制等方面的创新性成果,既为党和国家形成更为成熟、定型的治理体系提供素材,又据此深度讲好“中国故事”,让世界透过“浙江之窗”展望中国未来,读懂中国特色社会主义能够行稳致远的内在逻辑。要以“时代弄潮儿”的姿态扛起这一先行责任。
案例二:《打造科技自立自强的“重要窗口”》(来源:《浙江日报》,2020-11-13)
面对全球科技革命和产业变革新趋势,浙江“互联网+”、生命健康、新材料三大科创高地建设需要在突破关键核心技术、构筑科技创新大平台、加快创新链产业链融合发展、强化高科技人才队伍建设等方面协同发力。重点引进和培养建设三大科创高地急需的突破“卡脖子”技术研发和关键技术标准研制的战略科学家,加快集聚全球顶尖人才、科技领军人才、青年科技人才和新时代浙江工匠。
案例三:《建设“重要窗口” 贡献基层力量》(来源:人民论坛网,2020-04-28)
建设“重要窗口”,必须敢于开拓创新。我们正处在经济全球化加速推进、改革不断深化的关键时期,因此,更要牢固树立创新精神和创新品格。作为基层干部,我们要牢固树立“学习为本”“终身学习”“带头学习”的理念,把学习当作人生的一大需要,当作一种生活习惯和修养,不断地积累知识,提高理论思维能力,从而不断更新知识,超越自我。建设“重要窗口”,必须要有真抓实干的精神。“喊破嗓子,不如甩开膀子。”基层干部责任重大,必须要有一种“咬定青山不放松”的真抓实干精神。作风上要求实,自觉做到“群众想什么,我们就做什么”的理念,坚持用脚步丈量民情、用行动办好民事,把每一件事关群众利益的小事办好、好事办实,积少成多、积土成山。 </td>
</tr>
</table>

思政元素	**思政元素1:工匠精神** **思政元素2:开拓创新** **思政元素3:民族自豪感和未来工程师责任使命感** 嘉绍大桥是中国浙江省境内连接嘉兴市与绍兴市上虞区的过江通道,位于中国浙江省杭州湾海域内,于2013年7月19日零时通车运营,是常台高速公路的组成部分。与36公里长的杭州湾跨海大桥相比,嘉绍大桥的跨江距离要短许多,大桥桥长只有10公里,仅杭州湾跨海大桥的1/3长度。但是桥面更为宽敞,从设计到最后规划确定,桥面宽40.5米,由6车道改成了8车道,大桥设计速度为100公里/小时。 创新技术:世界上最长、最宽的多塔斜拉桥,有着世界上最大直径的桩。 大桥主航道桥采用技术含量最高的6塔独柱斜拉桥方案(目前国内外修建的多塔斜拉桥多为3塔)。大桥刚好处在钱塘江尖山河段(江海交汇处),建设条件极其特殊,江道宽浅、潮强流急、含沙量大等原因,使得河床冲淤变化剧烈,主槽(即主航道)会频繁摆动,幅度在1公里至3.3公里范围内。为防止主槽摆动对通航产生影响,只有多出几个主通航道,才能适应河床主槽摆幅。 世界最大直径桩这项技术创新是由特殊建设环境决定的。嘉绍跨海大桥工程建设指挥专家说,大桥单桩一般直径为2.5米,需3～4个组合形成群桩,才能承载桥面的受重力,现在采用大直径的单桩,既解决了受重力的问题,也能最大限度减少阻水面积,从而不影响钱塘潮景观。
教学实施路径	**一、引入案例** 1.通过提问“混凝土裂缝宽度影响因素”,学生回答问题,教师简要总结上一章内容。(3分钟) 2.从上一章裂缝宽度讲到结构刚度概念,教师引入“嘉绍跨海大桥”案例,说明案例情况。(3分钟) 思政元素:通过案例激发学生爱国自豪感和未来工程师责任使命感。 **二、讨论案例问题** 针对“嘉绍跨海大桥”案例,以嘉绍跨海大桥实现的基础这个问题,引出预应力混凝土概念,讨论预应力混凝土和普通混凝土的区别,讨论生活中的预应力。(5分钟) **三、讲授课程理论知识点和能力点(包含学生互动思考讨论)** 1.预应力混凝土结构的概念(10分钟) 在结构承受荷载作用之前,预先对荷载作用下的受拉区混凝土施加预压应力,以减小或抵消受荷后的拉应力,从而使结构构件截面拉应力不大,甚至处于受压状态,可以延缓裂缝出现或者不出现。 通过分析预应力混凝土和普通混凝土的区别(见图1),强调应用相同材料的预应力混凝土提高了刚度,但强度没提高。 举例引导学生思考讨论多个生活中的预应力(见图2)。

教学实施路径

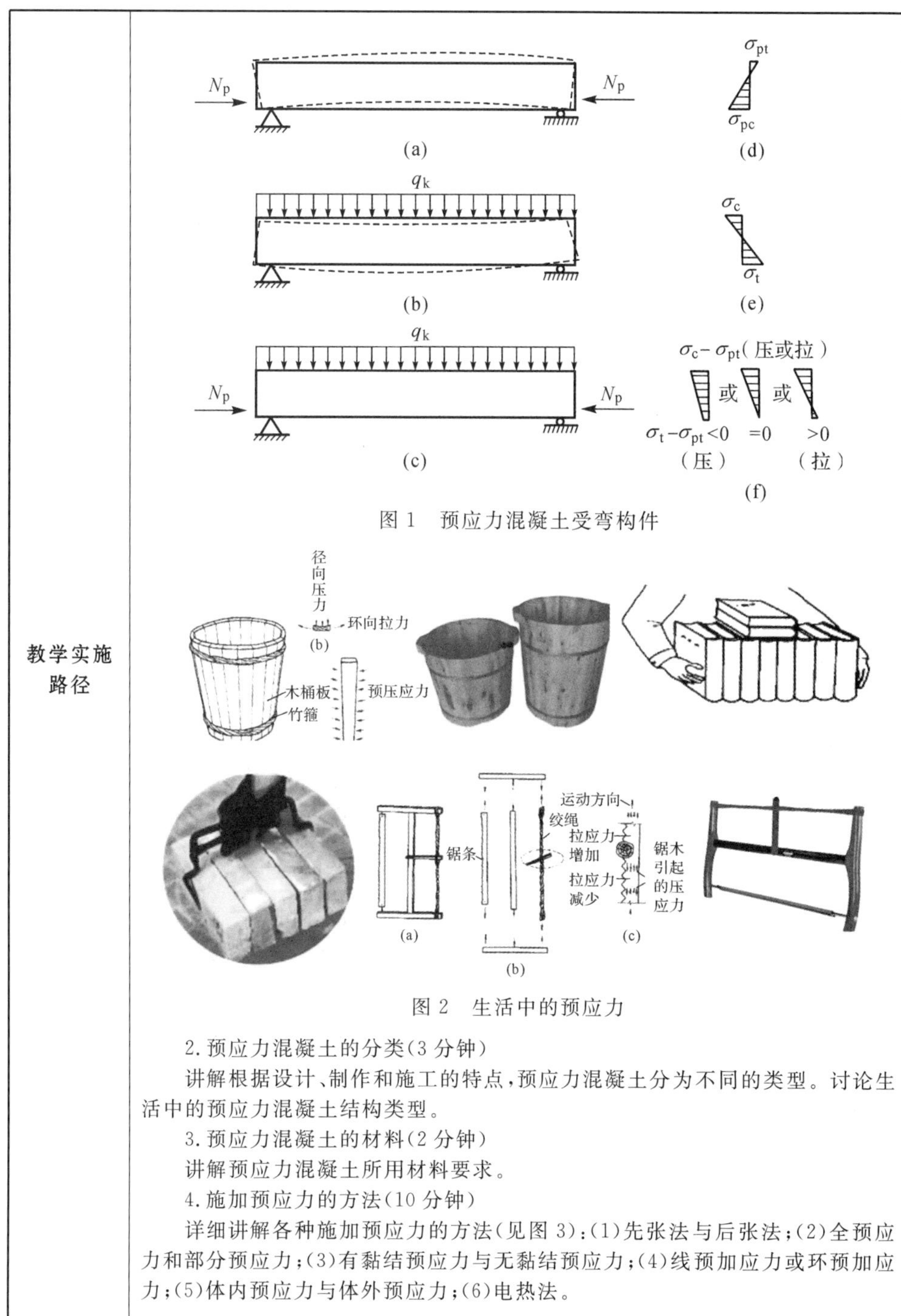

图1　预应力混凝土受弯构件

图2　生活中的预应力

2.预应力混凝土的分类(3分钟)

讲解根据设计、制作和施工的特点,预应力混凝土分为不同的类型。讨论生活中的预应力混凝土结构类型。

3.预应力混凝土的材料(2分钟)

讲解预应力混凝土所用材料要求。

4.施加预应力的方法(10分钟)

详细讲解各种施加预应力的方法(见图3):(1)先张法与后张法;(2)全预应力和部分预应力;(3)有黏结预应力与无黏结预应力;(4)线预加应力或环预加应力;(5)体内预应力与体外预应力;(6)电热法。

<table>
<tr><td>教学实施路径</td><td>

(a) 先张法

(b) 无粘结预应力

(c) 体外预应力

(d) 电热法

图 3　施加预应力的方法

拓展内容:现浇、预制、组合式预应力混凝土结构。
“三地一窗口”典型案例讲述。
思政元素:培养认真负责的工作态度和严谨细致的工作作风。
5.张拉控制应力和预应力损失(7 分钟)
讲解张拉控制应力、预应力损失和预应力损失分类。
四、总结本节课内容(2 分钟)
学生课后完成线上练习。
</td></tr>
<tr><td>教学反思与评价</td><td>
一、教学特色创新
1.设计多种线上线下的教学活动,吸引学生注意力,使学生保持良好学习状态
依据教育心理学的学习规律设计教学活动,安排视频案例教学、学习通手机在线点名等多种教学方式和手段,丰富课堂教学形式,提高教学的吸引力。
2.播放视频案例,巧妙导入知识点,介绍预应力混凝土与普通混凝土比较的优势,并引发共鸣
通过播放视频案例,讲述预应力混凝土能提高混凝土构件的刚度,导入需要讲解的知识点,引出研究内容。
3.安排课前预习任务,学生课前认真预习有利于课内全神贯注听讲
通过课前预习内容 3 个预应力混凝土概念题目测试及思考生活中的预应力,重点考查学生课前预习,提高听课效率。
二、课程思政
1.培养认真负责的工作态度和严谨细致的工作作风。介绍预应力混凝土的多种预应力施加方法和“三地一窗口”典型案例讲述等,培养学生认真负责的工作态度和严谨细致的工作作风。
2.未来工程师责任使命感。通过嘉绍大桥案例的工程创新,提出掌握知识的重要性,科技创新的重要性,激发学生的未来工程师责任使命感。
</td></tr>
</table>

20．工程地质

学　　院	土木工程学院	课程名称	工程地质
授课教师	沙　鹏	授课班级	土木工程 191、192
授课章节	第六章　常见的地质灾害　第 2 节　地震与地震灾害		
课程类别	A. 公共平台课　**B. 专业平台课程**　C. 专业选修课　D. 全校选修课		
教学目标（知识、能力、素质三方面）	**一、知识目标** 1. 掌握基础知识：掌握地震震级与地震烈度概念与区别联系。 2. 掌握分析方法：掌握地震形成条件分析与野外地质现象识别。 3. 理论联系实际：分析汶川地区发生地震的原因与防治措施。 **二、能力目标** 1. 理论分析能力：具备利用基本概念分析地震形成条件的能力。 2. 分析比较能力：具有野外地质现象对比识别发震断层的能力。 **三、素质目标** 1. 团队合作学习：组建学习小组，培养合作学习与主动学习。 2. 创新思维意识：通过案例分析，培养工程实践与创新思维。 3. 精益求精态度：通过隐性思政，培养追求极致的工匠精神。		
教学内容	**一、重点难点** 1. 地震震级与地震烈度的基本概念、区别与联系。 2. 地震发生的地质条件与分类。 3. 结合中国地震构造带，分析汶川地震发生的原因。 4. 地震效应——砂土液化。 5. 工程地质条件对地震灾害的影响。 **二、教学设计** 采用“导、讲、探、评、练” 五步教学法，包括：概念导入→讲述重点难点→案例陈述→探究分析→点评总结→快测式点名→课后任务。		
“三地一窗口”典型案例（3～5 个，注明时间、来源等）	**案例一：《以“三个地”担当推动“一带一路”建设走深走实》**（来源：《浙江日报》，2020-03-21） 当前我们正面临前所未有的大变局大变革大事件，风险隐患和不确定性显著增多，但危中有机，机遇与挑战并存。要深入研究分析共建“一带一路”面临的新情况新变化新契机，加强内外沟通和服务保障，积极开展疫情防控国际合作，坚定抓好十大标志性工程等已有重点任务落实；同时加强研究、加强预判、加强谋划，针对性谋好新篇、做好工作。 **案例二：《打造科技自立自强的“重要窗口”》**（来源：《浙江日报》，2020-11-13） 面对全球科技革命和产业变革新趋势，浙江“互联网＋”、生命健康、新材料三大科创高地建设需要在突破关键核心技术、构筑科技创新大平台、加快创新链产业链融合发展、强化高科技人才队伍建设等方面协同发力。重点引进和培养建设三大科创高地急需的突破“卡脖子”技术研发和关键技术标准研制的战略科学家，加快集聚全球顶尖人才、科技领军人才、青年科技人才和新时代浙江工匠。		

“三地一窗口”典型案例(3～5个,注明时间、来源等)	**案例三:《瞄准“双一流”建强“三个地”》**(来源:《浙江教育报》,2019-04-19) 以社会需求倒逼专业“瘦身”,以优势学科促进专业“健身”,布局建设新专业,提升学科专业的社会契合度。深化培养模式改革和课堂革命,夯实“互联网+”教学基础,推进科教融合、产教融合和国际化培养,提升学业挑战度。以一流学科建设为主线,加快建成应用基础研究和产业核心技术创新高地。
思政元素	**思政元素1:为国家苦行,为科学先行** “感动中国2020年度人物”国测一大队组建于1954年,历经六十七年他们坚持用双脚丈量祖国大地,先后七测珠峰、两下南极、39次进驻内蒙古荒原、52次深入西藏无人区、52次踏入新疆腹地,徒步行程6000多万公里,累计完成国家各等级三角测量1万余点,建造测量觇标10万多座,提供各种测量数据5000多万组,先后承担和参与完成了全国大地测量控制网布测,完成了中蒙、中苏、中尼边境联测,京津唐张地震水准会战,2000国家重力基本网布测,全国天文主点联测,国家GPS A、B级网以及国家高程控制网、中国公路网GPS测绘工程,中华人民共和国大地原点的建设和管理,海岛礁测绘、第一次全国地理国情普查等一系列重大测绘项目。 2020年12月8日,国家主席习近平同尼泊尔总统互致信函,代表中尼两国向全世界正式宣布:珠穆朗玛峰的最新高程为8848.86米。这是国测一大队第7次深入生命禁区测量珠峰,并创造了中国人在珠峰峰顶停留时长新纪录。 **思政元素2:工匠精神** 通过机器的振动和声音可诊断出故障,拥有以自己名字命名的国家级大师工作室,“快装台位法”创造者——杭州汽轮机股份有限公司职工吴国林是全国劳动模范、全国技术能手。平凡工匠人,一片敬业心。吴国林时刻以劳模的高标准来严格要求自己,解决了生产上一个个关键难题,专治汽轮机各种“不服”。把一件事做好并不难,难的是把一件事做好一辈子;吴国林不仅是技术能手、装配大师,更是让人钦佩的大工匠!
教学实施路径	**一、五步教学法** 1.导入基本概念:介绍地震、地震波、震级基本概念,引出知识点。 2.演示实际现象:通过视频观看尼泊尔、日本地震现场引出内容。 3.讲解重点知识:讲解震级与烈度、形成条件、工程效应与防治。 4.探究实际案例:分组讨论汶川地震发生的条件与防治措施建议。 5.评价分析结果:通过叠加定理引出齐性定理的概念与如何应用。 6.院士名人名言:介绍华人科学家茅以升院士有关勤奋的名言。 7.引出下次内容:提出边坡地质灾害的主要类型——滑坡与崩塌。 8.测试课后任务:安排“雨课堂”快测式点名并下达课后作业。 **二、三阶学习目标** 针对不同学生的学习基础、学习能力与学习预期等学情和差异化学习目标,设定“低阶、中阶和高阶”三个阶层学习目标,反向设计教学方案,实施差异化教学,达到精准化教学目标。

教学实施路径	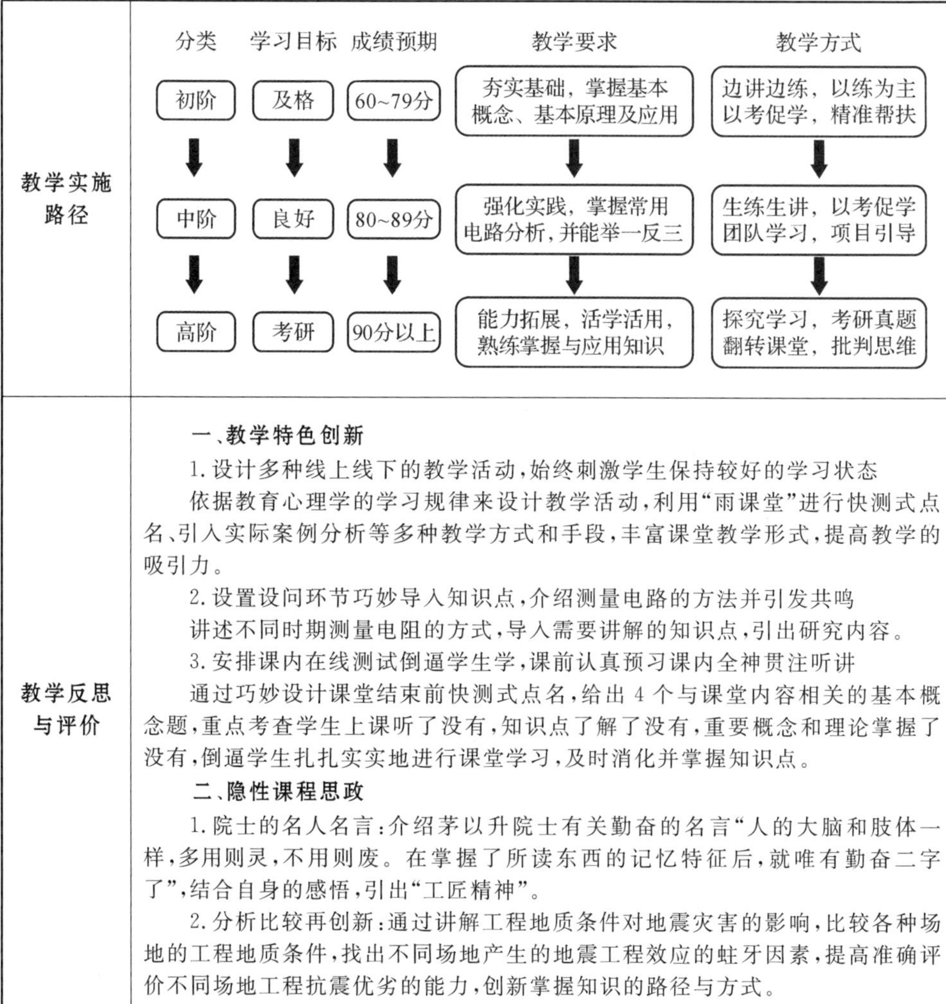
教学反思与评价	**一、教学特色创新** 1. 设计多种线上线下的教学活动，始终刺激学生保持较好的学习状态 依据教育心理学的学习规律来设计教学活动，利用“雨课堂”进行快测式点名、引入实际案例分析等多种教学方式和手段，丰富课堂教学形式，提高教学的吸引力。 2. 设置设问环节巧妙导入知识点，介绍测量电路的方法并引发共鸣 讲述不同时期测量电阻的方式，导入需要讲解的知识点，引出研究内容。 3. 安排课内在线测试倒逼学生学，课前认真预习课内全神贯注听讲 通过巧妙设计课堂结束前快测式点名，给出 4 个与课堂内容相关的基本概念题，重点考查学生上课听了没有，知识点了解了没有，重要概念和理论掌握了没有，倒逼学生扎扎实实地进行课堂学习，及时消化并掌握知识点。 **二、隐性课程思政** 1. 院士的名人名言：介绍茅以升院士有关勤奋的名言“人的大脑和肢体一样，多用则灵，不用则废。在掌握了所读东西的记忆特征后，就唯有勤奋二字了”，结合自身的感悟，引出“工匠精神”。 2. 分析比较再创新：通过讲解工程地质条件对地震灾害的影响，比较各种场地的工程地质条件，找出不同场地产生的地震工程效应的蛀牙因素，提高准确评价不同场地工程抗震优劣的能力，创新掌握知识的路径与方式。

21. 构造地质学

学　　院	土木工程学院	**课程名称**	构造地质学
授课教师	潘益鑫	**授课班级**	地质工程 191
授课章节	第五章　节理　第 1 节　节理的分类及成因		
课程类别	A. 公共平台课　**B. 专业平台课程**　C. 专业选修课　D. 全校选修课		
教学目标（知识、能力、素质三方面）	**一、知识目标** 1. 掌握基础知识：掌握节理的类型与分类方法以及形成原因。 2. 掌握分析方法：掌握节理野外识别方法与节理力学分析。 3. 理论联系实际：分析大柱山隧道节理产生的原因与工程危害。		

<table>
<tr><td>教学目标(知识、能力、素质三方面)</td><td>二、能力目标
1. 理论分析能力:具备利用基本概念分析节理形成的能力。
2. 实践分析能力:具有野外节理识别与力学分析能力。
三、素质目标
1. 独立思考与判断:引入案例,培养独立分析与思考精神。
2. 团队合作与学习:以小组为单位,培养协作与主动学习的能力。
3. 创新思维与前瞻意识:培养工程创新思维,关注科技前沿。</td></tr>
<tr><td>教学内容</td><td>一、重点难点
1. 节理分类方式的概念及区别与联系。
2. 节理发生的区域与地质条件。
3. 结合大瑞铁路之大柱山隧道(见下图),分析大柱山产生节理裂隙的原因。
4. 节理发育对工程的影响。

二、教学设计
采用"导、讲、探、评、练"五步教学法,包括:概念导入→讲述重点难点→案例陈述→探究分析→点评总结→快测式点名→课后任务。</td></tr>
<tr><td>"三地一窗口"典型案例(3~5个,注明时间、来源等)</td><td>案例一:《以"三个地"担当加快建设高水平交通强省》(来源:《浙江日报》,2020-03-28)
车俊强调,交通是经济发展的命脉和民生改善的保障。浙江作为"三个地",有责任有义务,也有基础有条件走在全国前列,率先建成交通强省。我们要牢牢把握交通"先行官"定位,抢抓国家战略交汇叠加机遇,围绕"人民满意、保障有力、世界前列"的要求,高水平推进交通强省建设。要强化规划引领,以超前的眼光、一流的标准进行谋划布局,构建安全、便捷、高效、绿色、经济的现代化综合交通体系。要强化改革创新,深化交通投融资体制改革,加强交通领域关键核心技术研究,不断提升交通数字化、智慧化水平。各地各部门要坚持全省"一盘棋",加强协同、形成合力,深化"三服务",强化要素保障,注重工程质量,守牢安全生产底线,确保落地项目早开工、开工项目快投产、投产项目快见效。
案例二:《为建设"重要窗口"培育更多优秀人才》(来源:浙江在线,2020-09-09)
袁家军指出,当前我省正在建设"重要窗口",需要一批又一批优秀儿女努力奋斗。教师承担着为党育人、为国育才的重任,使命光荣、责任重大。教师的言行能够影响学生的一生。全省广大教师要认真学习贯彻习近平总书记关于教育强国的重要论述和对第36个教师节的重要寄语,尽心尽力履职尽责,为建设"重要窗口"做出新贡献。</td></tr>
</table>

“三地一窗口”典型案例(3～5个,注明时间、来源等)	**案例三:《奋力担起新时代“三地一窗口”的崇高使命》**(来源:《学习时报》,2020-05-11) 现在,习近平总书记又明确嘱咐浙江要努力成为新时代全面展示中国特色社会主义制度优越性的重要窗口。这样,作为“三地一窗口”的新时代浙江,“干在实处”“走在前列”“勇立潮头”“要谋新篇”“方显担当”,便系统而深刻地落到了要全面展示中国特色社会主义制度优越性的重要窗口上。这是习近平总书记对浙江的高度信任和殷切嘱咐,是浙江新时代的崇高使命。
思政元素	**思政元素1:为国建设,舍身忘己** 一条隧道,长度14484米,凿了12年。大瑞铁路是云南省建设南亚、东南亚辐射中心的重要基础设施,是中缅国际铁路通道的重要组成部分,铁路沿线地质地貌极为复杂、建设任务艰巨。大瑞铁路东起大理,向西跨越澜沧江、怒江等大江大河,穿越横断山脉西部的高黎贡山,终到瑞丽,全长约330公里。建成通车后,昆明至瑞丽的公路旅行时间将由目前的9小时缩短至4.5小时左右。 大瑞铁路开工以来,广大参建单位和职工坚决贯彻落实党中央、国务院和省委省政府决策部署,坚持创新发展理念,大力弘扬“跨越发展、争创一流;比学赶超、奋勇争先”精神,在全线深入开展劳动和技能竞赛,抓进度、创优质、保安全、争先锋,克服了一个又一个难题,创造了一个又一个工程奇迹。 大柱山隧道作为大瑞铁路的重点控制性工程,地质情况特殊、施工难度极大。面对挑战,12年来,各参建单位和广大干部职工以“筑精品铁路 当跨越先锋”劳动竞赛为平台,在山高林密、水急谷深的建设战场上挥洒汗水、奉献青春。2020年4月28日,有“中国隧道施工地质博物馆”“世界最难掘进隧道”之称的大柱山隧道全隧贯通。 中铁一局广大参建职工代表表示,将弘扬大柱山隧道建设者“理想信念高于天、勇挑重担不退缩”的宝贵精神,为实现云南人民“天堑变通途,一日行千里”的夙愿而努力奋斗。 **思政元素2:创新精神** 鄞州是典型的资源小区,其成就今天全省领先、全市领跑的业绩和地位,靠的就是创新意识;鄞州也是典型的先发地区,要破解先期遇到的“成长中的烦恼”,当好科学发展排头兵,关键还是要靠创新意识。要引导全区广大干部牢固确立创新意识,对凡是有利于发展的、有利于改善群众生活的、有利于增强核心竞争力的,都要大胆试、大胆闯、大胆创,努力闯出一条新路子、创出一片新天地。
教学实施路径	**一、五步教学法** 1.基本概念导入:介绍节理类型及其分类、分类方式与类型区别。 2.地质现象演示:通过视频观看大柱山隧道施工现场引出内容。 3.知识重点讲解:讲解节理分类方法、节理力学分析和成因分析。 4.现场案例探究:分组讨论大柱山隧道节理发育条件与工程灾害。 5.结果分析评价:通过节理力学分析,阐述产生原因与工程灾害。 6.下次内容引出:提出节理与裂隙在工程中的识别、测量与治理。 7.课后任务测试:安排快测试点名并下达课后作业。

<table>
<tr><td>教学实施路径</td><td>

二、三阶学习目标

针对不同学生的学习基础、学习能力与学习预期等学情和差异化学习目标，设定“低阶、中阶和高阶”三个阶层学习目标，反向设计教学方案，实施差异化教学，达到精准化教学目标。

分类	学习目标	成绩预期	教学要求	教学方式
初阶	及格	60~79分	夯实基础，掌握基本概念、基本原理及应用	边讲边练，以练为主以考促学，精准帮扶
中阶	良好	80~89分	强化实践，掌握常用电路分析，并能举一反三	生练生讲，以考促学团队学习，项目引导
高阶	考研	90分以上	能力拓展，活学活用，熟练掌握与应用知识	探究学习，考研真题翻转课堂，批判思维

</td></tr>
<tr><td>教学反思与评价</td><td>

一、教学特色创新

1.设计线上线下相结合的教学活动

依据教育心理学的学习规律来设计教学活动，利用快测式点名、观看工程案例视频并分析工程特性等多种教学方式和手段，丰富课堂教学形式，提高教学的吸引力。

2.设置问答环节巧妙导入知识点

讲述节理发育的地质条件，分析节理类型、发育程度、力学性质对工程建设的影响，引出探讨内容。

3.安排课堂在线测试

通过设计与本课堂相联系的基本概念题，考查学生上课的认真程度，检测其知识点理解程度与掌握程度，迫使学生端正学习态度，从被动学习转变为主动学习，本堂知识本堂掌握。

二、隐性课程思政

1.宣传先进事迹

介绍大瑞铁路之大柱山隧道建设者们的奉献精神。大柱山隧道建设过程中凝聚形成的“新愚公精神”是中国建设者的精神财富，必将激励我们更加风雨无阻勇向前、奋进路上勇争先，从而引出为国建设、舍身忘己的新时代精神。

2.思考与创新

通过讲解节理的广泛发育与分布及其形成的力学特征，探讨节理对工程建设的影响，思考新环境、新技术下在工程建设中如何处理节理及其灾害，并在此基础上提出不同的灾害防治措施，使所讲解的知识得到进一步理解、掌握并拓展。

</td></tr>
</table>

22. 场地设计

学　　院	土木工程学院	课程名称	场地设计
授课教师	陈　峰	授课班级	建筑 171
授课章节	第一章　第一节		
课程类别	A. 公共平台课　**B. 专业平台课程**　C. 专业选修课　D. 全校选修课		
教学目标（知识、能力、素质三方面）	**一、知识目标** 使学生掌握"天人合一"理念的内涵及其在现实中的影响。 **二、能力目标** 使学生掌握运用"天人合一"理念进行场地分析和设计的能力。 **三、素质目标** 帮助学生树立正确的场所建筑观和可持续发展的理念，使学生重新认识中国传统文化的价值，培养学生的爱国热情和对中国传统文化的认同感和归属感。		
教学内容	**一、教学重点** 讲解"天人合一"理念对当下场地设计的影响和意义，帮助学生掌握运用"天人合一"理念进行场地分析和设计的能力。 **二、教学难点** 如何帮助学生理解"天人合一"的内涵，如何帮助学生很好地理解这一理念对建筑设计和场地设计的影响，如何引导学生运用这一理念展开建筑和场地设计，如何将"天人合一"的理念与"三地一窗口"的典型案例相结合，对学生进行思政教育。 **三、教学设计** 1. 通过三幅山水画展开引入场地设计观的概念，并展开课堂讨论，使学生认识到不同的场地设计观会直接影响建筑设计的走向。 2. 引入中国传统文化中"天人合一"的理念，并以提问的形式与学生一起探讨"天人合一"的内涵，在此基础上对该理念进行概念界定，并总结出其对当下建筑设计尤其是对场地设计的影响和意义。 3. 进行实例分析，通过选取较为典型的案例，进行比较分析，展开课堂讨论，通过实例分析与讨论，帮助学生更加直观地理解"天人合一"理念对当下设计的价值（在实际案例分析中，插入"三地一窗口"的典型案例，尤其是美丽乡村建设等方案的案例，向学生强调在乡村建设中正确运用"天人合一"理念的重要性）。 4. 布置课堂作业，运用"天人合一"的理念，对绍兴文理学院河西校区重新进行设计，并邀请几位同学上台讲解自己的设计思路和想法，展开课堂讨论，并将每一位学生的作业和课堂讨论的成果发到网上和每一位学生共享，使学生在课后能更好地复习和消化课堂知识。 5. 课堂小结，对"天人合一"理念的内容和其对当下建筑设计的价值进行总结。		

“三地一窗口”典型案例(3～5个,注明时间、来源等)	**案例一:《四川雅安宣传部长:持之以恒抓好“三基地一窗口”建设》**(来源:中国文明网,2021-02-27) 在四川地震灾区,一批批设施完善、环境整洁的公共基础设施拔地而起,耀眼神州;一片片设计别致的居民小区和乡镇村寨如雨后春笋般竞相登场;一座座拥有现代设备、极富地方特色的产业发展园区科学规划初具规模;一条条民族团结走廊、经典旅游线路精心设计破茧而出;一个个主题鲜明、个性特色的抗震救灾·恢复重建陈列馆(室)相继完工投入使用;一首首教人感恩、催人奋进的优美动听的歌曲久久回荡在灾区大地上空……整个四川地震灾区“三基地一窗口”建设收获颇丰、成绩斐然。 **案例二:《浙江:奋力打造与“三地一窗口”相适应的文明高地》**(来源:中国文明网,2020-07-08) 牢记宗旨,创建为民,不断提升群众的满意度。运用区块链技术、大数据资源,建立城市大脑运营指挥中心,提升城市运行效率,方便群众生活。开展小城镇综合整治,改善环境质量,增强服务功能,提高管理水平。实施“千村示范、万村整治”工程,助力美丽乡村建设。持续推进老旧小区改造、城中村整治、农贸市场提升等实事,不断提升群众的幸福指数。深入推进“最多跑一次”改革,逐步向公共服务、社会治理延伸,向“一次也不跑”“最多跑一地”等改革迈进。利用暗访、调研等时机,了解群众对城市发展的建议,不断完善省级文明城市测评体系,回应群众关心关切,改进工作方式方法。 **案例三:《浙江省政协举行崇学讲坛,强化“三地一窗口”的使命担当》**(来源:浙江在线,2020-06-09) 创新是引领发展的第一动力,科技是战胜困难的有力武器。主讲人结合自身学术研究和工作实践,阐述了创新体系的演进特征与趋势、浙江版区域创新体系的主要内容与关键要点、增强浙江高质量发展动能的若干建议,为大家丰富知识、开阔视野,加深对建设创新型省份的了解,提供了有益的帮助和启发。
思政元素	**思政元素1:“天人合一”** 将中国传统文化中“天人合一”的理念引入课堂当中,向学生讲解中国传统文化对当下建筑设计尤其是场地设计的意义,帮助学生重新审视中国传统文化的价值,将“天人合一”的理念与“三地一窗口”的典型案例相结合,对学生进行思政教育,培养学生的爱国热情和对中国传统文化的认同感和归属感。 **思政元素2:开拓创新** 结合“三地一窗口”的实际案例,进行分析讨论,向学生强调在设计实践中首先应当正确认识中国传统文化中“天人合一”理念的价值,并在此基础上进行发展创新。
教学实施路径	**五步教学法** 1.概念导入:基于案例探讨,导入“天人合一”的概念。 2.概念介绍:详细讲解“天人合一”概念的内涵和意义。 3.案例分析:结合“三地一窗口”,选取具有代表性的案例进行探讨分析,进一步认识“天人合一”理念的重要性。 4.知识应用:通过课堂作业的形式,将概念应用于设计当中,帮助学生更好地消化理解“天人合一”概念的价值。 5.知识总结:对概念和课堂作业进行总结。

教学反思与评价	能较好地将中国传统文化的理念和“三地一窗口”的案例引入课堂知识的讲解中，较好地培养了学生的爱国热情和对中国传统文化的认同感。 教学实施路径循序渐进，具有逻辑性，能帮助学生逐层深入地理解和掌握所学的概念知识及应用方法。

23. 建筑设备

学　　院	元培学院	课程名称	建筑设备
授课教师	徐冬英	授课班级	土木工程 1801、1802、1803
授课章节	第二章　给排水施工图图纸识别		
课程类别	A. 公共平台课　**B. 专业平台课程**　C. 专业选修课　D. 全校选修课		
教学目标（知识、能力、素质三方面）	**一、知识目标** 1. 掌握基础知识：掌握给排水图纸基本构成与作用。 2. 掌握分析方法：掌握建筑给排水施工图的识读方法。 3. 理论联系实际：了解建筑给排水和现场施工的配合要求。 **二、能力目标** 1. 理论计算能力：具备分析计算给排水工程量的能力。 2. 分析比较能力：根据图纸分析比较给排水管线分布构成能力。 **三、素质目标** 1. 团队合作学习：组建学习小组，培养合作学习与主动学习。 2. 创新思维意识：通过实践项目，培养工程实践与创新思维。 3. 精益求精态度：通过隐性思政，培养精益求精的工匠精神。		
教学内容	**一、重点难点** 1. 建筑给排水施工图的基本内容。 2. 建筑给排水施工图的识读方法。 3. 给排水工程量计算方法。 4. 建筑给排水和现场施工的配合要求。 5. 给排水管线布置在建筑室内后，还需哪些建筑设备(后续内容)。 **二、教学设计** 采用“导、演、讲、探、析、识、练”七步教学法，包括：知识导入→演示图纸→讲解重点难点→探究拓展应用→典型图纸案例分析→团队图纸识图→线下小结→线上测试及课后作业布置。		
“三地一窗口”典型案例(3～5个，注明时间、来源等)	**案例一：《勇立潮头源自忠诚本色》**（来源：浙江新闻客户端，2020-06-15） 打好环境污染治理攻坚战，全面打响蓝天保卫战、碧水行动、净土行动、清废行动等重大战役，牢牢抓住水这个生态保护的灵魂，切实解决群众反映突出的水、气、土等环境问题。坚定走可持续发展之路，在保护好生态的前提下，积极发展多种经营，把生态效益更好转化为经济效益、社会效益。在习近平生态文明思想指引下，浙江人民绘就了尽显生态之美、人文之美、和谐之美的新时代富春山居图，浙江大地呈现出一户一处景、一村一幅画、一镇一天地、一城一风光的美好画卷。		

“三地一窗口”典型案例(3～5个,注明时间、来源等)	**案例二:《聚焦“三个地”,追求高质量》**(来源:浙江在线,2019-11-14) 进入新时代,坚持以人民为中心的创作导向,要体现在感国运之变化,发时代之先声,为新时代鼓与呼;要体现在抒写和记录人民的伟大实践、时代的前进步伐,彰显信仰之美、崇高之美;要体现在发扬中华文化、弘扬中国精神、凝聚中国力量;要体现在坚持正确的世界观、人生观、价值观和正确的历史观、民族观、国家观、文化观;要体现在通过电影传达文化自信,传递中国力量,塑造中国形象,共享中国智慧。 **案例三:《以“红船精神”激励“重要窗口”建设》**(来源:浙江在线,2020-09-11) 红船代表着我们党的历史和形象,承载着我们党的初心和使命,凝聚着我们党的精神和力量。红船从南湖起航是浙江的光荣。我们要倍加珍惜、用足用好“红船精神”这一宝贵资源,以“红船精神”激励“重要窗口”建设。当前,面对新形势新使命、新机遇新挑战,我们要把大力弘扬“红船精神”与弘扬伟大民族精神、时代精神、抗疫精神、浙江精神等结合起来,立足新时代、面向现代化,不断从中汲取信仰的力量、奋斗的力量。
思政元素	**思政元素1:集体主义与合作精神** 1.以单位中各岗位分工不同为融入点,阐述不同岗位肩负不同职责。 2.以工程建设过程中不同专业为融入点,阐述不同专业的贡献。 3.以团队共同识别图纸为例,分析团队在图纸识别中的作用和效率。 **思政元素2:责任伦理与工匠精神** 1.以优秀建筑设备施工技术且获鲁班奖工程为融入点,阐述工匠精神和脚踏实地的必要性。 2.以某不良工程且遭受惩罚为例,阐明工程伦理中的责任意识。
教学实施路径	**一、七步教学法** 1.导入所学知识:介绍不同时期建筑给排水施工的方式,引出知识点。 2.演示给排水图纸类型:通过动画演示给排水图纸的类型及作用。 3.讲解重点知识:讲解建筑给排水施工图的基本内容及识图方法。 4.探究拓展应用:探究给排水工程量计算方法建筑给排水和现场施工的配合要求。 5.典型图纸案例分析:介绍多种典型图纸,对案例进行分析。 6.团队图纸识图:安排10分钟进行团队案例工程分析、案例图纸识读、图纸优化及改进等,最后师生一起进行评比。 7.引出下次内容:提出给排水管线布置在建筑室内后,还需哪些建筑设备,引出后续内容。 8.小结:总结本次教学内容。 9.线上测试及课后作业布置:布置线上快速测试题目,如本次所学知识点获得的思政体会(结合思政元素进行点评);布置线下课后作业,如找一份给排水图纸来识别并进行优化。 **二、三阶学习目标** 针对不同学生的学习基础、学习能力与学习预期等学情和差异化学习目标,设定“低阶、中阶和高阶”三个阶层的学习目标,反向设计教学方案,实施差异化教学,达到精准化教学目标。

<table>
<tr><td>教学反思与评价</td><td>一、教学特色创新
1. 设计案例分析环节的教学活动，始终刺激学生保持较好的学习状态
依据教育心理学的学习规律来设计教学活动，安排案例制图、案例识图、案例比较等多种教学方式和手段，丰富课堂教学形式，提高教学的吸引力。
2. 设置设问环节巧妙导入知识点，介绍给排水识图的方法
讲述不同时期建筑给排水施工的方式，导入需要讲解知识点，引出研究内容。
3. 建立学生团队，调动大家的团队协作积极性。
在学生自由组合加教师适度调整的前提下组建团队，团队一起攻克难关、识别图纸，对现有图纸进行优化，以团队促进学生一起学习，及时消化并掌握知识点。
二、隐性课程思政
1. 工匠精神：通过案例分析，强调工匠精神在工程管理过程中的重要性，鼓励学生在今后的学习工作中脚踏实地、扎扎实实地完成本职工作。
2. 团队协作：引导学生心怀宽容和包容，设身处地地相互理解，求大同存小异。让学生形成一种互相讨论学习的氛围，把问题研究深，研究透，加强团队协作的能力。</td></tr>
</table>

24. 染整清洁生产技术

<table>
<tr><td>学　　院</td><td>纺织服装学院</td><td>课程名称</td><td>染整清洁生产技术</td></tr>
<tr><td>授课教师</td><td>胡玲玲</td><td>授课班级</td><td>轻化工程 181</td></tr>
<tr><td>授课章节</td><td colspan="3">第四章 小浴比染色技术 第 1～4 节</td></tr>
<tr><td>课程类别</td><td colspan="3">A. 公共平台课　B. 专业平台课程　<u>C. 专业选修课</u>　D. 全校选修课</td></tr>
<tr><td>教学目标（知识、能力、素质三方面）</td><td colspan="3">一、知识目标
1. 了解小浴比染色的概念、优势、实现途径及染色设备。
2. 掌握喷射溢流染色、气流染色和筒子纱染色原理、设备特点及控制。
二、能力目标
1. 问题分析能力：培养学生掌握从分子结构角度分析染料应用性能的能力，探讨符合小浴比染色要求的染料应具有的分子结构特征。
2. 问题解决能力：对给定的染化料、工艺或设备，分析其应用于小浴比染色的可行性，并探讨工艺实施过程中可能存在的问题和解决方法。
三、素质目标
1. 团队合作能力：组建 2～3 人的课内学习小组，以组为单位进行自主学习、课件制作、PPT 汇报等，培养团队合作能力和自主学习能力。
2. 创新思维能力：通过实验项目，培养学生设计实验方案、自主开展实验、分析实验结果及获得有效结论的工程实践能力与创新思维意识。</td></tr>
</table>

教学内容	**第一节　绪论** **第二节　高效节能的喷射溢流染色** 一、喷射溢流染色机分类及性能特点 二、喷射溢流染色机示例 **第三节　环保节能的气流染色** 一、气流染色机分类及性能特点 二、气流染色机示例 **第四节　筒子纱(经轴)的生态染色** 一、筒子纱染色机分类及性能特点 二、筒子纱染色机示例 教学重点:喷射溢流染色、气流染色和筒子纱染色设备和工艺控制。 教学难点:喷射溢流染色、气流染色和筒子纱染色的原理。
“三地一窗口”典型案例(3～5个,注明时间、来源等)	**案例一:《中国科技必须坚持“自主”“创新”》**(来源:人民网,2020-09-28) 习近平总书记在科学家座谈会上发表重要讲话时强调,我国经济社会发展和民生改善比过去任何时候都更加需要科学技术解决方案,都更加需要增强创新这个第一动力。科技创新需要激发人才队伍,培养创新的原动力。国家科技创新的根本源泉在于人。一方面,各大高校应将前沿科学和教学相结合,在培养学生综合素质的同时,发掘学生的创新力,并培养正确的科学观,让更多的年轻力量投身于科技发展事业中,成为生力军,持续提供发展推动力。另一方面,汇聚世界一流人才,吸引海外高端科研工作者,如何将他们留下,用好,也是进一步需要去研究的课题。只有创立立体化、多元化的科学人才结构,才能支撑科技领域长久发展。 **案例二:《抓实“第一战略抓手”　浙江向“三大科创高地”发力》**(来源:天目新闻,2020-12-28) 站在“两个一百年”历史交汇点上,浙江省科创高地建设的规划体系、政策举措、工作机制不断完善,资源加速汇聚,成效加快显现。近年来,全省60%左右的国家和省级科技奖、70%以上的科技企业和科技人才、80%以上的省级科研攻关项目、90%以上的重大创新平台,均集聚在三大科创高地,涌现出之江实验室、西湖实验室、湖畔实验室等一批高水平新型研发机构,取得了EB级大数据计算平台、高端射频芯片、传染病防治、结构生物学等一批硬核成果。 **案例三:《浙江省累计入选制造业单项冠军示范企业、产品114家　强力支撑三大科创高地和全球先进制造业基地建设》**(来源:中国高新网,2021-02-22) 工信部第五批制造业单项冠军企业(产品)名单中,浙江省入围第五批制造业单项冠军33家,数量全国第一。从企业特点看,近九成的单项冠军企业建有省级以上企业技术中心等研发机构,平均研发投入强度超过5%,是规上工业企业的2倍。单项冠军企业经营稳定、效益领先,利润率平均在10%以上,亩均税收65万元,是全省规上工业企业的2倍多。单项冠军企业(产品)多为数字安防、智能装备、节能与新能源汽车、新材料、智能家居、现代纺织等浙江省标志性产业链龙头骨干企业,是浙江三大科创高地和全球先进制造业基地建设的强大支撑力量。

思政元素	**思政元素 1:纺织强国,印染技术现代化** 山东康平纳集团筒子纱染色智能示范工厂项目近年来在全国获得推广。该技术以“筒子纱数字化自动染色成套技术与装备”为基础,充分运用“互联网+”技术,通过开发适合于纱线数字化自动染色的工艺技术、关键装备、染色全过程中央控制系统等,将智能化技术从单一染色生产线延伸至产品开发、工艺制定、络筒等工段及原料、成品仓库等,实现了工厂级数据采集、分析、判断等功能。生产工艺数据自动数据采集率达到 95%以上、主机设备数控化率达到 92%,染色一次合格率 98%以上,节约用工 80%,生产效率提高 28%,吨纱节水 70%、节电 45%、节汽 58%以上,污水减排 68%,综合成本降低 30%。 智能染色工厂项目入选 2015 年工信部首批智能制造试点示范项目、《中国制造 2025》的 2017 年度重大标志性项目,2018 年荣获中国工业大奖。康平纳集团已规划在全国纺织服装产业密集区到 2025 年建设 50 个区域性智能染色共享工厂,创建印染行业共享制造新模式,淘汰落后产能,促进印染行业绿色化可持续发展,打造国际平台,创建百年企业,助力纺织强国建设梦想的实现。 **思政元素 2:科研精神,绿色发展** 2020 年 6 月 11 日,《浙江日报》发表题为“忘我科研发展绿色化工——记全国化工优秀科技工作者、浙江龙盛集团股份有限公司技术中心副主任欧其”的人物专访。作为染料行业资深专家、全国化工优秀科技工作者,欧其先后主持实施国家级、省部级科研项目 10 余项,获省科技成果鉴定 12 项,获省部级科技进步奖 5 项,是浙江省“151 人才工程”重点资助人才,被聘任为中国染料工业协会专家委员会委员、浙江省染料标准化技术委员会秘书长等。尤其是他领导团队取得了多项重大技术突破,为我国精细化工特别是染料化工的转型升级、赶超国际先进水平做出了贡献。 1993 年,欧其从四川大学化学专业毕业后加盟浙江龙盛集团研发团队,主攻绿色环保产品的研发。他从一名普通实验员做起,一步一个脚印地成长为染料事业部的总工程师、教授级高级工程师,见证并深度参与了龙盛化工生产从粗放型到环保循环经济的转变,取得了一系列科技创新的成果。在起步阶段,从产品研发、设计,到检测和试生产,几十个小时不睡觉,通宵达旦做实验是欧其的工作常态。正是这样的埋头钻研,筑就了欧其一个又一个的绿色环保梦。浙江龙盛集团得到联合国环境规划基金会、中国环境保护协会等权威机构的高度肯定,并获得“绿色中国·杰出可持续发展企业奖”。欧其作为龙盛技术创新的引领人之一,企业所取得的成绩与他刻苦钻研的科研精神及始终不忘初心、坚持绿色发展是分不开的。
教学实施路径	教学实施过程以传统课堂教学和“学习通”线上学习相结合的方式(线上线下混合模式)进行教学,既能充分发挥教师传授知识,引导、启发学生思维的主导作用,又能充分展现网络教学灵活多变,不受时间、空间限制的优势,强化学生在学习过程中的主动性、自觉性。线上/线下交互式教学过程的实施路径见下页图。

<table>
<tr><td>教学实施路径</td><td>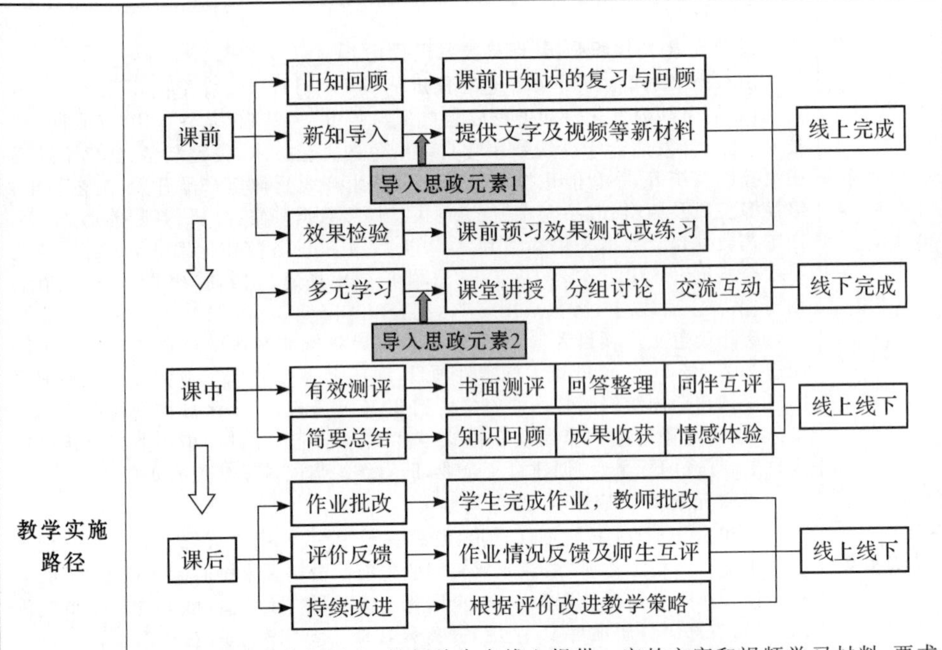

对于较难的知识点，教师首先在线上提供一定的文字和视频学习材料，要求学生自主学习，使学生对知识先有一个大致的了解。在学生学习的基础之上，教师在课堂讲授中再进一步深入剖析知识要点和难点，并引导学生进行思考，必要时穿插学生小组案例讨论等教学方式，经由开放式、互动式的案例教学，加强师生互动，强化学生的主体地位，同时激发学生的创造性思维，提高其分析及解决问题的能力。
对于相对简单的知识点，可采用任务驱动教学方法：教师先将知识点划分为各个任务，安排学生以2～3人一组自由组合的方式，以抽签方式领取任务，进行PPT汇报。同组同学相互协助完成资料搜集、PPT制作及汇报。在展示汇报过程中，其他小组可对该组同学进行提问、互评，开展同伴教学，通过这种方式锻炼学生团结协作的能力，并培养他们独立探索、勇于开拓进取的精神。小组互评成绩也以一定比例计入平时成绩。 </td></tr>
<tr><td>教学反思与评价</td><td> 教学过程完成后，要及时统计学情，并对教学效果进行反思及评价，分析优势和不足，提出整改措施，从而达到持续改进的目的。在整个教学过程中要始终坚持“以学生发展为中心”“以学习结果为导向”的OBE(成果导向)教育理念。反映在具体的教学活动中，则包括教学理念、教的方式、学的方式及对学生评价的方式等的改变。
就教学方式而言，倡导启发式、讨论式、翻转课堂等新型教学模式，充分发挥学生学习的主动性、自觉性和积极性，把教师的作用定位在“催化”或“促进”上。充分发挥网络资源优势，充分发挥超星学习通等线上平台的作用，为学生提供更多的教学资源和互动机会，较好地解决在课堂教学中依靠单纯讲述理解困难的问题。 </td></tr>
</table>

教学反思与评价	就评价方式而言，要改变传统的单纯结果性评价方式，更加注重及强调过程性评价，将过程性评价和结果性评价（期末考试）有机结合。期末闭卷考试可以在广度上反映学生对知识的掌握程度，而其平时课堂表现、完成作业情况等则可以反映出学生创新能力及综合素质水平的高低。课堂教学过程中的形成性测评，针对具体的教学活动，还可采用课堂互动式测评、角色论文测评、实操式测评、书面式测评及口头测评等新型测评方法，实现对学生课堂表现的测评。多样的学习测评方法的运用，既丰富了教学内容，有助于准确把握学生对课堂知识的掌握程度，同时又不乏课堂趣味性。 在教师对学生进行评价的同时，还要重视学生对教师的评价和学生对自身学习效果的评价。重点关注学生“学到了什么知识”“学习过程中的情感体验如何”“是否获得了一定的分析和解决问题的能力”以及“是否对其建立积极的人生观、价值观有所帮助”等。评价过程及结果可在线上“学习通”平台进行问卷调查及结果统计，帮助教师获取信息和进行数据分析。依据学生的评价结果，教师不断改进教学方式、优化教学措施、调整授课内容，提升教师的课堂表现力和情绪感染力等，最终形成良性循环，达到持续改进的目的。

25. 染整环保概论

学　　院	纺织服装学院	课程名称	染整环保概论
授课教师	刘艳春	授课班级	轻化工程181
授课章节	第三章　水污染与防治　第二节　水污染防治		
课程类别	A. 公共平台课　**B. 专业平台课程**　C. 专业选修课　D. 全校选修课		
教学目标（知识、能力、素质三方面）	**一、知识目标** 了解水资源的状况；掌握水体污染和自净的有关概念；掌握水体污染的危害及其防治方法。 **二、能力目标** 在专业能力方面，掌握水污染和治理污染的基本方法，能设计污水处理实验，并根据实验方案选用仪器设备，构建实验系统，安全开展污水处理实验，正确采集实验数据。 **三、素质目标** 在素质发展方面，培养人文社会科学素养、社会责任感和工程职业道德，培养环保意识，与环境、社会和谐相处，树立可持续发展观念。		
教学内容	**一、教学内容** 1. 水资源的状况。 2. 我国水资源的主要问题。 3. 水体污染与自净。 4. 水质指标。 5. 印染废水主要特征。 6. 水污染与危害。 7. 污水处理的基本方法。		

教学内容	二、重点难点 1. 水体的污染与自净。 2. 水体污染的危害与防治方法。 3. 通过设计性实验对印染废水进行脱色处理。
"三地一窗口"典型案例(3~5个,注明时间、来源等)	**案例一:《以"三个地"使命担当推进省域治理现代化》**(来源:《今日浙江》,2019年第22期) 推进治理现代化是以实践基础和现实条件为前提的,必须从实际出发,尊重客观规律。要尊重基层首创精神,大胆闯、大胆试、主动改,拿出"摸着石头过河"的勇气,学会"游泳渡江"的本领,善于用好"借船出海"的智慧。 **案例二:《忠实践行"八八战略" 奋力打造"重要窗口"》**(来源:浙江在线,2020-09-10) 忠实践行"八八战略"、奋力打造"重要窗口",必须结合新阶段新形势,把省委十四届七次全会的决策部署落到实处。浙江越来越受到各方面广泛关注后,要在更高层次更高水平上彰显生态之美、人文之美、和谐之美。城乡区域联动发展态势形成后,要实现市域统筹发展、"山海"协同发展、长三角高质量一体化发展,提升全域美丽、展现新形象,交出生态高分报表。 **案例三:《让青春在践行"三个地"的使命担当中绽放绚丽之花》**(来源:《中国共青团》,2020-03-31) 每一代青年都有每一代青年的使命,每一代青年也都有每一代青年的际遇。伟大的中国精神孕育着战胜一切困难的中国力量,这是一种团结的力量、奉献的力量、科学的力量、人民的力量,归结起来是民族精神和时代精神的统一。用中国精神赋能青春成长,就是要继续深入学习和践行习近平新时代中国特色社会主义思想,厚植真诚的家国情怀,不忘初心,牢记使命,学好知识,增强本领,努力在实现中华民族伟大复兴的中国梦中,走好新时代的长征路,奋力谱写属于自己的壮丽的时代篇章。
思政元素	**思政元素1:科学发展观** 要实现市域统筹发展、"山海"协同发展、可持续发展,彰显生态之美、人文之美、和谐之美。每一个人都要学会欣赏自然、感恩自然、保护自然。要强化学生的社会责任意识 。 **思政元素2:开拓进取精神** 推进印染污水治理是以实践基础和现实条件为前提的,必须从印染企业的生产实际出发,根据不同企业印染废水的水质特征,勇于探索,认真钻研,将所学的专业知识用于生产实践,不断开拓进取,攻克印染废水处理的技术难题。

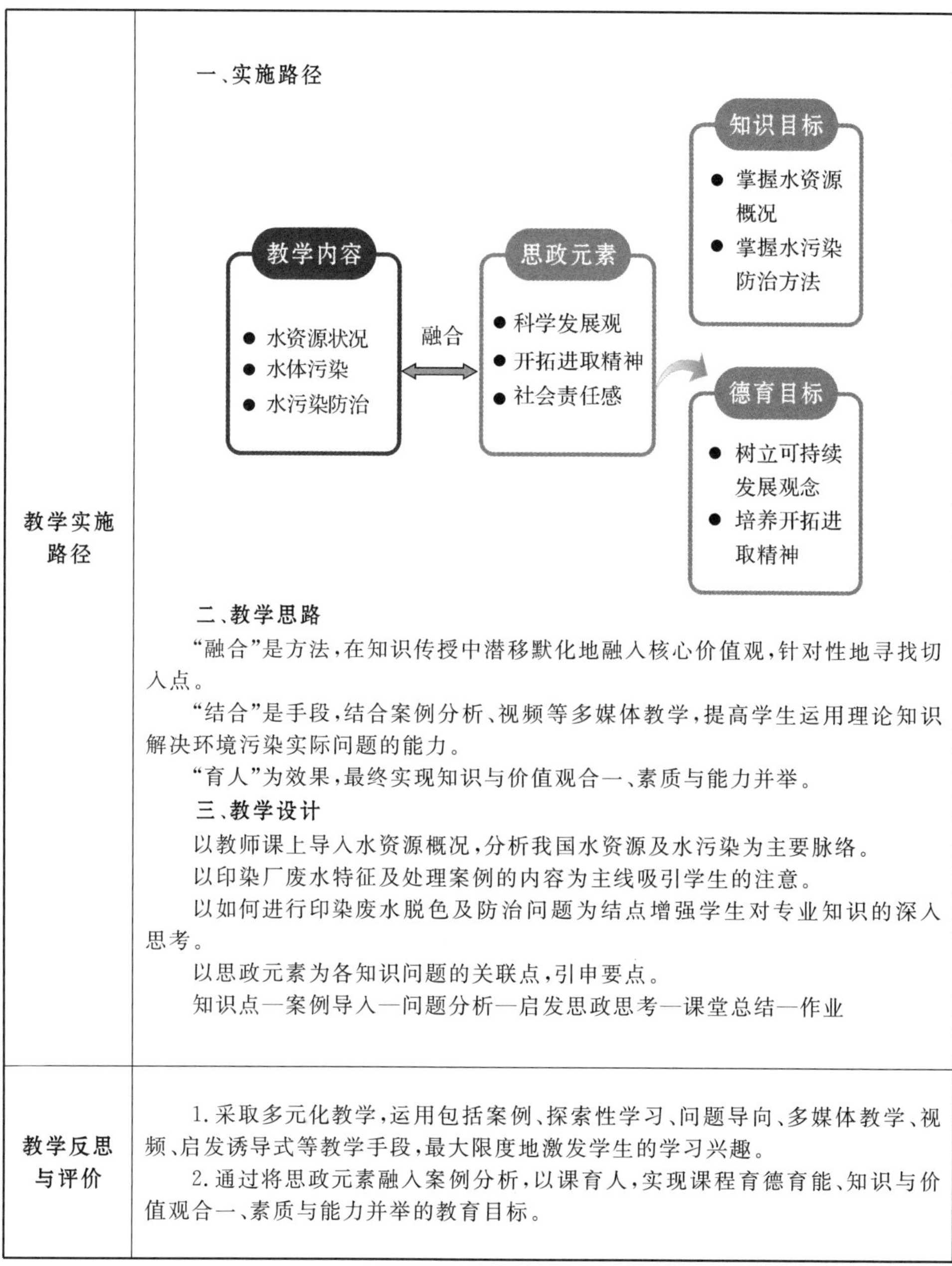

教学实施路径	**一、实施路径** **二、教学思路** “融合”是方法，在知识传授中潜移默化地融入核心价值观，针对性地寻找切入点。 “结合”是手段，结合案例分析、视频等多媒体教学，提高学生运用理论知识解决环境污染实际问题的能力。 “育人”为效果，最终实现知识与价值观合一、素质与能力并举。 **三、教学设计** 以教师课上导入水资源概况，分析我国水资源及水污染为主要脉络。 以印染厂废水特征及处理案例的内容为主线吸引学生的注意。 以如何进行印染废水脱色及防治问题为结点增强学生对专业知识的深入思考。 以思政元素为各知识问题的关联点，引申要点。 知识点—案例导入—问题分析—启发思政思考—课堂总结—作业
教学反思与评价	1. 采取多元化教学，运用包括案例、探索性学习、问题导向、多媒体教学、视频、启发诱导式等教学手段，最大限度地激发学生的学习兴趣。 2. 通过将思政元素融入案例分析，以课育人，实现课程育德育能、知识与价值观合一、素质与能力并举的教育目标。

26. 新型纺织材料与应用

学　　院	纺织服装学院	课程名称	新型纺织材料与应用
授课教师	金恩琪	授课班级	纺织20级研究生
授课章节	第一章　绪论		
课程类别	A.公共平台课　B.专业平台课程　**C.专业选修课**　D.全校选修课		
教学目标(知识、能力、素质三方面)	**一、知识目标** 通过学习,了解各种新型纺织纤维材料及其性能,掌握新型纺织纤维材料的生产加工技术,熟悉新型纺织纤维材料的种类、性能及应用,了解纺织纤维材料国内外最新发展状况、主要品种及前景展望。 **二、能力目标** 提高学生对新型纺织纤维材料制造工艺与设备选择的分析能力,使学生对新型纺织纤维材料有较为全面的了解,提高学生对新型纺织纤维材料的应用与开发能力。 **三、素质目标** 了解与纺织工程相关的技术标准、产业政策和行业规范,能够正确认识和评价纺织新产品、新技术、新工艺、新材料的开发和应用对于社会、健康、安全、法律以及文化的影响,并理解从业者应承担的社会责任。		
教学内容	**一、绘制知识传导图,展示本次课教学内容** 新型纺织纤维 - 天然纤维 　- 植物纤维 　　- 种子纤维——棉纤维,木棉纤维 　　- 韧皮纤维——亚麻、苎麻、黄麻等 　　- 叶纤维——剑麻、蕉麻 　　- 果实纤维——椰子纤维 　- 动物纤维 　　- 毛纤维——绵羊毛、山羊绒、骆驼毛等 　　- 丝纤维——桑蚕丝、柞蚕丝 　- 矿物纤维——石棉 - 化学纤维 　- 再生纤维 　　- 再生纤维素纤维——粘胶纤维、醋酯纤维、tencel纤维、铜氨纤维 　　- 再生蛋白质纤维——酪素纤维、大豆纤维 　- 合成纤维——聚酯纤维、聚酰胺纤维、聚丙烯腈纤维、聚丙烯纤维、聚乙烯醇缩甲醛纤维、聚氯乙烯纤维 　- 无机纤维 　　- 碳纤维 　　- 金属纤维 　　- 玻璃纤维 **二、提前了解重点与难点,带着问题来学习** 1.本节课的教学重点、难点和一般知识点 (1)重点:掌握新型纺织材料的概念、范畴、分类及其在我国国民经济中的地位。		

<table>
<tr><td>教学内容</td><td>(2)难点:掌握新型纺织材料的分类。
(3)一般知识点:了解各类新型纺织材料的发展概况;了解以浙江省为主要产地的新型纺织材料的研发状况。
2.本节课涉及的几个问题
(1)新型纺织材料与常规纺织材料的区别体现在哪里?
(2)获取新型纺织材料的主要途径有哪些?
(3)说明由浙江省为主要产地的新型纺织材料在我国国民经济发展中发挥了哪些重要作用。
3.教学过程的设计
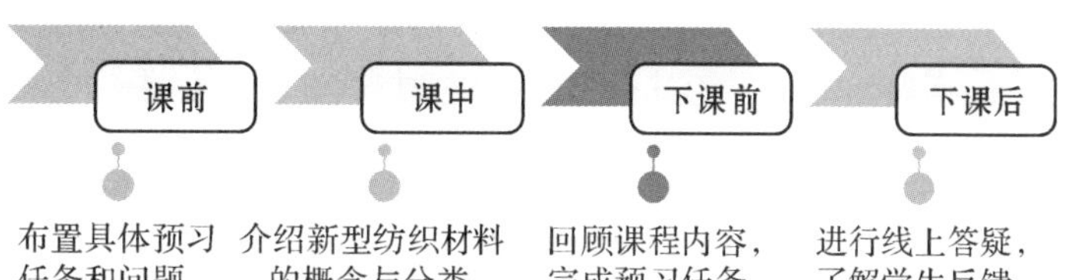
</td></tr>
<tr><td>"三地一窗口"典型案例(3～5个,注明时间、来源等)</td><td>案例一:《柯桥致力于打造世界级现代纺织产业集群》(来源:中国纺织网,2021-01-29)
纺织业是绍兴市柯桥区的主导产业和支柱产业。近年来,柯桥区紧紧围绕打造世界级现代纺织产业集群的目标,大力实施精准强链补链、加快企业上市、强化创新驱动等举措,走出一条传统向时尚、单一向多元、低端向高端的纺织产业高质量发展之路。面对发展新要求,柯桥区将深入贯彻落实党的十九届五中全会精神和习近平总书记考察浙江重要讲话精神,坚持以国内大循环为主体与国内国际双循环相互促进,推动"市场＋产业＋时尚创意"共建共融、共进共赢,以更为自信开放的姿态,向建设新时期"国际纺织之都"的目标奋力前行。
案例二:《纺织规模产值近2000亿元　绍兴打造现代纺织产业链共同体》(来源:腾讯网,2020-12-30)
绍兴地处长三角南翼,拥有亚洲最大的布匹集散中心。数据显示,绍兴纺织产业规模已占该市工业经济总量的28%,约占浙江省纺织产业规模总量的1/3。2019年,绍兴市共有大小纺织企业及家庭工业单位近7万家,其中规模以上纺织企业1862家,产值近2000亿元。2020年7月,绍兴现代纺织产业集群被中华人民共和国工业和信息化部列入2020年先进制造业集群名单,工信部还发布了中国国家级现代纺织制造业集群创建成果。该成果显示,当前绍兴纺织产业规模体量位居中国首位,创新能力、数智赋能产业发展等方面已处于前列。
案例三:《全国80家"重点跟踪培育纺织服装品牌企业",浙江入选17家》(来源:《浙江日报》,2021-01-27)
在工业和信息化部发布《纺织服装创意设计试点园区(平台)名单(第五批)公告》中,8家单位入选,其中浙江共有3家。同时,中国纺织工业联合会和工信部共同发布的80家"重点跟踪培育纺织服装品牌企业名单(2020版)"中,浙江共有17家企业入选。浙江是纺织大省,大纺织产业在浙江经济中具有重要地位。这些年,浙江注重纺织产业的提档升级,并将现代纺织作为浙江重点打造的四大万亿产业之一。此次《纺织服装创意设计试点园区(平台)名单(第五批)公告》中,海宁中国皮革城纺织服装创意设计园区、太平鸟时尚中心、前洋26创业园入选。以设计为引领,浙江正不断提升传统纺织服装产业的附加值。</td></tr>
</table>

<table>
<tr><td>思政元素</td><td>思政元素1:爱国主义
在专业课学习中,可以从国家和浙江省在纺织新材料发展战略方面将爱国元素融入进来。如“一带一路”国家战略结合了丝绸之路这一历史文化背景,可以在碳纤维复合材料(绍兴精功集团)、功能性真丝织物(杭州万事利丝绸汇)、玻璃纤维复合材料(桐乡巨石集团)等教学内容中建设案例库,设计案例教学方法及教学策略,既能够让学生了解国家宏观政策,又能够让学生理解所学专业课程的地位和作用。
思政元素2:集体主义
在新型纤维大分子结构设计、高品质纱线纺制技术、新型纤维基复合材料研发等内容中,通过分组讨论、观点陈述、方案展示等形式,融入集体主义观念,在科技飞速发展、学科交叉日益紧密的背景下,强调任何科研难题的解决都须依靠科技工作者充分发挥团队精神,从集体的角度出发,让学生能够深刻体会到个人服从集体、少数服从多数、团队成员之间有效沟通等的意义和作用,以此为主旨建设案例库,设计案例教学方法及教学策略,既能够培养学生互帮互助的团队意识,也能够助其将学到的专业知识更好地转化为能力。
思政元素3:绿色环保
在绿色纺织纤维原料来源、清洁纺织染整生产、废弃纺织品的生物可降解等专业内容中,通过节能、减排、节约、高效等目标的设定,在专业课中贯彻绿色环保理念并实现技术方面的教学,同时结合实习实践、学科竞赛等教学环节,建设充实案例库,设计案例教学方法及教学策略,既能够让学生深入理解绿色纺织材料是新型纺织材料的重要构成,也能够帮助学生提高其绿色环保意识,深刻领悟习近平总书记在浙江余村提出的“绿水青山就是金山银山”理念。</td></tr>
<tr><td>教学实施路径</td><td>1. 树立鲜明的课程思政教学理念
首先,着力改变专业课教育中“重技艺轻育人”的倾向,将素质培养和技能训练有机融合,将科研态度和工匠精神作为学生人文素质训练与职业能力培养的核心文化并融入教学内容中,实现德技融合,强化工匠精神、职业道德和人文素质培养。其次,通过设计科学的教学管理制度和精神激励机制,构建全员参与、全课程育人的格局,让课程思政教学“春风化雨、润物无声”,强化在纺织行业中有突出表现的浙江籍人士的榜样作用,形成可复制、可推广的课程思政建设方案。
2. 创新教学手段,注重线上教学
在网络技术快速发展的背景下,着力发挥线上教学的独特优势。高等教育不同于基础教育,线上教学需要立足培养学生的自主学习能力,运用信息化工具重构课程组织形式,引导学生开展探究式、项目式学习。充分利用课程平台的功能模块以及学习通、企业微信等软件,采取在线课程学习和网络直播、录播等灵活多样的方式开展线上教学。结合课程特点、学生数量和环境条件,积极探索学生主动参与、方式方法创新的教学模式。
3. 深入挖掘课程思政教育资源
如何科学有效地发掘专业知识本身所蕴含的思政元素,是课程思政建设的一个关键问题。因此,教师将积极开展教研活动,探讨如何在理清知识体系的基础上挖掘其中所蕴含的思政教育资源,通过教学实践影响学生的价值观,实现专业知识传授与育人目标的统一。在课程教学过程中,注意“入深入细、落小落全、做好做实”,深入分析学生的心理特征、成长规律、学习需求以及价值取向,引发学生的知识共鸣、情感共鸣、价值共鸣。挖掘纺织学科中的思政教育资源,真正做到德技融合,体现同向同行、协同育人理念。</td></tr>
</table>

<table>
<tr><td>教学反思与评价</td><td>一、教学反思
1. 如何更加巧妙地把显性与隐性教学融合在一起，以更易于让学生接受的方式将思政元素导入专业课中，相关教学技能仍有提高空间。
2. 如何更好地利用学习通、企业微信等现代通信软件突出线上教学的优势，特别是如何有效借助网络资源将知识传递给学生，仍须与同行切磋探讨。
二、教学评价
调整课程教学评价体系，逐步实现由过去的专业能力水平一维评价向社会责任感、人文素养、团队合作意识等多维度评价的转变，在课程评价体系中设置德育评价指标。具体方法如下。
1. 平时考核：考勤、平时作业、学习报告、课堂讨论、问题回答积极程度等。
2. 期末考核：期末考试（开卷）。
3. 德育专项考核：课程思政反思与学习报告（通过本课程的学习，自己在思想品德教育与专业知识结合方面的心得体会，要求反映出本身的真实感受）。
加大过程性考核的分数比重，新增德育考核分数，总评成绩计算方式如下：
期末总评成绩＝德育成绩×10％＋平时成绩×30％＋期末考试成绩×60％</td></tr>
</table>

27. 织造学实验

<table>
<tr><td>学　　院</td><td>纺织服装学院</td><td>课程名称</td><td>织造学实验</td></tr>
<tr><td>授课教师</td><td>李曼丽</td><td>授课班级</td><td>纺织工程 191、192</td></tr>
<tr><td>授课章节</td><td colspan="3">第一章　绪论</td></tr>
<tr><td>课程类别</td><td colspan="3">A. 公共平台课　<u>B. 专业平台课程</u>　C. 专业选修课　D. 全校选修课</td></tr>
<tr><td>教学目标（知识、能力、素质三方面）</td><td colspan="3">一、知识目标
通过学习，掌握机织准备工艺的基本概念；理解机织准备工艺各个工序的流程；掌握各工序所用设备的结构与工作原理；掌握剑杆织机的工作原理，综框、织口、卷取、送经的运动规律。
二、能力目标
熟悉常规机织面料的生产工艺流程，能根据原料种类设计纱线加工工艺流程；能根据成品要求设计和调整各工序所用设备的工艺参数，能进行成品纱线、织物的工艺计算；掌握各工序所用设备的操作流程步骤，具备初步的纱线设计开发能力。
三、素质目标
养成团队合作意识与团队协作能力，培养有效的沟通交流能力，养成遵守职业规范的习惯，并能正确认识和评价纺织工程解决方案及新产品、新技术、新工艺、新材料的开发和应用对于客观世界和社会的影响，理解应承担的责任。</td></tr>
</table>

<table>
<tr><td>教学内容</td><td>

一、绘制知识传导图,展现本次课程教学内容

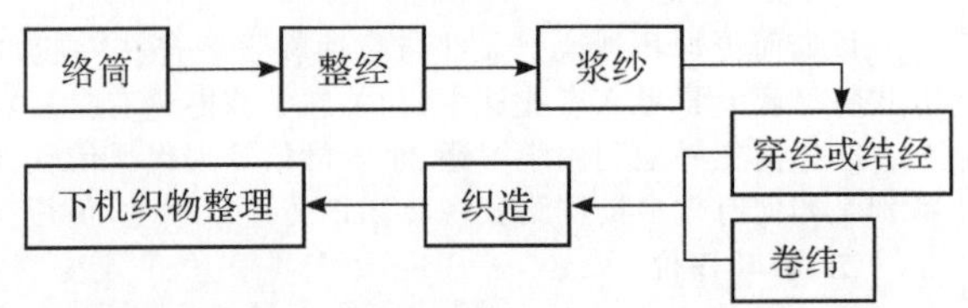

二、提前了解重点与难点,带着问题来学习

1. 本节课的教学重点、难点和一般知识点

重点:掌握机织准备工艺的基本概念及各个工艺流程;掌握机织织造过程的基本概念及五大运动。

难点:掌握机织织造过程的基本概念及五大运动。

一般知识点:了解浙江省尤其是绍兴市柯桥区机织工业的发展概况;了解棉、真丝及化纤织物的织造流程。

2. 本节课涉及的几个问题

(1)机织准备工艺涉及哪些流程?

(2)机织织造过程的五大运动有哪些?

(3)说明机织产业在浙江省尤其是绍兴地方经济发展中占有哪些重要作用。

3. 教学过程设计

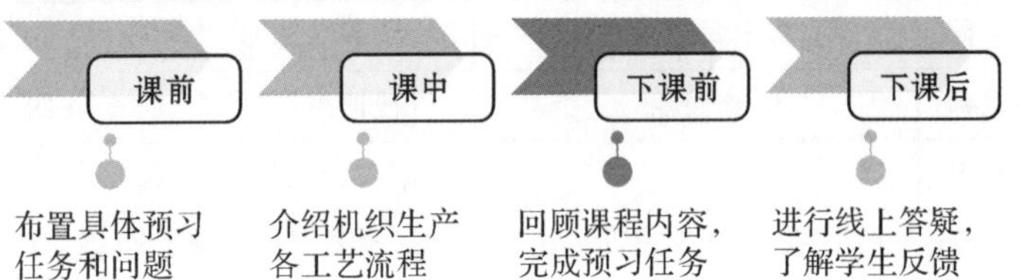

</td></tr>
<tr><td>“三地一窗口”典型案例(3～5个,注明时间、来源等)</td><td>

案例一:《柯桥经开区:打造时尚纺织生态圈》(来源:《国际商报》,2021-06-29)

新时代,千年古城谱新篇。论古,这里因布而兴,因布而名;观今,“一块布”托起了一条时尚纺织产业链,托起了一个全球最大的千亿级纺织产业集群。历经二十多年的深化发展,柯桥经济技术开发区以纺织产业为重点,已经形成了全国生产规模最大、产业链最完整、市场销量最广、设备最先进的纺织印染产业集群。通过3～5年的努力,柯桥经济技术开发区时尚纺织产业将会被打造为全球最有影响力、最具竞争力的产业集群,成为新时期集人才集聚、标准制订、时尚引领于一体的“国际纺织之都”。

案例二:《砥砺奋进“十四五”,纺城扬帆再出发》(来源:新浪网,2021-01-04)

“十四五”时期,中国纺织工业在社会经济发展中被定位为国民经济与社会发展的支柱产业、解决民生与美化生活的基础产业、国际合作与融合发展的优势产业。柯桥作为全球知名纺织产业集群,在“十三五”期间取得了良好发展成效,走出了一条化纤产品差别化、面料时尚化、印染绿色化、服装家纺品牌化的高端纺织之路,为“十四五”时期柯桥纺织高质量发展奠定良好基础。近日,柯桥区委召开了一届九次全体(扩大)会议,进一步动员全区上下围绕忠实践行“八八战略”、奋力打造“重要窗口”主题主线,全面开启率先高水平建设社会主义现代化

</td></tr>
</table>

“三地一窗口”典型案例(3～5个,注明时间、来源等)	先行示范区的新征程,为绍兴加快实现“四个率先”、浙江争创社会主义现代化先行省贡献柯桥新的更大力量。 **案例三:《浙江:力争到2022年现代纺织产业年总产值达到1万亿元》**(来源:中国经济新闻网,2020-10-27) 2020年10月26日上午,第三届世界布商大会在绍兴柯桥开幕,全球纺织业界人士通过“线上+线下”的方式深化交流、共商合作,携手探寻世界纺织创新协同、智慧协同、资源协同的解决方案。本届大会以“产业新价值,纺织新贡献”为主题。开幕式上,全球50多个国家和地区的纺织行业代表通过视频阐述了对产业发展的期望和建议,参与见证了世界布商国际合作联盟视频发布、绍兴柯桥轻纺城海外联合商会成立等仪式。当前,浙江省正以打造现代纺织世界级产业集群为目标,加快现代纺织产业高质量发展,力争到2022年,全省现代纺织产业年总产值达到1万亿元。通过打造标志性纺织产业链和产业集群、布局科创平台突破关键核心技术、培育纺织名企名品、推动高端人才集聚等,截至2020年9月,全省规模以上纺织企业已达8107家,实现工业总产值5879亿元,总量规模居全国第二。
思政元素	**思政元素1:热爱祖国、热爱家乡** 本课程思政的首要目标是培养学生的爱国主义精神。对国家和社会的责任感和使命感是长期不惧艰难、不畏困苦、不计名利致力于科学研究的强大动力。以浙江省劳模李继林、郑小桃为代表的纺织人凭着对祖国和家乡的热爱,全身心地投入机织物的设计和生产中,打造出一系列“浙江制造”的纺织品牌,为浙江省的经济发展做出了巨大的贡献。 **思政元素2:独立思考、勇于作为** 当代大学生身上存在的一个共性问题是独立思考能力不足,一些学生甚至需要老师制定详细的实验实施方案并“手把手”指导才能完成一个实验项目,而这显然与工科大学生能够独立承担实践工作的培养目标相去甚远。因此,只有充分发挥学生的主观能动性,不断进行训练,培养其独立思考、勇于作为的精神,才能使其在未来的生产与研究工作中发挥更大的作用。在授课过程中,引导学生认识到浙江是中国革命红船起航地,是改革开放先行地,是习近平新时代中国特色社会主义思想重要萌发地。“八八战略”是进入21世纪的浙江对“红船精神”的自觉践行,汇聚成激荡之江大地的时代强音;“腾笼换鸟、凤凰涅槃”助力经济转型升级,探索民营经济高质量发展新路径;不断创造体制机制新优势,“最多跑一次”改革从浙江跑向全国……在逐梦的道路上,满眼是浙江人独立思考、勇于作为的身影。 **思政元素3:互帮互助、团队协作** 现代科学技术研究可能涉及多个学科和技术领域,其主要方式是组建团队集体开展研究工作,根据研究工作任务分解结构,形成研究小组。每个科研工作者只是研究团队的一员,只有团队通力协作,各司其职,才能最终完成科研任务。当前大学生群体中独生子女占很大比重,从小缺乏与同辈的交流与沟通,团队与协作意识相对薄弱。因此,协作的团队精神作为本课程思政的重要组成部分。现代浙江纺织企业尤其是机织生产企业的规模越来越大,在工业化大生产中,只有织前准备、织造、织物后加工各工序的生产人员精诚团结、密切合作,才可能开发出多品种、高质量的机织物,才可能使得自己的企业不断提高生产效率与市场竞争力。

教学实施路径	**1. 将课程思政的德育元素巧妙融入课程教学** 随着线上教学技术的不断进步,从机织学实验的知识点入手,完善学习通、企业微信等线上教学手段,积极采用案例式、讨论式、启发式教学设计;电子教案全部上线,方便学生在课后复习。课程渗入德育与智育相结合的“课程思政”教学,结合社会主义核心价值观,将德育与智育有机结合,通过教学设计,深度拓展机织学实验课的原有教学内容,充分挖掘课程特色和发展特点,围绕马克思主义基本观点和原理开展课程设计。用适应于大学生教学的讨论式教学模式,增加师生课程的互动学习,充分调动学生的学习积极性。增强大学生的爱国热情和民族自豪感,增强大学生为实现中华民族伟大复兴贡献青春力量的责任感和使命感。 **2. 及时获取思政元素引入课程教学后的效果反馈** 立足科学发展的理论和方法,实现教育与教学的有机统一。在进行教学内容设计的同时,定期收集教学反馈,及时发现教学中存在的问题,并进行有针对性的调整,促进教学质量的提高。尤其是在学院扩建的背景下,需要带领学生赴距离本部较远的娄宫校区进行实验教学,学生亦不能像以往一样可以在时间上较为灵活地进行实验,更加需要学生发扬不畏困难、刻苦学习的精神。因此,教师增加了问卷调查的频次,第一时间获取课程德育与智育相结合的教学效果反馈,掌握学生的学习动态。通过在课前向学生播放实验教学视频,帮助其直观地预习实验操作,知晓织机的运行原理,能够灵活运用之前学习到的机织学理论知识,分析和解决将来在实践中遇到的问题。 **3. 引入先进人物案例激发学生的学习动力和爱国热情** 根据织造学实验课程每个实验项目的内容,学生可以在课后查阅资料,挖掘与实验内容相关的人物故事、相关技术的发展过程和趋势等。通过树立典型,可让学生将相关知识点及一个个鲜活的人物故事联系在一起,把抽象的说教变成形象的示范,充分发挥榜样的力量。实验课程不仅能培养学生的动手能力,还能培养学生将实践与实际生活相结合的能力,将实践与党的政策决策的大方向、当前的经济政治事件和时代发展的大环境相结合的能力,真正实现实验课程思政教育的“知行合一”,激发学生的学习动力和爱国热情。
教学反思与评价	**1. 教学反思** (1)如何更加合理充分地利用现代网络资源,通过网络直播、视频展示、提问讨论的线上手段更好进行实验课教学,相关教学技能仍有提高空间; (2)如何将课程思政的德育元素更加有机地融入实践教学过程中,相关教学方法仍有待与同行商讨。 **2. 教学评价** 调整课程教学评价体系,逐步实现由过去的单一专业能力评价向爱国敬业、人文素养、团队合作意识等多维评价的转变,在课程评价体系中设置德育评价指标。具体评价方法如下。 平时考核:网络打卡、作业、课堂讨论、线上问答活跃度等。 实验操作:工艺设计能力、实践动手能力、团队协作能力、实验报告撰写等。 德育专项考核:课程思政总结报告(反映出自身在德育与专业知识结合部分学到的道理)。 期末总评成绩＝德育成绩×10％＋平时成绩×20％＋实验操作×70％

28．纺织工艺设计

<table>
<tr><td>学　　院</td><td>纺织服装学院</td><td>课程名称</td><td>纺织工艺设计</td></tr>
<tr><td>授课教师</td><td>缪宏超</td><td>授课班级</td><td>纺织工程18级</td></tr>
<tr><td>授课章节</td><td colspan="3">第一章　纺织品设计的基本原理　第三节　织物工艺参数计算</td></tr>
<tr><td>课程类别</td><td colspan="3">A.公共平台课　B.专业平台课程　C.专业选修课　D.全校选修课</td></tr>
<tr><td>教学目标（知识、能力、素质三方面）</td><td colspan="3">一、知识目标
较全面地了解各织物的工艺参数计算方法，掌握不同纺织工艺流程设计方法，熟练进行各工艺参数计算，能够通过工艺计算进行相关工艺流程控制及工艺参数选择。
二、能力目标
能结合纺织企业的实际生产现状及发展，对工艺流程所需的各项工艺参数进行正确计算、选择和确定，熟练掌握各工艺计算、工艺流程、工艺设置等方面的知识和技能。
三、素质目标
提高逻辑思考及分析问题能力，能够理解和评价纺织相关工艺及参数设置对环境、社会可持续发展的影响，并理解从业者应承担的社会责任，为学生今后的工作奠定相关产品设计、生产与应用的知识基础。</td></tr>
<tr><td>教学内容</td><td colspan="3">1.坯布匹长、整经匹长的计算方法及其与染整长缩、织造长缩之间的关系。
2.坯布、成品、上机经纬纱密度的计算方法与换算方法及其与染整缩率、织造缩率之间的关系。
3.总经根数的计算方法及其注意事项。
4.筘号、筘幅、无浆干重、用纱量的计算方法。
5.以上工艺计算在纺织工艺设计实例中的应用。</td></tr>
<tr><td>“三地一窗口”典型案例(3～5个，注明时间、来源等)</td><td colspan="3">案例一：《全力担起新时代“三地一窗口”的崇高使命》（来源：党史理论网，2020-06-09）
改革开放40多年来，浙江人民求真务实，积极探索，大胆创新，走出了一条具有时代特征、中国特色、浙江特点的改革发展之路。作为“三地一窗口”的新时代浙江，又被赋予了新的目标、新的使命，浙江改革发展有了新的历史定位、新的目标航向。新时代浙江“谋新篇”“干在实处”“走在前列”“勇立潮头”“方显担当”的要求，便系统而深刻地落到了要全面展示中国特色社会主义制度优越性的重要窗口上。
案例二：《建设“重要窗口”　展现“绍兴风景”》（来源：绍兴网，2020-04-21）
新冠肺炎疫情的严峻挑战、决胜全面小康的历史使命、习近平总书记对浙江提出的“努力成为新时代全面展示中国特色社会主义制度优越性的‘重要窗口’”的重大任务，不期而遇。唯有奔跑不止、奋斗不止，才能跑出疫情后经济社会高质量发展的加速度，才能如期兑现庄严承诺，不负殷切期望，才能在建设“重要窗口”中贡献更多绍兴力量、展现更多“绍兴风景”。</td></tr>
</table>

“三地一窗口”典型案例(3～5个,注明时间、来源等)	**案例三:《以“八八战略”引领“重要窗口”建设》**(来源:学习强国,2020-09-14) 坚定不移沿着习近平总书记为浙江指引的路子走下去,忠实践行“八八战略”、奋力打造“重要窗口”,是浙江各项工作一以贯之的主题、一贯到底的主线。“八八战略”本身具有“窗口”意义。“八八战略”在新时代已经展现出对全国发展的某些引领作用。浙江属于我国发达地区,具有开放性、国际性与先行性、示范性等特征,在全国能担当起特殊的职责使命,能起到全面展示中国特色社会主义制度优越性的作用。
思政元素	**思政元素1:现代化和科学精神** 《中共浙江省委关于制定浙江省国民经济和社会发展第十四个五年规划和二〇三五年远景目标的建议》及《中共绍兴市委关于制定绍兴市国民经济和社会发展第十四个五年规划和二〇三五年远景目标的建议》明确指出:实施产业集群培育升级行动,建成现代纺织服装等万亿级世界先进制造业集群,培育一批千亿级特色优势集群,打造一批百亿级“新星”产业群,改造提升一批既有产业集群。在如此重要的政府工作报告中多次提到纺织产业,说明纺织一直以来都是国民经济的支柱产业,在绍兴地区更是如此,以柯桥为中心的纺织产业集群围绕原料、纺织、印染、服装、销售形成了庞大的经济体系。现阶段,这个古老的行业越来越多地将触角延伸到智能制造、先进材料、服装设计、互联网销售等一系列新兴的领域,使这个传统产业又一次绽放新的风采。 **思政元素2:团结一致** 2020年是不寻常的一年,这一年英雄的中国人民经历了令人难忘的日日夜夜。新冠肺炎疫情的突然来袭让所有人都措手不及,但很快每个人又都调整好心态继续前进。疫情发生以来,作为高校青年,绍兴文理学院纺织服装学院的很多同学与教师也积极参与到抗疫工作中来:有同学多方联系,在口罩最紧张的时刻主动购买并捐献1000只口罩;有党员学生主动联系所在社区,投身到志愿服务当中去;有教师在适应线上教学的同时肩负着小区志愿者的工作。可以说,在这场没有硝烟的战争中,中国人民拧成了一股绳,每个人都在为最后的胜利贡献自己的力量。
教学实施路径	这是一节关于纺织工艺计算的理论课。作为纺织工艺设计的最基础环节,纺织计算与参数选择、纺织工艺流程设计息息相关,为纺织工艺设计打下基础。课程内容包括总经根数、筘幅、筘号、用纱量、无浆干重等的计算方法及其在生产中的应用。这些纯理论知识相对来说比较枯燥,且部分计算公式为经验公式,因此记忆起来困难重重。在以往的教学过程中教师只关注知识点的讲授,很少涉及思政思想,鉴于此,尝试利用思政元素助力教学,收到很好的效果。 **1. 由参数计算知识点引入现代纺织** 课程内容有大量纺织参数计算,难度大、难理解、难记忆,学生看着这些公式难免心生怀疑,在当今科技如此发达的时代,还有没有必要学习这些基础计算。由此引入思政元素:虽然绝大多数的工艺参数计算已经可以利用计算机完成,但是作为纺织工程专业的学生,培养的最终目标是成为可以分析和解决复杂工程问题的优秀人才,因此必须掌握参数计算的原理与方法,这样才能更加熟练地应用各种专业技能。在跟学生相处时发现,部分学生专业信心不足,导致提不起学习兴趣,学习效率低下,学习效果不尽如人意。 由此引入“现代纺织”的相关内容,播放现代纺织工厂的视频,并引入例如“犀牛智造”的案例,说明纺织产业早已成为所有人离不开的民生产业,在各级政府工作报告中也多次提到“现代纺织”这个概念,极力打造传统产业转型升级,为国民经济发展再立新功。

教学实施路径	**2. 由总经根数计算引入团结一致** “总经根数”即经纱的总根数，是这节课的重点和难点。在学习这个参数的计算方法时引入思政元素：一块布由经纱和纬纱共同组成，一根经纱或者纬纱轻松即可拉断，而当成千上万根纱线汇集成布后，即使用了很大的力量也很难拉断了。新冠肺炎病毒肆虐时，正是中国的传统节日——春节，但为了抗疫需要，全国人民紧密团结，听从政府安排不外出、不扎堆、不聚会，很快就将疫情控制在可以掌握的范围之内，生活也慢慢地走上了正轨。因此，只要中国人民同心协力，没有什么可以被困难打倒的！
教学反思与评价	本节课的教学对象是大三的学生，他们有一定的纺织专业知识，有较强的理解能力，在教学中应时刻体现学生们的学习积极性。因此，多让学生们主动探索、自主学习，培养他们的创新能力，使学生真正成为课堂的主体是教师一直在探索的。 课堂采用了案例教学、翻转课堂、虚拟现实等多种教学模式，利用新兴与传统教学模式和线上线下的提问、讨论、互动等多种教学方法，将所学知识点串联起来，使学生进一步体会到纺织理论知识要与实际生产相结合，鼓励学生学以致用，让同学们在思考讨论的环境中进行学习，拓展知识，建议学生多思考，在完成任务的同时也培养解决复杂工程问题的高阶能力。教学过程中还存在一些可以挖掘的思政元素。 **1. 生态文明建设** 有一些纺织品的生产会涉及环保问题，例如会产生污水、有毒气体等对环境有害的物质。由此引出思政元素：第十三届全国人民代表大会第一次会议通过了《中华人民共和国宪法修正案》，其中将生态文明建设写入宪法。使用案例法向学生介绍绍兴文理学院作为公众认知中排污不多的单位也参与到生态文明建设大军里，将实验室产生的污水、有毒废弃物及使用过的试剂瓶进行统一回收处理，积极践行“绿水青山就是金山银山”理念。作为一名大学生，要从现在开始建立社会责任感，不能以牺牲环境为代价换取经济的发展。课程中强调在设计某些工艺环节时需要加入污染物治理装置，比如在染色、缫丝时加入污水处理装置，在化纤生产中加入废气排放装置等。 **2. 正能量** 纺织工艺计算涉及很多参数，需要同学利用课后时间在电脑或者书籍上进行查找，尤其是利用电脑查找非常方便，我们的生活也越来越离不开电脑。然而网络是把双刃剑，在带来便利的同时也带来一些不良的内容。针对这种情况，引入思政元素：当今人类所处的世界是一个信息高速发展的社会，通过网络等渠道各种信息扑面而来，我们是这些信息的接受者，同时又可以成为它们的转发者。面对这种信息大爆炸，作为一名大学生，需要学会思考和判断。对于正能量的内容，我们要多多吸收并鼓励大家传播出去，让更多的人受到鼓舞；而对于负能量的东西，千万不要盲目相信，要学会拒绝，不要受到影响，更不能轻易转发或者传播。大学生是最青春洋溢的一群人，应该充满各种正能量，生活也需要更多三观正、活力强的年轻人参与进去，创造更多更大的价值。

艺术学类专业课程

1. 创意表情包设计

<table>
<tr><td>学　　院</td><td>艺术学院</td><td>课程名称</td><td>创意表情包设计</td></tr>
<tr><td>授课教师</td><td>邹元元</td><td>授课班级</td><td>全校选修</td></tr>
<tr><td>授课章节</td><td colspan="3">表情包概述</td></tr>
<tr><td>课程类别</td><td colspan="3">A.公共平台课　B.专业平台课程　C.专业选修课　D.全校选修课</td></tr>
<tr><td>教学目标（知识、能力、素质三方面）</td><td colspan="3">一、知识目标
通过本课程的教学,使学生了解动态表情包设计的基本定义与特点,知道表情包的演变和影响、表情的形式分类,掌握动态表情包的制作流程与步骤,把握表情包设计规范与注意事项。学生在玩中学,在学中玩,从而体会表情符号语言的魅力,产生设计和学习的兴趣。
二、能力目标
表情包是用另一种形式来表达情绪,这是年轻人易于接受的一种方式。课程旨在结合潮流趋势拓展学生的知识框架,打开创意设计思路,提高学生的想象力、创造力,培养学生的动手能力与表现能力,让学生不仅能设计出具有独特个性的、美观时尚的表情包,而且能体现出表情包的语境和时代内涵,进而提高学生的洞察力和感知力,拓展艺术眼界。
三、素质目标
通过对课程循序渐进的学习,在实践中接触社会,积累知识,开阔视野,引导学生认真观察与思考,感悟艺术的"真、善、美",树立正确的设计意识与责任意识,增强道德判断力和道德荣誉感,完善自我对传统文化的解读和升华,树立文化自信,开发学生多元思维创造力,培养独立和创新的能力,提高综合素质。</td></tr>
<tr><td>教学内容</td><td colspan="3">一、教学主体内容
"创意表情包设计"第一章 表情包概述
1.表情包的定义。
2.认识表情包由静态到动态的历史演变及分支发展。
3.表情包的影响。
4.表情包的传播特点与营利模式。
5.表情包的面部表情分类与表情形式分类。
6.案例解析:"衢州有礼""南孔爷爷""红小创"微信表情包。
7.实践操作:CDR 矢量软件的图形绘制和填充工具,对象的编辑处理工具。
二、教学设计
课程理论
社会热点　相辅相成　实践操作
思政元素
"双引出"教学模式</td></tr>
</table>

"三地一窗口"典型案例(3～5个，注明时间、来源等)	**案例一:《打造与浙江"三个地"相适应的文明高地》**(来源:《人民日报》,2019-12-17) 浙江是中国革命红船起航地、改革开放先行地、习近平新时代中国特色社会主义思想重要萌发地。社会主义思想道德基因深深地流淌在全省人民的血液里,融入人民群众创新创造的生产生活中,转化为生动的道德实践和高尚的价值追求。浙江大地绽放出绚丽的道德之花,结出累累的文明硕果,为浙江改革发展提供了深沉的思想道德支撑。进入新时代,我们要以学习贯彻中共中央印发的《习近平新时代中国特色社会主义思想学习纲要》为契机,深入挖掘浙江"三个地"蕴含的丰厚道德资源,注重引领性、突出群众性、增强针对性,在"落细落小"上下功夫,在"知行合一"上出成效,以"担当新使命、争做排头兵"的姿态,奋力打造与浙江"三个地"相适应的文明高地,为加快"两个高水平"建设汇聚强大的道德力量、凝聚深厚的道德滋养。 **案例二:《把握准理解深感悟透建设"重要窗口"的精髓要义——四论学习贯彻省委十四届七次全会精神》**(来源:《浙江日报》,2020-06-22) 我们要努力建设展示坚持社会主义核心价值体系,弘扬中华优秀传统文化、革命文化、社会主义先进文化的重要窗口。也就是以浙江打造与"三个地"相适应的思想高地、舆论高地、文化高地、文明高地的具体实践,生动展现中华民族发展中更基本、更深沉、更持久的精神力量。 **案例三:《奋进电影强国新征程,打造"重要窗口"金名片》**(来源:《中国电影报》,2020-11-11) 在"促进满足人民文化需求和增强人民精神力量相统一"上担当作为。新时代文艺作品要强化有效供给,努力提供更高质量、更高品位的精神食粮,不仅让人民群众特别是青少年群体喜闻乐见,还要肩负起推动实现从批判性向建设性创作的转换,实现从迎合性、娱乐性的文艺消费倾向向引领性、创造性文化铸魂功能转换的重任。我们将通过建设浙江编剧创作研究中心,实施青年导演培养计划、电影人才"新光计划",支持创办高水平电影学院,聚合国内外优秀创作力量,不断提升浙江电影的原创生产力、硬核竞争力和辐射引导力。
思政元素	**思政元素1:文化自信** 有机引入中国传统文化、中华传统元素、社会主义核心价值观等具有中国元素、中国精神、中国文化、中国形象的文化元素,拓宽学生的思维与眼界,树立文化自信。引导学生传承和弘扬中华美学精神,传承和弘扬中华优秀传统文化。引导学生树立和坚持正确的历史观、民族观、国家观、文化观。 **思政元素2:浙江精神** 以鲜活的案例,让学生领悟中华民族伟大精神的一个缩影——浙江精神,感悟当代大学生在中国共产党百年历程的新起点上该有的使命和担当。在课程学习中不仅要注重基础性知识技能的学习和实践,更要在精神层面、政治层面有正确的认识,发扬红色传统,传承红色基因,更好地在表情包设计中把握时代内涵和政治方向。 **思政元素3:创新发展** 在艺术创作实践中感悟勇于创新、讲求实效的浙江精神。艺术需要与时俱进,不断创新,既要反映时代,也要服从和服务于时代的发展。以浙江精神为题材让学生进行艺术创作,设计表情包,将知识转变为真正的生产力,以其特殊的方式反映浙江精神的引领价值,成为符合当代人审美的、传播性很强的艺术作品。

教学实施路径	**1. 导入环节** 为同学们展示和解说以“红船精神”“美丽乡村”为主题的创意表情包设计作品，让同学们通过课程的学习凝聚设计的力量，做有责任、有担当、有使命、敢为人先的时代新人，用生动有趣的表情包，为祖国的发展建设做出积极贡献。  **2. 讲授环节** 以专业课程教学为主线，通过“线上线下”混合教学模式拓展课堂教学内容，由浅入深地讲述本章的相关知识点，精准把控正确的政治导向，使思政元素与课程进行有效的、潜移默化的融合。采用“双引出”的教学模式，以社会热点引出课程知识点，进行深入讲解，并由此社会热点为基础，引出思政元素。两者相辅相成，无缝衔接，无论对课程内容本身还是对思政内容的理解与掌握，以及德育目标的达成都起着至关重要的作用。课程内容与“三地一窗口”的精神有相融的思政元素切入点。思政元素的穿插，不仅能够自然引出知识点，增强课堂活跃性，引起学生的学习兴趣，也加深了学生对课程的了解，让学生认识到表情包在推动社会主义文化建设、文明建设中的重要作用。 **3. 案例解析环节** 通过向同学们展示并讲解由衢州广电传媒集团全媒体新闻中心一名“90后”工作者张倬瑞创作的一套“衢州有礼”微信表情包、衢州学院老师徐明团队完成的一套“南孔爷爷”微信表情包以及柯城区电商办协同柯城创客孵化园各企业推出的“红小创”微信表情包，深挖其创作思想根源及创作历程，让同学们深刻体会到表情包设计的重要影响力，了解表情包的演变，掌握传播特点与形式分类。引导学生树立正确的设计意识与责任意识，以画传神，传递朴素道理，从自我做起，为家乡建设贡献自己的一份力量。

<table>
<tr><td>教学实施路径</td><td>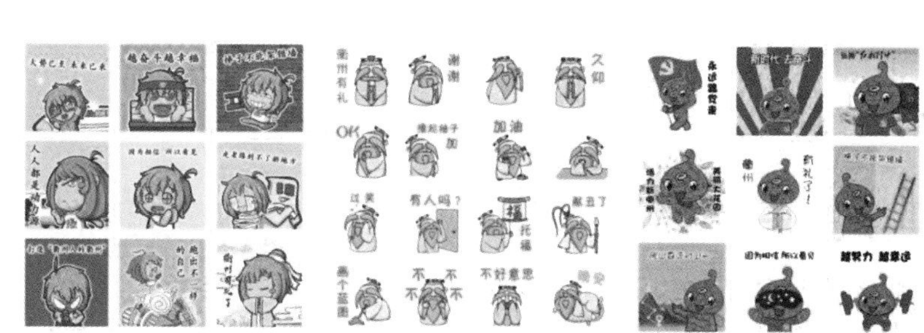
4. 实践操作环节
掌握 CDR 矢量软件的图形绘制与填充工具、对象的编辑处理工具。利用所学工具，学习制作几个简单的静态表情包的五官造型。造型以单纯的线条为主，色彩以黑白红为主，突出单纯、可爱的造型特点。在制作过程中要注意线条的流畅，注意表情五官的主要特征、信息传递的准确性，可以根据自我喜好进行改造。</td></tr>
<tr><td>教学反思与评价</td><td>一、教学特色创新
1. 以“学为中心”的混合式教学，充分调动学生的学习积极性
安排多种形式的教学活动，如手绘临摹、互动游戏、互动讨论、实践操作等，发挥学生的主体作用，加深对相关知识的理解与掌握，提高学生的学以致用能力。
2. 情景化的教学实践，增强学生的体验感、获得感
注重理论与实践的结合，实践项目贴近学生的实际生活情景，激发学生的学习兴趣。学生在玩中学，学中玩，学习的推动效果好。
3. 过程与结果有机结合，引导学生主动学习
通过混合式教学，课程从向学生传授知识转变为引导学生主动学习，强化过程学习与形成性评价。
二、隐性课程思政
1. 润物无声：选择符合主题需要，具有思政教育意义的扩展性教学材料，如社会热点或项目案例，将其引入课堂，使思政内容自然渗透，引导学生发自内心有所感悟。
2. 融会贯通：把理论知识和实践教学紧密结合，带领学生通过实践操作，领悟浙江精神，教学生用表情包设计讲好中国故事，增强文化自信。</td></tr>
</table>

2. 戏剧鉴赏

<table>
<tr><td>学　　院</td><td>艺术学院</td><td>课程名称</td><td>戏剧鉴赏</td></tr>
<tr><td>授课教师</td><td>沈佳文</td><td>授课班级</td><td>全校学生公选</td></tr>
<tr><td>授课章节</td><td colspan="3">第二章　中国传统戏剧鉴赏　第一单元　越剧　第1—2节　越剧发展简史</td></tr>
<tr><td>课程类别</td><td colspan="3">A. 公共平台课　B. 专业平台课程　C. 专业选修课　D. 全校选修课</td></tr>
<tr><td>教学目标(知识、能力、素质三方面)</td><td colspan="3">1. 知识目标
通过越剧的起源、越剧音乐的构成、越剧发展、选段赏析、唱腔学习等教学内容,培养学生对越剧的认识,提升学生对越剧的鉴赏水平。通过越剧的鉴赏,可以使学生拓展中国民族民间音乐的知识面,加深对中国戏曲音乐的认知和理解,了解中国民族民间音乐的丰富性。进而通过越剧音乐的创作和发展向学生传递艺术源于生活的理念。
2. 能力目标
服务地方文化事业发展是地方高校的应尽之义,促进地方戏曲的传承和发展是地方高校公共艺术教育的职责所在。因此,地方戏曲课程的开设在对本土文化传播、传承、保护等方面都具有积极的意义。
3. 素质目标
地方戏曲的特点在于它注重对中华民族传统美德的大力宣扬,注重弘扬真善美,鞭挞假恶丑。开设地方戏曲课程,使学生进一步在思想上得到熏陶。</td></tr>
<tr><td>教学内容</td><td colspan="3">一、主要内容
1. 越剧的起源及演变概况,初步了解越剧的音乐特点、唱腔风格及作品中体现出来的老绍兴民俗。
(1)越剧的起源:通过“男班艺人面对连年不断的天灾人祸,为了谋求生存,大胆地进行创作,‘三闯上海滩’以戏曲的形式登上舞台”的历史,体现出“越剧的历史是一部奋斗、创新、吸收的历史”这一思政元素。
(2)通过“姚水娟、袁雪芬、尹桂芳等众多越剧演员先后在浙东、杭州、上海等地开创女子唱腔音乐,改革越剧编导制,创作了《祥林嫂》《梁山伯与祝英台》《红楼梦》等一系列新剧目,在思想性、艺术性和观赏性上下功夫,壮大了越剧表演艺术”的历史,体现出“越剧的历史是一部勇于创新的历史,积极进取是越剧创新精神的突出表现”这一思政元素。
(3)通过“越剧在发展中能正视自己的短处,虚心吸收湖州三跳、绍剧、京剧、话剧等兄弟剧种的长处,在艺术上充实并营养自己”的历史,体现出“越剧的历史也是一部虚心学习、善于吸收的历史”这一思政元素。
(4)通过欣赏《九斤姑娘——猜桶》选段,让学生了解老绍兴民俗和当时的日常生活习惯;通过欣赏《九斤姑娘——相骂本》选段,还能让学生了解老绍兴的传统菜肴;体现出“浙江地区百姓的审美情趣,展现了浓厚的浙江文化底蕴,也记录了浙江人民的民风民俗”这一思政元素。
2. 教学重点:初步了解越剧的音乐特点,越剧起源的重要历史阶段,以及本课时赏析的越剧作品《九斤姑娘》中所呈现的老绍兴民俗民风。</td></tr>
</table>

<table>
<tr><td>教学内容</td><td>3.体验式教学：猜一猜老绍兴的日常生活的“九个桶”，认一认老绍兴传统菜肴中的“十碗头”，唱一唱越剧的老调“吟哦调”。
二、教学设计
采用“导入、欣赏、讲解、体验、练习”五步教学法，包括：知识导入→欣赏作品→讲解重难点→体验式学习→习题练习→点评总结→课后任务等。</td></tr>
<tr><td>“三地一窗口”典型案例(3～5个，注明时间、来源等)</td><td>案例一：《“三个地”书写浙江精神的历史谱系》(来源：浙江新闻客户端，2019-09-10)
改革开放的先行实践激活了浙江区域文化的精神基因。从家庭作坊、前店后厂到“挂户经营”，再到股份合作制，浙江的非公有制经济之所以蓬勃发展，民营企业之所以充满活力，就在于民间强烈的自主创业意识，促使千百万浙江人变成了市场经济的开路先锋，形成了波澜壮阔的大众化创业浪潮，催生出享誉全国的“走遍千山万水、说尽千言万语、想尽千方百计、尝遍千辛万苦”的“四千精神”。对于先行先试过程中出现的种种不成熟现象，“允许试、允许看、允许改”；面对改革创新遭遇的种种议论，“不动摇、不攀比、不争论、不张扬、不气馁”。
案例二：《为建设“重要窗口”培育更多优秀人才》(来源：浙江在线，2020-09-09)
袁家军指出，当前我省正在建设“重要窗口”，需要一批又一批优秀儿女努力奋斗。教师承担着为党育人、为国育才的重任，使命光荣、责任重大。教师的言行能够影响学生的一生。全省广大教师要认真学习贯彻习近平总书记关于教育强国的重要论述和对第36个教师节的重要寄语，尽心尽力履职尽责，为建设“重要窗口”做出新贡献。希望广大教师重德修身，不断提升自我，以自身的人格魅力塑造学生纯真完美的心灵，以自身的师表风范带动社会风气的改善；勇于攀登、刻苦钻研，走在科技和社会发展前沿，不断提升业务水平，更好传道授业解惑，带动培养一批又一批优秀人才；勇于改革创新，改进教育教学的方式方法，让学生勤于创造、敢于创造，努力多出人才、快出人才。
案例三：《打造“重要窗口”的闪亮窗眼——2020年浙江推进宣传思想文化工作纪事》(来源：浙江在线，2021-01-19)
精品立世，努力创作出无愧于时代的精品，是浙江宣传思想文化战线一直努力的目标。2020年，我省加强重大题材文艺精品创作，努力推出一批唱得响、传得开、立得住、与浙江“重要窗口”相匹配的精品。
在浙江大地，越来越多具有浙江辨识度的文化标识、文化地标破茧而出，展示文化浙江形象的文化金名片愈发闪亮。
——深化浙江地方戏曲振兴工程，挖掘整理优秀地方传统剧目，大力发展越剧、婺剧、昆曲等地方剧种。</td></tr>
<tr><td>思政元素</td><td>1.文化自信
中国戏曲历经千年发展，以其独特而富有魅力的艺术形态和所取得的高度成就，已成为承载民族思想情感，反映民族生存状态、生活方式、理想愿望和传统文化基本精神的重要形式和表征之一，成为中华民族优秀传统文化的重要标志之一。这是当代大学生需要了解且继承的民族精神。美是越剧的特质。越剧的根本属性是它的群众性、草根性。越剧来源于民间，其生命的原动力就在广大群众中间。因此，它的艺术形式、题材内容等，无不透出最质朴的民间情怀。</td></tr>
</table>

思政元素	**2. 浙江精神** 越剧表演艺术是在特定的表演形式和环境下产生的。它植根于江南,反映了浙江地区百姓的审美情趣,展现了浓厚的浙江文化底蕴,也记录了浙江人民的民风民俗,体现了越剧的地域性和独特的地域审美。 **3. 创新发展** 越剧艺术把中国戏曲的温婉柔美发挥到了极致,是剧本、唱腔、动作、音乐、舞美等各种唯美元素的融合。这些特征和属性正是越剧的生命源泉,是越剧繁荣发展的动力,也符合中华民族求真求美的审美需求和人文情怀。越剧在一次次的突破和创新中创造了辉煌的百年。越剧的发展史就是一部创新史,从早期的男班艺人到女班的创立,从袁雪芬发起的越剧改革——"新越剧运动",到拍摄新中国第一部越剧彩色电影《梁山伯与祝英台》,越剧无时无刻不在坚持传承与创新的原则,在传承的基础上创新,在创新的推动下传承。越剧人不断地探索各种新艺术的借鉴与融合。这种不断创新的精神值得当代大学生学习与借鉴。
教学实施路径	**一、五步教学法** 1. 导入所学知识:中国"一部戏曲史,半部在浙江",引出知识点。 2. 欣赏越剧作品:以动漫《九斤姑娘》为导入。 3. 讲解越剧文化:从《九斤姑娘》作品中了解越剧音乐、唱腔特点,以及了解绍兴民俗。 4. 体验式学习:猜一猜唱词中的老绍兴生活用具,认一认老绍兴传统菜肴"十碗头",唱一唱"九斤姑娘"的"吟哦调"。 5. 习题练习:在课堂上进行习题练习。 **二、学习目标** 通过对《九斤姑娘》的赏析,初步建立越剧音乐和唱腔的记忆,了解老绍兴民俗等相关越文化。
教学反思与评价	**一、教学特色创新** 1. 设计多种线上线下的教学活动,始终刺激学生保持较好的学习兴趣 依据教育心理学的学习规律来设计教学活动,安排课堂赏析、体验式学习、课堂讨论、线上答题等多种教学方式和手段,丰富课堂教学形式,提高教学的吸引力。 2. 安排课内在线测试,倒逼学生认真听讲,并开展相关思考 通过巧妙设计课堂中间线上测试,重点考查学生上课听了没有、知识点了解了没有、重点和难点掌握了没有,倒逼学生扎扎实实地进行课堂学习,及时消化并掌握知识点。 **二、隐性课程思政** 百年越剧史就是一部奋斗史。越剧兼具古典与时尚的艺术品质,正契合中国社会背负着数千年文明快速走进现代生活的步伐,也正契合中国社会亦旧亦新的文化状貌。让学生了解越剧发展史,了解越剧人艰辛的艺术发展之路,了解越剧人为国家抗日、抗美援朝等做出的贡献。越剧符合中华民族求真求美的审美需求和人文情怀,也体现了浙江创新实干的精神。越剧在一次次的突破和创新中创造了辉煌的百年,是值得当代大学生铭记与继承的。

3. 包装设计

<table>
<tr><td>学　　院</td><td>艺术学院</td><td>课程名称</td><td>包装设计</td></tr>
<tr><td>授课教师</td><td>夏飞英</td><td>授课班级</td><td>视觉传达设计 182</td></tr>
<tr><td>授课章节</td><td colspan="3">第四节　未来发展趋势中的包装设计</td></tr>
<tr><td>课程类别</td><td colspan="3">A. 公共平台课　<u>B. 专业平台课程</u>　C. 专业选修课　D. 全校选修课</td></tr>
<tr><td>教学目标（知识、能力、素质三方面）</td><td colspan="3">一、知识目标
明确未来发展的趋势，熟悉包装设计的整个过程，树立正确的包装设计理念，学习并掌握包装设计的各种方法，对绿色包装材料能进行合理分析与应用。使学生对未来的包装设计具有前瞻性，树立较强的专业意识。
二、能力目标
具备一定的市场洞察力，善于分析与应用调研结果。了解市场发展趋势以及市场对设计的重要意义。树立学生正确的设计意识，掌握包装设计的各种技巧，具有市场的策划能力，能独立完成市场需求的创意包装设计。
三、素质目标
培养学生的人文情怀，明确设计责任感。在具有良好的设计能力的同时不断提高学生的理解能力、沟通能力和表达能力。具有较强的设计前瞻性，提高设计审美观，增强学生的综合艺术素质和艺术设计的表现与创新能力，具备良好的设计能力。</td></tr>
<tr><td>教学内容</td><td colspan="3">一、了解包装设计与市场的关系
二、从多方位观察未来市场的发展趋势
三、分析未来包装的发展趋势
1. 人性化设计趋势，细化人性化在包装设计中的表现点。
2. 绿色化设计趋势，了解绿色设计，包装设计中的绿色设计需要注意的点如何与社会热点相结合，如垃圾分类、光盘行动等。
3. 民族化设计趋势，民族的才是世界的，始终本着文化自信，把文化展现在设计中，把握好设计力度。
4. 风格化设计趋势，坚持原创，按照时代发展进行设计的风格化。
重点与难点：
掌握包装发展趋势，能设计出符合时代需求的各种包装，不断提高设计水平，做一个有责任心的设计师。</td></tr>
<tr><td>“三地一窗口”典型案例（3～5个，注明时间、来源等）</td><td colspan="3">案例一：《浙江精神，奋进新时代的磅礴力量》（来源：《中国日报》，2019-09-03）
一方水土，孕育一种精气神。
浙江精神直达沉淀千年的智者机锋。之江两岸“士比鲫鱼多”——大禹治水的因势利导，永康学派的义利双行，王充、王阳明的批判精神……先贤的精神长歌，流溢过良渚玉器，鸣匣于吴越青剑，拂掠过西湖钱塘。浙江精神传承勇者无畏的江涛气魄。民族危亡之际，共产党人在南湖红船上点燃革命火种，照亮了万古长夜。中国革命精神之源红船精神，就凝结于浙江文化的烟雨之中。红船劈波行，精神聚人心。
浙江精神诠释行者常至的奋斗情怀。改革开放以来，浙江人克服“七山一水二分田”的先天不足，白天当老板，晚上睡地板，催生了步鑫生、鲁冠球等响当当的商界人物，“四千精神”成为这一时期浙江精神的代表。</td></tr>
</table>

“三地一窗口”典型案例(3～5个,注明时间、来源等)	**案例二:《在“重要窗口”建设中全面展示民营经济活力》**(来源:《浙江日报》,2020-07-13) 在“两个一百年”奋斗目标的历史交汇点,在统筹推进疫情防控和经济社会发展的特殊时期,习近平总书记考察浙江,赋予浙江新目标新定位,期望浙江“努力成为新时代全面展示中国特色社会主义制度优越性的重要窗口”。这是对浙江发展道路、发展成效的充分肯定,也是对浙江继续走在全国前列、充分展现制度优越性提出了新的期望和要求。省委十四届七次全会以旗帜鲜明的态度和继往开来的姿态,回应了习近平总书记赋予浙江的新目标新定位,标定了“重要窗口”建设的奋进方向,树立起“重要窗口”建设的四梁八柱。 **案例三:《在建设“重要窗口”生动实践中奉献青春》**(来源:《浙江日报》,2020-07-22) 各级各部门要持之以恒开展下去,牢牢把握青年的思想认识规律,积极搭建平台,培育宣讲团队,打造特色品牌,让更多青年人把党的创新理论讲给青年人听,让更多青年人受教育受洗礼,成长为担当民族复兴大任的时代新人。希望广大青年宣讲团员厚植理论功底、加强实践淬炼,宣讲好新时代新思想新成就,宣讲好中国故事浙江故事身边故事,汇聚青年一代勇担使命的磅礴力量,在建设“重要窗口”的生动实践中奉献青春、谱写人生华章。
思政元素	**思政元素1:强化文化自信** 理论与实践相结合,不断实践提高设计水平。结合中国传统文化,不断挖掘绍兴地域特色及文化特色,在设计中进行良好的展现。 **思政元素2:发扬浙江精神** 服务地方经济,扎实基础,用发展的眼光看包装发展,用科技的手段进行设计。设计需要适应时代的发展,不断进取,勇立潮头。 **思政元素3:加强创新意识** 设计是不能停留在表面的功夫,需要不断深入,随着大众的审美和时代的进步需要不断更新,在同质化严重的情况下,只有创新才能带来力量。
教学实施路径	1.导入课程内容,利用优秀案例进行讲解,用社会热点结合设计进行分析。 2.让学生通过市场调研与分析阐述自己眼中的包装设计的未来趋势。 3.总结学生的观点,进行包装设计重点分析。 4.引出实践课题,分析设计中应注意的问题。 5.引用设计之父彼得·贝伦斯名言“设计可以改变世界、设计可以拯救祖国”,点明设计的重要性。 6.课后思考并在超星学习通上讨论:如何看待包装设计未来发展的趋势?
教学反思与评价	**一、教学特色创新** 1.实行线上线下混合式教学活动,让学生始终具有饱和的学习状态,塑造良好的学习氛围。 2.设置课后的讨论,让学生能表达自己的见解,同时实现与同学的交流,旨在通过交流受到更多的启发,激发创造力。 3.本课程属于实践性较强的课程,旨在通过项目训练学生的创造力和实践能力,鼓励学生多观察、多调研,了解包装的发展趋势,这样才能设计出符合市场需求的包装。

<table>
<tr><td>教学反思与评价</td><td>二、隐性课程思政
1.大量资料和优秀作品有利于学生创意的激发。优秀案例激发学生的创意,提高实践能力。
2.选择具有表现性的课题“符合未来发展趋势的包装”,激发学生的创意创新能力。在具体选题中,引导学生关注地方发展,培养学生的文化自信。</td></tr>
</table>

4. 书法鉴赏

<table>
<tr><td>学　　院</td><td>兰亭书法艺术学院</td><td>课程名称</td><td>书法鉴赏</td></tr>
<tr><td>授课教师</td><td>陈文龙</td><td>授课班级</td><td>全校公选课</td></tr>
<tr><td>授课章节</td><td colspan="3">第 3 章　第 1 节　汉隶的风格与《曹全碑》书写之美</td></tr>
<tr><td>课程类别</td><td colspan="3">A.公共平台课　B.专业平台课程　C.专业选修课　<u>D.全校选修课</u></td></tr>
<tr><td>教学目标(知识、能力、素质三方面)</td><td colspan="3">一、知识目标
1.掌握隶书书法的历史演变,汉代书法的发展脉络以及汉代的整体背景和书法整体风貌。
2.通过对特定书写内容的选取,使得书法知识的介绍有了更加深厚的文化内涵,使学生通过本课程的学习,掌握书法的基础常识。
二、能力目标
1.具备梳理书法创作演变中的宏观框架以及脉络的能力,具备辨识隶书的书法作品创作方法。
2.能够对各时期的隶书书法审美特点进行梳理。
三、素质目标
1.学习到中国传统文化典故,从传统文化中汲取营养,提高个人文化和艺术修养,提升个人的综合素质。
2.通过欣赏书法示范,领悟书法的提、按、顿、挫的节律美和粗细、长短、浓淡变化的韵律。
3.培养掌握历史背景和艺术创作的现象关联,树立艺术发展为人民服务的理想信念。</td></tr>
<tr><td>教学内容</td><td colspan="3">一、重点难点
1.重点:隶书书法的历史演变;东汉隶书书法演变中的历史背景。
2.难点:汉隶三大风格的区别、曹全碑隶书书写之美。
二、教学设计
1. 一战前后的西方艺术状况
2.一战后的绘画发展与表达
3. 一战后绘画的观念
4. 二战后的西方绘画发展与表达
5. 二战后的绘画发展与表达
6. 二战后绘画的观念
三、课后任务
1.理解东汉隶书的艺术表达手法及其观念。
2.理解后来对于该时期艺术的继承和发展。</td></tr>
</table>

“三地一窗口”典型案例(3～5个,注明时间、来源等)	**案例一:《深刻领悟讲话精神奋力建设“重要窗口”》**(来源:《学习时报》,2020-05-11) 浙江是中国革命红船的起航地,是中国改革开放的先行地,也是习近平新时代中国特色社会主义思想的重要萌发地。现在,习近平总书记又明确嘱咐浙江要努力成为新时代全面展示中国特色社会主义制度优越性的重要窗口。这样,作为“三地一窗口”的新时代浙江,“干在实处”“走在前列”“勇立潮头”“要谋新篇”“方显担当”,便系统而深刻地落到了要全面展示中国特色社会主义制度优越性的重要窗口上。这是习近平总书记对浙江的高度信任和殷切嘱咐,是浙江新时代的崇高使命。 **案例二:《努力建设好十个“重要窗口”》**(来源:光明网,2020-07-20) 努力建设展示社会主义先进文化的重要窗口。浙江是中华文明的重要发源地之一。要加快建设文化大省、文化强省,大力弘扬伟大民族精神、时代精神和红船精神,显著增强文化软实力。在建设“重要窗口”的新征程中,坚持以社会主义核心价值观引领文化建设制度,要大力弘扬红船精神、浙江精神,系统化推进红船精神、浙江精神研究,大力彰显红船精神、浙江精神的历史价值、理论价值、政治价值和时代价值,守牢浙江人民的“根”与“魂”。要大力打造浙江重大文化标识,建设一批文化地标,进一步擦亮西湖、大运河、良渚古城遗址等世界文化遗产,高水平建设浙江省大运河国家文化公园,推进文化研究工程,挖掘阳明文化、和合文化、南孔文化、永嘉学派等优秀传统文化丰富内涵,全面实现基本公共文化服务均衡化标准化,促进文化旅游深度融合,着力打造集文化长廊、生态长廊、旅游长廊等为一体的之江文化产业带、大运河(浙江)文化带、四条诗路文化带、“绿水青山就是金山银山”文化发展示范区、滨海文化旅游带等重大平台。 **案例三:《以“八八战略”引领“重要窗口”建设》(来源:浙江在线,2020-09-14)** 最为关键的,就是要以习近平新时代中国特色社会主义思想为指导,在省委、省政府领导下,党员干部和人民群众要咬定目标、迎难而上、勇于奋斗、敢于斗争、久久为功。打造“重要窗口”不是轻而易举的。习近平总书记强调“打铁必须自身硬”,就蕴含着咬定目标、敢于担当、迎难而上、越挫越勇、越险越进、勇于奋斗、敢于斗争、久久为功这一中国共产党人的基因和特质。
思政元素	**思政元素1:书法审美的源泉** 浙江是中国革命红船的起航地,是中国改革开放的先行地,也是习近平新时代中国特色社会主义思想的重要萌发地。当下,习近平总书记明确提出浙江要努力成为新时代全面展示中国特色社会主义制度优越性的重要窗口的新要求。 书法美的欣赏要结合浙江实际。浙江的书法是中国书法的高原。要不断提升境界,勇立潮头,通过书法美的欣赏,不断提升人的审美品位、审美自觉、审美意识。 **思政元素2:书法审美的方向** 大力打造浙江重大文化标识,建设一批文化地标,进一步保护弘扬西湖、大运河、良渚古城遗址等世界文化遗产,高水平建设浙江省大运河国家文化公园,推进文化研究工程,挖掘阳明文化、和合文化、南孔文化、永嘉学派等优秀传统文化丰富内涵,全面实现基本公共文化服务均衡化标准化,促进文化旅游深度融合,着力打造集文化长廊、生态长廊、旅游长廊等为一体的之江文化产业带、大运河(浙江)文化带、四条诗路文化带、“绿水青山就是金山银山”文化发展示范区、滨海文化旅游带等重大平台。 书法美的欣赏能力的提升,也意味着人的素质的提升。文化氛围的不断浓厚,要围绕浙江这些文化建设展开。

思政元素	**思政元素 3:书法审美的精神支持** 新时代赋予了浙江“三地一窗口”的使命和责任,当代青年人应主动成为担当者。书法审美能力不是一蹴而就的,当下的书法也存在参差不齐,丑书、射书,行为书法等哗众取宠、低级恶俗的无审美能力的“书法”也有存在,这就需要我们坚持美的底线,坚持美的格调,不断积累,不断学习,要咬定目标,迎难而上,勇于奋斗,敢于斗争,久久为功。
教学实施路径	**一、教学设计** 课前:上传课件、讲座视频,要求学生提前学习并汇总疑难点,分组准备拓展知识,小组研讨讨论题。 课上:对上次课进行重点回顾,学生汇报本节课的拓展知识点,在线测试;直播课堂讨论,教师直播答疑。 课后:强调本次课需重点掌握的内容,通知下次课的在线教学安排,布置下次课的预习和准备工作。 **二、教学方法** 1.线上线下混合式。利用智慧树平台发布学习资料、课前预习内容、课堂讨论内容、相关拓展视频、章节测试等。 2.团队协作,师生互动。每组成员通过协作来完成任务,增强学生之间的协作精神;课堂上通过师生互动,增强学习氛围,提高学生的学习积极性。 3.案例分析,视频体验。通过案例分析,强化学生对知识的掌握;采用视频的方式,增强学生的直观体验。 **三、教学措施** 1.利用智慧树平台,分享预习资源。 2.提前布置线上测试和讨论题,将本次课程目标归拢到 3～5 个核心问题中,由各组同学给出提前讨论和准备的答案,并由其他组进行评价和补充。在此环节重视引导学生对知识结构背后的思想政治教育元素进行提炼和总结。 3.教师根据讨论中发现的问题进行重点强化和补充。尤其重视将思政元素潜移默化地融入知识教学中,引起学生共鸣。
教学反思与评价	1.激活书法,动态直观又生动 中国书法作为中华文化的艺术瑰宝,本身就有着思政教育的属性。学习书法文化,能够帮助学生建立更好的文化自信。古人学习书法那种日日不辍、废寝忘食的刻苦精神,更是值得学生学习的。 2.寓教于乐,潜移默化讲道理 为了丰富“书法鉴赏”的课程思政内涵,我们着眼于书法创作的“内容”,以“内容”讲故事,以故事寓道理,将谨慎行事、坚守原则、克己修身、胸怀宽广、为人谦让等符合我们新时代人才培养要求的美好品德,很好地融入书法课程中。

5. 文献检索与论文写作

<table>
<tr><td>学　　院</td><td>兰亭书法艺术学院</td><td>课程名称</td><td>文献检索与论文写作</td></tr>
<tr><td>授课教师</td><td>张希平</td><td>授课班级</td><td>书法学 191、192</td></tr>
<tr><td>授课章节</td><td colspan="3">文献检索与论文写作</td></tr>
<tr><td>课程类别</td><td colspan="3">A. 公共平台课　B. 专业平台课程　C. 专业选修课　D. 全校选修课</td></tr>
<tr><td>教学目标(知识、能力、素质三方面)</td><td colspan="3">一、知识目标
1. 掌握基础知识：文献信息检索基础知识、基本技能，文献的特点与分布。
2. 掌握常用文献检索工具的编排组织规则和使用方法，电子资源检索技术、境内外 OA 资源、经典的中外文题录或文摘数据库、引文数据库、全文数据库的特点和检索技能，文献原文获取的技巧和方法，纸质文献与电子资源合理使用的范畴，学术论文的写作规范、撰写方法等。
二、能力目标
1. 具备文献检索与论文写作的基础知识、方法。
2. 具备查阅文献和论文写作的能力，掌握学术论文写作的基本规范与方法，提高学术研究和学术论文质量。
三、素质目标
1. 通过本课程的学习，培养本科生的基本获取信息资料和学术研究的专业技能。
2. 培养严谨的学术态度、勤奋的治学精神，以及恪守学术道德、严守学术底线的品质。</td></tr>
<tr><td>教学内容</td><td colspan="3">1. 导入环节
通过如下实例介绍常见学术论文库知识以及报刊论文的检索。
2019 年 12 月 17 日《人民日报》刊发时任浙江省委常委、宣传部部长朱国贤的署名文章《打造与浙江“三个地”相适应的文明高地》。
2. 讲授环节
以周淑敏、周靖主编的《学术论文写作》(清华大学出版社 2018 年 1 月第 1 版)及李振华主编的《文献检索与论文写作》(清华大学出版社 2016 年 1 月第 1 版)为教材，通过视频直播、在线操作师范、微信互动的形式讲解文献信息检索知识以及论文写作知识。
(1)文献信息概述(PPT 课件，企业微信直播)
●信息、知识、文献
●文献检索类型
●文献检索工具、方法、类型
(2)文献信息检索利用(PPT 课件，企业微信直播)
●CNKI 数据库使用
●万方数据库使用
●人大报刊复印资料数据库
●百度学术搜索引擎
●A&HCI、SCI、SSCI、CSSCI
(3)论文写作的意义、结构和类型(PPT 课件，企业微信直播、微信群交流)</td></tr>
</table>

教学内容	(4)论文写作的摘要、大纲与格式等(课堂讲解并示范,企业微信直播、微信群交流) ●论文大纲的罗列 ●开题报告的撰写 3.学习练习环节 (1)针对以上教学内容,给定关键词,让学生进行在线检索操作和练习。 (2)给主题,让学生通过检索和收集资料,列出大纲。 (3)给文章,让学生按照所学内容,书写摘要、添加和修改注释以及目录等。 (4)给定主题和材料,完成一篇学术论文。
“三地一窗口”典型案例(3～5个,注明时间、来源等)	**案例一:《车俊在省推进“一带一路”建设工作领导小组会议上强调　以“三个地”担当推动“一带一路”建设走深走实》**(来源:浙江省人民政府网站,2020-03-21) 2020年3月19日下午,省推进“一带一路”建设工作领导小组举行第三次(扩大)会议。 车俊指出,共建“一带一路”是习近平总书记亲自谋划、亲自部署、亲自推动的重大倡议。我们要深入学习贯彻习近平总书记重要讲话精神,强化“三个地”的政治担当,自觉把“八八战略”再深化、改革开放再出发,与推动“一带一路”建设走深走实有机贯通起来,围绕“大写意”、绘好“工笔画”,发挥数字、浙商、通道、平台四大特色优势,深化对外开放和国际合作,使我省的“一带一路”建设工作落地生根、开花结果、走在前列。 **案例二:《浙江工业大学:瞄准“双一流”　建强“三个地”》**(来源:《浙江教育报》,2019-04-19) 浙江工业大学提出的建强“三个地”值得我们借鉴。 1.以立德树人为根本,加快建成行业精英和领军人才培养基地。 2.以一流学科建设为主线,加快建成应用基础研究和产业核心技术创新高地。 3.以服务发展为己任,加快建成科研成果和思想智慧转化阵地。 **案例三:《三个地——奋力担当新时代全面展示中国特色社会主义制度优越性重要窗口的使命任务》**(来源:浙江新闻客户端,2020-05-12) 在全面建成小康社会的决胜之年,在统筹推进疫情防控和经济社会发展的特殊时期,习近平总书记亲临浙江考察并发表重要讲话,赋予了浙江“努力成为新时代全面展示中国特色社会主义制度优越性的重要窗口”的新目标新定位。 “重要窗口”是习近平总书记为新时代浙江实现更高水平的发展擘画的新目标新定位,具有重大的历史意义、现实意义、全局意义。浙江应该锚定九大窗口: 1.要立足浙江始终沿着“八八战略”指引的路子走下去的实践探索,争当学懂弄通做实习近平新时代中国特色社会主义思想的排头兵,努力成为全面展示习近平新时代中国特色社会主义思想实践伟力的重要窗口; 2.立足浙江统筹推进疫情防控和经济社会发展的实践探索,深入总结应对重大突发公共危机“两手硬、两战赢”的做法启示,努力成为全面展示新形势下防范化解重大风险挑战科学机制的重要窗口;

“三地一窗口”典型案例(3～5个,注明时间、来源等)	3.立足浙江深入贯彻新发展理念、建设富强浙江的实践探索,坚持“腾笼换鸟、凤凰涅槃”,深化供给侧结构性改革,全力打造高质量发展高地,努力成为全面展示坚定不移走高质量发展之路经验成效的重要窗口; 4.立足浙江深入实施“最多跑一次”改革、打造“一带一路”重要枢纽、全面落实长三角一体化发展国家战略等实践探索,高水平推进“改革开放再出发”,努力成为全面展示改革开放探路者形象的重要窗口; 5.立足浙江推进平安浙江、法治浙江和数字浙江、信用浙江建设的实践探索,加快补齐治理体系和治理能力短板,不断提升人民群众获得感、幸福感、安全感,努力成为全面展示高水平推进省域治理现代化强大效能的重要窗口; 6.立足浙江统筹推进城乡一体化、山海协作、“千村示范、万村整治”工程、低收入农户高水平全面小康计划等实践探索,进一步提高区域协调发展、城乡融合发展成色,打造高品质生活,努力成为全面展示率先突破发展不平衡不充分问题先行者的重要窗口; 7.立足浙江作为“绿水青山就是金山银山”理念诞生地,严守生态红线、做好绿色文章、打造美丽浙江的实践探索,高标准打好污染防治攻坚战,高质量打通“绿水青山就是金山银山”转化通道,努力成为全面展示生态文明建设先行示范样板的重要窗口; 8.立足浙江推进文化浙江建设、打造文化文明高地的实践探索,高标准担当起举旗帜、聚民心、育新人、兴文化、展形象的职责使命,努力成为全面展示中华民族文化自信和文化自觉的重要窗口; 9.立足浙江弘扬红船精神、建设清廉浙江的实践探索,建立“不忘初心、牢记使命”长效机制,推动全面从严治党走向纵深,努力成为全面展示中国共产党为人民谋幸福、为民族谋复兴、为世界谋大同鲜明形象的重要窗口。
思政元素	**思政元素1:三地一窗口** “文献检索与论文写作”课将积极引导学生关注浙江的发展和奋斗历史,引导学生充分认识浙江作为中国革命红船起航地、改革开放先行地、习近平新时代中国特色社会主义思想重要萌发地的重要性,在具体学习中将以“三个地”“红船”“八八战略”等为关键词进行文献检索和论文写作。 **思政元素2:浙江精神** “干在实处永无止境,走在前列要谋新篇 ,勇立潮头方显担当”,70年来,浙江省正是秉持这样的奋斗精神,实现了浙江发展的大转变,让中国特色社会主义在浙江大地上不断演绎精彩。 1.这是经济实力突飞猛进的70年。从一穷二白到经济大省,浙江经济总量持续翻番,23年稳居全国第四。 2.这是发展活力接连迸发的70年。从百废待兴到创业创新,每9个浙江人中就有一个“老板”,每26个浙江人拥有一家企业,民营经济从无到有、从大变强,成为浙江最亮丽的金名片。 3.这是生态环境变绿变美的70年。从满目疮痍到全域景区,浙江护美绿水青山,做大金山银山,生态环境质量连续位居全国省区市前列。美丽乡村、美丽城镇、美丽城市移步换景,浙江处处是“美丽大花园”。 4.这是万家灯火日渐璀璨的70年。从绝对贫困到全面小康,城乡居民人均可支配收入分别连续18年和34年居全国各省(区)首位。学有所教、老有所养、病有所医,人民群众的安全感满意度指数持续增长;13000多家农村文化礼堂成为村民们开展文化活动的精神家园。

<table>
<tr><td>思政元素</td><td>对师生来讲，科研和学习同样需要实干精神，需要严谨的学术态度和勤奋的治学精神。希望通过本课程，培养学生实干、奋进的学风，在学习中主动关注时代发展，关注家乡建设，胸中有大义、心里有人民、肩头有责任，为社会主义建设做出积极努力和贡献。</td></tr>
<tr><td>教学实施路径</td><td>1. 教学设计
课前：充分完善教学计划，在超星学习通建立课程“文献检索与论文写作”，上传 PPT 课件和学习资料，并录制和上传示范视频，发布学习任务，要求学生提前学习并汇总疑难点；
课中：进行文献检索和论文写作的在线操作及知识点讲解，组织课堂实时讨论和实时练习；
课后：布置练习作业，同时密切关注同学们的课后反馈，及时解答疑问，展开多样互动。
2. 教学方法和措施
(1)线上线下混合教学。一些数据库的操作等可通过企业微信对教学内容直播授课。
(2)课堂上同时采取多媒体 PPT 教学、视频展台技法演示、作业集中点评作品、学生互评等方法授课。
(3)通过超星学习通布置作业、提交作业、批改作业，辅导答疑，并进行在线话题探讨。
(4)采取 BTC 微格教学法进行课堂教学环节设计。
(5)通过网络数据库进行在线操作和写作练习，如检索操作呈现如下图。
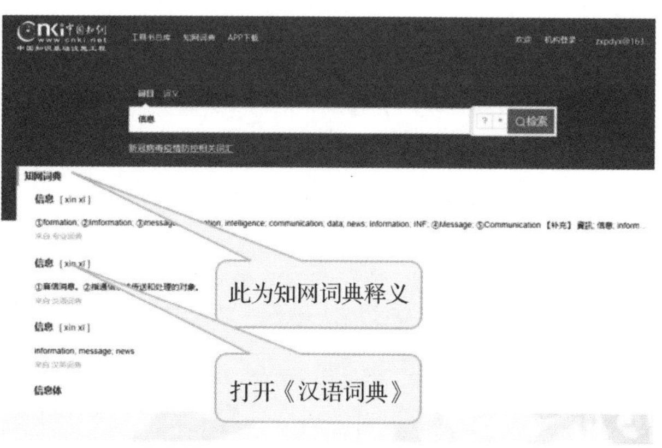
</td></tr>
<tr><td>教学反思与评价</td><td>1. 进一步增强与学生的在线互动，激发学生线上和线下的学习积极性，掌握课堂学习情况。
2. 进一步挖掘和完善本课程的思政元素，通过指定检索内容，让学生充分理解“三地一窗口”“浙江精神”的重要意义。
3. 要求学生遵守操作规范，掌握检索方法，能够在指定的数据库，根据相关关键词，进行文献检索操作。
4. 论文写作练习要求主题鲜明、结构合理、逻辑清晰、论述合理、格式规范。</td></tr>
</table>

6. 商业摄影

学　　院	上虞分院	课程名称	商业摄影
授课教师	张益洁	授课班级	艺术设计 203
授课章节	第三章　摄影艺术　第三节　摄影构图方法		
课程类别	A. 公共平台课　**B. 专业平台课程**　C. 专业选修课　D. 全校选修课		
教学目标(知识、能力、素质三方面)	**一、知识目标** 1. 掌握基础知识:掌握摄影构图的概念、目的、原则,了解前景和背景的作用及横竖画面的选择。 2. 掌握构图方法:掌握如何对摄影画面进行构图。 3. 理论联系实际:分析实际商业摄影构图应用。 **二、能力目标** 1. 理论理解能力:具备理解摄影前景、背景的作用,灵活运用构图技巧的能力。 2. 鉴赏分析能力:分析鉴赏商业摄影作品表现能力。 3. 实践能力:基于软件绘制电子电路并仿真分析的能力。 **三、素质目标** 1. 团队合作学习:组建学习小组,培养合作学习与主动学习。 2. 勇于探索精神:通过实践项目,培养创新思维。 3. 艰苦奋斗意识:通过隐性思政,培养艰苦奋斗精神。		
教学内容	**一、重点难点** 1. 摄影构图概念、原则、目的。 2. 前景和背景的作用。 3. 横竖画面选择。 4. 摄影经典构图法则,熟悉不同构图带来的画面效果。 5. 摄影构图具体应用案例介绍。 **二、教学设计** 采用"导、讲、探、评、练"五步教学法,包括:知识导入→讲解新知→重点难点→案例分析→探究式团队任务→名人名言→课堂总结→课后任务。 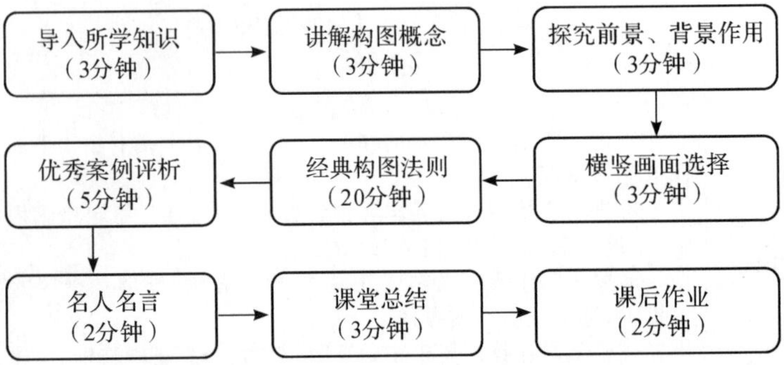 导入所学知识(3分钟)→讲解构图概念(3分钟)→探究前景、背景作用(3分钟)→横竖画面选择(3分钟)→经典构图法则(20分钟)→优秀案例评析(5分钟)→名人名言(2分钟)→课堂总结(3分钟)→课后作业(2分钟)		

“三地一窗口”典型案例(3～5个，注明时间、来源等)	**案例一:《打造与浙江“三个地”相适应的文明高地》**(来源:人民日报客户端,2019-12-17) 国无德不兴,人无德不立。浙江是中国革命红船起航地、改革开放先行地、习近平新时代中国特色社会主义思想重要萌发地。深入挖掘浙江“三个地”蕴含的丰厚道德资源,注重引领性,突出群众性,增强针对性,在“落细落小”上下功夫,在“知行合一”上出成效,以“担当新使命、争做排头兵”的姿态,奋力打造与浙江“三个地”相适应的文明高地,为加快“两个高水平”建设汇聚强大的道德力量、凝聚深厚的道德滋养,努力续写弘扬红船精神、浙江精神这篇大文章。 **案例二:《践行“八八战略”　打造“重要窗口”》**(来源:教育之江,2021-01-05) 忠实践行“八八战略”,奋力打造“重要窗口”,要努力交出10张高分报表:完善精密智控、严防新风险,交出防疫高分报表;率先畅通双循环、构建新格局,交出经济高分报表;聚力科技创新、催生新动能,交出创新高分报表;推动更深层次改革、激发新活力,交出改革高分报表;实行更高水平开放、打造新优势,交出开放高分报表;加强和创新社会治理、拓展新局面,交出平安高分报表;聚焦富民惠民、增进新福祉,交出民生高分报表;守根铸魂、筑牢新高地,交出文化高分报表;提升全域美丽、展现新形象,交出生态高分报表;全面从严治党、扛起新使命,交出党建高分报表。 **案例三:《打造教育“重要窗口”,奋力实现高水平现代化》**(来源:教育之江,2021-02-04) 时值“两个一百年”“两个大局”的历史交汇期,站在“十三五”圆满收官、“十四五”全面擘画的新起点,以奋斗竞未来,锚定民族伟大复兴的百年目标,锚定教育改革发展的现实需要,锚定美好生活向往的人民期盼,我们要坚持系统观念,以更加昂扬奋发的精神,再接再厉、担当作为,携手比肩、坚定前行,扎实做好各项工作,为“十四五”教育事业发展开好局、起好步。以新时代评价改革推进落实立德树人根本任务,践行五育融合理念,形成更高水平的人才培养体系;以大中小学思政课课程教材一体化建设推进思政教育改革、开展“四史”教育,深化大中小幼一体化思想政治工作体系;高水平推进教育对外开放与合作,利用改革开放基础吸引更多国际优质教育资源;以数字化改革赋能教育治理现代化和教学服务智慧化,推进教育系统“整体智治”。
思政元素	**思政元素1:艰苦奋斗** 2005年,留学多年并已受聘于一家世界500强企业日本工厂最高负责人的姚力军毅然选择回国,并引入一个全新的产业——高纯金属溅射靶材。这是制造芯片的关键材料,制造工艺高超,一个指甲盖大小的芯片中要密布上万米金属导线,最细的比头发丝的千分之一还细,需要的金属纯度高达99.999%。中国的这个领域曾长期处于空白。2008年,国际金融危机来袭,初创阶段的江丰电子经历了“生死劫”。公司月销售额跌至8万元,每月研发费用却需数百万元。竞争对手精准出击,几家跨国公司相继找上门来提出收购。姚力军坚持自力更生,依靠四处借到的260万元,渡过了难关。“中国的高纯金属溅射靶材终于不再依赖进口!”姚力军感叹。如今,江丰电子和世界上大多数芯片厂都有合作,打破了国际企业在该领域的垄断与封锁。 **思政元素2:勇于探索** 2019年最令浙江强脑科技有限公司创始人兼CEO韩璧丞开心的是,研发了三四年的智能假肢年初开始生产了。“脑机接口技术可以在很多领域应用,我们

思政元素	选择用它为肢体残障人士提供买得起的智能假肢。我们使用的底层技术代表了目前世界最高水平,带来了革命性的应用。我们的智能假肢,能让人用意念控制每一个手指。"韩璧丞举了个例子,央视某个节目上,一位右手安装假肢的女孩通过意念控制假肢,与郎朗表演钢琴合奏。"通过意念控制假肢弹奏钢琴,这在全世界尚属首例。"3 年前,28 岁的韩璧丞还是哈佛脑科学中心的博士生,但当时他从事脑科学研究已 5 年。"未来的路上,我们还会受到挫折,但我们这帮搞科学的人,想法很简单,就是要用科学技术帮助需要帮助的人。"
教学实施路径	**一、五步教学法** 1.导入所学知识:通过对比作品,引出知识点。 2.引入新知:讲解构图概念、原则、目的。 3.探究任务:探究前景、背景作用,横竖画面选择。 4.讲解重点知识:讲解经典构图方法。 5.评析优秀案例:评析优秀摄影作品构图方法。 6.探索实践应用:实践摄影构图并分析效果。 7.引出下次内容:提出商业摄影主题。 8.名人名言:介绍韩愈名言"业精于勤荒于嬉,行成于思毁于随"。 9.课后任务:安排课后构图设计摄影作业。 **二、三阶学习目标** 针对不同学生的学习基础、学习能力与学习预期等学情和差异化学习目标,设定"低阶、中阶和高阶"三个阶层学习目标,实施差异化教学,达到精准化教学目标。
教学反思与评价	**一、教学特色创新** 1.设计多种线上线下的教学活动,借助微信、微助教等平台,以学生为主导设计教学活动,安排快测式点名等多种教学方式和手段,丰富课堂教学形式,提高教学的吸引力。 2.设置提问环节巧妙导入知识点,通过作品对比讲述不同构图方式,导入需要讲解知识点,引出研究内容。 3.安排课内在线测试倒逼学生学,通过巧妙设计课堂结束前快速测试课题重点知识,重点考查学生上课知识点了解了没有、掌握到什么程度,促使学生主动学习,及时消化并掌握知识点。 **二、隐性课程思政** 1.名人名言:介绍韩愈名言"业精于勤荒于嬉,行成于思毁于随",引出"艰苦奋斗"。 2.创新:采用多种方法进行构图设计,比较各种方法的特点,获得能灵活应用各种构图方法的能力,再创设计,引出"勇于探索"。

7. 效果图表现技法

学　　院	上虞分院	课程名称	效果图表现技法
授课教师	赵　丹	授课班级	艺术设计 203
授课章节	第二章　景观手绘效果图表现技法		
课程类别	A. 公共平台课　**B. 专业平台课程**　C. 专业选修课　D. 全校选修课		
教学目标（知识、能力、素质三方面）	**一、知识目标** 1. 掌握手绘知识：马克笔和针管笔的使用。 2. 掌握手绘方法：绘画步骤与线条的表现技巧、马克笔上色技巧。 3. 理论联系实际：能在实际写生中运用马克笔和针管笔。 **二、能力目标** 1. 色彩分析能力：分析现实世界色彩与画纸上色彩的能力。 2. 色彩搭配能力：画面中各种物体表现的色彩组合能力。 3. 线条表现能力：各种线条的轻重、粗细、缓急节奏变化控制能力。 **三、素质目标** 1. 自主学习：课堂上手绘练习，课后作业练习与主动学习。 2. 创新思维意识：通过手绘练习，培养美学意识与设计思维。 3. 精益求精态度：通过隐性思政，培养追求极致的工匠精神。 4. 非技术性因素：培养手绘设计、制作课件与汇报能力。		
教学内容	**一、重点难点** 1. 手绘材质的表现。 2. 手绘的基本步骤和注意事项。 3. 手绘表现的实际运用。 4. 手绘表现的技巧与注意事项。 **二、教学设计** 采用“导、讲、练、评”四步教学法，包括：知识导入→激发学生手绘兴趣→手绘示范→重点难点→学生随堂手绘练习→点评总结→引出下次内容→课后任务。		
“三地一窗口”典型案例（3～5 个，注明时间、来源等）	**案例一：《让居民自己当主人，老旧小区华丽变身》**（来源：浙江文明网，2020-06-16） 走进定海区环南街道东山社区青垒头路 89 号，映入眼帘的是干净整洁的外墙，统一安装的遮雨棚和空调外罩，走线规范的各种线路管道，以及整洁亮堂的楼道，原老旧住宅楼面貌焕然一新。青垒头路 89 号改造项目是定海区今年首个启动的老旧住宅小区改造项目。为抓紧赶进度，让居民安心，街道聘请了两位居民作为现场文明施工监督员。“老旧小区改造是民生和民心工程，要充分尊重群众意见，更要切实让居民参与进来，自己当主人。”定海老旧小区改造办公室相关负责人说，在老旧小区改造之初，定海就确立了“区里统筹组织、街道具体实施、居民全程参与”的工作机制，邀请居民代表共同商议改造方案，并引导居民签订改造协议，让居民真正融入社区，从原本不关心小区建设的“局外人”，变成为小区建设贡献力量的“主人翁”。		

“三地一窗口”典型案例(3～5个,注明时间、来源等)	**案例二:《城乡整治各美其美,新画卷描绘全域大花园》**(来源:浙江文明网,2020-06-16) 在舟山你可以看到这样一种现象,一些水果店或小吃店每天开门营业后,负责人总会把店门口打扫干净,或将门前的自行车推到停车位里。在舟山市升级“门前三包”责任制后,这些成了经营户们每天的一项“必做功课”。去年起,舟山市将以往的“门前三包”责任制逐步更新为“环境卫生责任区责任告知书”制度,并结合“路长制”管理模式进行常态化管理。“门前三包”,这项举措在舟山实施已超过20年,即临路(街)所有的单位、门店、住户需要把门前地带作为责任区“包卫生、包秩序、包绿化”。随着全国文明城市创建和城市精细化管理工作的深入,舟山对“门前三包”内容进行了优化。“环境卫生责任区责任告知书”的履职责任分为环境卫生、市容市貌、秩序维护、绿化管理4大块,内容更细致,覆盖面更广。 **案例三:《垃圾分类蔚然成风,红马甲活跃在大街小巷》**(来源:浙江文明网,2020-06-16) 城区居民小区“撤桶并点”行动,是舟山市垃圾分类的一项重点工作。目前,全市首批65个小区完成“撤桶并点”工作。“垃圾分类我们赞同,但集中投放太不方便。”“撤桶并点”之初,居民对“定时定点”集中投放垃圾普遍不习惯、不愿意。“垃圾分类利国利民。居民暂时不理解,党员应该站出来。”于是,江平成了小区垃圾分类的“急先锋”。从集中投放点选址、建设,到“撤桶并点”“定时定点”运行,他经常和其他党员一起上门入户宣传、劝说解释。起初,小区有位楼道长对集中投放不理解,江平主动上门做思想工作,在对方忙碌的时候还帮他丢垃圾。几番劝说,这位居民的顾虑打消了,主动承担起了所在楼道的垃圾分类宣传、监督任务。海洲一品花园小区有在职党员130多名。在垃圾分类推进过程中,小区“兼合式”党支部把发动党员家庭参与作为“重中之重”,将党员在垃圾分类中的表现列为年度重要考核指标。发动党员积极参与到垃圾分类宣传引导和示范引领中,以期达到“一人带一户”“一户带一片”效果。
思政元素	**思政元素1:工匠精神** 史慧的毕业设计作品《人性化提醒智能家具》即《卵石·STUDIO》获得了“央美”毕业设计一等奖,同时获得2016年北京国际设计周“做·设计”智慧未来家居设计展专业组金奖。设计师这个群体是经常加班的,有时候,工作很疲劳乏味。所以在设计“卵石·STUDIO”这一款为设计师打造的工作台的时候,就更不能加剧使用者的这种感受。而且为了解决设计师长期久坐带来的健康问题,她还特意为桌子添加了红外和热释电传感器来检测人在工作,并通过集成的智能芯片算法来提醒使用者该站起来活动一下了。为了这款桌子能有更高完成度,在产品制作期间史慧经常整天泡在车间里,和工人师傅一起研究桌子的加工工艺,因为创新的家具产品设计总会有很多未知的工艺难点,面对这些挑战,作为家具设计师就一定要和工人师傅待在一线随时研究解决问题。桌子的金属框架部分在加工前需要打磨,为了最好的效果,她自己亲手在车间磨了一整天的钢筋。她认为:“作为家居产品设计师只有沉浸在车间里,亲手参与家具的打磨制作,才是对产品或作品的负责。”

思政元素	**思政元素2:开拓创新** 建筑大师贝聿铭在设计苏州博物馆时想到了叠石。苏州园林狮子林最有名的便是叠石假山,古代匠人已经把叠石工艺发挥到极致。贝聿铭另辟蹊径采用“以壁为纸,以石为绘”别具一格的山水景观,呈现出清晰的轮廓和剪影效果。在江南烟雨笼罩中,将其喜爱的米芾山水画加以立体呈现,使人看起来仿佛与旁边的拙政园相连,新旧园景笔断意连,巧妙地融为了一体。这一创意问世后便引发了很多地方的景观设计模仿贝聿铭的“贝式叠石法”。
教学实施路径	**一、四步教学法** 1.导入所学知识:介绍马克笔手绘的步骤,引出知识点。 2.激发学生手绘兴趣:学生在纸上感受马克笔涂色的触感。 3.手绘示范过程:马克笔的绘画步骤和表现技法以及相关技巧。 4.讲解重点难点:马克笔手绘的材质表现、构图的把握、色彩的搭配。 5.学生随堂手绘练习:学生随堂进行马克笔手绘练习尝试。 6.点评总结:根据学生随堂练习总结学生在手绘中存在的问题。 7.引出下次内容:建筑马克笔的表现技巧与技法。 8.课后任务布置:手绘室外单体20个。 **二、三阶学习目标** 针对不同学生的学习基础、学习能力与学习预期等学情和差异化学习目标,设定“低阶、中阶和高阶”三个阶层学习目标,灵活设计教学方案,实施差异化教学,达到精准化教学目标。 低阶:成绩预期(60～79分),夯实基础,掌握手绘的基本方法。 中阶:成绩预期(80～89分),强化实践,较为熟练地掌握马克笔等手绘材料,手绘的方法已经掌握,但不够熟练,能尝试举一反三,可以尝试写生。 高阶:成绩预期(90～100分),能力拓展,熟练运用马克笔等各种手绘工具,手绘的方法已经完全掌握,可以尝试快题练习和手绘写生。
教学反思与评价	**一、教学特色创新** 1.设计多种线上线下的教学活动,始终刺激学生保持较好学习状态 依据浙江高校线上线下课程要求设计教学活动,安排线上点名、线上任务完成等多种教学方式和手段,丰富课堂教学形式,提高教学的吸引力。 2.设置随堂抽查学生手绘环节巧妙导入知识点,介绍手绘技巧并引发共鸣 讲述不同材质的手绘方式,导入需要讲解知识点,引出教学内容。 3.安排课内学生作业互评,倒逼学生用心学,好好画。 通过学生互评,让学生感受到自己与不同同学水平的差异,体会老师在批改手绘作业时面临的烦恼。 **二、隐性课程思政** 齐白石大师名人名言:似者媚俗,不似者欺世,妙在似与不似之间。手绘不是完全照搬现实,在总览手绘效果图的时候,有时候需要无中生有,有时候需要视而不见。在教学中通过教师的引导与自身的实践,体悟精益求精的工匠精神与开拓创新的职业素养。

8. 摄影

学　　院	元培学院	课程名称	摄影
授课教师	孙华强	授课班级	设计学类 2001
授课章节	纪实摄影		
课程类别	A. 公共平台课　**B. 专业平台课程**　C. 专业选修课　D. 全校选修课		
教学目标(知识、能力、素质三方面)	**一、知识目标** 了解纪实摄影的概念,以及纪实摄影按主题、信息、动机等方式分类;认识纪实摄影的历史、社会、美学价值;理解纪实摄影作品的赏析标准。 **二、能力目标** 通过本课程学习,使学生能用专业理论知识评析纪实摄影作品;掌握纪实摄影的创作思路与拍摄的各种技巧方法,学会独立完成拍摄作品。 **三、素质目标** 在掌握纪实摄影拍摄技能的基础上,培养学生良好的创作素养,践行“知行合一”,在纪实摄影创作中展现社会责任感与使命感,通过作品真实呈现社会现实,体现人文关怀,展现社会发展面貌,引导人们关爱社会,向善向真,促进社会进步。		
教学内容	**一、纪实摄影的概念与分类** 1. 按主题;2. 按动机。 **二、纪实摄影的价值与评析** 1. 历史价值;2. 社会价值;3 美学价值。 **三、纪实摄影的拍摄技巧与方法** 1. 主题;2. 主体;3. 画面。 **四、经典纪实摄影作品大师赏析** 重点结合当前新冠疫情防控期间纪实摄影作品。 **五、纪实摄影拍摄创作**		
“三地一窗口”典型案例(3～5个,注明时间、来源等)	**案例一:《绍兴:持续深化“四边三化”　在“重要窗口”展示绍兴风景》**(来源:新华网,2020-11-04) 根据《浙江省深化“四边三化”行动方案(2015—2020年)》和绍兴市委市政府关于“四边三化”一系列部署要求,绍兴坚持属地为主、全民参与、因地制宜、城乡一体、综合治理、长效管理,以整治“四边区域”为重点,以建设“美丽城镇”和“美丽乡村”为目标,着力在“攻难点、建长效、创精品”上下功夫,全面整治“四边区域”环境问题,健全完善“四边三化”长效机制,打造精品示范样板。 **案例二:《努力在“重要窗口”中展示绍兴城市文明形象》**(来源:《绍兴日报》,2020-07-03) 7月2日上午,绍兴市委书记马卫光到柯桥区督查全国文明城市创建工作。他强调,深入学习贯彻习近平总书记关于精神文明建设的重要论述精神和考察浙江重要讲话精神,贯彻落实省委十四届七次全会部署,锚定全国文明城市“三连冠”目标,进一步查漏补缺、巩固提升、形成长效,高质量落实各项创建任务,努力在建设“重要窗口”中展示绍兴城市文明形象。		

"三地一窗口"典型案例(3～5个,注明时间、来源等)	**案例三:《打造"重要窗口"的特殊风景线》**(来源:《浙江日报》,2020-06-08) 通过学习研讨,全省残联干部进一步认识到:残疾人作为特殊困难的社会弱势群体,残疾人工作作为民生保障工作的重要组成部分,是我省在"重要窗口"建设中必须牢牢守住的特殊底线;同时,残疾人事业又是社会文明进步的标志,是"重要窗口"不可或缺的特殊风景线。在省委、省政府的坚强领导下,把全体残联干部与我省312万残疾人群众最广泛地凝聚到"重要窗口"建设的奋斗实践中,全面履行"代表、服务、管理"三大职能,守好残疾人工作这一特殊底线,打造残疾人事业特殊风景线,就是全省残联组织在"重要窗口"建设中的最大使命担当。 **案例四:《浙江奋力打造与"三地一窗口"相适应的文明高地》**(来源:中国文明网,2020-07-08) 浙江始终把文明城市创建工作摆到突出位置,以"担当新使命、争做排头兵"的姿态,奋力打造与浙江"三地一窗口"相适应的文明高地。坚持把品牌塑造贯穿创建全过程。深化"最美浙江人"品牌建设,常态推进"时代楷模""道德模范""身边好人"等培树工作,推动形成"发现最美、学习最美、争做最美"良好氛围。
思政元素	**思政元素1:使命担当** 纪实摄影作为社会的见证者,可为人类社会留下不可磨灭的、有价值的历史见证。这要求摄影师有同情心、有爱心、有正义感,作品能触动人们向善改变,促进世界变得更美好。而这正是摄影师的社会责任。 **思政元素2:文明诚实** 纪实摄影是对人类社会进行的真实的记录,它的题材内容是具有社会意义和历史文献价值的。纪实摄影需要摄影者保持公正的眼光和角度,诚实地记录所发生和看到的真实现象,"纪实摄影"应全面展现社会面貌。 **思政元素3:人文关怀** 纪实摄影体现对人类的生活命运的人文关怀,体现的是家国情怀。纪实摄影表现摄影家对环境的关怀,对生命的尊重,对人性的追求。
教学实施路径	本课程在教学方式上充分利用线上教学模式与资源,着重培养学生自主学习能力;转变传统以讲授式为主的形式,以学生讨论自主探究形式为主,教师引导为辅;教学内容突破以教材为中心,充分利用新媒体教学资源,使得专业知识学习与当下生活紧密联系。以案例讨论、启发提问、理论分析、实践创作、网络展览等一系列渐进式实施路径,将"课程思政"元素与教学内容自然融合,实现"知行合一"目标。 **一、课前准备** 利用在线教育资源,自主阅读纪实摄影经典作品、当前社会发展现状相关的各类纪实摄影作品。 **二、课程内容展开** 1.思政元素的切入点1 纪实新闻摄影作品的意义何在?以及摄影在信息传播中的价值与意义如何?展示宣传媒体中的一些典型的优秀照片,让同学们开展讨论,通过摄影作品的直观感受,自然地引出摄影师的社会责任与担当的课程思政元素1。

<table>
<tr><td>教学实施路径</td><td>2.思政元素的切入点2
以小组合作形式从对纪实摄影作品的赏析中逐渐概括形成纪实摄影的概念、分类等知识点。其概念核心是对人类社会进行真实的记录,结合案例二,自然引出思政元素之“使命与担当”。而针对社会发展新面貌的纪实摄影应该是实事求是地记录社会生活,纪实摄影如实地记录人们的生活百态,如同历史文档一般地客观呈现。纪实摄影需要摄影者保持公正的眼光和角度,公平记录所发生和看到的真实现象。诚实也是摄影者的职业道德和良知。
3.思政元素的切入点3
纪实摄影作为对社会现状的视觉描写,其中自然流露出拍摄者的情感。纪实摄影表现摄影家对环境的关怀,对生命的尊重,对人性的追求。通过影像,达到记录和宣传鼓动,进而促进社会发展,使人间更美好的目的。案例三正是体现出纪实摄影的人文关怀、“家国情怀”,从而往往展现出的是深刻的人性力量,也激发人们向善、向真。</td></tr>
<tr><td>教学反思与评价</td><td>根据要求完成作业后,利用网络设备开展班级网上展览,展示学生的纪实摄影作品与创作心得文献,通过学生相互留言与教师评价,检验与反思课程教学与课程思政效果。通过纪实摄影的形式记录社会发展新面貌,让学生在掌握纪实摄影的拍摄方法和选择拍摄主题的同时,深入认识社会,展现新时代国家、社会发展的成就,增强“四个自信”。</td></tr>
</table>

9. 女装结构设计Ⅱ

<table>
<tr><td>学　　院</td><td>元培学院</td><td>课程名称</td><td>女装结构设计Ⅱ</td></tr>
<tr><td>授课教师</td><td>余　芳</td><td>授课班级</td><td>服装1901、1902</td></tr>
<tr><td>授课章节</td><td colspan="3">女装上衣基本纸样的作褶设计(8课时)</td></tr>
<tr><td>课程类别</td><td colspan="3">A.公共平台课　<u>B.专业平台课程</u>　C.专业选修课　D.全校选修课</td></tr>
<tr><td>教学目标(知识、能力、素质三方面)</td><td colspan="3">一、知识目标
1.熟练掌握服装结构设计领域的技术标准和规范。
2.掌握服装款式变化中结构设计的基本原理及工程实践知识。
3.所学知识能正确应对服装款式变化中相对较复杂的问题。
二、能力目标
1.数据处理能力:具有结构制板中数据采用与处理的技术方法能力。
2.三维转变能力:具备独立完成从样板到样衣试制的全过程,并对试穿中出现的结果进行分析与评价的能力。
3.工程实践能力:熟悉服装产品的生产流程,具有运用科学的结构设计方法,解决服装产品生产和试制过程中的样板与工艺设计的实际问题的能力。
三、素质目标
1.团队意识:通过小组合作,培养自主学习与合作意识。
2.创新意识:通过实践练习,培养创新思维与流行概念。
3.工匠精神:通过思政教育,培养追求极致的工匠精神。
4.终身学习:通过素质教育,培养学习积极性与主动性。</td></tr>
</table>

教学内容	**一、重点难点** 教学重点：上衣基本纸样作褶的原理与方法。 教学难点：服装款式中褶的设计与应用。 **二、教学设计** 1.线上课程导学 通过在线课程平台发布教学视频以及相关知识点教学资料，学生完成视频学习，通过课前思考题及学生的线上提问，引发学生对所学内容的思考理解，留待课堂讲解与讨论。整理学生提问及思考题的回答，有助于进一步明确面授课教学重点。(15～20 分钟) 2.面授课程教学 (1)讲授新课。多媒体演示教学，根据课本内容详解重难点，并对课本中款式进行制图示范。(2 课时) (2)课内练习。结合当堂知识点，给出相应时尚流行款式图，进行 1∶5 结构图随堂练习。(2 课时) (3)实践练习：分小组实践练习，要求选择不同的侧重点，搜集相应的流行款式，组内成员一人一款组成系列，完成结构制板与样衣制作，根据褶皱综合设计款式图，按照标准尺寸打出 1∶1 纸样做出样衣。(此环节大部分需要在课外完成，课外所需时间约 8 课时，课内安排 3 课时) (4)课内展示与点评。针对完成的样板及样衣进行分组展示，每组派代表介绍组内作品款式特点与结构设计方法，由其他学生进行点评与提问。(1 课时) 3.课后练习强化 线上课后作业：在线设计各单元知识点作业题，以判断题与选择题为主要形式，旨在强化理论知识点的理解与掌握。(5～10 分钟)
“三地一窗口”典型案例(3～5 个，注明时间、来源等)	**案例一：《深刻重塑传统制造业核心竞争力》**(来源：绍兴市政府网站，2020-12-30) 深入实施传统产业改造提升 2.0 版，全面完成越城区印染、化工产业跨行政区集聚提升，纵深推进纺织、化工、金属加工等产业数字化、智能化、绿色化升级，大幅提升技术含量、价值含量、生态含量，加快在国际产业分工中占据关键地位，在未来竞争中赢得发展优势，打造现代纺织、绿色化工等世界级产业集群。 **案例二：《提升道德高度，精心打造“最美现象”这张金名片》**(来源：《人民日报》，2020-12-17) 伟大时代呼唤伟大精神，崇高事业需要榜样引领。“最美”成为人们心目中榜样的代名词，成为产生刷屏效应的流行语，由“风景”变成了“风尚”。先进典型，代表着一个时代的道德高度。我们要坚持以“最美现象”为抓手，深化“最美浙江人”主题宣传活动，广泛开展最美人物、感动人物、身边好人、道德模范等典型选树培育活动，让社会主义核心价值观蔚然成风。 **案例三：《“三个地”书写浙江精神的历史谱系》**(来源：浙江新闻客户端，2019-09-10) 红船精神作为中国革命精神之源，无论是开天辟地、敢为人先的首创精神，坚定理想、百折不挠的奋斗精神，还是立党为公、忠诚为民的奉献精神，莫不与浙江区域文化的优秀精神传统息息相关。深受浙江区域文化气息滋润的红船精神，反过来完成了对浙江区域文化精神的革命洗礼，将浙江儿女的探索和奋斗汇聚到践行中国共产党的初心和使命上。就此而言，红船精神已经成为革命、建设和改革各个历史时期浙江人民精神气质的最高表现。

思政元素	**思政元素1:创新精神与国家软实力** 浙江人民得风气之先,坚定不移地走自立自强的科技创新道路,以创新链支撑产业链、产业链拉动创新链,努力打造三大科创高地,打造国际一流发展环境,引领数字化变革,以创新为根本,以绿色为底色,传统产业加快改造提升,战略性新兴产业蓬勃发展。本课程特别注重设计中创新元素和中国元素的凸显,增强国家自信。 **思政元素2:工匠精神** 工匠精神是社会文明进步的重要尺度、是中国制造前行的精神源泉,教学过程中通过介绍企业实际项目案例和时装秀场中的优秀作品,强化平时练习,要求学生以工匠精神严格要求自己。通过不同女装款式的结构设计,锻造学生不骄不躁的工作态度,追求卓越的创造精神、精益求精的品质精神。 **思政元素3:责任担当** 服装制板师是一个举足轻重的职业,教学过程中引导学生热爱这个专业,掌握这项专业技能。注重培育学生的独立思考能力、文化素质、人文与科学精神、协作精神、学习和交流的能力。培育敬业爱岗意识,养成良好的职业素养,督促学生做好职业规划,为服装事业发展添砖加瓦。
教学实施路径	**一、教学基本思路设计** 1.课前:提前预习、观看视频、提出问题。 2.课中:线上线下混合教学、课堂讨论、当堂示范、现场设计。 3.课后:复核样板、在线测试、实物制作。 **二、教学方法与实施过程** 1.预习导入:通过教学视频以及相关知识点教学资料,学生完成预习,引发学生对所学内容的思考理解,留待课堂讲解与讨论。 2.线上线下混合教学:使用在线平台开展网络教学,分享资源,分析流行服装款式特征,确定成衣结构设计的基本思路。讲好现代纺织服装产业集群故事,融入思政元素,加强爱国主义与科技创新意识。 3.课堂讨论:针对服装未来之走向和发展,讨论作褶放量设计、前后衣身平衡处理、风格匹配设计等。 4.实物制作:通过案例分析,强化学生对知识的掌握;通过互动,增强学习氛围,提高学生学习积极性。讲授从结构设计到工艺设计的过程,要求学生团队协作制作成衣,每组成员协作来完成任务,增强学生之间的协作精神,精益求精,反复验证。 5.总结提升:复核纸样,比较成衣穿着效果及舒适度体验,融入思政元素中的责任与担当意识。

<table>
<tr>
<td>教学反思与评价</td>
<td>一、教学反思
1.如何找好切入点，将思政元素导入专业课中，使思政元素与课堂教学更加有机融合，精准把握时机使其自然融合。
2.与时俱进，及时更新知识点，结合校企合作项目，延伸知识应用面，以前沿素材和流行款式丰富课程教学内容。更好地发挥线上线下教学模式，引导学生思考和讨论，使学生真正做到学以致用。
3.研究分析学生的学习过程和效果，精准设计教学环节，统筹安排各教学知识点。同时进一步拍摄、编辑在线教学视频，设计更合适的时长及内容前后衔接顺序。及时进行线上线下的辅导反馈，促进师生、生生之间的资源共享、问题交流和协作学习，提高学习主动性与成效。
二、教学评价
本课程采用线上和线下融合、过程性评价与终结性评价相结合的多元化课程评价体系，强化过程考核方式，激发学生的学习热情，加强师生互动。考核方式涵盖视频学习、作业完成情况、讨论帖、课堂表现、实物制作、线上测试、线下考核等多个方面。考核结果客观公正，跟进教学进度，整体学习效果较好，学习质量较高。
利用在线开放课程教学资源可重复学习、线上论坛开展便利、线上作业主客观题搭配等优势，结合线下重难点讲解与实践教学，学生对课程的理论教学内容掌握可以更扎实，对服装结构设计到工艺设计的实践操作掌握更熟练，学生对课程的评价较高。</td>
</tr>
</table>